普通高等教育经管类专业系列教材

国际金融

(修订版)

任康钰　编著

清华大学出版社

北京

内 容 简 介

本书综合考虑了国际金融所涉及的主要内容,结合本学科在理论、实践等各方面的发展,构建了一个有机的国际金融体系。这一体系由三大模块构成:第 1 篇为"国际金融基础与理论",包括第 1 章到第 5 章,阐述国际金融的基础知识,并介绍相关的理论和模型;第 2 篇为"国际金融制度与政策",包括第 6 章到第 10 章,从国际货币体系等方面探讨国际金融领域涉及的制度安排,对国际金融危机、国际储备政策进行讨论;第 3 篇为"国际金融实务与应用",包括本书的最后 5 章,主要关注国际金融市场、外汇市场与交易和衍生产品等一般性的实务知识,并从企业视角讨论了国际金融服务和外汇风险管理问题。每章章末设置"关键概念及其英文释义"板块,以帮助读者用中、英两种语言来学习国际金融知识。

本书可作为高等院校经济管理类相关专业的教材,也可作为国际金融领域的从业人员的参考书。本书免费配备教学资源,包括但不限于教学课件、视频讲解、英文阅读材料、推荐资源、模拟试卷。

本书封面贴有清华大学出版社防伪标签,无标签者不得销售。
版权所有,侵权必究。举报: 010-62782989, beiqinquan@tup.tsinghua.edu.cn。

图书在版编目(CIP)数据

国际金融 / 任康钰编著. —修订版. —北京:清华大学出版社,2024.4
普通高等教育经管类专业系列教材
ISBN 978-7-302-65698-2

Ⅰ. ①国… Ⅱ. ①任… Ⅲ. ①国际金融-高等学校-教材 Ⅳ. ①F831

中国国家版本馆 CIP 数据核字(2024)第 051056 号

责任编辑:高 屾
封面设计:马筱琨
版式设计:思创景点
责任校对:马遥遥
责任印制:刘 菲

出版发行:清华大学出版社
    网　　址:https://www.tup.com.cn, https://www.wqxuetang.com
    地　　址:北京清华大学学研大厦 A 座　　　　　邮　编:100084
    社 总 机:010-83470000　　　　　　　　　　　邮　购:010-62786544
    投稿与读者服务:010-62776969, c-service@tup.tsinghua.edu.cn
    质 量 反 馈:010-62772015, zhiliang@tup.tsinghua.edu.cn
印 装 者:三河市君旺印务有限公司
经　　销:全国新华书店
开　　本:185mm×260mm　　　印　张:21　　　字　数:510 千字
版　　次:2024 年 6 月第 1 版　　印　次:2024 年 6 月第 1 次印刷
定　　价:79.00 元

产品编号:103090-01

前　言

世界万事万物是永远运动和普遍联系的。伴随着社会经济的各种变迁，人类社会也不断总结社会实践中新的经验，验证、完善与丰富自己，同时指导社会实践快速向前发展。国际金融领域也是如此。

习近平总书记强调，必须充分认识金融在经济发展和社会生活中的重要地位和作用，切实把维护金融安全作为治国理政的一件大事，扎扎实实把金融工作做好。这是实现加快建设金融强国目标、推进金融高质量发展的必由之路，也是国际金融领域的中国学者们笔耕不辍背后的不懈追求。

2013 年，我曾出版一本《国际金融》教材，该书得到了广大师生的认可，并获得北京外国语大学首届优秀教材一等奖；十多年过去了，这本书亟待修订。本书是在我多年国际金融领域教学和研究基础上形成的，着重体现以下特色。

第一，在教学研究过程中，我经常思考的一个问题就是如何找到一条比较简单而完整的逻辑线索，使其贯穿国际金融所涉及的全面内容。从已有的相关书籍来看，它们在国际金融知识的结构设计上各不相同。这背后一方面是国际金融这个学科还没有形成一个标准的体系；另一方面则体现了不同撰写者对国际金融的领悟和偏好。因此，我在教学和研究的过程中特别注意探寻一个更有逻辑性、内容更紧凑有序的结构。于是，在这本书里，我构建了三大模块的内容，先从国际金融的基础与理论出发，然后讨论国际金融领域涉及的制度与政策，最后关注更现实的国际金融实务与应用。

第二，对于每一章节中具体的一些问题、现象等，我开辟了一些小专栏，这样能在不影响主体内容连贯性的同时对其做必要的补充和解释，有助于读者加深理解。在每章章末，我设置了一个总结性的专题或案例讨论，就该章中的主要内容进行深入讨论，或联系实际对与该章内容相关的经济现象、事件等进行探讨。希望这些专栏和专题能够激发读者进行深入探究的兴趣。

第三，为了适应培养国际化人才的要求，本书采用了双语模式：每章的主体内容用中文表述，在章末对所涉及的概念、名词辅以英语解释，并以二维码的形式呈现相应的英语深度阅读材料；同时，配套的教学课件、习题等也采用双语(中文和英语)形式(可扫描右侧二维码获取)。

教学资源

第四，随着新媒体的广泛应用，本书也采用了更为丰富和立体的形式来辅助读者的阅读和学习，比如配套的视频、扩展资料等(可扫描书中二维码获取)，以增强本书的生动性，使读者的学习过程更为有趣。

接下来，我简单介绍一下本书三大模块的基本内容。

在第 1 篇国际金融基础与理论中，我希望帮助读者构建一个理解国际金融

视频：全书导读

问题和现象的基本知识框架，从分析对外经济交往的国际收支开始，再到讨论开放经济中的核心价格——汇率，进而引入在国际金融理论中最为经典的蒙代尔—弗莱明模型。有了对基础和理论的学习，读者就很容易进入第 2 篇关于国际金融制度与政策的讨论。这里，我们从国际货币体系开始，然后具体到区域货币合作，进而到一个国家的宏观经济政策选择，进行了深入分析。当然，制度和政策再完美，也无法避免国际金融危机的发生(见第 9 章)，并由此引出关于国际储备政策的讨论(见第 10 章)。

检验认识是否具有真理性，只能通过实践，对学科的研究同样如此。因此，第 3 篇便到了实践层面：先是观察国际金融市场和外汇市场，然后了解外汇市场上的基础交易和衍生产品。当然，除了一般性的学习之外，我们还从企业的角度来认识国际金融市场：一方面是了解企业用好国际金融服务的方法；另一方面则是分析企业在国际金融市场上不得不面对的外汇风险及随之而来的风险管理。

国际金融世界内容丰富，因此，我在每章开头插入了思维导图，使读者能够形成一个清晰、简单的逻辑架构，做到"心里有数"：每读到一部分，读者都知道大概的位置、与前后部分的联系，以在学习上达到事半功倍的效果。

这本书能够呈现给大家，除了我的努力之外，还得益于多方的帮助和支持。我不仅得到了北京外国语大学教材处的大力支持，还特别幸运地跟出版业内翘楚——清华大学出版社——达成合作。在编写过程中，我从编辑那里获得了各种意见、建议和指导，让我更从容地写好这本书。因此，我要借此机会表达我的感谢。

我更要感谢我的学生们。一直以来，在教学上对学生的责任感和使命感是我能够坚持编写和改进教材的动力，学生的反馈也是本书改进的素材。感谢此次修订中参与具体资料收集和部分内容写作的几位同学：2022 级北京外国语大学国际商学院的硕士研究生张玉琼、陈澳、施可群、陈欣仪、丁之汀、毕以霖、李李、张润铎、玉浩辰、赵海燕和 2023 级北京大学硕士研究生康欣然；尤其是张玉琼、陈澳在组织、协调等方面做了很多工作。与此同时，一些北京外国语大学国际商学院 2019 级、2020 级的本科生(胡静雯、张沐凡等)，对初稿分章节进行了审读。他们非常仔细地阅读，并且将意见及时反馈给我，以便我能在最后成书前加以修改。因此，感谢我的学生们，也祝愿他们学业有成。

当然，我还要感谢每一位读者。一本书能够获得读者的认同是最重要的；读者的积极参与和反馈也会成为我继续完善本书的宝贵资源。而且，由于作者本身对国际金融相关领域的理解不够充分和深入，本书一定还存在缺点和问题，也希望读者能够指正和提出宝贵意见。

最后，我衷心祝愿每位读者都能拥有美好且有收获的国际金融学习之旅！

任康钰

2024 年 4 月

目 录

第1篇 国际金融基础与理论

第1章 国际收支 ……………… 2
1.1 开放经济与国际收支 ……………… 3
1.2 国际收支的概念体系 ……………… 5
1.3 国际收支平衡表分析 ……………… 9
本章总结 ……………… 25
复习思考题 ……………… 27

第2章 国际收支理论 ……………… 29
2.1 弹性论 ……………… 30
2.2 吸收论 ……………… 35
2.3 货币论 ……………… 39
2.4 国际收支的调节 ……………… 47
本章总结 ……………… 55
复习思考题 ……………… 57

第3章 汇率 ……………… 58
3.1 外汇和汇率 ……………… 59
3.2 汇率的标价和种类 ……………… 62
3.3 汇率的变动和影响 ……………… 73
本章总结 ……………… 82
复习思考题 ……………… 83

第4章 汇率理论 ……………… 85
4.1 购买力平价理论 ……………… 86
4.2 利率平价说 ……………… 90
4.3 国际收支说 ……………… 95
4.4 资产市场说 ……………… 96
本章总结 ……………… 106
复习思考题 ……………… 107

第5章 蒙代尔—弗莱明模型 ……………… 109
5.1 IS-LM 模型回顾 ……………… 110
5.2 小国蒙代尔—弗莱明模型 ……………… 113
5.3 两国蒙代尔—弗莱明模型 ……………… 121
本章总结 ……………… 128
复习思考题 ……………… 129

第2篇 国际金融制度与政策

第6章 国际货币体系 ……………… 132
6.1 国际金本位制 ……………… 133
6.2 布雷顿森林体系 ……………… 139
6.3 当代国际货币体系 ……………… 144
本章总结 ……………… 150
复习思考题 ……………… 151

第7章 区域货币合作 ……………… 152
7.1 最优货币区理论 ……………… 153
7.2 欧洲货币合作 ……………… 156
7.3 亚洲地区的货币合作 ……………… 160
本章总结 ……………… 165
复习思考题 ……………… 166

第8章 宏观经济政策选择 ……………… 167
8.1 开放经济下的政策目标 ……………… 168
8.2 不同背景下的均衡分析 ……………… 170
8.3 汇率制度选择 ……………… 174
8.4 国际经济政策协作 ……………… 184
本章总结 ……………… 189
复习思考题 ……………… 191

第9章　国际金融危机 ·············· 192
- 9.1　国际金融危机概述 ············· 193
- 9.2　国际金融危机实例 ············· 195
- 9.3　国际金融危机理论 ············· 199
- 本章总结 ···························· 203
- 复习思考题 ························· 204

第10章　国际储备政策 ············ 205
- 10.1　国际储备概述 ················ 206
- 10.2　国际储备管理 ················ 215
- 10.3　外汇储备体系的演进 ········ 219
- 本章总结 ···························· 225
- 复习思考题 ························· 226

第3篇　国际金融实务与应用

第11章　国际金融市场 ············ 228
- 11.1　国际金融市场概述 ··········· 229
- 11.2　国际金融市场构成 ··········· 231
- 11.3　欧洲货币市场 ················ 236
- 本章总结 ···························· 242
- 复习思考题 ························· 244

第12章　外汇市场与交易 ········· 245
- 12.1　外汇市场概览 ················ 246
- 12.2　外汇远期交易 ················ 256
- 12.3　外汇掉期交易 ················ 261
- 本章总结 ···························· 266
- 复习思考题 ························· 268

第13章　外汇市场衍生产品 ······ 269
- 13.1　外汇期货合约 ················ 270
- 13.2　外汇期货的应用 ············· 277
- 13.3　外汇期权合约 ················ 284
- 13.4　外汇期权的应用 ············· 292
- 本章总结 ···························· 297
- 复习思考题 ························· 299

第14章　国际金融服务 ············ 302
- 14.1　国际贸易结算 ················ 303
- 14.2　国际市场融资 ················ 310
- 本章小结 ···························· 315
- 复习思考题 ························· 316

第15章　外汇风险管理 ············ 317
- 15.1　外汇风险概述 ················ 318
- 15.2　外汇风险类型 ················ 319
- 15.3　管理外汇风险 ················ 324
- 本章总结 ···························· 329
- 复习思考题 ························· 330

第1篇

国际金融基础与理论

第 1 章

国际收支

◎ 引言

随着社会生产的发展,世界各国大都摆脱了闭关锁国、自给自足的状态:对外经济交往范围日益扩大,国内外商品市场、生产要素市场和金融市场相互连接、相互影响。随着这样的"国际化""全球化"发展,世界各地区的经济越来越融为一体,形成了"地球村"。

改革开放四十多年来,中国逐渐融入世界,通过进出口贸易、投资等各种方式与世界经济联系起来。2001 年 12 月,中国正式成为世界贸易组织(WTO)的成员国;2010 年,中国的经济总量超过日本,成为世界第二大经济体;2012 年,中国的进出口贸易总量达到世界第一的水平。

经济全球化是社会生产力发展的客观要求,是科技进步的必然结果,是满足人类美好生活需要的必由之路。习近平总书记对经济全球化多次做出重要论述,要求推动经济全球化朝着更加开放、包容、普惠、平衡、共赢的方向发展。作为全世界第二大经济体和新兴国家的代表,中国已深深融入经济全球化进程,从经济全球化的参与者和受益者,日益成为改革者和新型经济全球化的引领者。

如何继续推动我国的改革开放,继续推进全球化,是摆在我们面前的重要问题。更为科学地认识开放经济下的诸多经济现象,能够为我们提供坚实的理论基础。因此,我们需要能够揭示本国对外经济交往状况的统计和分析工具。国际收支就是这样的工具,是对一国一定时期内对外经济交往的系统记录。

我们在国际金融基础与理论的开篇介绍国际收支,先引入一个国际经济交往的环境。因为,所有的国际金融问题都是以这样的环境为前提和背景的。本章以国际收支的基本概念为出发点,引出国际收支平衡表,接着对其进行结构分析和差额分析,从而建立起"对外均衡"的概念。

◎ 思维导图

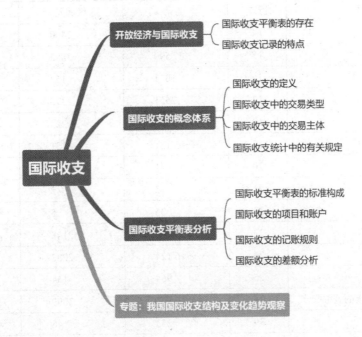

1.1 开放经济与国际收支

1.1.1 国际收支平衡表的存在

当今世界,每一个经济体都是在与其他经济体的相互交往和依存中不断发展的,商品、服务、资金的流动随时随地都在发生。人们,尤其是经济政策当局,一方面需要对已经发生的经济交往情况有所了解,另一方面则更需要关注它们的未来发展趋势,以便做出恰当的决策。国际收支就是这样的记录,把内容庞杂的记录用某种恰当的方式表述出来,形成国际收支平衡表。目前,全世界绝大多数经济体都在国际货币基金组织(IMF)的指导下编制国际收支平衡表。表1-1是一张国际收支平衡表示例。

表1-1 2023年中国国际收支平衡表(概览表,经简化处理)

项目	行次	亿元	亿美元	亿SDR
1. 经常账户	1	17 826	2530	1893
贷方	2	268 536	37 887	28 408
借方	3	−250 710	−3 5357	−26 514
1.A 货物和服务	4	27 347	3861	2893
贷方	5	248 878	35 112	26 328
借方	6	−221 531	−31 252	−23 435
1.B 初次收入	13	−10 591	−1482	−1113

(续表)

项目	行次	亿元	亿美元	亿SDR
贷方	14	17 008	2400	1799
借方	15	-27 599	-3882	-2912
1.C 二次收入	16	1071	152	114
贷方	17	2651	375	281
借方	18	-1580	-223	-167
2. 资本和金融账户	19	-15 181	-2151	-1611
2.1 资本账户	20	-21	-3	-2
贷方	21	13	2	1
借方	22	-35	-5	-4
2.2 金融账户	23	-15 160	-2148	-1609
资产	24	-16 124	-2282	-1716
负债	25	964	134	107
2.2.1 非储备性质的金融账户	26	-14 907	-2099	-1569
2.2.2 储备资产	39	-253	-48	-40
3. 净误差与遗漏	40	-2645	-379	-283

资料来源：国家外汇管理局. 国家外汇管理局公布2023年四季度及全年我国国际收支平衡表[EB/OL].(2024-03-29). http://m.safe.gov.cn/safe/2024/0329/24180.html.

1.1.2 国际收支记录的特点

在进行具体的观察与分析之前，可以先从表1-1中认识国际收支在记录上的特点。

1. 流量数据

国际收支平衡表记录的是一个特定时段(时段长度一般是一年，也可以是一个季度或半年)的对外经济活动，属于流量数据，不同于记录存量数据的类似报表，如国际投资头寸表。国际投资头寸表也是一种与一国对外经济交往有关的统计报表，但其是在一个特定日期(通常是年末)编制的，显示到该时点为止的余额(具体见本章专栏1-6)。存量数据是针对某一个时点的，而流量数据是针对某一个时间段的。[①]一个时段前后时点存量的变化，主要源于其中的流量，也可能由汇率、物价变化或其他方面的调整等引致。

2. 交易范围

国际收支平衡表(见表1-1)"1.C 二次收入"这行包含一些可能并不涉及货币支付的国际经济活动，比如国家间的赠予、援助等。因此，国际收支除了包括有"支付"行为的经济活动外，还有一些无须支付的交易。这一特点就与下面要讲到的广义国际收支的概念体系相对应。

---

① 从经济学的概念上准确地说，流量是按每单位时间的比率来度量的经济量值，而存量是在某一时间点度量的量值。

1.2 国际收支的概念体系

1.2.1 国际收支的定义

根据 IMF 在 2013 年修订发布的《国际收支手册》(第 6 版，BPM6)[①]，国际收支(balance of payments)定义为一种统计报表，它系统地记载了在特定时期内一个经济体的居民与世界其他地方的非居民进行的各项经济交易。最早的国际收支概念产生于 17 世纪初的外贸收支，是指一个国家在对外贸易中所产生的货币收入和支出。到了 20 世纪初有了包含资金往来的外汇收支概念。在第二次世界大战之后，随着国际经济关系的全面发展，人们进一步扩充了国际收支的概念。

因此，国际收支可以有狭义和广义之分。狭义的国际收支是指一个国家在一定时期内由于对外政治、经济和文化等往来所引起的货币收支；它表现了一定时期的外汇收支，未引起外汇收付的和未到期债权债务不计入该报告期的国际收支；没有交换行为的经济活动也不在其列。"国际收支"这个词最初也正是基于此狭义范围而得名的，即以"支付"(payment)为基础。但是，随着国际交往的发展，以"支付"为基础的活动已经不再能全面反映国际经济往来，从而发展出了以"交易"(transaction)为基础的广义国际收支概念，即指一国居民在一定时期内的全部对外经济交易总额。它是目前世界各国普遍采用的国际收支概念。1945 年国际联盟曾经建议使用"国际交易账户"(international transaction account)，但没有被采纳，因为"国际收支"这个早期在狭义基础上产生的名称使用已久，就一直沿用了下来。

国际收支平衡表(balance of payments presentation)是对国际收支系统记录后所形成的报表，它是将某一经济体在一定时期内所发生的国际经济交易按照某种适合于经济分析的需要编制出的报表。

1.2.2 国际收支中的交易类型

国际收支记录的是经济活动，所以对其认识要先从理解交易开始。交易是两个主体之间通过共同协议或法律实施产生的、涉及价值交换或转移的相互行为。因此，这里的"交易"不一定包含"支付"行为，而是一个相当宽泛的概念。具体来讲，国际收支中所记录的交易大体可以分为以下几类。

1. 交换(exchange)

我们最熟悉的交易，也是最大量和最重要的交易，当然是经济价值与经济价值之间的交换了。我们可以通过图 1-1 建立一个直观的印象。

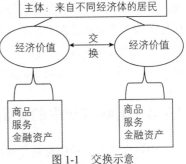

图 1-1 交换示意

[①] IMF 于 1948 年首次颁布了《国际收支手册》(*Balance of Payments Manual*)，后又于 1950 年、1961 年、1977 年和 1993 年修订了手册，不断补充新的内容；2008 年发布了第 6 版手册，并将国际投资头寸加入了书名，变为《国际收支与国际投资头寸手册》(*Balance of Payments and International Investment Position Manual*)，为各成员修改和充实自身的国际收支统计体系提供参考。有关该手册的具体内容可参见 IMF 的官方网站 www.imf.org。另外，IMF 还在 1995 年出版了《国际收支编制指南》，就统计数据的收集和编制提供了实用的建议，为《国际收支手册》提供了补充；1996 年发布了《国际收支教科书》，目的是用于教学，如通过数值示例说明一般原则。

交换，即一个交易者向另一个交易者提供某种具有经济价值的东西，以换取一个具有对应经济价值的物品，因此其也被称为互惠交易或有偿交易。这里的经济价值包括实际资源(商品、服务和收入)和金融项目，而从事交换的各方是来自不同经济体的居民。关于商品和服务的交换非常简单，但涉及金融项目时可能不仅有当下债权债务的变更，还会导致新的债权债务产生。

2. 转移(transfer)

转移就是当一方提供(或收取)某种具有经济价值的东西，而没有收取(或提供)具有对应经济价值的东西。这种转移既可能是商品、服务的单方向流动，比如2020年以来中国对外进行的新冠疫苗援助；也可能是金融资产的单方向流动，比如近年来我国对非洲一些国家的债务豁免。

3. 变动(change)

有些国与国之间的经济交易并不是那么明显，而是因为一些变动而带来资源跨越国境的流动，这些交易活动自然也应该包括在国际收支的统计中。"变动"的具体内容多种多样，无法一一列举，我们简单介绍一些常见的变动。

(1) 移居。当一个人把住所从一个经济体搬迁到另一个经济体时就形成了移居。这时，这个人所拥有的可移动的有形资产随之输入移居的新经济体中，而不可移动的资产则变为新移居的经济体对原居住的经济体的债权。移民对其他经济体(不包括对新移居经济体)的债权债务转化为新移居经济体的对外债权债务；移民对新经济体的债权债务则不再被包括在其对世界其他经济体的债权债务中。所有这些变化的净值等于该移民对外资产净值的变化，也反映了一国居民的对外经济交往状况，因此要进行记录。

(2) 债权和债务的再分类。国际收支平衡表中的金融项目要反映债权人和债务人的动机，要根据动机的变化进行重新分类。例如，拥有国外一家上市公司股票的几个彼此独立的投资者，旨在获取股利或资本利得，这是一般的证券投资；如果他们联合起来组成一个集团，以便在管理上控制该企业，这时他们持有的证券投资就变成了直接投资，投资地位的改变需要通过再分类加以反映。

(3) 根据推论而存在的交易。有些交易并没有显而易见地表现出来，但可以根据推论而存在。例如，在国外进行直接投资的收益一般被包括进该国外子公司或分支机构的收益当中，对这部分收益进行再投资并没有实际资本流动的发生，但根据推论要记为直接投资的一部分，以反映该投资者在国外子公司或分支机构投资额的增加。在这种情况下，可以根据推论确定交易的存在，即便没有实际资金流动的发生，也要在国际收支中记录。

1.2.3 国际收支中的交易主体

国际收支所记录的交易必须由交易主体来完成，即居民与非居民之间。因此，对交易主体的划分和判断构成了国际收支统计体系的基础。那么，什么是一个经济体的居民单位呢？在一个国家(或经济体)的经济领土内具有主要经济利益中心的机构单位构成该国(或经济体)的居民单位。也就是说，对居民的判断是以居住地、经济利益等为标准的，不同于法律上的公民概念。

(1) 机构单位(institutional unit)。一个经济体的众多部门主要由两大类机构单位组成。第一类是住户，即人或人群，也就是个人或几个人组成的家庭；第二类是法定或社会实体，如公和准公司(如外国大企业在国内的分支机构)、非营利机构和政府单位等。

(2) 经济领土(economic territory)。最常用的经济领土概念是指由一个政府有效实施经济管理的地区，在这一经济领土内，人员、物资和资本可以自由流动。一般来讲，经济领土包括一国(或经济体)的陆地区域、领空、领海(及海上领土中的岛屿)，以及在世界其他地方的领土飞地①。因此，外国政府或国际组织所使用的领土飞地虽然可能坐落在一国(或经济体)的地理边界内，但是这些飞地并不作为该国(或经济体)经济领土的组成部分。

(3) 主要经济利益中心(main center of economic interest)。主要经济利益中心是与一个机构单位具有最密切联系的领土。一个机构单位如果在一个经济领土内有某种场所、住所、生产地或者其他建筑物，并且在这些地方，无限期地或者有限期但却长期地从事或者打算继续从事大规模经济活动和交易，那么就可以说它在这个经济领土内拥有一个主要经济利益中心。

(4) 居民与非居民(resident vs. non-resident)。如果机构单位在某一国(或经济体)的经济领土内具有主要经济利益中心，我们就说该机构单位是这个经济体的居民，否则就是非居民。比如家庭个人，作为居民是指他们在相对长的时间里在某经济体维持一个(系列)住处并从事各种活动。如果一个人在外国连续工作一年或更长的时间，这个人可能就被视为其经济体的非居民；当然，当该成员又回到家庭中后，就可以继续成为居民。企业居民往往拥有土地或建筑、生产场所，并计划要无限期或长时间从事大规模的物资或服务的生产。非营利机构和政府单位则是在该经济体内建立起来并被正式承认记录在案的组织；外国类似机构在该经济体一年或一年以上的分支或办事处也算作该经济体的居民单位。不过，IMF 规定，一国官方外交使节和驻外军事人员属于所在国的非居民，一些国际组织如联合国(UN)、世界银行(WB)等是任何国家的非居民。

上述对居民的规定也反映在国际收支核算的交易者原则(transactor principle)②中，即国际收支中本国和外国的界线，主要是依据交易者的居民身份。只有在居民和非居民之间的经济交易，才属于国际收支统计的范畴。

当前国际通行的国际收支统计制度中，采取的就是交易主体即交易者进行申报的原则。之所以这样规定，主要是因为只有交易主体才最清楚和了解其国际收支交易的性质和相关背景，并在必要时提供相应的证明材料。因此，交易主体具有相应的申报义务。

1.2.4 国际收支统计中的有关规定

在确定了交易的类型和主体之后，就需要根据一些具体的规定、原则进行记录。诸如计价、记账单位和折算办法、时间确定等问题，在国际收支的统计中都有相应的规定。

1. 价格

交易的计价基础一般是成交的实际市场价格，即彼此独立的买、卖双方在自愿的基础上出

---

① 飞地，指实际上位于其他领土内，由拥有或租赁它们的政府在经过它们实际所在领土的政府正式同意后，用于外交、军事、科学或其他目的的，有明确划分界线的陆地区域，如使领馆、军事基地、科学站、援助机构、具有外交身份的中央银行代表处等。

② 我国在经济改革过程中，由原先建立在行业统计基础上的国际收支统计制度变为由交易主体进行申报的国际收支统计申报制度。

于商业利益考虑达成交易时就某种物品所规定的货币金额。这个市场价格不同于市场报价、国际市场价格、公平市价等总体价格,而且不一定等同于一般性的自由市场价格(不一定是在纯粹的竞争市场环境下进行的,可能存在某种垄断)。

当然,对于非货币性的交易,可能并不存在这样的实际市场价格,比如在易货贸易、税收支付、企业的分支机构与母公司之间交易、附属企业之间交易及私人或各级政府赠予等活动中。在这种情况下,习惯的做法是利用同等条件下形成的已知市场价格推算需要的市场价格。

具体来看,在物物交换中一般以实行交换时的市场报价来推算价格;单方面转移时则假定是以市场价格卖出并计价的;而对于不在市场上交易的金融资产项目(主要是不同形式的贷款),则经常用面值作为其市场价格。

计价原则:国际收支中,一笔交易可能存在几种价格,如零售价、批发价、报关价、购进价、销售价等,如果计价原则不统一,就会歪曲国际收支数据。因此,国际收支中要求统一按居民与非居民交易时的市场价格计价。国际贸易中,有离岸价格和到岸价格的区分,国际收支中对于有形商品,一般都统一按离岸价格计价;对于运费和保险费等,则记录在服务项目下。

2. 记账单位和折算办法

全球化背景下,一个经济体的居民会与众多不同经济体的居民进行经济交易,所获得的交易原始数据当然也就会以各种不同的货币或价值尺度来表示。但是,在一份国际收支统计中,为了提高数据的可比性和通用性,不可能使用多种货币,一个统一的甚至是国际通用的记账单位就显得尤为重要。

那么,怎样选择记账单位呢?国内编制人员和国际编制人员可能存在不同的观点。前者显然会倾向于选择本国(或地区)的货币来编制,以便直接同本土交易联系起来进行分析;后者则往往出于全球性比较和分析的目的,认为有必要选择一个标准记账单位,该记账单位应该是相对稳定的,也就是该种货币所表示的国际交易的价值比较稳定。而且,这种货币应被大多数使用国际收支统计资料的人所熟悉。基于以上考虑,以中国为例,现在就分别用人民币、美元和特别提款权(SDR)编制国际收支平衡表。

选定了记账单位后,就要选择合适的汇率将用其他货币发生的交易金额转换成用记账单位来表示的交易金额。一般来讲,有多种选择方式,如:该交易发生的当日市场汇率、附近最短时期内的平均汇率、对外交易的所有官方汇率的加权平均值,或者某种适用于大多数对外交易的实际汇率。对于金融类项目,则一般使用资产负债表相对应时间的市场汇率或其他有效汇率。

货币折算原则:一个国家同若干个国家(或地区)发生经济往来,采用不同的货币进行结算,但在国际收支核算时,又必须按照统一的货币单位来记账,这就需要对各种不同的货币进行折算。不同货币折算时,最好选用签订的合同中所规定的汇率,因为它体现了交易时的市场价格。但是,实践中也可能在一些情形下采用变通的方法,例如选择交易期间挂牌的市场汇率的平均值。

3. 时间确定

国际收支中发生一笔交易,往往涉及几个相关的时间,如签约时间、服务完成时间、收款和付款时间等。按照不同时间来记录这些交易，会导致记录范围的不同。那么，在时间表现比较复杂的时候，应该怎样确定该笔交易所归属的时间范围呢？一般要遵循权责发生制的原则，也就是在经济价值被创造、转换、交换、转移或消失时进行记录。因此，经济所有权转移或提供服务的时间，就是国际收支要记录的时间。

经济所有权变更原则：在权责发生制下，经济所有权变更被视为货物、非生产非金融资产和金融资产交易确定记录时间的核心。"经济所有权"一词反映了经济账户所要衡量的实际情况，它考虑的是，所有权的风险和收益位于哪一方。因此，经济所有权变更意味着与所有权有关的所有风险、收益及权利和义务都发生了实际转移。对于进出口货物，按其作为实际资产在账户上的变更时间及相应的金融账户上发生变化的时间记录；服务交易通常是在提供服务之时进行登记；金融交易一般以债权人和债务人分别在其账户上进行记载的时间为准；储备资产的变化按银行记录的时间；等等。当经济所有权变更不明显时，则认为交易各方在其账簿或账户中记录的时间为变更发生的时间。

专栏 1-1　中国的国际收支统计

中国很长时期内只编制外汇收支计划，作为国民经济发展计划的一个组成部分。在实行改革开放政策后，随着对外经济交往的增多，外汇收支范围扩大，收支总额增大，国际收支在国民经济中的作用越来越重要，并且对世界各国的影响也越来越大。因此，国家外汇管理总局从1984年开始编制并公布中国的国际收支平衡表。在具体的国际收支统计方法上，中国也在不断改进。

按照IMF的《国际收支手册(第5版)》(1993年，BPM5)的原则，结合中国具体情况，1995年9月以中国人民银行行长令颁布实施了《国际收支统计申报办法》。2003年，修改完善后的《国际收支统计申报办法实施细则》取代了上一版本。

2013年，国务院发布了《国务院关于修改<国际收支统计申报办法>的决定》，以吸收国际货币基金组织2008年发布的《国际收支和国际投资头寸手册》(第6版)所提出的更高要求。

目前，我国外汇储备管理局(www.safe.gov.cn)提供关于国际收支平衡表等方面的统计数据。对于国际收支平衡表，按照BPM6标准提供从1998年开始的季度数据，按照BPM5标准提供1982—2014年的年度数据；对于国际投资头寸表，提供从2004年开始的年度数据。关于对外贸易的具体信息，可以登录商务部网站(www.mofcom.gov.cn)查询。

美国的国际收支统计信息可以登录其商务部(Department of Commerce)下的经济分析局(Bureau of Economic Analysis)的官方网站(www.bea.gov)查询。其他国家的信息可以登录该国相应的政府部门网站进行查询。

1.3　国际收支平衡表分析

视频

通过前两节的介绍，我们已经了解国际收支平衡表应该包括的内容，对该报表的解读可以服务于人们研究分析一国的对外经济交往状况。那么，国际收支平衡表是如何设计的？如何记录？又如何进行科学分析呢？这就是本节要回答的问题。

1.3.1 国际收支平衡表的标准构成

在实践中，各国编制的国际收支平衡表的具体格式可能有所不同；即便是在一个经济体内，由于经济环境的变化，也可能在不同的时期采用不同的格式。一般来说，各国国际收支平衡表的编制遵循以下三个步骤。

第一步：设置项目(item)。国际经济往来中的交易所涉及的标的、支付方式多种多样，根据它们的属性、数据来源和分析需要等因素，可以将其分成不同的项目，在每个项目下进行交易数额的汇总。

第二步：对各个项目进行归类，使其分属于不同的账户(account)。各国按照各个项目的相同点和差异，并结合实际分析需要，设立不同的账户，即经常账户、资本账户和金融账户；经常账户反映一国与外部世界之间的商品和服务等实际资源的移动，资本账户和金融账户则反映金融资产在本国与外部世界之间的移动。

第三步：根据习惯、传统等原因对项目与账户进行排列。这种排列应该有其内在的逻辑性和有机性，这样才能使对国际收支平衡表的分析更方便、更有意义。

根据以上步骤和原则，各国都形成了自己的国际收支平衡表。这里，我们来看一下 IMF 给出的标准国际收支平衡表，如表 1-2 所示。

表 1-2 国际收支——标准组成部分

国际收支	贷方	借方	差额
经常账户			
货物和服务			
货物			
服务			
初次收入			
雇员报酬			
利息			
公司的已分配收益			
再投资收益			
租金			
二次收入			
对所得、财富等征收的经常性税收			
非寿险净保费			
非寿险索赔			
经常性国际转移			
其他经常转移			
养老金权益变化调整			
经常账户差额			
资本账户			

(续表)

国际收支	贷方	借方	差额
非生产非金融资产的取得/处置			
资本转移			
资本账户差额			
净贷出(+)/净借入(-)(来自经常账户和资本账户)			
金融账户(按职能类别)	资产净获得	负债净产生	差额
直接投资			
证券投资			
金融衍生产品(储备除外)和雇员认股权			
其他投资			
储备资产			
资产/负债变化总额			
净贷出(+)/净借入(-)(来自金融账户)			
误差与遗漏净额			

由于经济活动本身不同的性质及它们会对一国经济造成不同的影响，为了便于国家间比较，IMF 提出了上述的标准组成；主要由三大账户组成，即经常账户、资本账户和金融账户，另外还有一个人为设立的对冲账户"误差与遗漏净额"。

各个经济体会根据自己的需要对标准的国际收支平衡表进行一定的调整，比如中国的国际收支平衡表中就将资本账户和金融账户合并为资本和金融账户。但是，这种变化并不改变国际收支平衡表的基本构成和性质，所以也不会妨碍我们参照标准构成进行分析。

1.3.2 国际收支的项目和账户

1. 经常账户

经常账户(current account)包括居民和非居民之间所有涉及经济价值的交易，还包括未得到任何回报的经常性经济价值转移的抵消项目。经常账户在整个国际收支总额中占有主要地位，具体可以细分为货物和服务、初次收入和二次收入，它大体反映了实际资源在一国与外部世界之间的转移。

(1) 货物和服务(goods and services)。货物贸易又称有形贸易，是指有形商品的进口和出口，包括汽车、原油、机械、水果、粮食等，通常是各国国际收支中特别重要和特别大的项目。一个经济体进出口商品的种类、数量和价格水平对该经济体的国际收支、经济发展都具有重要的影响。服务又称无形贸易，反映服务的输出和输入，包括提供如运输、保险、通信、旅游等无形服务所引起的收支。

(2) 初次收入(primary income)。这一项目是居民与非居民之间的初次收入流量，反映机构单位因其对生产过程所做的贡献或向其他机构单位提供金融资产/出租自然资源而获得的回报。具体来讲，包括由于劳动力在国家间的流动而引起的雇员报酬，与资本输出入相关的投资收益及包括租金等的其他初次收入。

(3) 二次收入(secondary income)。与经常账户下其他项目不同,这一项目本身并不对应于某种实际资源,而是一个人为设立的承接项目,用于平衡那些单方面的、无对等的交易(unrequited transfers),即经常转移(current transfers)所产生的单项记录。经常转移主要包括政府的对外援助(foreign aids)和私人部门间的汇款、年金、赠予等,具体可以进一步按接受或提供转移的机构部门分类,如各级政府的转移和其他部门的转移。

转移项目不直接产生于交换过程之中,所以它的价格通常很难确定。一般可以用转移项目所涉及的实际资源的市场价格来代替;在市场价值不存在的情况下,应该按其由生产要素所决定的成本计算或按假设在销售该资源情况下所定的价格来进行估算。

2. 资本账户

资本账户(capital account)包括非生产非金融资产的取得/处置和资本转移。"非生产非金融资产的取得/处置"中的资产包含自然资源、"契约、租约和许可"及营销资产。营销资产包括品牌、报刊名称、商标、标志和域名等。

资本转移也是一个承接项目,对应的是一方提供用于资本目的的资源,但该方没有得到任何直接经济价值回报的交易。该交易中,其是资产(非现金或存货)所有权从一方到另一方的转移,或者是使一方或双方获得或处置资产(非现金或存货)的转移,再或者为债权人减免负债的转移。资本转移通常金额较大且频率较低。

3. 金融账户

金融账户(financial account)记录涉及金融资产与负债、发生于居民与非居民之间的交易,表明一经济体对外金融资产的净获得和负债的净产生。因此,不同于其他账户,这个账户采取的是净额记录的方法。

根据金融工具和职能类别,这一账户可以划分为直接投资、证券投资、金融衍生品和雇员认股权、其他投资和储备资产几个项目。

(1) 直接投资(direct investment)。直接投资①是跨境投资的一种,是一个经济体的居民对另一个经济体的居民企业实施了管理上的控制和产生重要影响,反映了从其获取长远利益的目标。在这种情况下,该居民单位就是直接投资者,该企业就是直接投资企业。直接投资者通过拥有企业一定比例以上的普通股或投票权与企业建立长期的关系,对企业经营管理施加有效的影响。比如,拥有10%以上的表决权,就可以认为是存在重要影响;拥有50%以上的表决权则被认为存在控制。当然,直接投资关系也可以间接地确立。另外,这种直接投资也可以是反向进行的。

(2) 证券投资(portfolio investment)。证券投资是指为了取得一笔预期的货币收入而进行的投资,是有关债务或股本证券的跨境交易和头寸。证券投资包括但不限于在有组织市场或其他金融市场上交易的证券。这一项目下还可以再具体按照工具、原始或剩余期限或机构部门等进行分类。

(3) 金融衍生品(financial derivatives)和雇员认股权(employse stock options,ESOs)。直接投

---

① 直接投资中包括收入的再投资。

资和证券投资的目的是获得较稳定、可预期的收益，投资期限大多较长(通常要大于一年)，因此它们一般来说属于长期资本。那么与长期资本相对应的就是短期资本，指期限为一年或一年以内的资金。近年来，一方面国际市场上有大量资金，一方面全球的金融市场联系越来越紧密，使得短期资本在国际范围的流动迅猛增长。其中，对金融衍生品的投资占了很大比重。金融衍生品通常以某一个特定的金融工具、指标或商品为基础，从这些基础资产中派生形成；期权和远期合约就是非常典型的衍生品，我们会在第 13 章中详细探讨。

雇员认股权则是一种报酬形式，是向公司雇员提供的一种购买公司股权的期权。作为期权，雇员认股权其实也是一种金融衍生品，但它们具有不同的性质，如在有关授予日和归属日的安排上。另外，它们的目的也有所不同，主要是为了鼓励雇员为提升公司的价值做贡献，而不是通过交易风险获利。不过，如果授予雇员的认股权可以不受限制地在金融市场上交易，就列为金融衍生产品。

(4) 其他投资(other investment)。这是一个剩余项目，包括所有直接投资、证券投资等项目中没有涵盖的金融交易。通常有货币和存款、贷款、保险技术准备金、贸易信贷和预付款、其他应收款等具体项目。与直接贷款和金融衍生品不同的是，在"其他投资"下的很多细分项目，可以进行长短期限的划分。长期投资是指原始合同期限为一年以上或无期限的投资；短期投资则是随时可能支付或期限在一年以下(包括一年)的投资，比如上面讲到的短期资金。

(5) 储备资产(reserve assets)。储备资产是指货币当局随时可以利用并控制的外部资产，包括货币性黄金、特别提款权、在 IMF 的储备头寸及外汇储备。其中，外汇储备是储备资产中最重要的构成部分。

在自由的市场经济下，政府凭借其行政权力有时很难达到有效干预的目的，而且要受很多限制。所以，有的时候，为了调整收支失衡，或者为了维持外部世界对其货币及经济的信心，一国货币当局就必须通过资金介入市场，通过干预市场来稳定币值。这部分可以由货币当局随时利用并控制的资产就是储备资产——主要是其中的外汇储备。后面我们会经常用到外汇储备这个概念，还会在第 10 章专门讨论国际储备。

4. 误差与遗漏净额(net errors and omissions)

在国际收支平衡表中，还人为地设置了"误差与遗漏净额"，以抵消统计过程中由于源数据和编制等原因导致的错误，使国际收支平衡表总能达到总体的平衡。

1.3.3　国际收支的记账规则

学习了国际收支平衡表中的具体项目和账户，接下来要解决的是如何把各种交易数字记录在相应的账户和项目中。通过观察国际收支平衡表可以发现，在表的右半边有两栏记录数字的地方，分别被冠以"贷方"(credit)和"借方"(debit)，这就涉及在记录国际收支时要遵循的基本记账原则。对国际收支平衡表的记录，借用了在会计中普遍采用的复式记账法(double-entry accounting system)，即在表中的每个项目下都有借、贷两个方向，任何经济交易都要以相等的数额，分别记入表中的借方和贷方。

那么，怎样对一笔交易进行借、贷的复式记录呢？对于一笔待计入国际收支的交易，应先根据这笔交易所涉及的标的(或其他属性)来定位两个项目。先来看国际收支中最大量的交易——交换，它是两种经济价值的交换。这两种经济价值对应两个项目，比如本国出口一批货物，获得外汇收入，对应的两个项目就是表 1-2 中经常账户下的货物和金融账户下的其他投资(更细分的银行存款项目没有列出)。

定位了项目之后，就要遵循对项目或账户所制定的规则来进行借贷记录。

经常账户下一般涉及实际资源的流动，因此，记账的规则可以从实际资源的流动方向来看。如果实际资源从本国向外国流出，则记入贷方；如果实际资源从外国流入本国，则记入借方。上面例子中的出口，从货物这个项目来看，这批货物所代表的实际资源在向外走，所以根据规则将其金额记入贷方。

资本和金融账户涉及的是一个经济体的对外资产、负债变化，因此可以从这个角度来看记账规则。如果一笔交易在这里的项目上引起本经济体对外资产减少，或对外负债增加，则将该金额记入贷方，对应到表 1-2 中则是位于右列的"负债净产生"，即只记录净值；相反，如果在这个项目上本经济体对外资产在增加，或对外负债在减少，则记入借方，即位于左列的"资产净获得"，也只记录净值。比如，我们上面的例子中涉及金融账户下的其他投资项目，本国居民获得出口收入存入外国银行后本国对外资产在增加，因此记入借方。至此，我们的例子就有了"有借有贷、借贷相等"的记录。

因为交换涉及两种经济价值，所以自然就可以定位两个项目[①]。但是，对于转移类的交易，只涉及一个经济价值，这时就需要人为设计的转移项目来承接。此时，要先在与经济价值对应的项目上按照上述的规则进行借或贷的记录，再在转移项目上进行相反的记录，这就可以保证"有借有贷、借贷相等"了。

国际收支中还有很多交易可能不那么直观地告诉我们，应该记录在哪两个甚至多个项目上，这就需要在实践中不断地学习和积累。我们这里只简单解读了基本规则。

另外，除了根据在不同账户和项目下的规则来记账之外，还可以遵循一个普遍的规则来确定借贷方向。那就是，凡是一项交易在该项目上引起本国从外部世界获得外汇收入的(即在外汇市场上形成供给)，记录在贷方；凡是一项交易在该项目上引起本国对外部世界支付外汇的(即在外汇市场形成需求)，则记录在借方。如果我们假设本国居民只会在手中持有本币资金，也只需要保有本币资金；所有对外交易都是用外汇结算的，那么，上面的规则也可以这样说：凡是在该项目上引起外汇供给的经济交易都记入贷方，因为本国获得外汇收入后要卖出换成本币；凡是引起外汇需求的经济交易则记入借方，因为本国居民要先在市场上买入外汇再进行外汇支出。从外汇收支的角度理解记账规则，既是一个相对简单的规则，也为我们后面学习和理解汇率打下基础。

根据复式记账原理，任何一笔经济交易都会做两笔数额相同的记录。因此，最后国际收支平衡表中所有项目的借方总额和贷方总额必然相等，即总差额为零。但是，在国际收支的实际统计、编制过程中，各部门统计口径的差异、统计技术水平限制等因素都会导致一些错误与遗漏的出现，使本该平衡的统计表不能达到平衡。因此，为了使国际收支中借方和贷方总能达到平衡，就专门设计了一个平衡项目：误差与遗漏净额，以对冲掉可能产生的误差。当前面的统计结果是借方大于贷方时，两者之间的差额就记入该项目的贷方；当前面的统计结果是贷方大于借方时，

[①] 一般的交换就是两笔价值的互换，但也不排除包括更多价值，比如出口 100 万美元商品，其中以 50 万美元获得出口收入，另外以 50 万美元其他货物抵补。这里我们只讨论最基础、最简单的情形。

两者之间的差额就记入该项目的借方。一般来讲，这一项目的存在并不妨碍国际收支平衡表的相对准确性。但是，如果这个数字较大且长时间不能扭转的话，则需要给予必要的关注。

专栏 1-2 误差与遗漏净额

一般情况下，误差与遗漏净额的规模相对整个国际收支所涉及的经济规模非常小，所以可以忽略不计。根据 IMF 的统计经验，如果这一项在进出口贸易总额的 5% 以内，是可以接受的。但是，如果这一数据持续地出现在某个方向上，或者突然变大，则可以通过对这一项目的分析发现一些实际经济中可能存在的问题，或者提供有关数据问题的有用信息。例如，有些国家为了鼓励出口，会实行出口退税政策，这使一些企业可能为骗取退税而虚报出口，导致出口额过高而资本流入数额过低，造成国际收支借方余额小于贷方余额，从而使误差与遗漏净额借方持续出现较大数值。还有一些为了逃避管制而进行的资本外逃或资本流入也会假借各种合法的名义进行，但对不上账，最终也会反映在误差与遗漏净额中。

根据以上的分析，可以总结国际收支统计中各账户和项目下进行贷方和借方记录的原则，如表 1-3 所示。

表 1-3 国际收支记录规则

账户和项目	贷方	借方
经常账户		
货物和服务	出口货物和服务，实际资源减少	进口货物和服务，实际资源增加
初次收入	向外提供生产要素，从国外得到要素收入和财产收入	从外部获得生产要素，付给国外要素收入或财产收入
二次收入	平衡经常转移带来的借方项目	平衡经常转移带来的贷方项目
资本账户		
非生产非金融资产的取得/处置	非生产非金融资产的处置	非生产非金融资产的取得
资本转移	平衡资本转移带来的借方项目	平衡资本转移带来的贷方项目
以上两账户的记录规则	按交易的全值记录	
金融账户		
直接投资	获得外商直接投资	向外进行直接投资
证券投资	获得外部的证券投资	向外部进行证券投资
金融衍生产品(储备除外)和雇员认股权	对外资产减少或负债增加，比如从国外借款	对外资产增加或负债减少，比如贷款给国外
其他投资		
储备资产	储备资产减少	储备资产增加
金融账户的记录规则	按交易的净值记录，所以借方记录金融资产净获得，贷方记录金融负债的净产生	
以上账户的一般规则	引起货币收入、外汇的供给	引起货币支出、外汇的需求
误差与遗漏净额	如果上面最后多出一个借方额	如果上面最后多出一个贷方额

从学习规则到实际记录，恐怕还有一条很长的路要走。这里，我们就通过几个具体的例子来介绍一下。

专栏1-3　国际收支平衡表的编制举例

假如A国要对其一年内发生的6笔国际经济交易进行国际收支记账，这些交易和记录方法具体如下。

(1) 国外旅游者在A国旅游，A国旅游部门在该年收到各种类型的外汇旅行支票总额为100万元。这笔交易涉及经常账户下的服务，引起货币收入的交易记入贷方，借方则记录在金融账户中的其他投资下，因为旅行支票等属于此类。

(2) A国居民本年遭受了洪水，收到国外的救援物资价值200万元。显然，这是一个单向的经济交易，一方面涉及货物，另一方面就只能用"经常转移"来承接。在货物项上，从其移动方向上看类似进口，是外部货物进入，所以这里要借记；相应地，在二次收入的经常转移项目下就要贷记。

(3) A国某公司购买外国的股票共获收益300万元，存放在该国的银行账户上。这笔交易对于A国来讲，一方面是投资收入，另一方面是对外资产增加，因此涉及国际收支中经常账户下的初次收入和金融账户下的其他投资，分别是贷方和借方。

(4) A国进口价值400万元的商品，并向国外出口商以当地银行短期存款支付货款。这笔交易涉及经常账户下的货物，进口相应记入借方；另外一个必然是贷方，应该出现在哪里呢？短期存款属于金融账户中的其他投资，因此记入贷方。

(5) 外国某企业以价值500万元的机器设备向A国投资开办合资企业。这一交易涉及货物和直接投资。在货物项下，该货物是从外国进入A国，类似于进口，所以记录在借方；在直接投资下，本国获得直接投资，或者说是对外负债增加，这些都意味着记入贷方。

(6) A国动用外汇储备(相当于)600万元干预外汇市场，进入市场卖出美元买入本币。这一交易涉及储备资产，根据规则储备资产减少时记入贷方。那么，另外一个借方记录在哪里呢？外汇储备由中央银行卖出，由私人部门买入，因此，本国私人部门在买入美元后对外资产在增加，属于金融账户下其他投资项目中的借方。

以上交易可以汇总在国际收支平衡表中，见表1-4。

表1-4　国际收支平衡表记录

(单位：百万元)

账户和项目	贷方	借方	差额
经常账户			
货物和服务	1	2+4+5	-10
初次收入	3		3
二次收入	2		2
资本账户			
金融账户			
直接投资	5		5
证券投资			
金融衍生品和雇员认股权			
其他投资	4	1+3+6	-6

(续表)

账户和项目	贷方	借方	差额
储备资产	6		6
误差与遗漏净额			
合计	21	21	0

从表 1-4 可见，每一项交易都是复式记录，因为这里记录得非常精确，也就不存在误差或遗漏问题，贷方、借方总额必定相等。最后一列为差额，就是贷方减去借方的数字，它们的含义要在下一部分"国际收支的差额分析"中详细学习。

我们学习了国际收支中的各个项目和账户，并且知道出现在每一项目下借、贷方的数字的含义，就可以对国际收支进行一些账户分析。这一分析可以就某个项目的某个方向上的数字展开，也可以对一些项目构成的账户进行分析。这些分析既可以对本国各个时期的同一数字进行纵向比较分析，也可以与其他国家的同一数字进行横向比较分析。不过，更多的时候，我们需要分析国际收支中形成的差额，即接下来的国际收支差额分析。

1.3.4 国际收支的差额分析

按照复式记账原则，每一笔国际经济交易将会产生金额相同的一笔借方记录和一笔贷方记录，如果不考虑在记录过程中出现的误差和遗漏，最终所有的借方总额与贷方总额一定是相等的。但是，一般来说，上述两笔数额相同的记录并不会记录在同一个项目下，所以，如果给某两个项目之间画上一条线，那么在这条线上的所有项目的借方总额和贷方总额之间就会产生局部差额。

不同的画线方法，会产生不同的差额。不同差额反映的外汇供求范围有所不同，并且可以从某种角度揭示一国在对外经济交往中的状况。这些需要我们进行科学的设置和分析，从而形成国际收支差额分析。

当然，发现差额并进行分析的最终目的是寻求平衡。所以，我们应先来看看国际收支中所记录的交易背后可能具有的不同动机或目的，以便更好地理解国际收支平衡的含义。居民和非居民单位从事经济活动的目标是利润最大化(或其他自我考虑)，因此，在这样的目标驱动下所产生的交易通常被称为自主性交易(autonomous transactions)。自主性交易是相对独立发生的交易，所产生的货币收支也就不必然相抵，于是可能带来对外汇的超额需求或超额供给。与此同时，政策当局可能出于调控需要参与国际经济活动，即进行补偿或调节，因此会发生补偿性交易(compensatory transactions/accommodating transactions)。国际收支是否均衡，主要是看自主性交易总体上是否均衡。

当然，在实践中，上述区分往往会面临难以逾越的技术性困难，而且有时补偿性交易中也可能含有自主性的成分，所以许多国家也只是按此思路同时采用几种画线方法获得若干差额来相互补充地分析本国的国际收支状况，并且根据所关注的问题而有所侧重。

1. 经常账户差额(CA)

在经常账户与资本、金融账户之间画一条线，线上项目包括货物、服务、收入和所有经常转移交易,这些项目的借贷双方的差额就构成了经常账户差额。经常账户差额包括以下三个部分:①货物出口和货物进口产生的差额,即商品贸易差额(merchandise balance);②由服务贸易带来的差额,即服务贸易差额(service trade balance);③由收入和经常转移带来的差额。其中,由于商品贸易的规模比服务、收入和经常转移的数额要大得多[①],并且比较易于迅速收集,所以,商品贸易差额在经常账户差额中最为重要。在实际分析中,商品贸易差额也经常被用来近似地替代经常账户差额。

经常账户下的商品、服务等交易标的的属性,使经常账户差额可以大体上反映实际资源在一国与外部世界之间的转让净额:借方总额大体反映了实际资源流入的总量,贷方总额则大体反映了实际资源流出的总量[②]。而这些诸如商品、服务的实际资源,一般只要发生就不可撤销(相反,金融债权或负债甚至在短期内都经常被撤销),而且其流动一般是不可逆的。所以,用经常账户差额来衡量或预测经济发展和政策变化的效果可能更为可靠。

对经常账户差额的分析,也可以简单地利用在国民收入核算中使用的方程式来展开。对于一个封闭的经济体而言,在一个观察期里,例如一年,国民收入的总供给就是各种生产要素所生产出来的产量的总和 Q;这个总和又可以用各种生产要素得到的相应收入,即工资、利息、地租和利润来代表,从而形成国民收入 Y[③],而这些收入最终会分解为私人消费、私人储蓄和政府税收。所以,可以得到式(1-1):

$$Q = Y = C + S_p + T \tag{1-1}$$

再从总需求的角度观察国民收入,需求分别来自消费、私人投资[④]和政府开支,这些开支当然是由其收入 Y 支撑的,所以可以得到式(1-2):

$$Y = C + I + G \tag{1-2}$$

此时,对于宏观经济而言,最终可以获得等式(1-3):

$$C + S_p + T = C + I + G \tag{1-3}$$

将政府税收与政府支出的差额($T-G$)看作政府储蓄(S_g),私人储蓄(S_p)和政府储蓄(S_g)共同构成国民储蓄,记为 S,则上式可以转换为式(1-4):

$$I = S \tag{1-4}$$

也就是说,在封闭的经济中,一国的总投资完全由其国民储蓄提供,国民储蓄必须与投资相等。

但是,当经济体从封闭走向开放、资源的流动范围更加广泛时,从总需求的角度看,需求不仅来自私人消费、私人投资、政府购买,还包括由净出口($X=EX-IM$)代表的外部世界对本国的需求,这些需求都以本国的产出 Q 来支撑,从而得到式(1-5):

$$Q = C + I + G + EX - IM \tag{1-5}$$

[①] 以 2023 年的中国国际收支为例,在"货物"一项上,贷方、借方占经常账户贷、借方总额的比重约为 80%。
[②] 经常转移是一个人为设计的承接项目,其所包含的资源已经在另一个项目中进行了记录。
[③] 国民收入通常也用 GNP 来表示。但是,严格来讲,国民收入应该等于 GNP 减去折旧,加上净单边转移支付,再减去间接商业税。不过,我们这里简单地把两者看作可以互换的词。
[④] "投资"一词经常被用来描述个人对股票、债券或房地产的购买,但是,这里的"投资"指的是被用于生产未来产品的那部分产出,是增加一国资本存量的。因此,不要把这个词的日常含义与作为 GNP 组成部分的经济学定义相混淆。

此时的国民收入 Y 仍然来自总供给,分解为私人消费、私人储蓄和政府税收,同式(1-1)的右半部分,即:$Y = C + S_p + T$。但是,这时不能再简单地在国民收入 Y 和国内产出 Q 之间建立等式关系了。因为,在开放经济中国民收入不仅包括国民产出,还包括来自国外的净要素收入(记为 R),也就是 $Y = Q + R$。

> **专栏 1-4 GDP 与 GNP**
>
> 实际上,我们这里讲的国民收入 Y 和国内产出 Q 一般的表示方法是 GNP 和 GDP。这两个指标都是对国家产出的衡量。GDP 是从地理角度来衡量的,而 GNP 是从一国的居民所拥有的与产出对应的要素收入角度来衡量的。所以,GDP 是一国内所有产出的总值,而 GNP 是一国所有居民的收入。在封闭经济中,一国所有居民的产出带来其收入,两个指标必然相等。但是,在开放经济中,这两个指标就可能存在差异。例如,中国东北边境有些工人有时会到邻国打工,那么,他们打工创造的产出是邻国而不是中国的 GDP,但这些工人获得的报酬是中国而不是邻国的 GNP。因此,此时要想在 GDP 和 GNP 之间画上等号,必须进行一定的调整。当然,一般这一差异相对很小,所以有些时候人们就近似地将它们画上等号了。

根据 $Y = Q + R$ 可以得到式(1-6):

$$Y = C + S_p + T = C + I + G + EX - IM + R \tag{1-6}$$

从前面对国际收支项目和账户的分析可知,$EX - IM + R$ 近似等于经常账户差额 CA(如果对经常转移等项目的影响忽略不计的话[①]),于是进行一定的移项和处理就可以得到式(1-7):

$$S = I + CA \tag{1-7}$$

该式反映了开放经济与封闭经济的一个重要差异:在封闭经济中,资本存量的形成和增加完全依赖于本国的国民储蓄;但在开放经济中,资本存量与经常账户顺差共同消耗掉本国形成的国民储蓄。所以,经常账户的顺差使内储蓄有一部分被转移到了外国,形成了"对外净投资"或"对外净资产"。

反过来,开放经济中投资的增加不必完全依靠提高国民储蓄率,即使在国民储蓄保持不变的时候,也可以靠经常账户逆差所对应的对外净负债来支持投资的增加,即 $I = S + (-CA)$,S 的增加可以带来 I 的增加,$(-CA)$ 部分增加也可以带来 I 的增加。

将式(1-7)再进行一定的还原处理可以得到式(1-8):

$$CA = (S_p - I) + (T - G) \tag{1-8}$$

可以将经常账户余额与私人储蓄、国内投资、政府行为之间建立起联系。政府的预算赤字 BD(budget deficit)等于支出减去税收($G - T$),所以上式就变为式(1-9):

$$CA = S_p - I - BD \tag{1-9}$$

在其他条件不变的条件下,私人储蓄的上升必然导致经常账户余额的增加,而投资和政府预算赤字的增加则导致经常账户余额的下降。如果政府部门的赤字不能由私人部门的净储蓄来抵消的话,就会出现经常账户赤字,所以政府的预算情况是影响经常账户差额的重要因素之一。

---

① 经常转移等项目的数额很大时,就会出现偏差。这一点会通过一个案例来解释。

专栏 1-5　一个经常账户差额与经常转移关系的例子

图 1-2 给出美国 1961—2005 年的几个数据：国民投资 I、国民储蓄 S 和经常账户差额 CA（这里用的是它们占 GDP 的比例）。

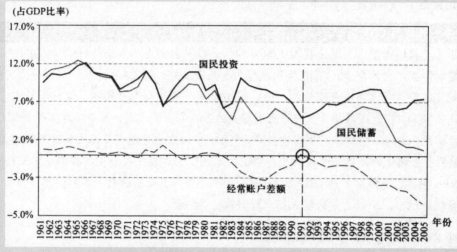

图 1-2　经常账户差额与经常转移关系(美国 1961—2005 年)

从图 1-2 看，几个数据的走势基本与我们在差额分析中推导出的关系式 $S-I=CA$ 相吻合。但是，图中圆圈中的点(1991 年的数据)好像有点问题。从虚线所测度的距离来看，该年度美国的储蓄仍然与投资有不小的差距，根据 $S-I=CA$ 就应该有一个小于 0 的 CA，然而当年的 CA 是大于 0 的。怎样解释这个矛盾呢？我们前面理论分析中的 CA 其实是忽略掉经常转移差额的。一般情况下，经常转移涉及的金额都比较小，所以忽略掉也影响不大。

但是 1991 年海湾战争结束后，联合国其他成员国就以单向转移的方式向美国补偿战争开支，使其经常转移项下出现了大额的贷方项目，最后使当年的经常转移顺差 99 亿美元，再加上当年相对较小的经常账户其他项目逆差，最后使经常账户还获得了 28.5 亿美元的顺差。因此，在某些特殊的情况下 $S<I$ 是可能与 $CA>0$ 并存的。

2. 金融账户差额

从上面画出经常账户差额的线向下看的话，则包括资本账户和金融账户。一般而言，资本账户涉及的金额相对很小，所以在实践中意义不大，通常可忽略处理。因此，我们的主要关注点就落在了包括直接投资、证券投资和其他投资及储备资产等项目的金融账户。与经常账户相反，这里记录的是外部世界与本国在资金、资本流动上所形成的净额，如投资净额、贷款/借款净额等。这个账户也可以在一定程度上反映该经济体资本市场的开放程度和金融市场的发达程度。

但是，这个账户下的储备资产背后的主体是作为公共部门的货币当局，与其他项目有所不同，所以，我们再把金融账户差额细分为金融账户净额(FA)和储备资产差额(RT)。前者指除去储备资产的所有该账户中项目的差额，后者则是储备资产一项上的差额。因为差额由贷方减去借方而得，而前面的国际收支记账规则指明，金融资产项目下贷方表示负债的增加或资产的减少，借方表示负债的减少或资产的增加。因此，金融账户净额 FA 大于 0 则意味着本国对外负债净增加，FA 小于 0 则意味着本国对外资产净增加。对于储备资产差额 RT，大于 0 表示储备资产(也是一种对外资产)在减少，小于 0 则意味着储备资产在增加。这可能与我们平时对储备资产的感觉不太一样。

同时，根据记账规则可以知道，金融账户中的贷方数字代表了资金的流入，而借方数字则表示资金的流出。因此，可以用金融账户差额来分析一国财富的变动及变动的途径。其中，重要的一点是考虑影响金融流量的诸因素，这些因素主要是指影响国外和国内资产的收益率和风险的各种因素，其中包括利息率、直接投资和其他投资的回报率、预计的汇率走势和税收方面的规定等。

3. 几个账户差额之间的关系

根据复式记账原理，国际收支平衡表中的所有账户的差额总和应该为 0。在我们上面的假设和分析下，就有式(1-10)：

$$CA + FA + RT = 0 \tag{1-10}$$

即式(1-11)：

$$-CA = FA + RT \tag{1-11}$$

这一等式建立起了几个账户差额之间的关系。从数额上看，经常账户与金融账户差额一定大小相等、方向相反。当经常账户顺差时，金融账户逆差($FA+RT<0$)，对外净资产增加；当经常账户逆差时，金融账户顺差($FA+RT>0$)，对外净负债增加。联系起式(1-7)所建立的经常账户差额与储蓄、投资之间的关系式，就更好理解了：

$$I = S + (FA + RT) \tag{1-12}$$

如式(1-12)，当国内储蓄(S)的增长不足以支持国内投资(I)的增长时，也就是 $I>S$ 时，必须有 $FA+RT>0$，即通过积累对外净负债来弥补本国的储蓄缺口；当国内投资没有充分用尽国内储蓄时(即 $I<S$)，必须有 $FA+RT<0$，即形成对外净资产。

但是，具体到金融账户中的差额 FA 和 RT，两者又可以有不同的表现。相对来讲，储备资产差额 RT 表示的是官方持有的对外资产的增减，金融账户净额 FA 则基本上可以被理解为一国私人部门①持有的资产或负债的变化。一国总的对外净资产/负债的增减情况取决于两个部门的变化的净值。表 1-5 就具体给出了几种差额组合的情况及其对应的经济含义。

表 1-5 国际收支中差额组合的情况及其对应的经济含义

经常账户差额	投资和储蓄	金融账户净额和储备资产差额		经济含义
$CA=S-I$	I, S	FA, RT		
$CA>0$	$S>I$	$FA+RT<0$	$FA<0, RT<0$ $CA=|FA|+|RT|$	国内储蓄大于投资，经常账户顺差；资金流出。经常账户顺差所积累的储备一部分被资金流出消耗掉，所以储备的增加小于经常账户顺差

---

① 私人部门也可以包括国有企业这样的经济实体。

(续表)

经常账户差额	投资和储蓄	金融账户净额和储备资产差额	经济含义
		$FA<0,\ RT>0$, $\|FA\|>RT,\ \|FA\|=RT+CA$	国内储蓄大于投资，经常账户顺差；资金流出，资金流出的一部分来自经常账户的顺差，但还得有一部分由储备支持，所以储备减少
		$FA>0,\ RT<0$, $FA<\|RT\|,\ \|RT\|=FA+CA$	国内储蓄大于投资，经常账户顺差；资金流入；它们都带来储备的增加，增加额是顺差和资金流入的总和
CA<0	S<I	$FA+RT>0$	$FA>0,\ RT>0$, $\|CA\|=FA+RT$	国内储蓄小于投资，经常账户逆差；资金流入；经常账户的逆差一部分由资金流入来支持，一部分由储备支持，所以储备减少
		$FA>0,\ RT<0$, $FA>\|RT\|$, $FA=(-CA-RT)=\|CA\|+\|RT\|$	国内储蓄小于投资，经常账户逆差；资金流入，储备增加；资金流入比较大，一方面支持经常账户的逆差，另一方面能带来储备的增加
		$FA<0,\ RT>0$, $\|FA\|<RT$, $RT=(-CA-FA)=\|CA\|+\|FA\|$	国内储蓄小于投资，经常账户逆差；资金流出；资金的流出和经常账户的逆差同时消耗大量的储备，所以带来储备的减少

注：在这里不考虑 CA、FA 和 RT 为零的偶然情况；|XX|表示数值 XX 的绝对值。

以上是经常账户差额、金融和储备资产差额可能存在的一些组合，但其中并没有固定的、单一的因果关系。例如，经常账户的逆差可以是原因，从而带来资金的流入和储备资产的减少；有可能是资金的大量流出在消耗完经常账户顺差积累的资金后还要继续消耗储备资产；甚至储备资产的变化可以是起点，可能是货币当局出于影响市场汇率的目的，从而带来资金的流动；等等。所以，对国际收支各项差额的分析取决于该经济体对外经济交易的具体情况。

总之，对国际收支的分析，不仅要将几个账户联系起来，还要将对外经济交往与国内经济状况结合起来，进行全面、有机的考察和理解。

4. 其他差额

除了上面的画线方法外，还可以重新画线形成别的差额，也有一定的经济含义。

(1) 综合差额(overall balance)。如果在金融账户中最下面一项储备资产上画一条线，则线上所囊括的项目最为全面，包括一个经济体的各种对外经济活动所构成的经常账户差额和金融账户净额，这一差额就叫作综合差额。由于它仅将储备资产作为线下项目，与储备资产相对应，所以也可以用它来衡量一国需要通过动用或获取储备来弥补国际收支不平衡的程度。

根据前面的差额分析，储备资产差额与综合差额大小相等、方向相反。因此，当综合差额为正即顺差时，储备资产差额为负，此时储备资产增加；当综合差额为负即逆差时，储备资产差额为正，此时储备资产减少。

当综合差额出现赤字时，储备资产在减少，可能最终导致储备资产的耗尽，所以通常认为综合差额持续逆差是不可取的。但综合差额顺差持续过高从而储备资产持续增加，对一国的经济也不尽有利。综合差额对于需要维持固定汇率的国家尤其重要，因为储备是货币当局进行外汇市场干预必不可少的资源。这里更深入的讨论将涉及国际储备，后面会在第 10 章专门讨论。

综合差额的概念运用非常广泛，通常人们讲的国际收支顺差或逆差就是指综合差额顺差或逆差。

(2) 基本差额(basic balance)。因为只有在相当长一段时间内稳定的对外资源流动才会对本国经济带来比较确定的影响，所以有了"基本差额"这一概念。基本差额首先包括经常账户中的交易，因为其项下的实际资源的流动是不可逆的；其次，还将资本、金融账户中的长期资本流动包括在内，而把变化无常的交易，包括私人和官方的短期资本流动及储备剔除出去。所以，基本差额为一国当局提供了度量国际收支长期趋势的一个尺度。但是，由于对期限的长短划分、界定变得越来越困难，所以在实践中可能无法计算出准确的基本差额，这减少了对这一差额的使用。

通过国际收支平衡表的差额可以大体了解一国的资源流动情况，因此分析中国的经常项目和资本项目收支差额有助于对中国的宏观经济长期走势、人民币汇率等问题有更深入的理解。并且，国际收支平衡构成了保证国民经济平衡发展的一个重要环节，因此也成为一国政策当局的经济政策目标之一。

专栏1-6 国际投资头寸

在本章开头我们就提到了与国际收支有着密切关系的国际投资头寸。那么，什么是国际投资头寸呢？

国际投资头寸(international investment position，IIP)也叫作国际借贷(balance of international indebtedness)，反映的是一国在一定时点上对外金融资产和负债的状况，具体包括：①在这个时点一个经济体居民对非居民的债权或作为储备资产持有的金块等金融资产的外部金融资产；②在这个时点一个经济体居民对于非居民的负债。国际投资头寸作为存量指标，不同于反映一国在两个时点之间流量变化的国际收支。可以说，国际收支是变化的，而国际投资头寸(IIP)是变化的结果。不过，国际收支中的赠予、侨民汇款与战争赔偿等"无偿交易"都不是发生国际借贷关系的交易，因此不在国际借贷中。更具体地说，国际收支中的金融账户的积累，形成了国际投资头寸。表1-6为IMF(BPM6，P12)列示的国际投资头寸样表。

表1-6 国际投资头寸样表

国际投资头寸	期初头寸	交易(金融账户)	其他数量变化	重新定值	期末头寸
资产(按职能类别)					
直接投资	78	8	0	1	87
证券投资	190	18	0	2	210
金融衍生产品(储备除外)和雇员认股权	7	3	0	0	10
其他投资	166	20	0	0	186
储备资产	833	8	0	12	853
资产总额	1274	57	0	15	1346
负债(按职能类别)					
直接投资	210	11	0	2	223
证券投资	300	14	0	5	319

(续表)

国际投资头寸	期初头寸	交易(金融账户)	其他数量变化	重新定值	期末头寸
金融衍生产品(储备除外)和雇员认股权	0	0	0	0	0
其他投资	295	22	0	0	317
负债总额	805	47	0	7	859
国际投资头寸净额	469	10	0	8	487

国际投资头寸和国际收支共同构成了一国的国际账户，国际账户分析为观察和了解一个经济体的国际经济关系——包括其国际经济表现、汇率政策、储备管理和对外脆弱性，提供了一个综合框架。

专题：我国国际收支结构及变化趋势观察

随着改革开放进程的不断推进，我国的对外经济交往在规模和形式上都取得了长足发展，并在不同的阶段形成一些较为典型的特征(见表1-7)。

1978—2000年，我国处于开放的起步阶段，国际收支的规模从小到大、呈现加速发展之势。1978年，我国货物和服务进出口总额仅有231亿美元，且进口大于出口；几乎没有外商来华直接投资。但是，到1994年，货物和服务进出口总额已达2019亿美元，出口大于进口；外商直接投资净流入338亿美元，达到同期GDP的6.0%。到世纪之交的2000年，货物和服务进出口总额已达4774亿美元，比1978年的20倍还多。经常账户差额，在1978—1993年间顺逆交替，但1994年后就保持顺差，并且不断增加。

表1-7 中国的经常账户差额与金融账户差额

(单位：亿美元)

差额	1988年	1989年	1990年	1991年	1992年	1993年	1994年	1995年	1996年	1997年	1998年	1999年
经常账户	-38	-43	120	133	64	-119	77	16	72	370	315	211
金融账户	53	64	-28	46	-3	235	326	387	400	210	-63	52
差额	2000年	2001年	2002年	2003年	2004年	2005年	2006年	2007年	2008年	2009年	2010年	2011年
经常账户	204	174	354	431	689	1324	2318	3532	4206	2433	2378	1361
金融账户	20	348	323	549	1082	912	453	911	371	1945	2822	2600
差额	2012年	2013年	2014年	2015年	2016年	2017年	2018年	2019年	2020年	2021年	2022年	2023年
经常账户	2154	1482	2360	2930	1913	1887	241	1029	2488	3529	4434	2530
金融账户	-360	3430	-514	-4345	-4161	1095	1727	73	-611	-303	-2573	2099

注：统计数字来源于外管局官网上的中国国际收支平衡表时间序列(BPM6)；"金融账户"差额的数据来自列表中的"非储备性质的金融账户差额"，排除了"储备资产"的差额。

2001年，我国加入了世界贸易组织(WTO)，外向型经济加速发展，国际收支开始呈现典型的"双顺差(twin surplus)"格局，从而带来外汇储备的快速积累，使我国在2006年成为外汇储备持有额最大的经济体。

2008年国际金融危机爆发，世界经济陷入持续低迷，中国较好地抵御了危机带来的冲击，依然保持着双顺差的格局。但是，随着强调内需和国内经济结构改革等，我国国际收支结构开始发生一些变化。一方面，进出口规模继续扩大，但经常账户顺差总体上呈现收窄之势。到2018年、2019年，经常账户顺差与GDP之比已经不到1%，而这一数值在2008年前后曾经达到10%左右的峰值；另一方面，随着金融市场开放的推进，金融账户下跨境资金流动更为活跃，方向上也越来越趋于均衡。

2020年，新冠感染疫情在全球暴发，对中国和世界经济都带来了严重冲击，也深刻影响着各国的国际收支。但是，我国国内经济结构的优化还在持续进行，居民消费也在变化，推动我国经常账户更趋平衡；而在资本和金融账户方面，我国也在继续推进高水平金融开放，增强与外部世界在资金领域的融通联合，推动资本跨境流动更加活跃和均衡。不过，不能忽视的是，此时在全球出现的逆全球化浪潮，中国自身的经济结构、人口结构变化，也会使我国国际收支面对诸多困难和挑战。

中国的国际收支走过了变化显著的历程。那么，其他国家的国际收支又有什么特点呢？请读者朋友了解一下，并思考其背后的原因。当然，对国际收支的深入分析还需要掌握更多的相关国际收支理论，我们会在下一章展开。

本章总结

小结：从开放经济的基本特点出发，指出了国际收支存在的必然性，并指出其在时间上的流量特点及记录的广义范畴；进而介绍了国际收支的定义框架；再对国际收支平衡表的基本构成和其中的主要项目进行介绍，并总结了交易进入平衡表的记账规则，以此为基础对项目和账户所形成的几种差额进行分析，探讨了国际收支与一国宏观经济之间的关系。

重点：国际收支的含义、范围、特点；几大账户的含义、比较；记账规则的几点内容；国际收支的几个差额。

难点：对国际收支的交易进行记录时怎么定位到具体的项目和借贷方向上；经常差额与宏观经济之间的关系；几个差额之间的关系。

关键概念及其英文释义

[1] **The Balance of Payments (BOP)**(国际收支)：A statistical statement that summarizes, for a specific period (typically a year), the economic transactions of an economy with the rest of the world. There are Current Account, Capital Account and Financial Account inside. The data in the

英语深入阅读资料

BOP, or more accurately items within the BOP, can signal changes in the gross and net movement of merchandise trade, service trade, private finance flows or official reserve flows. This information may be useful for private decision makers, or it may suggest the need for some macroeconomic policy adjustments.

[2] **Economic Transactions(经济交易)**: The transfer from one economic agent (individual, business, etc.) to another of an economic value. It includes both real transfers and financial transfers. Furthermore, an economic transaction may involve either a quid pro quo (that is, the transferee gives an economic value in return to the transferor: a two-way or bilateral transfer) or it may not (a one-way or unilateral or unrequited transfer). It covers all the goods, services, factor income and current transfers an economy receives from or provides to the rest of the world and capital transfers & changes in an economy's external financial claims and liabilities.

[3] **Resident Units(居民单位)**: For the purposes of the Balance of Payments, residency relates to the economic territory of a country, not nationality. An institutional unit is a resident unit when it has a center of economic interest in the economic territory of a country.

[4] **The Principle of Transactors(交易者原则)**: The criterion chosen by the IMF for identifying the transactions concerning the Balance of Payments is that of residence. The BOP accounts identify foreign operations on the basis of residence of the transactors. Residence (as opposed to currency, ownership, nationality or another basis) was chosen as the criterion for distinguishing foreign from domestic because it provides a clear rule for identifying those transactors whose main economic interest lies within an economy.

[5] **International Investment Position(IIP, or Balance of International Indebtedness)(国际投资头寸或国际借贷)**: It is the report of the stock of a nation's external financial assets and liabilities at a point in time, usually the end of a year. The financial items included are: claims on nonresidents, liabilities to nonresidents, monetary gold and SDRs (special drawing rights). The BOP Yearbook provides a table for the IIP as part of the individual country data. The basic presentation divides the data between assets and liabilities. The sub-classifications are by function (as with the BOP financial account). Assets are divided into direct investment, portfolio investment, other investment and reserve assets. Liabilities are divided into direct investment, portfolio investment and other investment.

[6] **Current Account(经常账户)**: It covers transactions which create no future claim in either direction, involving simply an exchange 'here and now'. Specifically, it measures the flow of goods, services, income and transfers or gifts between domestic residents, businesses, and governments and the rest of the world.

[7] **Financial Account(金融账户)**: A tabulation of the flows of financial assets between domestic private residents/governments and foreign private residents or foreign governments.

[8] **Reserve Assets(储备资产)**: A functional category comprises all those assets available for use by the central monetary authorities of a country in meeting balance of payments needs.

[9] **Gross Domestic Product(GDP)(国内生产总值)**: The market value of all final goods and

services produced within a nation's borders during a given period (typically a year). GDP does not include the exchange of stocks, bonds, or other such financial assets, which do not involve the production of new output.

[10] **Gross National Product(GNP)(National Income/国民收入)**: It measures an economy's total income. It is equal to GDP plus the income from abroad accruing to domestic residents minus income generated in the domestic market accruing to nonresidents.

[11] **Trade Balance(贸易差额)**: It is the balance between exports and imports of goods. It is the most **important** balance considered by mercantilists and by the traditional theory of the processes of adjustment of the BOP.

[12] **Current Account Balance(经常账户差额)**: It is obtained by adding net unilateral transfers to the balance on goods, services and income, and represents the transactions that give rise to **changes** in the economy's stock of foreign financial items. Also, this figure measures the net transfer of real resources between an economy and the rest of world.

[13] **Overall Balance(综合差额)**: The sum of current account balance and private capital balance. It equals the official settlement balance in absolute number and differs in direction. If the **overall** balance is in surplus, it means an accumulation of official reserve assets by the country or a decrease in foreign official reserve holding of the country's assets, and vice versa. In some situations, such changes in official reserve holdings can be specifically desired by the monetary authorities. In other situations, these changes are not specifically desired and indicate an overall imbalance.

[14] **Basic Balance(基本差额)**: (or Balance on Current Account and Long-Term Capital) If we add the balance on long-term capital to the current account we get the Basic Balance. This account is supposed to emphasize long-run trends in the balance of payments, since everything below the line represents short-term items that are thought to be related to financing trade.

复习思考题

1. 判断对错并解释：国际收支上的贷方表示实际资源的流出，借方代表实际资源的流入。
2. 怎样界定一个经济体的居民和非居民？
3. 经济交易中的交换与转移有什么区别？
4. 一国的储蓄与投资与其经常账户差额有什么关系？
5. "对于某国而言，出现经常项目顺差比出现经常项目逆差要好。"你是否同意这一判断？请解释。
6. 下列哪些交易有利于中国的经常账户获得盈余？
(1) 中国与日本发生价值10亿日元的易货贸易；
(2) 中国从中东某国借入长期款项1亿美元，并用这笔美元向该国购买石油；
(3) 中国向法国出售1亿美元的电脑并获得1亿美元的银行存款；

(4) 中国政府向东南亚国家捐赠价值 100 万美元的帐篷,帮助其进行海啸后的救援工作;

(5) 中国人民银行购买了 1 亿美元的花旗银行纽约分行发行的大额存单(CD)。

7. 当我们说中国有较长时期都是国际收支"双顺差"时,具体的经济含义是什么?应该怎样理解和认识?

8. 一国在某年的对外经济交易信息如下:(单位:百万美元)

商品出口	350
商品进口	210
服务出口	202
服务进口	200
净收益	4
净单方转移	−9
本国持有外国净资产增加(不包括官方储备资产)	210
外国持有本国净资产增加(不包括官方储备资产)	120
净误差与遗漏项	5

请计算:(1) 商品贸易差额、商品和服务差额、经常账户差额及综合差额;

(2) 官方储备资产的变化。

9. 以下每一项交易会怎样影响中国的国际投资头寸(IIP)状况?

(1) 中国的中央银行增加持有美国政府债券;

(2) 中国居民增加持有日本公司发行的股票;

(3) 一家法国的养老基金出售了一些其持有的美国公司的股票,转而购买中国的公司债券。

10. 在 12 月 31 日,某国对外的国际资产和负债存量如下:

- 该国居民拥有 20 亿美元的外国政府发行的债券;
- 该国中央银行持有包括 15 亿美元黄金和 100 亿美元外汇资产的官方储备;
- 外国公司在该国投资了价值 30 亿美元的生产线;
- 外国居民拥有该国公司发行的债券 28 亿美元。

(1) 该国的国际投资头寸是多少?该国是国际的贷款人,还是借款人?

(2) 如果该国在接下来的一年里经常账户出现顺差,会对国际投资头寸有何冲击?

推荐资源

扫描右侧二维码了解 IMF 的国际收支标准构成(见 BPM6)。

第 2 章
国际收支理论

◎ 引言

人类只有一个地球，各国共处一个世界，地球是人类的共同家园。习近平总书记指出："人类生活在同一个地球村里，越来越成为你中有我、我中有你的命运共同体。"世界各国在经济、政治、生态、文化、军事等各个方面，都有着紧密的联结。其中，经济全球化过程中各国国际收支平衡表不仅可以作为一国对外收支的表现，还可以作为一国经济和世界经济发展的晴雨表，对世界各国经济合作和共同繁荣具有重要意义。

上一章对国际收支的介绍和分析初步描绘出一幅国家对外经济交往的图景。无论是我们与外部世界在商品、服务上的交易，还是资金跨越国界的流动，都会以某种适合观察、分析的方式表达出来，形成国际收支平衡表。这时候，表中的数字既可以告诉我们每一个项目上具体的发生额，也可以帮助我们进行净额(或差额)的分析，从而帮助我们更好地了解一国对外经济的状况。

那么，接下来自然会产生这样的问题：如果真的出现了对外经济的不平衡，我们要知道这种不平衡的来源并且知道怎样进行干预和调节。因为不平衡显然不是一件好事，至少从长远来看，这不是一件好事。正是围绕着这个问题，形成了从早期到现代的各种国际收支理论。

回顾现代国际金融理论中有关国际收支的部分，有的经济学家注重从微观的角度分析这一问题，寻找国际收支失衡的解决之道，比如弹性论；有的经济学家则偏好宏观分析方法，提出解决失衡的政策建议，比如吸收论；还有的经济学家对货币情有独钟，从货币的角度探讨该问题，比如货币论。本章就以"平衡"问题为核心介绍这几个关于国际收支的代表性理论。

最后，本章还会对开放经济的对外"失衡"进行一般性的经济分析，并提出可能存在的自动调节机制和相应的调节政策。

◎ 思维导图

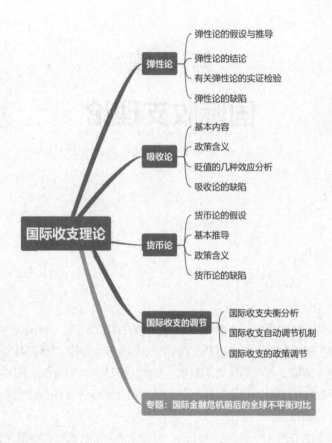

2.1 弹性论

20世纪30年代金本位制彻底崩溃后，西方各国纷纷实行纸币流通制度，早期的国际收支自动调节机制失去了赖以运转的客观条件，再加上当时大萧条的经济状况，各国竞相实行货币贬值，汇率变动频繁。在这样的背景下产生了国际收支弹性论(Elasticities Approach)。

弹性论的原理最早由马歇尔(Alfred Marshall)提出。英国经济学家马歇尔(1842—1924)是现代经济学边际分析大师，他写的《经济学教程》被誉为经济学必读教材。他本人处于金本位制时代，认为贸易项是最重要的，因此在对国际收支的分析中注重贸易项，而相对忽略劳务和资本项；在这种情况下，有形贸易差额本身就总是趋向于零。马歇尔最早提出"价格的需求弹性"概念，并在1923年将局部均衡的弹性分析方法延伸到国际贸易领域，提出"进出口需求弹性"的概念。但是，马歇尔对国际收支的弹性分析比较分散，没有形成系统的理论。

1937年，英国经济学家琼·罗宾逊(Joan Robinson)在其出版的《就业理论论文集》中研究汇率波动与进出口的关系时，以马歇尔的局部均衡分析为基础，在考虑进出口需求弹性的同时引入了进出口供给弹性，正式提出了国际收支调节的弹性理论。1944年，美国经济学家勒纳(Abba P. Lerner)在研究一国采取货币贬值政策对国际收支的影响时进行了更加深入、具体的弹性分析，并提出了著名的"马歇尔—勒纳条件"。同年，美国经济学家梅茨勒(L. A. Metzler)对琼·罗宾逊的论点进行了补充,从外汇市场的稳定性出发,研究了货币贬值改善国际收支的条件,并进一步引入进出口供给弹性(不再假设其无穷大),形成"马歇尔—勒纳—罗宾逊条件"。

弹性论是马歇尔的供给弹性和需求弹性理论在外汇市场上的延伸,主要研究外汇汇率对国际收支的调节问题。在国际商品市场上需求和供给对价格变动具有弹性,显然,在进出口贸易中可能涉及的弹性有 4 种:出口商品的需求价格弹性、进口商品的需求价格弹性、出口商品的供给价格弹性、进口商品的供给价格弹性[①]。汇率的变化会带来进出口商品价格的变化,然后在弹性大小影响下改变进出口数量,从而影响国际收支的状态。

弹性论正是用弹性分析的方法对汇率、相对价格与进出口的关系进行了精辟的论述,认为外汇汇率的变动通过引起国内外产品之间的相对价格变动来影响一国的进出口供给和需求,带来进出口商品总额的变化,改变贸易差额,从而影响国际收支;而弹性大小决定了影响的方向和程度。

2.1.1 弹性论的假设与推导

任何一个理论都是建立在一系列假设之上的,弹性论主要提出了如下假设:

(1) 不考虑资本流动,将商品贸易收支等同于国际收支,即 $B = TB$(B 为国际收支,TB 为贸易收支)。

(2) 局部均衡。只考虑进出口市场上汇率变化的影响;假设其他条件如收入、其他商品价格、偏好等都不变,忽略货币贬值的收入效应和价格效应;也不考虑汇率变化的货币效应。

(3) 短期内产品供给弹性无穷大(infinitely elastic),即供给曲线水平。这使得一种产品的需求变化可以被供给无限地吸收,而价格并不发生变化。从本国的角度看,以本币表示的出口品价格就不会随着外国对它们的需求增加而上涨,而进口品在其产地的本地价格(对我们而言就是外币价格)也不会随着我们对它们的进口需求减少而下降。这一假设把发挥影响的因素限定在了需求弹性上。

(4) 初始的贸易是平衡的,汇率变化较小。

在以上假设基础上,接下来我们设定:汇率 e 为 1 单位外国货币折合为本国货币的数量;P_x 为本国的出口品价格,以本币表示;P_m 为进口品价格,以外币表示。

根据上面的假设,这些价格短期内不变。但是,对于出口品的消费者——外国居民而言,真正影响其需求的价格是 $\frac{P_x}{e}$,即转化成其所用货币(即外币)后的价格。同理,对于进口品的消费者——本国居民而言,真正影响需求的价格是 eP_m,即转化为我们所用货币(即本币)后的价格。

当本币贬值时,就意味着 1 单位外国货币可以换到更多数量的本国货币,即 e 变大。于是,本国产品对于外国居民而言变得便宜,而外国产品对本国居民则相对变贵,从而出口增加、进口减少。由于进出口具体的数量变化取决于出口、进口需求的变动,所以贸易收支即国际收支的改善与否取决于进出口需求弹性的大小。

假设用本币记录国际收支 B,则有式(2-1):

$$B = TB = P_x \cdot X - eP_m \cdot M \tag{2-1}$$

---

① 在以下的描述中,通常会省略其中的"价格"一词,含义不变。

其中：X 表示出口数量，M 表示进口数量。

设定：η_x 为出口需求弹性的绝对值，η_m 为进口需求弹性的绝对值[①]。

如果本币贬值1%，对于外国消费者来说，出口品的价格 P_x/e 就下降1%[②]；从而 X 会上升 $\eta_x\%$(根据需求定律)，所以 $P_x \cdot X$ 会增加 $\eta_x\%$；另一方面，进口品对于本国消费者的价格 eP_m 则由于本币的贬值而上升1%，则 M 下降 $\eta_m\%$(也是根据需求定律)，所以 $eP_m \cdot M$ 会下降 $\eta_m\%$。与此同时，进口品的本币价格上升引起对进口品的本币支出增加，变动额为 $1\% \times eP_m \cdot M$。

综合以上效应，得到式(2-2)：

$$\Delta B = \frac{\eta_x P_x X}{100} - \frac{(1-\eta_m)eP_m M}{100} \tag{2-2}$$

出口数量　　　一方面是进口数量变化的结果；
变化的结果　　一方面是价格变化的影响

如果能够有 $\Delta B > 0$，则国际收支将得到改善。

又因为我们假设贬值前国际收支均衡，即 $P_x \cdot X = eP_m \cdot M$，所以上面的不等式条件就转化为式(2-3)：

$$\eta_x + \eta_m > 1 \tag{2-3}$$

这就是马歇尔—勒纳条件(Marshall-Lerner Condition)，是贬值能改善国际收支的必要条件。

专栏 2-1　贸易条件(Terms of Trade)

在上面的推导中一个重要的概念就是本外国产品之间的相对价格，这影响着本外国的进出口数量。其实，相对价格可以用贸易条件这个概念来表示。

如果用 P_d 表示本国产品的价格，P_f 表示外国产品的价格，则贸易条件 π 为：

$$\pi = \frac{P_d}{eP_f} \text{ 或者 } \pi = \frac{\frac{1}{e}P_d}{P_f}$$

有时，用 P_x(出口品价格)来代表本国产品价格；用 P_m(进口品价格)来代表外国产品价格，e 表示汇率。可见，贸易条件表示 1 单位本国产品(或出口品)所能换得的外国产品(或进口品)数量。

贸易条件的变化被称为贸易条件改善或者恶化。当 π 变大时，就是贸易条件改善，这时本国较少的产品(或出口品)就可以换得更多的外国产品(或进口品)；相反，则是贸易条件恶化。贸易条件这个概念在国际贸易中使用非常广泛，我们在后面的学习中还会经常用到。

专栏 2-2　弹性论的发展：毕肯戴克—罗宾逊—梅茨勒条件

从传统的国际收支理论来看，汇率贬值导致出口商品的价格竞争力增强，而进口商品的价格竞争力下降，有利于贸易收支的改善，这是我们本章弹性论中马歇尔—勒纳条件的主要结论，即贸易品进出口需求弹性之和大于1时，本币贬值会增加贸易收支余额。但是马歇尔—勒纳条件的假设条件中有不符合现实的设定，如产品供给弹性无穷大、初始贸易平衡等。完全弹性的

[①] 因为价格与需求的变化方向相反，所以如果直接用变化量计算弹性的话，就会得到一个负值，所以这里都取绝对值。

[②] 从数学上来讲，这不是完全精确的判断；以下还有一些数字的判断只是大约值，而不是数学上的严格结果，但并不影响结论。

情形在现实的经济运行中并不常见,更一般的情况是,出口增加的同时本国出口商品在国内的供给价格也会上升;同样,进口增加的同时,进口商品在生产国的供给价格也会上升。为了弥补马歇尔—勒纳条件的缺陷,罗宾逊(1947)和梅茨勒(1948)分别进行了研究,放弃了供给弹性无穷大的假设,由于毕肯戴克(1920)在更早些时候做过类似的研究,因此,这一研究又被称作"毕肯戴克—罗宾逊—梅茨勒条件[①]"。

后来有学者运用实证分析验证该条件在现实中的应用,例如周文贵、陈梁(2011)[②]通过构建模型分析了人民币汇率变动对中美贸易差额的影响,进而探讨人民币升值对改善贸易逆差的可行性,但结果发现人民币对美元的名义汇率与中美贸易顺差呈负相关关系,其系数为-0.947,即人民币汇率贬值,中美贸易差额反而会恶化,这说明人民币升值无助于改善中美贸易逆差问题。可见,中美贸易中毕肯戴克—罗宾逊—梅茨勒条件并不成立。这也说明了弹性论对国际收支失衡的分析建立在诸多假设条件之上,与复杂的现实情况往往很难一致。

2.1.2 弹性论的结论

因此,弹性论的结论就是:其他条件不变时,在进出口供给弹性无穷大的情况下,只要一国进出口需求弹性的绝对值之和大于 1,本国货币贬值就会改善国际收支的状况。当然,我们在专栏里补充了后来的学者对于马歇尔—勒纳条件做的进一步研究,以供大家深入了解。

由上可见,弹性分析有两个明显的特点:第一,局部均衡方法,无论在分析影响贸易条件的因素方面还是在分析进出口需求弹性对贸易条件的影响方面,都使用了局部均衡方法,这一点也与其整个理论体系密切相关;第二,弹性论属于纯演绎方法,而不是实证研究。

2.1.3 有关弹性论的实证检验

在弹性论提出后,很多学者都对贸易弹性、马歇尔—勒纳条件等进行了实证研究,得出了不尽相同的判断。

IMF 对发达国家进出口需求弹性进行估计,发现其弹性值在冲击后逐渐变大,最后基本能满足马歇尔—勒纳条件。王宇哲、张明等对中国出口的价格弹性进行了估计[③],根据对中国 2007—2012 年的出口需求函数进行估计,发现中国出口的短期价格弹性大约为-1.70,国内学界之前对中国出口贸易弹性估计的实证文献,所估计的价格弹性均值为-1.23,这些实证结果的数据区间大部分位于 2000 年之前。我们可以发现造成弹性估计差异的原因在于近十年中,来自其他发展中经济体的竞争和中国劳动力成本的攀升削弱了中国出口商品的价格优势。当然,是否满足马歇尔—勒纳条件还要看对所研究国家的进口需求弹性的估计。还有些研究则提出弹性悲观论(Elasticity Pessimism),认为实际的弹性太小,很难满足马歇尔—勒纳条件,比如石油进口国对进口的需求弹性就很小。

在实证分析中另一个非常重要的发现就是贬值之后的弹性及贸易收支变化过程。虽然弹性

[①] 具体的推导我们这里不再赘述,大家可以到"推荐资源"中进行学习。
[②] 周文贵,陈梁. 人民币名义汇率变动对中美贸易收支影响的研究——基于毕肯戴克—罗宾逊—梅茨勒条件视角的实证分析[J]. 广东金融学院学报,2011,26(06):108-118.
[③] 王宇哲,张明. 人民币升值究竟对中国出口影响几何[J]. 金融研究,2014,(03):27-40.

论本身进行的是比较静态分析，但是，通过实证的动态研究发现，在短期内，贬值并不能立即引起贸易数量的变化。一些实证研究发现，大概只有50%的数量调整发生在贬值后的头三年，90%出现在头五年。例如，英国财政部曾对英国的情况做了估计，认为在英镑贬值后，经常账户最初的恶化要持续两个季度，累计的损失需要一年左右的时间才能消除。在美国经济中，从汇率变化到贸易反应也存在相当长的滞后时间。例如，从1985年2月起，美元开始逐步贬值，但1986年以来美国的外贸逆差仍在继续，并在1987年贸易和经常账户赤字都达到了创纪录的最高点；此后，出口开始增加，1988年、1989年贸易收支有所改善。

这样的一种调整滞后现象被马吉(Stephen Magee，1973)称为"J形曲线效应"，描述贬值后国际收支差额变化的时间轨迹。具体来讲，他将贬值后的这段时间划分为三个阶段：Ⅰ为货币合同阶段、Ⅱ为传导阶段、Ⅲ为数量调整阶段(见图2-1)。出现滞后的原因是获取价格信息、调整消费计划等都需要时间，即存在认识、决策、传递和生产各个环节的时滞。

但是，在真实世界中，贬值后国际收支变化的时间轨迹并没有一个标准的模式。

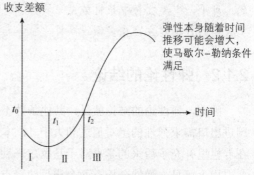

图2-1 贬值后的J形曲线效应

2.1.4 弹性论的缺陷

对于任何理论，其推导过程一般是无可挑剔的，因为在推导时我们会先假设事实处于一种理想和完美的假设状态。因此，该理论的缺陷就主要来源于其所设定的一些假设。

第一，弹性论假设贬值前贸易收支处于平衡状态显然不符合现实。因为贬值的目的正是消除已经存在的逆差，如果贸易收支本身是平衡的话，为什么还要进行贬值呢？这是弹性论无法回答的问题。

第二，进出口供给弹性无穷大——没有它，进出口以供给方货币表示的价格就不会在贬值后保持不变。那样的话，进出口数量也就不会单纯取决于进出口需求弹性，而是由进口的供给弹性与需求弹性、出口的供给弹性与需求弹性共同决定，所以贸易条件在贬值后的变化并不确定。而且人们的预期及贸易品与非贸易品相对价格的变化等因素也可能影响消费量，还可能反过来影响价格变化及资源流动。

第三，收入不变的假定与出口供给弹性无穷大存在逻辑上的矛盾。因为收入稳定一般与充分就业状态相一致，这就意味着该经济体内的资源已经得到充分利用。而出口供给弹性无穷大意味着任何增加的出口需求都可以被生产出来，而不会带来资源的紧张，从而引起价格的上涨。这两点之间显然存在矛盾。

第四，弹性论是建立在局部均衡分析的基础之上的，即只考虑汇率变化对进出口商品市场的影响。事实上，汇率的变化除了直接影响贸易品的相对价格外，还会影响本国的一般价格水平，或可能启动外贸乘数，等等，这些因素都会作用到国际收支中。而且，这里没有考虑贬值可能引致的收入或支出效应。贬值可能引起收入的增加或减少，还可能使收入分配发生变化而改变支出，这都会带来供求曲线的变化。

第五，弹性论不考虑资本流动，但实际上资本流动的规模越来越庞大，而且汇率贬值也会影响资本账户带来的收入。

正是由于弹性论存在很多缺陷，经济学家对国际收支理论的研究不断深入。一方面，基于弹性论本身的研究被扩展，比如经济学家将供给弹性也考虑进来，提出了毕肯戴克—罗宾逊—梅茨勒条件；另一方面则从其他角度发展出新的理论来。

2.2 吸收论

吸收论(Absorption Approach)也叫作支出分析法(Expenditure Approach)。弹性论的主要假设之一是局部均衡方法，即只考虑贬值对进出口市场的影响，而事实上汇率变动对经济具有广泛的影响。针对这一缺陷，出现了以宏观经济理论为基础、将国际收支与整个国民经济相关联的国际收支吸收论。吸收论是由詹姆斯·米德(James Meade)[1]以凯恩斯的国民收入方程式为基础提出来的，1952年由麻省理工学院(MIT)的西德尼·亚历山大(Sidney Alexander)[2]首次引入国际收支理论。吸收论[3]认为，只有理解经济政策对经济活动关系的影响，尤其是产量变化如何带来支出的变动，才能理解国际收支的变化。

2.2.1 基本内容

吸收论假设价格保持不变，强调本国实际收入的变化。所以，经济学家将吸收论看作短期国际收支决定的真实收入理论。

吸收论将一国在最终商品和服务上的消费(即支出)的市场价值分成4个基本的组成部分，即消费支出、投资支出、政府开支和进口支出。出口是其他国家在本国最终商品(服务)上的支出，所以没有被包括在内。这4项支出被称为"国内吸收"(domestic absorption)，也就是一国内对商品和服务的吸收表现在消费、投资和公共部门及进口上，用公式表示为式(2-4)：

$$A = C + I + G + IM \tag{2-4}$$

等式左边的 A 是吸收，右边几个字母分别表示消费支出、投资支出、政府开支和进口支出。另一方面，一国的收入来自其生产的所有最终商品和服务，这些商品和服务又被消费、投资、政府开支和出口几个方面分别消耗掉，可以表示为式(2-5)：

$$Y = C + I + G + EX \tag{2-5}$$

在不考虑资本流动的情况下，经常账户就代表整个国际收支，忽略掉转移差额的话，就有式(2-6)：

$$CA = EX - IM \tag{2-6}$$

---

[1] 詹姆斯·米德(James Meade，1907—1995)，英国著名经济学家，其代表作《国际收支》于1951年作为《国际经济政策理论》的第一卷出版；1977年获得诺贝尔经济学奖。

[2] 西德尼·亚历山大(Sidney Alexander)，详见：Effects of a Devaluation on a Trade Balance[J]. IMF Staff Papers, 1952, 4(2).

[3] 吸收论也叫作国际收支总量吸收模型。

显然，经常账户差额这时候取决于国内收入和吸收，即式(2-7)：

$$Y - A = (C + I + G + EX) - (C + I + G + IM) = EX - IM = CA \tag{2-7}$$

在这里，将国际收支简化为贸易收支，则有国际收支余额等于国内收入和支出之差。吸收论是指国内的总产出(收入)被总支出所消耗：当总产出大于国内总支出时，可以将剩余的产品用于出口，从而形成国际收支的盈余(顺差)；当总产出小于国内支出时，就要通过进口来弥补国内的超额需求，带来国际收支的赤字(逆差)。因此，要保持国际收支平衡，国内总收入就一定要等于总支出。

尽管吸收论很简单，但对于理解一国经常账户差额在经济扩张和经济衰退时期的表现很有帮助。当一国经济紧缩时，会减少对进口商品和服务的消费，所以经常账户差额将有所改善；而当一国处于经济扩张时期，会增加进口消费，从而带来经常账户余额的恶化。但现实不一定是这样简单。假设一国的经常账户开始是平衡的，如果该国开始经历经济扩张，随着真实收入的增加，吸收也会增加。根据式(2-7)，CA 的变化取决于真实收入和吸收哪个增加得更快。

因此，吸收论告诉我们为什么一国在经济扩张时期和在衰退时期经常会经历某种对外经济的不平衡，关键因素就是真实收入和真实吸收的相对变化程度。

2.2.2 政策含义

在评价吸收论的政策含义之前，必须先回忆一下吸收论模型发展时所处的经济环境。吸收论是在 20 世纪 50 年代发展起来的，该理论的主要代表人物西德尼·S. 亚历山大(Sideny S. Alexander)在 IMF 工作，而在这段时期里很多国家都加入了布雷顿森林体系——一个可调整的钉住汇率体系——后面我们会有章节详细讨论。所以，吸收论认为在这样的货币制度下，政策制定者有两个政策工具可以使用：一个是支出减少政策(Expenditure-Reducing Policy)，另一个是支出转换政策(Expenditure-Switching Policy)。

支出减少政策也被称为吸收工具(absorption instrument)，是指政府减少一国的吸收，这一目标可以通过改变其对国内产出的公共开支(G)或通过税收政策影响消费和投资支出(C 和 I)来达到。但是，在吸收论模型中并不清楚支出的减少会怎样影响真实收入，所以也就不清楚到底吸收政策工具是否能改善经常账户赤字。相反，如果政府想通过扩大政府开支来刺激经济，可能会使吸收的增长快于产出，从而带来经常账户余额恶化。

支出转换工具是指政府通过采取某些政策来改变或转换私人部门对进口品和出口品的支出。比较常见的方法如下。一是政府可以实施贸易管制，从而提高进口商品和服务的价格，引导消费者或商业单位减少对进口品的购买，增加对本国商品和服务的购买。但是，这样的做法可能会遭到贸易伙伴的报复。二是改变本国货币的汇率。通过官方贬值，外国商品和劳务会变得相对昂贵，从而本国消费者会减少进口消费，转而寻求本国替代品。但是，支出转换也不一定就意味着经常账户余额的改善。只有真实收入相对于吸收有所上升，才能改善经常账户，也就是说，只有一项政策能够刺激出口收入相对于进口支出的增加，才能达到改善经常项目余额的目的。

专栏 2-3 支出减少政策和支出转换政策的比较

支出减少政策和支出转换政策很容易被混淆。那么，怎样区别它们呢？一般来讲，减少政策调整的是总量，而转换政策调整的是结构。后面会对这两种政策做具体说明。总体来讲，这两种政策各有优缺点。支出减少政策的缺点在于削减国内支出可能使经济陷于衰退,导致失业增加;减少的私人投资可能危害未来经济增长。而支出转换政策则通过提高国际贸易产品的国内价格,抑制进口、刺激出口,使经济保持增长,但缺点是可能带来人们要求增加工资的诉求,从而诱发通货膨胀的螺旋上升,或引发贸易伙伴国的不满,甚至引起贸易争端。两者有时还可能有所联系,比如,支出减少政策有时可能导致国内价格水平的变化,也会伴随着起到一定的支出转换作用。

因此,吸收论在调节国际收支上的基本精神是,以凯恩斯主义的有效需求管理来影响收入和支出行为,从而达到调节国际收支的目的。当一国国际收支出现逆差时,调节的方法是增加国民收入或者紧缩国内需求。当国内尚未实现充分就业时,可以采取支出转换政策,利用闲置资源增加国民收入,调节国际收支;当国内已实现充分就业时,由于无闲置资源可以利用,就要采用吸收政策(支出减少政策),实行紧缩性的货币政策和财政政策,使国内总收入等于总支出。

2.2.3 贬值的几种效应分析

根据吸收论的基本理论,调节国际收支可以使用宏观层面或扩张型、或紧缩型的经济政策。那么,在弹性论中讨论的贬值方法如何影响国际收支呢?在一定的宏观经济背景下,贬值会通过什么样的渠道影响收入和吸收从而影响国际收支呢?吸收论也对这一问题做了分析,并提出了几种效应。

从式(2-7)中可知,$B=Y-A$(B 即 CA,Y 就是收入,A 就是吸收)。根据凯恩斯的宏观经济理论可以将吸收 A 分为两个部分:自主性吸收(D)和诱发性吸收($c \cdot Y$),其中,c 是边际吸收倾向,来自投资、消费、政府开支和进口。

于是,有式(2-8):

$$B = Y - c \cdot Y - D \qquad (2-8)$$
$$\Delta B = (1-c)^{①} \cdot \Delta Y - \Delta D \qquad (2-9)$$

从式(2-9)可以看出,贬值能否使 B 得到改善,即 $\Delta B>0$,取决于贬值对收入的直接影响 ΔY、对吸收的直接影响 ΔD 和通过收入变化而导致的间接影响 $c \cdot \Delta Y$。这些效应的大小与该经济体的宏观经济状况、经济结构、资源配置状况和吸收倾向等相关联。贬值对收入和吸收的影响可以表现为以下几种(见表 2-1)。

表 2-1 贬值对收入和吸收的影响

对收入和通过收入产生的影响$(1-c)\Delta Y$	对吸收的直接影响 ΔD
闲置资源效应 贸易条件效应 资源配置效应	现金余额效应 收入再分配效应 货币幻觉效应 其他效应

1. 闲置资源效应(idle-resources effect)

如果该经济体仍然存在还没有得到充分利用的资源,那么贬值就可以通过增加出口、减少进口从而带来产出($\Delta Y>0$)的增加,而且根据乘数效应会是多倍地增加。与此同时,国内吸收由于边际吸收倾向的作用会有所增加($c \cdot \Delta Y>0$)。因此,闲置资源效应的具体方向取决于边际吸

---

① 这个公式里隐含地假设了边际吸收倾向 c 不变,但实际上该指标是有可能变化的。

收倾向 c 的大小。只有在 $c<1$ 的情况下，闲置资源效应在贬值时才会为正。当然，如果经济体已经接近充分就业，闲置资源效应发挥的空间就不大了，而且出口需求的增加会带来价格的上涨，从而带来更复杂的影响。

2. 贸易条件效应(terms-of-trade effect)

本币的贬值(e 变大)会使贸易条件($\pi = \dfrac{P_d}{eP_f}$)恶化，使本国实际收入下降；实际收入的下降通过边际吸收倾向作用带来吸收的减少。前者带来的是国际收支的恶化，而后者则会带来国际收支的改善。具体效果取决于两种力量的对比。显然，这时候如果边际吸收倾向 $c>1$，就会最终带来国际收支的改善。

3. 资源配置效应(resource allocation effect)

贬值还可能带来资源配置效应。如果贬值前由于汇率的不恰当导致经济体的价格结构扭曲，影响资源的有效配置，那么贬值后通过贸易品与非贸易品相对价格的调整提高原有资源的配置效率，则会带来产出的增加，改善国际收支。但是，收入的增加也会通过诱发性吸收带来支出的增加，降低国际收支改善的程度。所以，资源配置效应也与边际吸收倾向有关，它越小，越利于国际收支的改善。但是，这一效应存在的前提是贬值前资源配置缺乏效率。

因此，可以看出，闲置资源效应、贸易条件效应和资源配置效应具有相互抵冲的作用，因而贬值此时对 $(1-c)\Delta Y$ 的实际效果是不确定的，取决于实际的经济状况、边际吸收倾向等因素。

4. 现金余额效应(cash-balances effect)

贬值会带来进口品和本国生产的贸易品①的价格上升，在货币供应量不变的情况下，将带来人们的现金余额水平(M/P)的下降。这样，公众为了将实际现金余额恢复到意愿持有的水平，就直接减少自主性吸收(D)；而且，与此同时，公众可能出售所持有的非现金资产如证券，从而引起证券价格的下降即利率的上升，进一步抑制吸收。

5. 收入再分配效应(income redistribution effect)

贬值引起的价格上升在减少既定收入水平条件下的总支出的同时，也可能带来收入的再分配，即收入在具有不同边际吸收倾向的人群中进行转移，从而带来总支出水平的变化，进而影响国际收支。一般来讲，当价格上涨时，利益的重新分配有利于利润收入者，而不利于固定收入者。而利润收入者的边际吸收倾向又往往比固定收入者低，所以，此时带动整个社会的吸收倾向降低，有利于国际收支的改善。当然，这种影响是不确定的，还需要做具体的分析。

6. 货币幻觉效应(money illusion effect)

在货币收入与价格同比例上升时，即使实际收入没有发生变化，但短期内的货币幻觉会使人们更加关注价格的上升，从而减少消费，也会带来国内吸收的减少，改善国际收支。

7. 其他效应(other effects)

贬值还可能对国内吸收造成一些有利或不利的影响。例如，贬值可能带来人们对价格进一步上升的预期，反而会增加当下的购买；进口资本品的价格上升会使投资成本提高，抑制投资

---

① 比如以进口品为生产原料的产品。

支出，或者减少对进口品的需求；等等。

由此可见，贬值的影响是多方面的，除了上面定性的分析之外，还必须进行每种效应的定量分析，才能确定贬值对国际收支的具体影响。

2.2.4 吸收论的缺陷

吸收论产生于20世纪50年代，将国际收支的决定和变动与整个宏观经济状况结合起来分析，使人们得以摆脱弹性论机械地就进出口讨论国际收支失衡的分析局限，有助于人们对国际收支失衡和均衡性质形成更加深入、全面的认识，但它仍然存在一定的缺陷。

第一，吸收论是建立在国民收入核算会计恒等式的基础上的，但并没有对收入和吸收为因、贸易收支为果的观点提供任何令人信服的逻辑分析。事实上，贸易收支也会反过来影响收入和吸收。

第二，在贬值分析中，吸收论在考虑相对价格在调整过程中的作用时不是很全面。例如，贬值后贸易品价格相对于非贸易品价格会上升，引导资源的再分配，并影响吸收，因而从收入和吸收两个方面来影响国际收支。但是，可能此时在吸收上减少的并不是对贸易品的支出，而是对非贸易品的支出，这样的话就会同时减少收入和支出，达不到改善国际收支的目的。另外，在收入上，能否改善国际收支则取决于从非贸易部门释放出来的生产资源能否流动到增加出口品和进口替代品的生产上。

第三，吸收论是一个单一国家模型，在贸易分析中不涉及其他国家。事实上，一国进出口数量的多少和价格的高低正是由本国和贸易伙伴国的出口供给和进口需求所共同决定的，所以它的结论缺乏说服力。

第四，吸收论也不涉及国际资本流动，这与现实情况不符，成为它的一个很大的缺陷。

不过，吸收论指出了弹性论所忽视的国际收支逆差的货币方面，成为国际收支调节的货币分析先驱，为货币论的发展奠定了基础。

2.3 货币论

弹性论和吸收论都只涉及经常账户交易，但随着国际金融市场的发展和资本的大规模国际流动，尤其是在20世纪70年代初布雷顿森林体系解体之后，资本流动的发展使金融和资本账户在国际收支中越来越重要。根据一些市场统计，资本流动相对于国际贸易在规模上越来越庞大，越来越占据着国际经济交往中的主要地位。那么，为了更充分地理解国际经济联系，就必须考虑金融资产的重要作用。另外，因为1967年的官方贬值没有达到改善国际收支的目的，英国迫于IMF的压力开始寻求新的政策方向。

正是在此背景下，20世纪六七十年代首先由芝加哥大学的约翰逊(G. Johnson)、蒙代尔(R. A. Mundell)等人发展起了货币论(Monetary Approach)。货币论也是随着以米尔顿·弗里德曼(Milton Friedman)为代表人物的货币主义学派的兴起而出现的一种国际收支理论。货币论认为国际收支的变化是一种货币现象，也就是说，国际收支的顺差和逆差都产生于货币供应数量和货币需求数量的不平衡，强调货币市场均衡对国际收支均衡的重要性。货币论出现之后就成为国际收支理论中非常重要的理论。

其实,早在18世纪,大卫·休谟(David Hume)关于一国经济中货币供应、贸易余额和价格水平之间的联系的研究,可以算是货币论的最早期形式之一,也是宏观经济学最早的突破之一。

2.3.1 货币论的假设

货币论中有下面几个经验性假定。

(1) 在充分就业均衡状态下,一国货币需求是收入、价格等变量的稳定函数,在长期内货币需求是稳定的。

(2) 贸易商品的价格主要是外生的(至少对小国来说如此),在长期内,一国价格和利率水平接近世界市场水平(一价定律成立[①]);或者说本国是国际市场上利率和价格的接受者。

(3) 货币供给的变化不影响实物产量。

(4) 国际储备变化带来的货币供应变化不会被冲销掉(not sterilized)。

这几个假定意味着,在一个开放的经济社会中,产量和其他决定因素不变,如果货币数量低于所希望的存量,那么各个经济单位就会要求额外的货币余额,就个人而言,人们会相对其收入来减少他们的支出;就国家而言,可以通过国际收支吸收外国货币来恢复均衡。因此,在对货币供给与货币需求之间从不平衡到平衡的调整过程中就会看到国际收支的一系列变化。

另外为了模型的简化,还做了以下两个假设。

(1) 基础货币等于货币供给量,忽略货币乘数。

(2) 初始的货币市场是均衡的,即需求等于供给。

2.3.2 基本推导

货币论对国际收支的分析核心是货币市场均衡,所以,其基本内容是从对货币需求和货币供应的分析开始的。

1. 货币需求

货币论学派的经济学家继承了古典的货币需求理论,并利用19世纪晚期由剑桥大学的经济学家发展的有关货币需求理论,用剑桥方程式来解释货币需求的决定,如式(2-10):

$$M_d = k \cdot PY \tag{2-10}$$

其中:M_d 为名义货币需求总量;k 为一个介于0到1之间的数字;P 为经济中的总体价格水平;Y 为真实总收入。所以,PY 为名义总收入。

根据剑桥方程式可知,人们的货币需求是其名义收入的一部分。这里,不考虑利率对货币需求的影响。

2. 货币供应

在封闭经济下,一国的基础货币(MB)包括中央银行发行在外的通货和商业银行在中央银行的准备金存款。

[①] 在后面关于汇率理论的章节中会有对一价定律的详细讨论。

由于资产负债表中资产项之和应该等于负债项之和，所以，也可以将基础货币理解为资产项下的证券和贴现贷款之和，即中央银行持有的本国证券、贷款，这通常被称为"国内信贷"(domestic credit)。

中央银行简化的资产负债表见表2-2。

表2-2　中央银行简化的资产负债表

资产(assets)	负债(liabilities)
证券(securities)	中央银行券(流通中的钞票)(notes)
贴现贷款(discount loans)	银行存款(准备金)(bank deposits-reserves)

注：其他项目比较稳定且比重很小，在此可忽略。

但是，在开放经济条件下，中央银行①还会持有外汇储备，并在必要的时候进入外汇市场进行针对外汇储备的市场操作。这样的操作会影响一国的基础货币(monetary base)乃至货币存量(money stock)。

例如，当中央银行获得外汇储备时，会向外投放本国货币，从而增加基础货币的量，得到新的资产负债表(见表2-3)。

表2-3　中央银行简化的资产负债表(新)

资产(assets)	负债(liabilities)
国内信贷(包括上表中的证券和贴现贷款)(domestic credit)	中央银行券(流通中的钞票)(bank note in circulation)
外汇储备(foreign exchange reserves)	银行存款(准备金)(bank deposits-reserves)
国内信贷+外汇储备	基础货币

注：此时的中央银行券或银行存款中有一部分是中央银行在获得外汇储备时投放的。

所以，此时有式(2-11)：

$$MB = DC + FER \tag{2-11}$$

其中：MB 为基础货币，DC 为国内信贷，FER 为外汇储备。

因此有式(2-12)：

$$\Delta MB = \Delta DC + \Delta FER \tag{2-12}$$

也就是说，一国基础货币的变化既可以来自国内信贷的变化，也可以来自外汇储备的变化。

在货币论的假设中我们看到"冲销"或者"不被冲销"，这与基础货币的变化量相关。从式(2-11) $MB = DC + FER$ 得到，外汇储备(FER)的变化就会带来基础货币(MB)的变化，从而带来一国货币供应的变化。但是，从式(2-12) $\Delta MB = \Delta DC + \Delta FER$ 可以看出，如果在储备发生变化的同时，中央银行通过对国内信贷的操作使其发生一个与外汇储备变化大小相等、方向相反的变化，即 $\Delta DC = -\Delta FER$，则基础货币的变化就会为0，即 $\Delta MB = \Delta DC + \Delta FER = 0$。在这种情况下，我们就说中央银行进行了冲销操作，将外汇储备的变化冲销掉，从而保持货币供应不变。

在现实中，当外汇储备增加带来本国货币供应增加过快，继而带给本国较大通货膨胀压力

---

① 或其他货币当局。

时，中央银行就很有可能和必要进行完全冲销或部分冲销。中国在 21 世纪初之后经历的持续双顺差带来了外汇储备的快速高额积累，使国内通货膨胀压力逐渐增大，中国央行因此进行了部分冲销①。因此，冲销与否是指外汇储备的变化是否会最终带来基础货币的变化。中央银行根据本国的情况选择是否进行冲销、冲销的程度及具体的冲销办法。

视频

根据货币创造的理论，基础货币经过一定的创造过程形成货币存量 M②。货币存量等于基础货币乘以货币乘数(m)，可以简单地写为式(2-13)：

$$M = m \times MB = m \times (DC + FER) \tag{2-13}$$

所以有式(2-14)：

$$\Delta M = m \times \Delta MB = m \times (\Delta DC + \Delta FER) \tag{2-14}$$

根据上式可知，在开放经济下，外汇储备构成国内货币供应的一部分，外汇储备的变化会带来货币供应的变化。而外汇储备又是一国对外经济交往过程中的产物，通过外汇储备就可以将国际收支与本国的货币市场联系在一起。

3. 货币市场与国际收支的关系

通过上一章中对国际收支的差额分析，可以知道储备资产的差额(RT)可以反映国际收支的经常账户差额(CA)和金融账户差额(FA)之和(即综合差额)，即式(2-15)：

$$CA + FA + RT = 0 \tag{2-15}$$

所以有式(2-16)：

$$RT = -(CA + FA) \tag{2-16}$$

而储备资产的变化(RT)主要来自中央银行外汇储备的变化。这里，我们不妨忽略其他因素，假设储备资产的变化就等于外汇储备③的变化，即式(2-17)：

$$RT = -\Delta FER④ \tag{2-17}$$

从而可以得出式(2-18)：

$$\Delta FER = CA + FA \tag{2-18}$$

所以，根据外汇储备的变化就可以全面地观察包括实际资源和金融资产在国内外的流动状况。另一方面，根据式(2-14)知道外汇储备的变化会带来货币供应的变化，这样对外经济交往

---

① 中国人民银行在进行冲销时并不是通过改变 DC 来实现的。中国人民银行发行了央行票据(CN)，它是央行资产负债表中的一项负债，因此，这时从资产负债表得出的式(2-11)就变成：$DC + FER = MB + CN$，于是有 $MB = DC + FER - CN$，$\Delta MB = \Delta DC + \Delta FER - \Delta CN$。所以，在 FER 增加时，只要让 CN 同时增加，也可以进行完全的($\Delta CN = \Delta FER$)或部分的($\Delta CN < \Delta FER$)冲销，而不需要改变 DC。

② 当然，有不同的口径来度量货币存量，比如 M_1、M_2 等。

③ 该假设是有根据的，外汇储备是储备资产中份额最大且可能不断变化的量，其他项目则相对比较稳定。具体解释请见第 10 章。

④ 这里之所以有个负号是因为，RT 等于储备资产项目上贷方数字减去借方数字，而贷方数字表示的是储备资产的减少，借方数字表示的是储备资产的增加，所以当 $RT>0$ 时，表示储备资产的净减少，而当 $RT<0$ 时，则表示储备资产的净增加。ΔFER 直接表示外汇储备的变化，$\Delta FER>0$ 时表示增加，$\Delta FER<0$ 时表示减少，所以将这两个指标联系在一起时应该是 $RT = -\Delta FER$。

活动与货币市场之间就通过外汇储备建立了联系。

除了外汇储备,在对外经济交往中还有一个基本因素就是汇率。因此,接下来我们将汇率引入模型。

根据绝对购买力平价[①],在均衡状态下,国内外价格水平之间的关系式为(2-19):

$$P = EP^* \tag{2-19}$$

其中:E 指单位外币等于本币的数量;P、P^*分别表示本、外国价格水平。因此,货币需求的方程式(2-10)就可以写为:

$$M_d = k \cdot EP^* \cdot Y \tag{2-20}$$

综合以上关于货币需求、国际收支、价格水平等的分析,可以将货币市场的均衡条件 $M_d = M$ 转化为式(2-21):

$$k \cdot EP^* \cdot Y = m \times (DC + FER) \tag{2-21}$$

对式(2-21)左右两边进行全微分:

$$\frac{kP^* Y \cdot dE + kEY \cdot dP^* + kEP^* \cdot dY}{kEP^* Y} = \frac{m \cdot d(DC + FER)}{m \cdot (DC + FER)}$$

$$\frac{dE}{E} + \frac{dP^*}{P^*} + \frac{dY}{Y} = \frac{m \cdot dDC}{M} + \frac{m \cdot dFER}{M}$$

$$\hat{E} + \hat{P}^* + \hat{Y} = \hat{DC} + \hat{FER}$$

$$\hat{FER} - \hat{E} = \hat{P}^* + \hat{Y} - \hat{DC} \tag{2-22}$$

可以对式(2-22)进行经济含义上的分析,即:

外汇储备的变化率-汇率的变化率=国外通货膨胀率+国内收入的增长率-国内信贷的变化率

至此,货币论就将一国的对外经济交往会涉及的因素——外汇储备和汇率的变化,与可能引起货币市场失衡的因素联系在一起;也就是说,当某一事件的出现使货币供应与货币需求失衡时,在由此引发的调节过程中就会导致外汇储备或汇率的变化,而储备、汇率的变化就必然带来经常账户和金融账户的调整。因此,国际收支从根本上说是一种货币现象,反映了货币市场朝着均衡调整的过程。这正是货币论的基本观点。

但是,根据式(2-22)可以发现,当汇率制度不同时,这样的机制会有不同的表现。因此,我们要分别分析固定汇率制度和浮动汇率制度下的情形。

4. 不同汇率制度下的货币论分析

后面会有专门章节详细展开有关汇率制度的讨论,这里我们简单地从字面意思理解两种汇率制度。固定汇率制度就是要保持汇率不变,浮动汇率则任由汇率自由变化。

1) 固定汇率制度

因为采用的是固定汇率制度,所以汇率的变化率为 0,则式(2-22)变为式(2-23):

$$\hat{FER} = \hat{P}^* + \hat{Y} - \hat{DC} \tag{2-23}$$

---

① 有关购买力平价理论的讨论见后面汇率理论一章。

也就是说，在固定汇率制度下，由于汇率要保持不变，所以外部冲击要由外汇储备的变化来承担，而根据式(2-18)可知，结果一定是(CA+FA)出现逆差或顺差。

我们不妨假设几种货币市场受到冲击的情形，来看一看货币论下对外经济是怎样调整的。

(1) 国内信贷(DC)的变化。

假设一国中央银行进行公开市场购买带来对货币供应(即 $\hat{D}C>0$)的冲击，使实际的货币存量超过了货币需求量，货币市场失衡①。

因为 $\hat{D}C>0$(假设影响货币需求的因素不变)，该外部冲击要由外汇储备的变化来承担，即 $F\hat{E}R<0$，而根据 $\Delta FER = CA + FA$ 知道，结果一定是(CA+FA)<0，综合差额出现逆差。

那么，上述结果出现的内在经济机制是什么呢？

在这种情况下，人们发现他们持有的货币数量超过了他们希望持有的量，于是就通过增加购买商品和服务来减少货币持有量。这些增加的消费一部分是对外国商品和服务的消费，从而带来经常账户的赤字。同时，可能增加对国内证券和外国证券等金融资产的购买。对国内证券的购买会降低国内利率水平，带来资金外流；对国外证券的购买也会引起资金的外流(但在小国模型下不会影响外部利率)。所以，金融账户也会出现赤字。综合的效果是综合差额出现赤字，即(CA+FA)<0。

由于逆差的出现，带来外汇市场上对外汇的需求增加，带来本币贬值的压力。中央银行必须通过市场干预来维持固定汇率，需要进入外汇市场抛售外币、购买本币，消除本币贬值的压力。所以，储备资产会减少($F\hat{E}R<0$)。外汇储备的减少正好等于综合账户出现的逆差时，就会使外汇市场重新回到均衡，最后的结果是 $\Delta FER = CA + FA$。

在上面外汇储备的变化过程中，在消除了外汇市场上失衡的同时，国内货币供应和货币需求也重新达到了平衡。

(2) 货币需求量的变化。

假设出现了外国价格水平或真实收入($\hat{P}^*,\hat{Y}$)的增加，根据等式(2-23)，要由外汇储备的变化来承担这一外部冲击，即 $F\hat{E}R>0$，而根据 $\Delta FER = CA + FA$ 知道，结果一定是(CA+FA)>0，综合差额出现顺差。

那么，上述结果出现的内在经济机制是什么呢？

在这种情况下，根据剑桥方程式可知货币需求会上升。此时，人们发现他们希望持有的货币数量比他们当前持有的货币数量要多，所以人们会减少在商品和服务上的支出从而增加货币持有量，其中一部分是进口的商品和服务，引起经常账户的顺差CA>0。同时，可能减少对国内证券和外国证券等金融资产的购买。对国内证券的购买减少会提高国内利率水平，带来资金内流；对国外证券的减持也会引起资金的内流(但在小国模型下不会影响外部利率)。所以，金融账户也会出现顺差。综合的效果是综合差额出现顺差，即(CA+FA)>0。

顺差的出现，带来外汇市场上对外汇的供给增加，带来本币升值的压力。中央银行必须通过市场干预来维持固定汇率，所以需要进入外汇市场抛售本币、购买外币，消除本币升值的压力。所以，储备资产会增加，即 $F\hat{E}R>0$。外汇储备的增加正好等于综合账户出现的顺差时，就会使外汇市场重新回到均衡，所以，最后的结果是 $\Delta FER = CA + FA$。

---

① 假设初始的货币市场是均衡的。

从上面的分析中可以发现，货币论正是从货币市场的角度来理解国际收支的。

2) 浮动汇率制度

如果一国实行的是浮动汇率制度，则中央银行无须动用外汇储备来干预外汇市场以维持币值的稳定，所以式(2-22)中的 $F\hat{E}R$ 为 0，可以重新写为式(2-24)：

$$-\hat{E} = \hat{P}^* + \hat{Y} - \hat{D}C \tag{2-24}$$

此时外部冲击完全由汇率的变化 $\hat{E}$ 来承担。而因为外汇储备没有变化，所以国际收支的综合差额($CA+FA$)就不会改变。

(1) 国内信贷的变化。

假设一国中央银行进行公开市场购买给货币供应带来冲击，使实际的货币存量超过货币需求量，货币市场失衡。因为 $\hat{D}C>0$（假设影响货币需求的因素不变），该外部冲击要由汇率的变化来承担，即 $\hat{E}>0$，本币贬值。而 FER 不发生变化，所以 $CA+FA$ 维持原来的水平不变。

那么，上述结果出现的内在经济机制是什么呢？

在这种情况下，人们发现他们所持有的货币数量超过了期望持有量，就会通过增加购买商品和服务来减少货币持有量。这些增加的消费一部分是对外国商品和服务的消费，从而带来经常账户的赤字。同时，其还可能增加对国内证券和外国证券等金融资产的购买。对国内证券的购买会降低国内利率水平，带来资金外流；对国外证券的购买也会引起资金的外流(但在小国模型下不会影响外部利率)。所以，金融账户也会出现赤字。综合的效果是综合差额出现赤字，即($CA+FA$)<0。

赤字的出现，带来外汇市场上对外汇需求的增加，引起本币贬值。本币贬值改善综合差额，使出现的赤字得到扭转，最终外汇市场供求平衡，综合差额回到初始的水平，即 $\Delta FER = CA+FA=0$。

(2) 货币需求量的变化。

假设出现了外国价格水平或真实收入($\hat{P}^*, \hat{Y}$)的增加，根据式(2-24)可知要由汇率的变化来承担这一外部冲击，即 $\hat{E}<0$，本币升值。而 FER 不发生变化，所以($CA+FA$)维持原来的水平不变。

那么，上述结果出现的内在经济机制是什么呢？

在这种情况下，根据剑桥方程式可知货币需求会上升。此时，人们发现他们希望持有的货币数量比当前持有量要多，所以人们仍然会减少在商品和服务上的支出，从而增加货币持有量，其中一部分是进口的商品和服务，引起经常账户的顺差($CA>0$)。同时，可能减少对国内证券和外国证券等金融资产的购买。减少对国内证券的购买会提高国内利率水平，带来资金内流；对国外证券的减持也会引起资金的内流(但在小国模型下不会影响外部利率)。所以，金融账户也会出现顺差。综合的效果是综合差额出现顺差，即($CA+FA$)>0。

顺差的出现，带来外汇市场上对外汇的供给增加，引起本币升值。本币的升值会使综合差额朝相反的方向变化，即减少顺差，直到回到原来的水平上，最后的结果是 $\Delta FER = CA+FA=0$。(在上述汇率调整过程中，调整的方向和程度是使国内货币供应和货币需求重新达到平衡的关键。)

以上分别对固定汇率制度和浮动汇率制度下的情形进行了分析。但在现实中，很多国家实行的是有管理的浮动汇率制度，所以往往是上面两种情形某种程度的组合，即货币市场的失衡一方面通过储备的变化来承担，另一方面通过汇率调整来承担。

根据以上的分析可知，货币论认为国际收支的变化是源于货币供应量与货币需求量之间的不平衡。货币市场的失衡会激发出一个自动调整的机制,这一机制最终能消除该失衡,在该机制的作用过程中,国际收支也发生相应的变化。所以,国际收支从根本上说是一种货币现象,这正是货币论的基本观点,同时也是一个金融市场导向(financial markets-oriented)的理论。

2.3.3 政策含义

货币论是通过分析官方储备项目来考察一国的国际收支状况,其认为国际收支的均衡一定是货币市场均衡的结果。因此,根据以上的分析,货币论对经济政策有如下观点。

(1) "所有国际收支不平衡,在本质上都是一种货币现象"[①],即货币的不平衡,也就是符合人们意愿的货币持有量与货币当局货币供给量间存在差异的结果。在私人支出较为稳定的条件下,只要一国不严重依赖于通货膨胀性的货币供给增加为政府支出融资,就不会经历长期(或称结构性的)国际收支赤字。

(2) 只有能影响一国货币供求的经济政策才能影响该国的国际收支。为了平衡国际收支而采取的进口限额、关税、外汇管制等措施,只有当它们的作用是改变货币需求时,才能改善国际收支。如果施加限制的同时带来国内信贷膨胀,则国际收支不一定得到改善,甚至还会恶化。

(3) 在固定汇率下,国际收支的失衡可以通过国际储备的流动自行纠正;在浮动汇率制下,国际收支的失衡可以通过汇率自动调节。因此,所有调节国际收支失衡的政策除了加速调节过程外,是完全不必要的。

(4) 货币论者认为国际收支是一种货币现象,但并不否认实际因素对国际收支的作用,只不过它们需要经由货币需求来产生影响。

总之,货币论的重点论点是:如果一国长期经历国际收支逆差,虽然可以采用传统的国际收支政策,如紧缩性的货币、财政政策,或实行贬值、进出口限制、出口补贴等,但这些都只是暂时有效的,国家政策当局手中长期的调节办法只能是降低国内信贷膨胀率。

2.3.4 货币论的缺陷

国际收支货币论试图解决国际收支和货币市场的长期均衡问题,关注货币层面,补充了弹性论和吸收论只集中于贸易分析的片面性。但由于其认为货币是唯一解释国际收支不平衡的变量,所以货币论在分析结构、假设等方面还存在许多缺陷。

(1) 货币论将国际经济的因果关系颠倒了,把货币因素看成是决定性的,而把收入、支出、贸易条件和其他实际因素看成是次要的,只通过对货币需求的影响发生作用。事实上,是商品流通决定货币流通,而不是相反。

(2) 这里假定货币需求函数相当稳定,但在短期内它并不稳定,易受货币供给变动的影响;假定货币供给变动不影响实物产量。但货币供给变动后,人们不仅改变对国外商品和证券的支出,还会改变对本国商品和证券的支出,由此影响国内产量的变化。

(3) 货币论的假设中还强调一价定律[②]的作用,但由于垄断因素和商品供求黏性的存在,它

---

① 约翰逊. 国际收支理论与政策的货币分析方法[N]. 经济学报,1977(8):227.
② 在后面汇率理论一章中有关购买力平价理论的部分对此还有更详细的讨论。

往往是不能成立的。

(4) 货币理论认为国际储备的变化最终会自行纠正国际收支的不平衡。国际储备通过改变货币供应来影响货币市场的均衡。实际上，货币当局可以通过公开市场业务冲销掉储备变化对货币供应的影响，从而使上述机制的作用受挫。这就与前面提出的假设"国际储备变化带来的货币供应变化不会被冲销掉(not sterilized)"相反。

专栏 2-4　货币分析法和结构分析法的对比

国际收支的结构分析法是作为对 IMF 国际收支调节政策安排的对立面，于 20 世纪 70 年代逐步形成的比较成熟的国际收支失衡的分析方法。结构分析法提出之前，IMF 主要依据货币论辅之以吸收论来提出各成员国进行国际收支失衡调节的政策规划，货币论的政策核心是紧缩需求，牺牲国内经济增长来改善国际收支。因此在 20 世纪 70 年代全球普遍失衡中，大多数国家都采取货币紧缩、削减预算等办法进行调节，结果带来国内经济的动荡。结构分析法的主要代表人物为从事发展中国家问题研究的学者，比较著名的有保尔·史蒂芬爵士(Paul Stephen)、托尼·克列克(Tony Klick)和英国肯特大学的瑟沃尔(A. Thirwall)。在这种情况下，结构分析法认为国际收支失衡不完全是由货币市场失衡、国内产出不足等因素引起的，还有可能是由于经济长期性的供给不足，也就是经济结构本身引起的失衡。结构分析法认为，引起国际收支长期逆差或者长期顺差的结构性因素主要有经济结构单一、经济结构落后等，比如一国出口商品的收入需求弹性低、价格需求弹性高；而其进口商品的收入需求弹性高、价格需求弹性低，这时，由价格和收入因素引起的国际收支不平衡就具有不对称性。结构分析法主要政策主张就是通过增加投资来促进国家经济结构的调整，从而达到改善国际收支的目的。

上面介绍了国际收支中最重要的三种理论(见表 2-4)，这些理论在国际收支核算的建立与以后的发展中都起到一定的指导作用。它们试图从不同的角度来解释国际收支，因此在很大程度上是互补的。弹性论的出发点是贸易差额，侧重于相对价格的变化。吸收论侧重于收入与支出的差额，聚焦总体需求管理。货币论则是吸收论的延伸，即从经常项目扩大到全部国际收支，重点研究货币市场的均衡。

表 2-4　三种重要的国际收支理论

项目	弹性论	吸收论	货币论
方法	短期、中期均衡分析	短期、中期均衡分析	长期均衡分析
对象	传统理论，解释贸易差额(商品项微观经济分析)	以凯恩斯经济理论为基础，解释经常账户差额(商品中宏观分析)	以货币数量论为基础，解释整个国际收支(货币市场宏观分析)
政策	汇率政策	总需求管理	货币政策

2.4　国际收支的调节

国际收支反映了一国与外部世界的经济交往，在经济交往中也就构建了对外经济关系。因此，一国在进行对外经济活动时往往追求一个平衡的对外经济关系。那么，国际收支会因为什么样的原因出现不平衡呢？该如何对不平衡进行调节呢？除了上面的国际收支理论所给出的对这些问题的思考和回答之外，本节还要就实践中的一些具体因素进行讨论。

2.4.1 国际收支失衡分析

一国的国际收支反映该国与世界其他各国之间各种各样的经济交易。前面讲过，国际经济交易可分为两类不同性质的交易——自主性交易和补偿性交易。而国际收支是否平衡主要是指自主性交易所产生的外汇收付金额是否相等。如果一个国家在国际经济交易中的自主性交易收支相等或基本相等，那么该国国际收支是平衡的，否则，该国国际收支不平衡。换句话说，通过补偿性交易达到的国际收支平衡，只是一种形式上的平衡；不利用补偿性交易所达到的平衡，才是国际收支的真正均衡。

另外，还可以从状态的角度对国际收支失衡进行分类：静态失衡和动态失衡。静态失衡一般是指短期内一国国际收支存在一定的失衡。这样的失衡是否必须调节，取决于该国的国际储备和国际融资能力及具体的经济状况。动态失衡一般是指较长时期内一国国际收支总体出现的失衡，反映一国在整个经济发展过程中对外经济实力动态的变化。按照经济建设的总体发展规划，一个国家不一定要坚持国际收支的短期平衡，但实现一定时期内的大体平衡是必要的。因此，发达国家出现的国际收支周期性失衡，只要高涨阶段的逆差和危机阶段的顺差两者相抵，达到大体平衡即可。发展中国家在经济发展过程中出现的国际收支逆差和顺差，只需大体保持在发展规划和国家承受能力范围之内。所以，动态平衡追求的目标是双重的，既有经济增长，也有国际收支平衡。

1. 国际收支失衡的原因

那么什么原因会引起国际收支的失衡呢？因为各国政策的制定者特别重视国际收支逆差，逆差的出现通常会被认为是国际收支的真正失衡，而源源不断的顺差则不算失衡。因为顺差一般不会对国内经济立即产生不良影响，而且顺差的调节要比逆差的调节容易得多。所以，我们就从逆差的角度来思考这一问题。

一般来说，国际收支的平衡是相对的、暂时的；而不平衡是绝对的、经常的。通过对经济体的一般性观察，可以发现引起国际收支出现逆差的原因主要有以下几种。

(1) 偶发性因素。政治、经济、自然等方面偶然的突发性事件，比如气候的骤变、意料外的骚乱等因素引起的国内产量下降、出口下降和进口增加，以及国际资本的不利流动，会导致一国国际收支出现逆差，造成偶发性失衡(accidental disequilibrium)。例如，2022年俄乌冲突爆发，欧美国家对俄罗斯发动经济制裁，减少对俄商品的出口。其中在第九轮制裁中，欧盟对重要化学品、无人机零部件等与"敏感技术"相关的产品均实施了出口限制。但在几次制裁之后，在欧盟成员国减少自身产品出口的同时，能源价格飙升，导致德国进口额上涨，这让有"欧洲经济火车头"之称的德国的未来经济前景蒙上阴影，30年来首次出现贸易逆差。同时，由于原材料价格上涨，全球通胀高企，促使以制造业为主的国家也陷入了逆差局面。

(2) 周期性因素。周期性因素常见于比较发达的市场经济国家，是与经济的周期性变化相联系的。由于各国经济周期所处的阶段不同，可能造成周期性失衡(cyclical disequilibrium)。当一国经济萧条时，国内需求不旺，纷纷转向国外市场，出现竞相出口而进口需求下降的情况，从而使其出现国际收支顺差。相反，当一国经济高涨时，进口需求急剧增加，往往出现国际收支逆差。从长期趋势看，如果一个国家由于技术水平的提高、资本积累的增长，导致生产发展、成本降低,出口贸易持续扩大,将有效地促进国际收支的改善,甚至形成国际收支的持续顺差,出现盈余性失衡。第二次世界大战后各国经济周期的同步性,使得这一失衡在工业国家有所减轻。而工业国家的经济周期的影响开始更多地作用在发展中国家的国际收支上。第一次周期性经济危机是 1825 年以英国为中心爆发的生产过剩危机。随着工业革命的发展和深化,英国经济飞速发展,资本主义生产力成倍增长。英国工业制成品凭借其低廉的价格和优良品质,在世界市场上所向披靡。生产力的巨大增长和商品销售市场发展的相对缓慢,很快形成尖锐矛盾。1815—1821 年英国棉纺织工业接连发生恐慌,最终在 1825 年发展成为生产过剩型经济危机。这次危机揭开了资本主义经济周期性危机史的序幕。

(3) 结构性因素。贸易收支在国际收支中往往举足轻重,因此,当一个国家的产业结构不能及时适应国际市场需求的变化时,就会出现出口锐减、进出口失衡,从而造成结构性失衡(structural disequilibrium)。其具体又可以分为产品供求结构失衡和要素价格结构失衡。

如果本国产品的供求结构无法跟上国际市场产品供求结构的变化,比如国际市场对本国具有比较优势的出口品需求减少,或者国际市场上本国进口品的供给减少,价格上升,而本国无法改变出口结构,则本国的国际收支将出现赤字。或者本国要素的价格变动使本国出口品在国际市场上所具有的比较优势逐渐削弱直至消失,也会导致本国贸易赤字的长期存在。

结构性失衡主要出现在发展中国家。例如在东南亚金融危机前,东南亚各国不仅产业结构类似,在对外贸易中形成竞争关系,而且未能及时有效地进行技术更新和产业升级,致使国际竞争力下降,出口增长不理想,国际贸易出现较大的赤字,国际收支失衡。

(4) 货币性因素。货币性失衡(monetary disequilibrium)是由于一国的价格水平、成本、汇率、利率等货币性因素变动所造成的国际收支失衡。例如,一国在一定时期、一定汇率水平下,如果货币增长速度过快,以致商品成本和物价水平相对高于别的国家,则本国的商品输出必然受到损害,而更加有利于商品输入,最后导致国际收支发生逆差;反之,由于通货紧缩,商品成本和物价水平相对低于别的国家,则能鼓励出口,抑制进口,从而出现国际收支顺差,如图 2-2 所示。

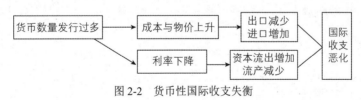

图 2-2　货币性国际收支失衡

(5) 收入性因素。一国国民收入的变化,会影响该国的进出口贸易,进而影响国际收支。当经济增长率较高时,国民收入增加,总需求上升,物价上涨,进口增加,出口减少,资本流出增加,从而造成国际收支逆差;反之,则造成国际收支顺差。这就是收入型失衡(income disequilibrium)。

(6) 外汇投机和不稳定的国际资本流动。目前,国际金融市场上追逐高息流动的短期资本高达数万亿美元,这些资金被称为国际游资(或热钱,英文为 hot money)。这些游资在各国之间频繁地移动,以追求投机利润,或者有意狙击一个甚至几个国家和地区,造成这些国家和地区的金融秩序动荡,国际收支严重失衡。由此而产生的失衡也被称为冲击性失衡(shock disequilibrium)。例如,1998 年亚洲金融危机的诱发因素即乔治·索罗斯对泰国的投机性攻击行为。

2. 国际收支失衡对经济的影响

大规模的国际收支失衡，无论是顺差还是逆差，都会给一国的经济带来负面冲击。历史上，极力主张"黄金只进不出"的重商主义曾一度被奉为强国圣经，在英国原始积累时期，它也确实起到了集中资本的作用。随着时间的推移，它的弊端慢慢显露出来，造成了经济发展的畸形。另一方面，殖民地时期产业发展不均衡导致的大量逆差在经济危机时期曾经给很多第三世界国家带来了毁灭性的打击。历史实践证明，无论是顺差还是逆差，持续的盈余和赤字都会带来汇率波动、币值的不稳定及利率变动，从而影响国内经济均衡，甚至导致国际贸易摩擦，比如1980年的美日日益加剧的贸易摩擦等。后面在有关宏观经济政策选择的第8章我们会结合一国的内部均衡目标进行分析。这里，我们暂时只关注国际收支的平衡，即对外平衡。

2.4.2 国际收支自动调节机制

在上一小节中我们已经学习了一些关于国际收支调节的理论，并且发现国际收支具有某种程度的自动调节机制。接下来我们将系统地了解国际收支在不同情况下的自动调节机制。

1. 国际金本位制度下的国际收支自动调节机制

在金本位制下的国际收支自动调节机制就是由大卫·休谟(David Hume)提出的价格—现金流动机制(Price-Specie-Flow Mechanism)。

如图2-3所示，在金本位制度下，一国国际收支出现赤字时本国黄金就会有净流出；黄金的外流使国内的黄金存量减少，从而货币供给就会减少，国内的物价水平必然下跌；物价水平下跌后，本国商品在国外市场上变得更有竞争力，而外国商品在本国市场的竞争力下降，于是引起出口的增加和进口的减少，改善国际收支赤字。反之，当国际收支出现盈余时，黄金有净流入，从而增加国内的货币供给，造成国内的物价水平上涨。物价的上涨不利于出口而有利于进口，引起出口的减少和进口的增加，带来本国的国际收支恶化。

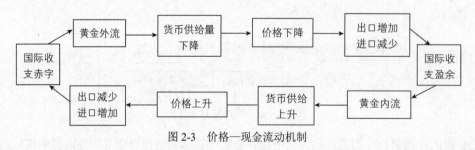

图2-3 价格—现金流动机制

在充分就业和固定汇率制度下，进出口的变动将完全取决于物价水平，物价变动成为调节国际收支的直接手段，而物价的变动又是通过货币数量的调节来实现的，价格—现金流动机制可以算是国际收支货币论的最早形式之一。

2. 纸币本位的固定汇率制度下的国际收支自动调节机制

在纸币本位的固定汇率制度下，一国当局要通过动用外汇储备干预外汇市场，从而维持汇率的稳定。这时，自动调整机制仍然可以发生作用，只是较为复杂。假设国际收支出现赤字，让我们来看一看自动调整机制是如何通过对外汇储备、货币供应量等因素发挥作用的(见图2-4)。

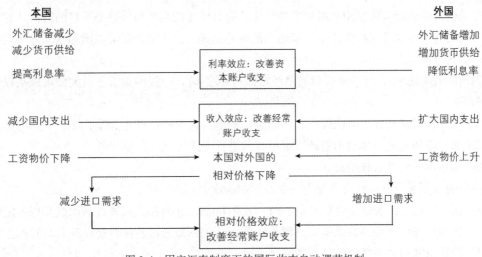

图 2-4　固定汇率制度下的国际收支自动调节机制

(1) 利率效应(interest rate effect)。在固定汇率制度下，当国际收支发生赤字时，货币当局就必须通过减少外汇储备进行调节，从而引起国内货币供应量的减少。货币供应量的减少带来市场资金的紧张，从而利率上升，减少本国的资本外流，增加资本流入，改善资本账户收支，即利率效应。

(2) 收入效应(income effect)。货币供应在赤字时减少，一方面人们为了恢复所持有的现金余额水平，会减少国内支出；另一方面利率的上升也会进一步减少国内支出。而国内支出有一部分是用于进口消费的，在国内支出减少的同时，进口需求自然会随之减少，从而改善经常账户收支，这就是收入效应。

(3) 相对价格效应(relative price effect)。货币供应的下降会通过现金余额效应或收入效应引起价格水平的下降，包括工资的下降，使本国产品这时候变得更有竞争力，增加出口，减少进口，改善经常账户收支，这就是相对价格效应。

以上是在一国遭遇赤字时会带来的自动调整机制，当盈余的时候同样可通过以上几个效应从相反的方向对国际收支进行调节。

3. 浮动汇率制度下的国际收支自动调节机制

浮动汇率制下，一国货币当局不需要通过动用储备来影响外汇的供给与需求，而是任凭市场的外汇供求变化来决定汇率的上涨与下跌。在这种制度下，如果一国国际收支出现赤字，外汇需求就会大于外汇供给，外币就会升值，而本币就会贬值；币值的变化又必将引起本国出口品和进口品之间相对价格的变化，从而作用于国际收支。反之也成立。但是，到底本币贬值带来的本国出口数量的增加和进口数量的减少是否能改善国际收支赤字，则要根据弹性论的分析结果看，这取决于该国的进出口需求弹性是否能够满足马歇尔—勒纳条件。

2.4.3　国际收支的政策调节

上面是国际收支的自动调节机制，但事实上国际收支出现失衡时一国当局往往不能完全依靠经济体系的自动调节机制来使国际收支恢复均衡，因为它们

视频

只有在某些条件或经济环境中才可以发生作用,而且作用的程度与效果及所需的时间还存在很大的不确定性,因此往往需要主动采取适当的政策措施。接下来,我们以国际收支赤字为例来说明一国政府的政策选择,反之可以用于盈余。

当国际收支出现赤字(主要针对的是经常账户赤字)时,一般的调节手段大体可以从以下三方面着手。

(1) 用一些经济杠杆,如国民收入、物价、汇率、利率和财政支出等手段。
(2) 采用政策措施,如运用财政、货币政策进行间接干预或直接管制;
(3) 采用国际经济合作的办法。

具体的选择又可以从性质上分为三个不同的层次。

- 第一层次:在融资与调整之间选择。融资(financing)是指当局通过借款或动用外汇储备来弥补外汇市场的供求缺口;调整(adjustment)则是通过各种调整政策来消除外汇市场的供求缺口。当然也可以两者综合运用。
- 第二层次:假如在确定采用调整手段并确定了调整程度后,可以在吸收论中提到的支出减少政策(expenditure reducing policy)和支出转换政策(expenditure switching policy)中选择。
- 第三层次:假如采用了上面的支出转换或减少政策,还需要对具体措施进行选择。

接下来我们对以上几个层次中所涉及的一些政策进行简单的介绍和分析。

1. 外汇缓冲政策(融资)

各国政府为调解国际收支失衡,将持有一定数量的黄金、外汇储备作为外汇平准基金,或临时向外筹借资金,来抵消市场的超量外汇供给或需求,从而控制收支失衡的影响。这一政策的好处是很简便,使本币汇率免受暂时性失衡所造成的波动。但是,一国的国际储备毕竟有限,很难靠它解决长期、巨额的国际收支赤字,因此比较适合用作辅助手段。

2. 财政和货币政策

当出现赤字时,可以实行紧缩性的财政和货币政策。财政政策包括减少财政支出、提高税率等;货币政策则包括提高再贴现率、提高法定存款准备金比率及出售证券等。这些政策的缺陷是,国际收支的改善可能要以牺牲国内经济为代价,从而与国内经济目标发生冲突。

3. 汇率政策

利用汇率的变动来消除国际收支赤字。出现逆差时,通过下调本币汇率使本国进口下降、出口增加,从而减少逆差,促使平衡。

4. 直接管制

直接管制,是指政府通过发布行政命令,对国际经济交易进行干预,以求国际收支平衡的政策。该政策特别适合解决国际收支的结构性失衡。

直接管制包括外汇管制和贸易管制两种。直接管制对国际收支的改善能迅速见效,而且可以根据本国不同的需要,对进出口贸易和资本流动区别对待。这一措施的优点是比较灵活,可以针对具体不同的项目加以区别实施。但它仅仅是将国际收支赤字暂时消除,变显性赤字为隐性赤字,并不能解决根本问题。管制一旦取消,赤字仍会出现。而且,这一政策不但会引起国际经济组织的反对,也会引起相关国家的反抗和报复,无助于提高效率。

5. 国际经济金融合作

可以通过国际金融经济组织,如世界贸易组织(WTO)、国际货币基金组织(IMF)、世界银行(World Bank)及其他清算机构来解决;可以通过区域性或特定范围内的经济金融机构,促进该地区的贸易自由化和经济一体化;可以定期或不定期地协调经济政策,如七国财长会议(G7)、G20峰会等。后面我们还会专门讨论国际经济政策协作。

专题:国际金融危机前后的全球不平衡对比

2005年2月,IMF总裁罗德里戈·拉托(Rodrigode Rato)首次正式提出并界定"全球失衡"(Global Imbalance)一词,认为全球失衡主要表现为美国拥有大量贸易赤字,而其他一些经济体,尤其是中国,则出现大量贸易盈余。自1985年成为净债务国以来,美国的海外净债务持续增加。长期以来,美国的经常项目逆差及由经常项目逆差累积而形成的巨额净外债是否可以持续,一直是国际金融界争论不休的问题。随着近年世界经济多极化趋势加强,全球不平衡出现新的特点,学界对"外部可持续性"再次关注起来。

全球国际收支不平衡最直观的反映就是世界范围的国际收支状况。尽管从全球来看,各国经常账户余额最终会互相抵消①,但如果将各国经常账户差额取绝对值加总,再与当年的全球GDP对比,就可以反映出国际范围内不平衡的程度。以2008年为节点,我们分别搜集了其前后十多年的经常账户和国际投资头寸变动的数据(占GDP的百分比),通过比较2008年金融危机前后全球国际收支的波动来说明失衡反映的经济问题。

1997—2013年经常账户差额和净对外资产(占全球GDP的百分比)如图2-5所示。

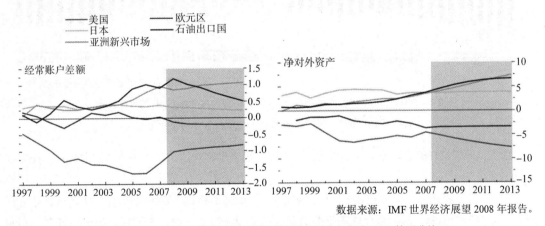

数据来源:IMF世界经济展望2008年报告。

图2-5 1997—2013年经常账户差额和净对外资产(占全球GDP的百分比)(%)

(注:图中阴影部分为预测数据)

从图2-5可以看出,在全球经济不平衡中最突出的就是美国和两类发展中地区(石油出口国和亚洲新兴市场),即美国持续扩大的经常账户赤字,东亚国家和中东国家持续的经常账户盈余。同样,

---

① 理论上是这样的,实际上由于统计误差与遗漏的影响并不能完全相互抵消掉。

一国的对外净资产头寸①也可以反映国际收支不平衡的状况。随着美国等不同国家或群体的持续的不平衡,积累的对外净资产规模也越来越可观。其中,美国由于持续的逆差带来相当可观的对外净负债(即负的对外净资产);亚洲新兴市场和石油出口国则由于经常账户盈余积累越来越多的对外净资产。发展中国家不断增加的外汇储备绝大多数流向以美国为主的发达金融市场,必然将这些市场的长期真实利率不断压低。因此,国际收支的不平衡不仅反映在国际贸易和资本流动上,还直接作用到一国国内市场上,尤其是金融市场。

同样,通过观察2009—2022年的全球经常账户差额(见图2-6),我们发现所有经济体经常账户顺差和逆差的绝对值之和在2011—2019年间不断缩小,但在新冠疫情危机期间有所扩大,且在2022年较为显著。经常账户差额的扩大反映了疫情的影响。并且在2022年,经常账户差额也受到俄乌冲突的影响,大宗商品在全球范围内的价格上涨,使石油净出口国的经常账户差额扩大、石油净进口国的差额缩小。全球经常账户差额的扩大不一定是一种不利的变化,但过度的全球失衡会加剧贸易紧张局势并促使各国纷纷采取保护主义措施,也会增加发生恶性汇率波动和资本流动的风险。最近几年美国的海外净债务一直加速增长,截至2021年年底,美国的海外净债务已经超过18.1万亿美元。特别是在2020年以后,由于贸易逆差急剧增加、投资收入顺差减少,美国经常项目逆差急剧增加,因此讨论美国经常项目的"外部可持续性"是必要的。

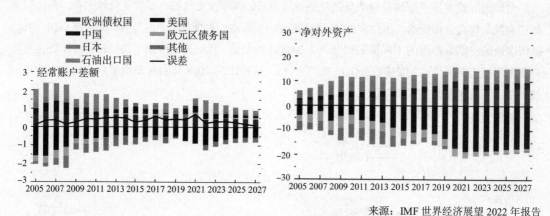

来源:IMF 世界经济展望 2022 年报告

图2-6 2005—2027年经常差额账户和净对外资产(占全球GDP的百分比)(%)

(注:图中2023—2027年的数据为展望报告中的预测数据)

那么,形成这样的全球不平衡的原因是什么呢?经济学家对这个问题进行了很多分析,并形成了以下观点。

第一,有学者认为,作为国际收支不平衡的中心,美国不断恶化的财政赤字($T-G<0$)是其经常账户赤字($CA<0$)的引擎,从而是全球不平衡的原因。从2002年开始,美国每年都出现赤字,2009年金融危机中,美国财政赤字开始迅速增加,2020年新冠疫情再次导致美国财政赤字成倍增加。2021年,美国财政赤字为2.77万亿美元。2020年,美国财政赤字高达3.13万亿美元。因此,美国是制造全球经济不平衡的核心。这是财政视角,还有的经济学家是从货币政策的视角来分析的。

---

① 经常账户余额本身也可以被定义为该国对外的净金融资产头寸变化,但与经常账户余额不同的是,对外净资产头寸是一个不断积累的结果,因此,它不但能反映出每年随着对外经济交往活动带来的变化,还能显示出这些变化所累积的结果即最终的状态。

例如，罗伯特·邓肯(Robert Duncan)认为，美国宽松的货币政策带来了消费和房产热，引致超额需求和经常账户赤字。

第二，除了将全球不平衡单纯地归因于某一国或某个国家群体，还有一部分观点认为不论是经常账户盈余国还是经常账户赤字国，在全球不平衡中都难辞其咎，它们就像一个硬币的两面，不可分割。例如，哈佛大学的理查德·库柏(Richard Cooper)提出，日本、欧洲、中国等地的人口特征是不平衡的深层原因；全球范围内产业结构失衡，发达国家专注于高端制造业、金融服务业和产品研发，发展中国家和新兴市场国家专注于劳动密集型、资源密集型制造业的世界加工厂及原材料供应地的布局；金融全球化与各国金融发展水平不同，金融全球化导致美国减少储蓄，并不断积累外部负债头寸，而经济总量迅速增长的新兴市场国家出于规避经济风险的目的，向金融市场发达的美国提供无风险负债，从而获得收益稳定的金融资产。

第三，豪斯曼(Hausmann)和斯图尔辛格(Sturzenegger)提出了"暗物质"(dark matter)来解释经常账户的不平衡问题，认为美国在资产运作上的收益能力大大减轻了其经常账户赤字对本国国际投资头寸的影响，因此不存在像统计数据所显示的那样严重的经常账户问题。

第四，中国的学者吴敬琏则将其归于两类失衡经济之间形成的互补关系。这两类经济，一类是以中国为代表的发展中经济，它们的内部失衡主要表现在以政府和国企储蓄为主的高额储蓄率(高达50%以上)和以劳动者消费为主要内容的低消费率。中国储蓄率在很长时间里超过 GDP 的 50%，这是中国历史上和世界范围内所仅见的。另外一类，是以美国为代表的发达经济，其内部失衡的表现是低储蓄率、高消费率。

从理论上讲，这样的全球失衡肯定不可能一直持续下去。事实上，很多学者就将这种不平衡当作 2008 年发生全球金融危机的最重要原因。关于此次全球金融危机的详细分析，我们会在"国际金融危机"一章的专题中进行。

本章总结

小结：国际收支弹性论分析了汇率变化，尤其是本币贬值对贸易收支的影响，并提出了贸易改善的条件；吸收论从宏观经济等式关系出发，认为国际收支是由本国收入与本国吸收决定的同时，贬值会分别作用在吸收和收入上，通过一些效应带来对国际收支的影响；货币论以货币市场的平衡为核心分析国际收支，分析不同的货币市场冲击会怎样影响国际收支。在以上理论基础上，进行国际收支调节。

重点：弹性论、吸收论和货币论对国际收支失衡调节的不同及各自的政策主张；国际收支失衡的原因和主要的调节机制。

难点：马歇尔—勒纳条件的推导、结论，J 曲线效应；国际收支吸收论贬值的几种效应；对货币冲销机制的理解；国际收支自动调整机制的缺点及支出转换政策和支出减少政策的区别。

关键概念及其英文释义

英语深入阅读资料

[1] **Elasticities approach(弹性论)**: An approach that emphasizes changes in the prices of goods and services as the main determinant of a nation's balance of payments and the exchange value of its currency.

[2] **Lags(时滞)**: Time between the change in a policy instrument, and the response in the economy.

[3] **J-Curve Effect(J曲线效应)**: A phenomenon in which a depreciation of the domestic currency causes a nation's balance of payments to worsen before it improves. There are three periods in J-curve: **Currency-Contract Period(货币合同阶段)**, **Pass-Through Period(传导阶段)** and **Quantity Adjustment Period(数量调整阶段)**.

[4] **Absorption approach(吸收论)**: A theory of balance-of-payments and exchange-rate determination that emphasizes the role of a nation's expenditures, or absorption, and income. If a nation's real income exceeds the amount of goods and services that it absorbs, then the nation will run a current account surplus.

[5] **Monetary approach(货币论)**: Originally developed in the 1960s, in large part at the University of Chicago but also at the International Monetary Fund. It relates changes in a nation's balance of payments and the exchange value of its currency to differences between the quantity of money demanded and the quantity of money supplied.

[6] **Price-Specie-Flow Mechanism(价格—铸币流动机制)**: It was the first complete formulation of the classical theory of the mechanism for the adjustment of the balance of payments raised by David Hume (1752). A surplus in the balance of payments causes an inflow of gold into a country, (of course, there is a strict connection between gold reserves and the amount of money), then the prices increase, which tends on the one hand to reduce exports, as the goods of this country become relatively more expensive on the international market, and on the other hand, to stimulate imports, as foreign goods become relatively cheaper. Thus there is a gradual reduction in the balance of payment surplus. The same mechanism could happen when there is a deficit in balance of payment. So the there is an automatic adjustment mechanism for balance of payments.

[7] **Monetary Base(基础货币)**: It is composed of currency and coins outside the banking system plus the reserves of commercial banks. It is high-power money which could trigger the creation of the money supply.

[8] **Financing(融资)**: The country chooses to continue running the deficit for the time being, either by borrowing from abroad or by running down its central bank's holdings of reserves.

[9] **Expenditure-changing policies (Absorption policies)(支出变更/减少政策，吸收政策)**: Alter the level of aggregate demand for both domestic and foreign goods & services, such as a fiscal policy. Most often there will be expenditure-reducing policies.

[10] **Expenditure-switching policies**(支出转换政策): Modify the direction of demand, shifting it between domestic output and imports.

[11] **Price Deflation**(价格紧缩): Makes domestic goods more attractive to residents of both countries. But usually price deflation is so difficult in the short run as to be ruled out.

[12] **Devaluation**(官方贬值): To devalue the currency of a country means to reduce its official value in relation to other currencies, which makes domestic goods cheaper.

[13] **Direct trade controls**(直接贸易管制): Government restrictions on the trade, including tariff, export subsidy, quota, advanced deposits on imports, and etc.

[14] **Hot Money**(热钱): It is the money that flows regularly between financial markets in search for the highest short term interest rates possible. For example, CDs are hot money. Should a borrower offer the lender a higher rate of interest than that offered by the current borrower, the current borrower stands to lose their loan.

复习思考题

1. 请指出弹性论中所提出的主要假设并分析其对该理论推导的意义。
2. 假设一国初始保持平衡，进出口数量都是 3 万个单位，进出口的需求弹性分别为 0.6 和 0.8，假定本币贬值 5%，那么该国的国际收支状况将发生怎样的变化？(假定进出口供给弹性无穷大)
3. 请解释吸收论中贬值所带来的各种效应。
4. 货币论中是如何解释固定汇率制度下国际收支失衡的原因及其调节的？
5. 什么是国际收支的结构分析法？和货币分析法有什么异同？
6. 什么是冲销性货币政策？简述其基本原理。
7. 引起国际收支失衡的原因主要有哪些？
8. 在金本位制度下国际收支的自动调节机制是如何实现的？
9. 支出转换政策和支出减少政策的区别是什么？
10. 国际收支失衡的调节都有哪些方面？主要从政策调节的角度来回答。

推荐资源

扫描右侧二维码阅读以下资料：
- 弹性论推导的微分方法；
- J-曲线效应的讨论；
- 毕肯戴克—罗宾逊—梅茨勒条件的推导。

第 3 章

汇 率

◎ 引言

世界之变、时代之变、历史之变正以前所未有的方式展开,全面贯彻落实党的二十大精神,充分认识并切实用好我国经济发展的多方面比较优势和有利条件,继续夯实"稳"的基础,持续增强"进"的动能,在更周全的"稳"与更高质量的"进"良性互动中推动高质量发展。高质量发展离不开高水平对外开放。

开放经济环境下的国际收支及其理论的内容让我们了解了国与国之间的经济交往。那么,频繁、巨额的跨境交易是怎样进行的呢?你一定会说,当然是通过我们前面提到的交易媒介——货币了。可是,交易的双方都拥有所在地的货币,用哪种货币进行交易呢?随着全球新冠疫情大流行的结束,中国及其他各国的居民开始陆续恢复出境旅行,国家间的贸易、投资活动也在恢复和进一步发展中。

从上面的描述中我们发现,跨国的经济交往必然会涉及货币之间的互换。除了商品本身的价格,货币之间互换的比率显然也成为影响人们交易的重要因素。我们就把这种互换比率称为"汇率",它是一种货币用另一种货币表示的价格。汇率成为不同货币之间的纽带。

世界上主要的货币(如美元、英镑、日元和欧元等)的对外币值时时刻刻都在变化,汇率的变化对个人和整个经济都有着或多或少的影响。那么汇率是怎么决定的呢?又是什么原因引起了它的变化?这些都是国际金融领域最有吸引力的话题。

为了回答这些问题,我们需要对汇率有一个系统的了解。本章就从汇率的基本概念出发,讨论汇率的标价和变动,为下一章学习有关汇率理论做好准备。

◎ 思维导图

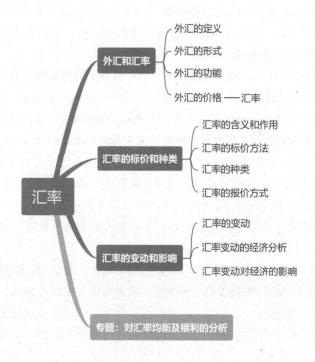

3.1 外汇和汇率

3.1.1 外汇的定义

随着世界经济一体化的发展，国与国之间的联系越来越密切。一国的企业和个人等经济主体不再仅仅同本国的经济主体打交道，还要有对外的经济交往活动。例如我们从美国进口先进的机器设备，把电子产品出口到日本，或是投资于外国的某种金融产品，这些超越本国的经济行为所涉及的货币必然不仅是本币。对于中国居民来说，不再只使用中国的货币——人民币，可能还会用到美元、日元等。像美元、日元这些不是由中国货币当局发行的货币对中国居民而言就是外汇。

各个国家或地区所使用的货币在价值、名称和单位等方面都各不相同。一般来讲，一种法偿货币是不能在他国内部流通使用的。那么为什么美元、日元等就可以作为国际结算工具在国际范围内广泛使用呢？这些国家强大的经济实力的支撑及其货币制度，使得它们在国际上被普遍地接受，成为人们所说的硬通货。事实上，不仅仅美元、日元现钞是外汇，那些以外国货币表示的并可用于国际结算的信用票据、支付凭证、有价证券等都在外汇的范围之内。美元(记作$)在很长一段时期里都是国际市场上使用最多的外汇。世界上的主要货币还包括欧元(€)、日元(¥)、瑞士法郎(F)、英镑(£)、加拿大元(C$)、澳大利亚元(A$)等。随着我国从2009年开始推进人民币国际化，人民币也逐渐成为国际社会上的主要货币之一。

需要指出的是，并不是所有的货币都以国家的界限来界定。还有一些国际化货币，如特别提款权(SDR)，就是一种由国际货币基金组织(IMF)创设出来的、与世界上几种主要货币价值相关的货币。在 1979 年，诞生了"欧洲货币单位"(ECU)，它由 12 种货币组成，其中德国马克、法国法郎和英镑构成了 ECU 中超过 60%的价值。我们后面会在国际货币体系和欧洲货币体系的学习中专门介绍这两种合成货币。

随着各国经济的发展与国际金融领域的变迁，当前世界上已形成由几大主要支付货币主导的货币区：美元区，在布雷顿森林体系下，该区域包含了所有资本主义国家，但 20 世纪 60 年代以来不断爆发的美元危机使得美元地位有所下降；欧元区，以欧洲联盟成员国使用欧元为基础形成的区域，这个区域在不断扩大；人民币区，随着中国在国际市场中的参与不断深入，人民币国际化水平不断提高，逐渐成为在国际贸易和国际金融体系中权重占比靠前的支付与储备货币，这一趋势也反映在 SDR 货币篮子的最新定值①中。此外，还有由英镑、日元等主导的货币区域。当然，这种格局并不是僵化的，随着国际局势的变迁，货币区也会不断演变。

在对实践中的外汇有了认识之后，我们可以从动态和静态两个角度，具体来理解什么是外汇(foreign exchange)。

(1) 动态含义。从动态角度看，外汇可以理解为国家间的汇兑活动，即把一种货币通过"汇"(国际结算)和"兑"(外汇交易)转换成另一种货币，来实现资金的国际转移，清偿在国际经济交往中产生的跨国债权、债务。

在现代社会，由于资金大都存在于各国或地区银行的账户上，国际汇兑主要是通过银行完成，即只需要调整参与方在银行相应账户的存款余额就可进行债权和债务的相互抵消。可以说，现代国际汇兑的产生是以发达的银行体系为前提的。

(2) 静态含义。我们在提到"外汇"一词时，主要针对外汇的静态形式。静态外汇是指以外国(或地区)货币表示的国际支付手段，即可以直接偿付对外债务、实现购买力国际转移的外币资金，以及外国(或地区)现钞、银行存款及各种票据和有价证券等。

3.1.2 外汇的形式

随着国际交易的扩大和发展，国际支付手段也在不断地发展演变，从早期的黄金、白银等贵金属到现在的美元等可兑换货币，再加上现代社会经济和技术的发展，外汇可能以不同的形式存在。外汇基本的形式主要有以下几种。

(1) 外汇存款。存款是价值运动在一定时点上的静态表现，是通过信用方式偿付国家间债权债务和实现资金国际转移的先决条件，国际金融市场的货币借贷、资本借贷、外汇交易及其他信用活动，必须以存款为基础。

外汇存款作为外汇价值实体的主要表现形式，是以不同种类的可兑换货币表示的，代表着各自货币的价值实体，因此也称为外币存款。外币存款通常要转存于该货币发行地，但由于离岸金融市场的存在及国际金融交易的需要，各种外币存款也在各地商业银行之间相互转存。外币存款的种类按照货币名称划分，种类繁多。国际上使用广泛的外币存款包括美元存款、英镑存款、欧元存款、日元存款等。外币存款按照不同的存款对象又可分为银行同业存款、国际金

---

① 2022 年 5 月 11 日，国际货币基金组织完成了 5 年一次的特别提款权(SDR)定值审查，决定维持现有 SDR 篮子货币构成不变，即仍由美元、欧元、人民币、日元和英镑构成，并将人民币权重由 10.92%上调至 12.28%(升幅为 1.36 个百分点)。

融机构存款、官方机构存款、企业存款和私人存款等。

(2) 外汇支付凭证。外汇支付凭证是指以可兑换货币表示的各种信用工具，主要包括汇票、本票、支票、旅行支票和信用卡等，持有人凭此可获得相应数额的外汇资金。汇票、本票、支票等工具在现行支付体系中较少作为主要结算手段。信用卡(credit card)是银行等信用机构对具有一定资信的客户发行的一种支付工具，持有人可在一定额度内获得信用机构提供的短期消费信贷。

(3) 外币有价证券。外币有价证券是指以可兑换货币表示的、用以表明财产所有权或债权的凭证，如股票、债券和可转让存款单等。外币有价证券对持有人来说是一种外汇债权。股票是表明投资者拥有股份制企业一定比例资本金的所有权证书，可以享受股利或资本利得；债券是具有一定票面金额的债权凭证，持有者可在到期时收回本金并取得利息，也可以中途卖出；可转让存款单是指可在票据市场上流通转让的定期存款凭证，这种存款单面额较大，如美元可转让存款单面额通常为5万、10万、50万、100万美元等。

(4) 外币现钞与其他外汇资金。外币现钞是指以可兑换货币表示的货币现钞。不同的外币现钞是由不同的国家(或地区)发行的，如美元现钞是由美国的中央银行联邦储备体系发行的。不同币种的现钞有不同的货币名称和价值单位，并作为发行地的法偿货币流通使用。在国际支付中，外币现钞通常在非贸易往来中使用，如文化交流、旅游等。国际上常用的外币现钞主要有美元、英镑、欧元、日元、瑞士法郎、加元等。常用国家或地区的货币名称与货币符号对照如表 3-1 所示。其中，还有国际标准化组织(ISO)规定的标准三字母货币代码(ISO 4217)，该标准在设计时没有采用$、£、¥等特殊字符，避免了当时许多计算机缺少这些特殊字符所造成的麻烦，被许多国际性计算机网络和数据处理系统所采用，广泛地被各国家和地区的银行等金融机构所接受。

表 3-1 常用国家和地区的货币名称与货币符号对照

国家或地区名称	货币名称(中文)	货币名称(英文)	货币符号	ISO 标准三字母货币代码
中国 CN	人民币元	Renminbi Yuan	¥、CNY¥	CNY
美国 US	美元	United States Dollar	US$	USD
英国 GB	英镑	Pound, Sterling	£	GBP
欧盟 EU	欧元	Euro	€	EUR
日本 JP	日元	Japanese Yen	¥、JPY¥	JPY
瑞士 CH	瑞士法郎	Swiss Franc	CHF	CHF

3.1.3 外汇的功能

外汇能够作为国际支付手段以实现国家间的债权债务清偿和资金转移，必须具有如下几个基本属性。

(1) 国际性，即外汇必须是以非本地货币计值的外部资产。

(2) 可偿性，即外汇必须是能够保证行使偿付或购买功能的货币债权。

(3) 可兑换性，即必须是可以自由兑换为其他支付手段的外币资产[①]。

---

① 广义地说，可以将货币的可兑换性划分为三个层次：第一是居民与非居民之间交易的对外可兑换；第二是居民与居民之间交易的内部可兑换；第三是非居民与非居民之间交易的自由兑换。

因此，界定外汇并不仅仅从国家或地区属性出发，并非所有的非本地货币或银行票据都可以算作外汇，只有那些能自由地转入一般商业账户之内的外国(或地区)货币或银行票据才可以称为外汇。也就是说，可兑换性是外汇最基本的特征之一。如果某种货币由于受到该货币当局管制等原因而不能在境内或境外自由兑换的话，则以这种货币表示的各种支付工具也不能随时进行转换，那么这种货币或支付工具在国际上就不能被称作外汇。

外汇是一种实际资源，在本质上代表了对外部商品和劳务的要求权。因此，它对其持有者、对各经济体的宏观经济都有着相当的影响。首先，外汇作为国际支付手段，是国家间商品和劳务交流、转换的关键媒介。有了外汇，就可以更有效率地实现国家间购买力的转移，使国家间债权债务得以顺利清偿，促进国际贸易的发展。其次，外汇作为国际银行业务、国际金融市场使用工具，可以促进国际资本流动，调剂国家间资金余缺。外汇使各国(或地区)居民可以低成本、低风险、快速、安全地清偿国家间债权债务，加速资金周转；由于世界各地经济发展水平与资金供需状况不平衡，客观上需要进行资金调节，也可以通过外汇的有偿转让来实现。最后，外汇是一国国际储备的重要组成部分，是政府干预的重要工具。政府获得外汇可增强其对外的购买能力，且通过外汇储备的持有来维持币值和本国经济的对外平衡。这一点我们会在后面的章节中详细探讨。

3.1.4 外汇的价格——汇率

大多数国家(或地区)的货币不同，从事国际事务就需要进行本地货币和非本地货币之间的相互兑换。因此，国际贸易中包含以下两种价格。

(1) 该商品(或服务等)以其出产地货币标价的价格。

(2) 出产地的货币以商品购买地的货币标价的价格。这种价格是两种货币之间的比价，即外汇汇率。

因此，此时外汇对于本地持有者来说也就相当于一种商品。这种有价值的商品就必须有价格，这种特殊的价格就被称为汇率。接下来的几节将详细探讨这种特殊的价格。

3.2 汇率的标价和种类

3.2.1 汇率的含义和作用

外汇汇率(foreign exchange rate)是将一个国家(或地区)的货币折算成另一个国家(或地区)货币时使用的比率，也可以说是以一种货币表示的另一种货币的价格。汇率也称汇价，由政府制定和公布的汇率称为法定汇率和外汇牌价，简称牌价；外汇市场上的汇率一般称为外汇行市或行情。这些词虽然不同，但均属汇率范畴，采用什么提法往往根据制度规定、习惯和行文表达需要。

在国际贸易中，当经济交往涉及不同的货币时，汇率发挥着重要的作用。

汇率作为一种交换比率，其首要作用便是作为折算工具，将不同国家(或地区)的货币按一定兑换率相互折算，方便国家间的债权债务清偿。同时，借助于汇率，一种货币的价值可以清楚地用另一种货币表示出来，本质上反映的是不同货币之间的价值对比。而我们通过汇率，将以本币表示的国内商品劳务价格转化成以外币表示的价格(或者反之)，了解国内物价与国外物价、世界市场价格之间的联系，这是借助了汇率的**转换价格**作用。

最终，在宏观层面，世界各地也都把汇率作为**调节经济**的一种杠杆，通过调整汇率来达到一定目的。在一定程度上，汇率也是各国(或地区)的经济状况及其发展前景的指示器。例如一国(或地区)经济强大、繁荣，则其货币对外汇价必然上涨或呈稳定状态。

3.2.2 汇率的标价方法

既然汇率是两种货币的比价，那么，汇率的表示就有其特殊性。以 A、B 国货币为例，既可以用 A 国货币表示 B 国货币的价格，也可以用 B 国货币表示 A 国货币的价格。因此，要确定用哪种货币给另一种货币标价，这通常称为汇率的标价方法(quotations)。

1. 直接标价法

直接标价法(direct quotation system)又称价格标价法(price quotation system)，是指用一定单位的外国(或地区)货币作为标准，折算为一定数额的本国(或地区)货币来表示其汇率。在直接标价法下，外币的数额固定不变，本币的数额则随着两种货币相对价值的变化而改变。通常，我们将数额固定不变的货币称为基准货币(vehicle/base currency)，为其标价的货币就称为标价货币(quoting/denominating currency)。因此，直接标价法就是以外币为基准货币的标价方法。

例如，假定在中国香港市场上，以港元为本币[①]，2024 年 5 月 8 日美元对港元的汇率以直接标价法表示是 1 美元=7.823 港元。我国国家外汇管理局公布的外汇牌价也采用这种方法，如 2024 年 5 月 8 日的基础汇价为 1 美元=7.1016 人民币。

在直接标价法中，由于外币的数额固定不变，本币数额的变化就表示了外汇汇率的变化。当本币数额增大时，说明外币汇率上涨，本币汇率下跌；反之，当本币数额减小时，则说明外币汇率下降而本币汇率上升了。可见，从表示外汇价格的角度看，在直接标价法下其数值和价值的变动方向是一致的，比较符合我们的思维习惯，这也是目前绝大多数国家都采用直接标价法的原因之一。要注意的一点是，大多数基准货币都是取一个单位为标准来表示汇率的，但对于日本的日元、韩国的韩元等，由于其单位货币价值量较低，则以 100、1000 等单位作为标准数量。

2. 间接标价法

间接标价法(indirect quotation system)又称数量标价法(volume quotation system)，是指用一定单位的本币作为标准，折算为一定数量的外币来表示其汇率。在间接标价法下，本币的数额固定不变，作为基准货币；外币的数额则随着两国货币相对价值变化而改变。

例如，假定在美国市场上，以美元为本币，2024 年 5 月 3 日以间接标价法表示的港元的汇率是 1 美元=7.825 港币。间接标价法中，由于本国货币的数额是固定不变的，外币数额的变化就说明了外汇汇率的变化。外币数额增大，表示外币汇率下跌，本币汇率上涨；反之，外币数额减小，则表示外币汇率上涨而本币汇率下跌了。可见，在间接标价法下，外汇价格的数值与其价值变动方向是相反的，与我们的思维习惯正好相反。采用间接标价法的国家比较少，主

---

① 本币和外币的区分是相对的，一般把外汇市场所在国家(或地区)的货币视为本币，其他国家(或地区)的货币视为外币。

要有英国和美国。[①]英国是老牌的资本主义国家，英镑也曾经是世界贸易计价结算的中心货币，所以长期以来伦敦外汇市场上采用的都是以英镑为中心的间接标价法，这种习惯并没有随着英镑地位的变化而改变。美国则由于在第二次世界大战之后经济实力迅速扩大，使美元逐渐成为国际结算、国际储备的主要货币。从1978年9月1日开始，纽约外汇市场就改用了间接标价法。不过，美元兑英镑(和爱尔兰镑)仍然保留了过去习惯用的直接标价法。

以上两种汇率的标价方法，虽然基准不同，但必定存在内在的一致性。站在同一货币发行主体角度看，直接标价法与间接标价法是互为倒数的关系，即相乘为1。例如，2024年5月8日纽约《华尔街日报》报出的14日纽约银行同业间100万美元以上交易的外汇卖出价，即银行每卖出一单位外币所收取的美元数额，对美国而言，这是直接标价；同时，《华尔街日报》给出银行每买入1美元所支出的外币数额，显然，对美国而言，这是间接标价。简而言之，对A国而言，$S(B/A$[②]$)$是直接标价法，则$S(A/B)$是间接标价法，两种标价的关系用公式表示就是$S(B/A) \times S(A/B) = 1$。

为了避免在概念上产生混淆，一般惯例认为，无论在哪一种标价法中，外汇汇率都是指外币兑本币的汇率，如我国公布的外汇牌价，就是指美元、日元等外币兑人民币的汇率。若是指人民币汇率，则将人民币看作基准货币，表示人民币兑外币的汇率。在纽约市场上，外汇汇率是指各种货币兑美元的汇率；在伦敦市场上，外汇汇率指各种货币兑英镑的汇率；若是特别指明英镑汇率，则是英镑兑其他货币的汇率。因此，无论是直接标价法还是间接标价法，在表示一国货币兑外币汇率的高低时意义并无不同。当一单位本币折合外币数额增多，或一单位外币折合本币数额减少，均可视为本币汇率上升；反之，当一单位本币折合外币数额减少，或一单位外币折合本币数额增加，均可视为本币汇率下跌。

3. 其他标价法

除了上面的标价法外，20世纪五六十年代以来，随着国际金融市场的发展和境外货币交易的增长，纽约外汇市场交易量迅速扩大，美元作为国际货币的地位得到确定，因此很多国家(或地区)的跨国银行、离岸金融市场上普遍采用了"美元标价法"(U. S. dollar quotation system)，即以美元为基准来表示各国(或地区)货币的价格。例如，2023年4月1日法兰克福某银行报出的几个汇率为：

$$1 美元 = 0.9226 欧元$$
$$1 美元 = 10.3954 瑞典克朗$$
$$1 美元 = 1.4961 澳大利亚元$$

3.2.3 汇率的种类

根据汇率制度的表现形式及银行业务的不同角度等标准，还可以对汇率进行更深入和细致的分类，从而对汇率有更全面的理解。

(1) 按汇率变动情况或汇率制度背景分类，汇率可分为固定汇率(**fixed exchange rate**)和浮

[①] 爱尔兰等少数国家也采用间接标价法。
[②] A、B分别是货币的代码，所以这里斜线前表示的是基准货币。

动汇率(floating exchange rate)。固定汇率是指因某种限制而在一定的幅度之内进行波动的汇率；浮动汇率是指波动不受限制、主要根据市场供求关系自由决定涨落的汇率。前面我们在国际收支货币论中已经提到了这两种汇率制度，后面还会再有专门的讨论。

(2) 按汇率是否受货币当局管制分类，汇率可分为**官方汇率(official rate)**与**市场汇率(market rate)**。官方汇率也称法定汇率，是指一国金融当局(中央银行或外汇管理机构)制定并公布的汇率。这样的国家(或地区)往往是外汇管制比较严格，没有外汇市场，外汇交易必须按官方汇率进行。一般来讲，官方汇率比较稳定，不能根据市场状况的变化随时调整。

市场汇率是指在外汇市场上由供求关系决定的汇率。一般在市场机制较发达的地区，外汇交易不会受到官方的管制，市场汇率会受外汇供求关系的影响，自发、经常地变动。

一般而言，外汇管制较严的地区实行官方汇率，外汇管制较松的地区实行市场汇率。但是，在一些逐步放松外汇管制、建立外汇市场的国家或地区，官方汇率和市场汇率可能在相当长的一段时间里并存：在官方规定的一定范围内使用官方汇率，在外汇市场上则使用市场汇率。而且，官方和市场的界定不是绝对的，使用官方汇率时，也应该尽可能地考虑市场的供求状况，而市场汇率在特殊的时候也会受到来自政府的干预。

(3) 按汇率的制定方式分类，汇率可分为**基本汇率(basic rate)**与**套算汇率(cross rate)**。基本汇率是指本币兑换某些关键货币(指在本国国际收支中使用最多、在外汇储备中占比重最大的可自由兑换货币)的汇率，是一种货币与其他货币确定汇率的依据。套算汇率又称交叉汇率，是以两种货币的基本汇率之比所确定的汇率。因为不大可能制定出本币与所有外币之间的汇率，所以就可以通过套算汇率计算所需要的汇率[①]。

例如，由于美元在国际支付中使用十分广泛，所以各国(或地区)一般把美元兑本币的汇率作为基本汇率，再利用国际外汇市场上美元兑其他主要货币的汇价，套算出本币与其他货币的汇率。如我国目前公布的人民币基本汇率包括兑美元、欧元、日元、港元、英镑、澳大利亚元、加拿大元、林吉特、俄罗斯卢布等货币的汇率，兑其他国家货币的汇率则根据国际外汇市场汇率套算出来。

套算汇率、基本汇率或市场汇率之间必须有内在的一致性，否则就会有套汇机会(arbitrage opportunity)。

专栏3-1　三角套汇

假如，现在几个市场上有如下一些汇率信息：

在纽约市场上：1美元=0.85英镑

在伦敦市场上：1英镑=160日元

在东京市场上：1美元=133日元

根据套算汇率的算法，在纽约和伦敦市场上应该有1美元等于(0.85×160=)136日元，但是在东京市场上却是133，两者不一致。美元在东京市场上的价格低，而在纽约、伦敦市场上的价格高，根据低买高卖的原则，这里存在一个没有任何风险的获利机会(见表3-2)。同理，还可以套算其他货币的汇率，并找出相应的套汇机会。

---

① 计算公式为 $e(i/j)=e(i/\$)\,e(\$/j)$。

表 3-2　套汇机会分析

货币	价格低	价格高	套汇方法
美元	东京市场(133 日元)	纽约和伦敦市场(136 日元)	
日元	纽约和伦敦市场(1/136 美元)	东京市场(1/133 美元)	低买高卖
英镑	纽约和东京市场(156.47 日元)	伦敦市场(160 日元)	

具体如何利用这样的机会则取决于投资者初始时拥有哪种货币资源。假定投资者最开始有 1 美元，要利用美元在不同市场的差价来获利。根据低买高卖原则，就先用这 1 美元在纽约市场上买入英镑，可得到 0.85 英镑；再将这 0.85 英镑在伦敦市场卖出换成日元，可得(0.85×160=)136 日元；然后到东京市场将这些日元换回美元，得到(136/133=)1.022 556 4 美元，比初始资金多出 0.022 556 4 美元，获利率达到 2.26%。

由此可见，套汇行为要利用三个市场，所以也被称为三角套汇(triangular arbitrage)。在三角套汇中，不论初始持有的是何种货币，在三个市场上进行货币兑换的方向都是一样的：纽约市场——卖美元，买英镑；伦敦市场——卖英镑，买日元；东京市场——卖日元，买美元。显然，这样的操作会引起每个市场上供给和需求的变化，从而推动各个市场的汇率朝着内在统一的方向变化：纽约市场上美元跌(A: 0.85↓)，伦敦市场上日元升(B: 160↑)，东京市场上美元升(C: 133↑)，最终达到(A×B)=C 的平衡状态。在平衡状态下，就不再有无风险的获利机会了。

(4) 按外汇市场的运行时间分类，汇率可分为开盘汇率(open rate)和收盘汇率(close rate)。开盘汇率是指外汇市场上每日开市后首次交易时所报的汇率。收盘汇率是指外汇市场每日营业终止时的汇率，一般根据交易结束前 30 秒钟或 60 秒钟内所产生出的几个价格加权平均后产生。

(5) 按外汇交易交割的期限分类，汇率可分为即期汇率(spot rate)与远期汇率(forward rate)。即期汇率是指买卖双方成交后在当日或两个营业日内交割(delivery)的汇率。远期汇率是指买卖双方成交后于将来某一时间进行外汇交割的汇率。远期汇率以即期汇率为基础，是通过加减升贴水计算出来的。升贴水则主要受利率差异、供求关系、预期等因素的影响。有关即期汇率和远期汇率的讨论还会在后面的很多章节中提到。

(6) 按银行对外汇的买卖分类，汇率可分为买入汇率(buying rate or bid rate)和卖出汇率(selling rate or offer rate)。买入汇率是指银行买入外汇时所使用的汇率，也叫作买入价。卖出汇率是银行卖出外汇时所使用的汇率，也叫作卖出价。前者多用于出口商与银行间的外汇交易，常称为出口汇率；反之，则是进口汇率。买入汇率与卖出汇率一般相差不多，大多在 0.01%与 0.5%之间，差额(spread)就形成了商业银行买卖外汇的收入。银行对一般顾客的买卖差价通常要比对银行同业报出的买卖汇率的差价稍大一些。买入汇率与卖出汇率的平均数为中间汇率(middle rate)，在新闻报道中多使用中间汇率来体现市场状况。

(7) 按涉及的币种分类，汇率可以划分为双边汇率(bilateral exchange rate)和贸易加权汇率(trade-weighted exchange rate)，后者也被称为有效汇率(effective exchange rate)。双边汇率就是我们熟悉的只涉及两种货币的汇率，而有效汇率则涉及一组货币。

那么，怎样构造一个有效汇率呢？首先，要确定货币篮子，选择一些重要[①]的货币进入"篮子"，然后，选择一个基期，并将基期的值定为100[②]，以此为基础来衡量变化。最后，选定权重，因为有效汇率是多个双边汇率的加权平均值。下面的专栏对有效汇率进行了详细的解释。

专栏3-2 有效汇率的计算

首先，我们来简单地假设一种情景：给美元计算一个涉及加拿大元和日元的有效汇率。第一步，加拿大元和日元选入货币篮子；第二步，基期选择为2020年；第三步，以基期的双边贸易额(美国与其进口额和出口额之和)的占比计算权重(见表3-3)。

表3-3 权重的计算

项目	与加拿大	与日本
出口(百万$)	197 495	175 831
进口(百万$)	287 085	121 369
贸易总额(百万$)	484 580	297 200
比重(即权重)	62%	38%

那么，现在来计算2022年年底美元的有效汇率，如表3-4所示。

表3-4 (贸易)有效汇率的计算

2020年			2022年		
汇价单位	C$/$	¥/$	汇价单位	C$/$	¥/$
实际汇价	1.2822	103.82	实际汇价	1.3583	135.12
转化为指数	100	100	转化为指数	105.94	130.15
权重	62%	38%	权重	62%	38%
有效汇率	100		有效汇率	115.14	

可以将以上计算过程一般化，从而推导出计算有效汇率的公式：

(1) 计算货币 y 的有效汇率，选取的货币篮子为由 $x_1, x_2, \cdots, x_m$ 共 m 种货币构成；

(2) 选定基期为 $t=0$，确定基期有效汇率为 e_0(通常为100)，并根据现期与基期实际汇率的比值计算指数；

(3) 货币篮子中每种货币按照某种方式(比如贸易份额)计算出权重，分别为 w_1、w_2、$\cdots$、w_m，权重之和 $w_1+w_2+\cdots+w_m=1$。

则有效汇率的计算公式是：$e_t = e_0 \times \sum_{i=1}^{m} w_i \left[\dfrac{e(x_i/y)_t}{e(x_i/y)_0} \right]$ (其中，$e(x_i/y)$ 为名义双边汇率)。

(8) 按汇率是否经过通货膨胀调整分类，汇率可分为名义汇率(nominal exchange rate)和实际汇率(real exchange rate)。名义汇率是指没有剔除通货膨胀因素的汇率。各国往往会发生不同程度的通货膨胀，使其货币在国内购买力发生变化。显然，这样的对内价值变化应该反映在

---

① 当然，怎样理解重要在不同的情形下可能有所不同，一般都是从贸易的角度来确定重要的货币。
② 基期的选择要视需要而定，可以定为100，也可定为10、1000等。

货币的对外价格即汇率上,但现实中的汇率变化与国内通货膨胀的发生常常是相脱离的,名义汇率就是没有消除过去一段时期两种货币通货膨胀差异的汇率。实际汇率则是指剔除了通货膨胀因素的汇率。具体来讲,以现期名义汇率为基础,用过去一段时期两种货币各自的通货膨胀率来进行校正,可以得出实际的汇率水平及变化程度。

有时,实际汇率也被翻译为真实汇率,可以用它来衡量购买力平价理论对现实世界中汇率的解释程度,这一点在后面的汇率理论中还会做进一步解释。

3.2.4 汇率的报价方式

既然汇率是一种价格,就必然涉及报价方式的问题。在不同层次的外汇交易市场中,比如国际金融市场、银行同业间市场,以及各国(或地区)银行与客户的外汇交易市场,汇率的报价方法也有所不同。

1. 国际金融市场上的汇率报价

当银行在外汇交易室通过环球电讯网络做交易额在100万美元以上的货币交易时,通常是在操作跨国或跨地区的全球业务。国际大银行做多种货币的买卖,既做本币兑外币的交易,也做一种外币兑换另一种外币的交易。为了使不同国家或地区的银行交易员顺利交易,国际金融市场形成了许多大家共同遵守的惯例。这里就要用到前面提到的"标价货币"和"基准货币"两个概念——凡在汇率标价中其数量会发生变动的货币,就被称为"标价货币",而数量固定不变的货币被称为"基准货币"。然后,外汇的报价[①]中就包含对基准货币的买入价(以标价货币购买)和对基准货币的卖出价(卖出后获得标价货币),而不再使用本国货币和外国货币这样的概念,以免产生混淆。

另外,因为在国际金融市场的实践中涉及美元的交易占相当大的比重,所以还专门根据美元是否为基准货币划分了如下两种标价法。

(1) 单位美元标价法。世界各主要外汇市场银行间交易,多数货币的汇率都以美元为基准货币,就是所谓单位美元标价法,即每1美元等于若干数额其他货币,如:

美元兑欧元汇率	USD/EUR	U.S.\$1=€0.9129
美元兑日元汇率	USD/JPY	U.S.\$1=J.¥130.8400
美元兑瑞士法郎汇率	USD/CHF	U.S.\$1=SFR 0.9036

(2) 单位镑标价法。由于历史或习惯上的原因,英镑、爱尔兰镑、澳元、新西兰元、复合货币如特别提款权(SDR)则采用"单位镑"标价法,即每1英镑、1爱尔兰镑、1澳元、1新西兰元等于若干数额美元的标价法,此时英镑、澳元等几种货币就是基准货币,如:

| 英镑兑美元汇率 | GBP/USD | £1=U.S.\$1.2475 |
| 特别提款权兑美元汇率 | SDR/USD | SDR1=U.S.\$1.3482 |

显然,只要报出一个汇率,针对该汇率就分别有基准货币和标价货币。在此基础上,汇率有三种可用表述方式:一种是用文字表述的方式,如美元兑欧元的汇率0.9129;一种是用两

[①] 有关国际外汇市场行情可以查阅伦敦《金融时报》的网站,有关汇市评论的信息可以查阅《华尔街日报》等财经媒体的网站。

种货币的三字母代码表述汇率,如 USD/EUR 0.9129;还有一种是用货币符号来表述汇率,如 S(€/$)0.9129。三种表示方式的形式虽然不同,但是在这里含义是一致的:每 1 美元等于 0.9129 欧元,美元是基准货币(见表 3-5)。不过,不同场合有不同的表述汇率的习惯,如国际银行间报价常用三字母货币代码表示汇率,而在教材中用货币符号表示汇率往往使表述和计算较为方便。

表 3-5 汇率的三种表述方式

中文文字表示汇率	货币代码表示汇率	货币符号表示汇率	内在的一致性
人民币兑美元	RMB/USD	S($/¥)	每 1 人民币等于若干数额美元
美元兑英镑	USD/GBP	S(£/$)	每 1 美元等于若干数额英镑
人民币兑英镑	RMB/GBP	S(£/¥)	每 1 人民币等于若干数额英镑
字母之间斜线表示"兑",斜线前的货币是基准货币		括号内的斜线表示"每一",斜线后的货币是基准货币	

注:为了简便起见,将美元 U. S. $简写为$。

需要说明的是:按惯例,国际银行同业报出的几种重要货币汇率 USD/JPY、USD/CHF、GBP/USD 等一般都精确到小数点后第 4 位,在小数点后的 4 位有效数字中,从右边向左边数过去,第一位称为"个(基)点"(basis point),第二位称为"十个(基)点",第三位称为"百个(基)点",以此类推。例如,GBP/USD 即期汇价由 1.5100 变为 1.5215,就说英镑的汇价上升了 115 个点。当然,这些惯例在某些时候也会发生变化,还需要具体情况具体分析。

2. 银行同业间外汇交易报价国际惯例

在国际金融市场上,根据国际惯例,从事外汇交易的银行在向同业进行外汇报价时会采取双向报价方式(two-way price),即必须同时报出意愿的买入价和卖出价(**bid and offer rate**)。具体来讲,买入价是指银行买入基准货币愿意支付若干标价货币的价格;卖出价是指银行卖出基准货币将收取若干标价货币的价格。若以 A 国货币为基准货币,用货币符号表示的 A 国货币兑 B 国货币汇率 S(B/A)的买率为 S(支付 B/买 A);卖率为 S'(收取 B/卖 A)。在报价方报出的双向汇价中,两个数字之间的斜线区别了从其所在角度对基准货币的买入价和卖出价。斜线左边的数字代表买入价(bid rate);斜线右边的数字则代表卖出价(offer rate)。通常,为了方便起见,在斜线右边只显示卖出价的最后两位数字。

例如,银行给出了下面的即期汇率报价:

$$USD/AUD\ 1.4907/14$$

它的含义是银行每买进 1 美元愿意支付给对方 1.4907 澳元;斜线后数字 1.4914 是银行卖率,即银行每卖出 1 美元将从对方处收取 1.4914 澳元。作为询价方,一定要熟悉银行(报价方)的报价方法。从报价方买卖基准货币角度看,买入基准货币价格肯定小于卖出基准货币价格,它们的差价(**spread**)正是银行的收入。而银行报价的差价一般与交易银行对所交易货币和外汇市场总体的看法等因素有关。银行同业间进行外汇交易时,银行所报买卖差价通常为 10 个基点(0.001)左右。当然,当供求关系、报价行自己的头寸情况或汇率波动比较剧烈时,买卖差价也可能发生较大的波动。

在国际范围内进行外汇交易时,参与者都非常熟悉彼此的报价方式,因此交易能够大规模、顺利地进行。同时,在观察银行同业间的外汇交易报价时,关键是要明确其中的基准货币,那样的话就可以以不变应万变。但是，除了对很多经常要交易的货币有直接的报价外，还有一些交易需求是针对那些较少被交易，因而没有直接报价的货币。前者的价格信息当然非常直观，而后者的价格信息则需要通过必要的换算才能获得，这种换算就被称为交叉计算，与我们前面讲到的套算汇率一脉相承。

专栏3-3 一个双向报价交叉汇率计算的例子

假如市场上某交易商(通常是银行)分别对美元兑墨西哥比索和泰铢的报价如下：

美元兑墨西哥比索：18.3460～18.3565

美元兑泰铢：33.9400～33.9600

那么，作为交易商如何应客户的要求给出墨西哥比索和泰铢之间的报价呢？

此时，作为交易商就要这样考虑：我的客户想要用泰铢买墨西哥比索，他可以先在市场上将泰铢卖出换得美元，然后再用美元购买墨西哥比索。第一步中使用的价格显然是卖出价33.9600，因为对于交易商来说就是在卖美元；第二步中使用的价格应该是买入价18.3460，因为此时交易商是在买美元。所以，客户通过这样的操作可以用 33.9600 泰铢换得 18.3460 墨西哥比索，也就是这两种货币的比价是(18.3460/33.9600)=0.5402 墨西哥比索/泰铢。因此，如果作为交易商直接给出这两种货币的报价，以泰铢作为报价中的基准货币的话，则买入价的报价不能低于 0.5402，因为，如果低于这个价格，客户就可以直接按上述的路线在市场上进行交易，此时同等数额的泰铢在市场上可以卖出，得到更多美元，最终换得更多墨西哥比索，就没必要再通过交易商了。

同样的道理，如果客户想用墨西哥比索购买泰铢，也可以在市场上先将墨西哥比索出售换成美元，然后再将美元换成泰铢，此时两种货币的比价是(18.3565/33.9400)=0.5409 墨西哥比索/泰铢。因此，如果作为交易商给出报价，泰铢的卖出价就不能高于 0.5409，否则客户就直接走上面的路线进行购买了。

所以，交易商的报价应该是：0.5402～0.5409(基准货币是泰铢)。当然，考虑到交易成本等因素，实际中的汇率可能在这个水平附近。

3. 银行对客户的报价

当银行通过柜台与工商企业、个人等顾客进行本币与外币的买卖时，这种活动通常局限在一定的国家或地区，因此银行的报价既可以用本国货币表示外国货币的价格，也可以用外国货币表示本国货币的价格，当然，这里必须要指明报价银行所处的国家或地区，否则可能带来对基准货币、标价货币的判断错误。

这时，银行也要同时报出买入汇率与卖出汇率。买入汇率(buying rate)就是买入价，是指银行买入外汇时的价格。卖出汇率(selling rate)就是卖出价，是指银行卖出外汇时的价格。买入与卖出都是从银行角度出发的，买卖价差(the bid-ask spread)则是银行买卖外汇的收益来源。类似于买卖价差，还有一个概念是买卖价差率(the bid-ask margin，也叫作 trading margin)，是指以百分数表示的买卖价差，即"(卖出价-买入价)/卖出价×100%"，利用比率的概念可能比用"点数"来表示买卖价差更便于比较。在银行报价中，这个差率越小，报价越有竞争力。影响这个差率的因素有很多，如交易量大小、交易货币的地位与重要性、货币汇率变动性、外汇市场发达程度及外汇交易涉及的支付工具类型等。

接下来，我们结合实例观察银行在不同标价法下的报价方式。

(1) 直接标价法下的报价方式。 在直接标价法下，一个固定数额外币折合本币数量较少的汇率是报价方买入外汇的价格，一个固定数额外币折合本币数量较多的汇率是报价方卖出外汇的价格。例如，招商银行2024年5月8日公布的美元兑人民币的市场汇率如表3-6所示。

表3-6 银行就美元兑人民币的汇率报价

外汇	汇买价(元)	钞买价(元)	钞卖价/汇卖价	中间价
100美元	721.24	715.35	724.39	722.82

资料来源：招商银行网站的外汇实时汇率，网址为 http://fx.cmbchina.com/hq/。

招商银行所报的前两个数字都是买入美元(基准货币)的价格，即银行买入100美元外汇愿意付出的人民币数量。但是，这里有"汇买价"和"钞买价"的区别。这是在实践中银行针对客户持有的外汇的一种区分：现汇和现钞。现汇指由国外汇入或从国外携入的外币票据通过转账的形式存入个人银行账户的款项。现钞则是指外币现金或以外币现金存入银行的款项。银行报出的现钞买入价(bank note rate)低于现汇买入价，因为银行(假设)买入现钞后不能马上使用，必须将现钞运送到国外才能作为支付手段。而且，对现钞的储存和运送都要有成本。第三个数字为卖出价格，即银行卖出100美元外汇将收取724.39元人民币。对银行来讲，没必要区分卖出现钞和现汇，所以这里的钞卖价和汇卖价是一样的。最后一个是中间价，根据汇买价和汇卖价进行平均而得，反映的是该种外汇的基本价格情况。

(2) 间接标价法下的报价方式。 在间接标价法下，一固定数额本币折合外币数量较多的汇率是报价方买入外汇的价格，一固定数额本币折合外币数量较少的汇率是报价方卖出外汇的价格。例如，英国的苏格兰皇家银行(RBS)2023年4月13日对客户的一组报价为：

$$GBP/USD：1.2203 \sim 1.2786$$

此时该银行报价中的1.2203为该银行卖出美元的价格，1.2786则是银行买入美元的价格。即银行每卖出1单位美元愿收取0.8195(1/1.2203)英镑，而每买入1单位美元愿支付0.7821(1/1.2786)英镑，卖出价高于买入价，符合我们对买卖报价的基本认识。需要特别注意的是，间接标价法的买卖外汇价格与直接标价法的相反，应该进行换算。

4. 银行对远期汇率的报价

银行在与同业或客户进行外汇交易时，既可以做上面那样的"即期交易"，也可以做"远期交易"。前者是指在交易达成之后立即进行交割，后者指交易达成一段时间以后才进行交割。针对远期交易方式中汇率的报价，各国银行的做法有所不同，一般来说有两种方法。

(1) 直接报价(outright rate)。 对于远期交易中汇率的报价，一般采用最直接的方法，即直接标出远期外汇的实际汇率，瑞士和日本等国采用这种报价方式，银行对一般顾客也采用这种方式。一般而言，期汇的买卖差价要大于现汇的买卖差价。例如，英镑兑美元的现汇汇率为£1=$1.2210~20，一个月期汇为1.2180~00，2个月期汇为1.2150~75，3个月期汇为1.210~60等。

(2) 掉期率(swap rate)或远期差价(forward margin)。 用升水(at a premium)、贴水(at a discount)和平价(flat,或 at par)标出远期汇率和即期汇率的差额,为英、美、德、法等国所采用。这样报价的好处是,由于远期汇率是以即期汇率为基础定价的,虽然即期汇率经常发生变动,但远期汇率与即期汇率的差额却较为稳定,所以用升贴水报价,就不用由于即期汇率的波动而频繁改动远期汇率。

这里,为了避免在国际市场上各国交易者在描述本币、外币可能产生的混淆,我们直接针对基准货币来了解远期差价的报价方法。在使用远期差价法对基准货币的远期汇率进行报价时,实际远期汇率的计算方法是:

基准货币的即期汇率为:A～B;

基准货币的远期差价为:a～b。

则基准货币的远期汇率为:

如果 a<b,A+a～B+b,意味着基准货币在升水;

如果 a>b,A-a～B-b,意味着基准货币在贴水。

即期汇率和远期汇率举例如表 3-7 所示。

表 3-7 即期汇率和远期汇率举例

汇率	即期汇率	一个月远期		三个月远期	
GBP/USD	1.2715～25	80～78	1.2635～1.2647	213～210	1.2502～1.2515
USD/CAD	1.3370～80	27～31	1.3397～1.3411	83～88	1.3453～1.3468

远期汇率的计算中无须标明基准货币的汇价变动方向,可以根据差价大小直接进行判断和计算。这是因为期汇的买卖价差总是要大于现汇的买卖价差。因为时间越长,往往蕴涵的风险也就越大,且市场越来越小,银行要想对冲头寸也变得困难,所以要求更大的价差。再加上买价总是要小于卖价,所以,在计算远期汇率时,可以直接根据基准货币买卖价变化的大小对比来判断变动的方向。

另外,还有一个计量远期汇率变化幅度的指标,叫作升贴水年率,即把远期差价换成年率来表示,计算公式为

$$升(贴)水年率 = \frac{期汇汇率 - 现汇汇率}{现汇汇率} \times \frac{12}{远期月数} \times 100\%$$

例如,英镑的现汇汇率为\$1.2215(中间价),3 个月的期汇汇率为\$1.2120(中间价),则英镑 3 个月期升(贴)水的百分数的计算过程和结果为

$$升(贴)水年率 = \frac{1.2120 - 1.2215}{1.2215} \times \frac{12}{3} \times 100\% = -3.11\%$$

专栏 3-4 远期交叉汇率的计算

前面已介绍怎样计算即期汇率的套算汇率,远期汇率也面临同样的问题,也有类似的解决方法。比如,表 3-7 分别给出了美元与英镑和加元的远期汇率,如何计算三个月远期的 GBP/CAD 汇率呢?

我们要先算出 USD/GBP 的价格,正好与上面给出的相反,因为这里美元变成了基准货币。三个月 USD/GBP: (1/1.2515)～(1/1.2502),即 0.7990～0.7999。

根据表 3-7 的信息，三个月 USD/CAD：1.3453～1.3468。

再计算 GBP/CAD 的三个月远期买入价和卖出价，即买入 1GBP 要支付的 CAD 数和卖出 1GBP 能获得的 CAD 数。根据前面的推理，该价格应该是：

(1.3453/0.7999)～(1.3468/0.7990)，即 1.6818～1.6856。

注意，这里也为我们计算间接标价法下的远期汇率给出了提示。

5. 解读外汇报价中的信息

在外汇市场上，不同银行的外汇报价可能一致，也可能不一致。关心汇率走势的人们可以根据某银行(假设为甲银行)与其他银行之间的报价差异，获得一些有用的信息，比如某家银行愿意从事何种货币的交易，是愿意买入还是卖出，某家银行对未来货币趋势的看法，等等。

例如，市场其他银行的报价为：USD/JPY 131.15/28

甲银行的报价为：　　　　　　USD/JPY 130.80/91

甲银行的报价与市场其他银行稍有不同，之所以会有这样的差额，可能是因为甲银行美元头寸过多，愿意卖出美元(甲银行出的卖美元价比其他银行低)，而不愿买入美元(甲银行出的买价比其他银行低)；或者是因为甲银行认为美元价格今后将趋于下降(因此甲银行不愿意要美元)。所以，甲银行的报价实际是鼓励人们从甲银行购买美元，因为人们从甲银行购买 1 美元只需支付 130.91 日元，而从其他银行购买 1 美元则需支付 131.28 日元，要多付 0.37 日元。当然，若有消息不灵通的市场参与者按 130.80 日元的价格卖美元给甲银行的话，对甲银行来说也并无大碍，甲银行仍有机会在市场上按 131.15 日元的价格将刚得到的美元再售出，仍然是有利可图的。

若甲银行在下一个时点上的报价是 USD/JPY 131.40/55，而其他银行报价保持不变，则表明，这时甲银行更愿意买进美元，这可能是因为该银行预计美元将会升值。关心汇率走势的人们如果能解读在市场上具有优势地位银行的报价当中的信息，就可以更好地做出灵活反应。

3.3　汇率的变动和影响

3.3.1　汇率的变动

视频

既然汇率是一种价格，当然就存在变动的可能性。用来描述汇率变动的概念有两组：法定升值和法定贬值、升值和贬值。

前一组概念主要针对处于相对固定汇率制度下的汇率，这时汇率的变化主要出自政策当局。**法定升值(revaluation)**是指政府有关当局明文规定提高本国货币的对外价值，如第二次世界大战后德国马克和瑞士法郎都曾被法定升值，人民币 2005 年也经历了一次法定升值。**法定贬值(devaluation)**是指政府有关当局明文规定降低本国货币的对外价值。例如，美国政府在 1971 年和 1973 年两次降低美元的对外价值，一次为 7.89%，一次为 10%；人民币在 1994 年汇率制度改革时也有一次大幅度的法定贬值。

第二组概念则针对浮动汇率制度下的汇率，这时汇率的变化主要是由市场供求的变化所引起的。升值(appreciation)是由于外汇市场上供求关系变化造成的某种货币对外价值的增加；贬值(depreciation)则是外汇市场上供求关系变化造成的某种货币对外价值的下降。

由于一国(或地区)在不同时期可能实行不同的汇率制度，所以在一段时期里可以既经历法定币值变化，又经历市场币值变化。例如，人民币于2005年7月21日进行了一次法定升值(2%)，且即日起实行浮动汇率制度，不再与美元挂钩，随后的变化则是持续的市场升值。

3.3.2 汇率变动的经济分析

汇率不断地发生变化，那么，这些变化背后的原因是什么呢？由于宏观的汇率制度环境不同，影响汇率变动的因素也会有所不同。从历史和现实来看，可以简单地将汇率制度区分为固定汇率制度和浮动汇率制度。接下来，我们先来看一下不同汇率制度下的汇率变动影响因素，再来看一些影响汇率变动的一般性因素。

1. 固定汇率制度下的影响因素

固定汇率制度[①]是指两种货币的比价基本固定，其波动界限被规定在一定幅度之内的一种汇率制度。固定汇率制包括国际金本位制度下的固定汇率制度和布雷顿森林体系下的可调整钉住制度，两者既有共同点，又有本质的差别。所以，确定汇率的基础在这两种货币制度下也就有不同的表现，从而带来不同的汇率变动的原因。

1) 国际金本位制度下决定汇率的基础

国际金本位制度[②]是第一次世界大战前主要西方国家实行的货币和汇率制度。在这种制度下，金币为无限法偿的本位货币，可以清偿一切债务；金币可自由熔化与铸造；黄金可自由输出或输入；国家用法令规定了每个金铸币所含纯金量(即成色与重量)；银行券作为金币的代表参与流通并与黄金自由兑换。

金本位的这些特点，使金币的名义价值和实际价值相等、国内价值与国外价值趋于一致。在国际结算中，若用金币办理支付，就要按照它们的含金量计算其所具有的价值。

因此，在金本位制度下，两国铸币的含金量之比——铸币平价(mint par)就决定着两种货币的比价(即汇率)。例如，当时英国1英镑含金量等于7.322 38克纯金；美国1美元含金量等于1.504 63克纯金。根据含金量计算，英镑和美元的铸币平价为7.322 38/1.504 63=4.8666，即1英镑含金量是1美元含金量的4.8666倍，因此1英镑=4.8666美元。

由此可见，铸币平价是决定汇率的基础。但是，含金量的变化并不是影响汇率变化的唯一因素。因为，铸币平价所确定的汇率并不是外汇市场上买卖外汇的汇率，而是法定汇率或外汇平价。而在外汇市场上买卖外汇的汇率是随时都可能波动的，因为国家间结算还涉及运输等其他成本，所以汇率仍然会发生变动，但由于金本位制本身所带来的固定汇率特点，这种波动总是以黄金输送点(gold point)为界线。因为若外汇兑本币的汇价超过黄金输出点，则本国(或地区)的进口商就不会购买外汇支付货款，而宁愿直接将黄金运送到境外结算债务；若外汇兑本币的汇价低于黄金输入点，则出口商不愿接受对方支付的外汇，将要求对方用黄金结算，

[①] 后面我们还会深入地讨论汇率制度，本章在讲到汇率制度时只是做简单的解释。
[②] 有关金本位制的详细讨论会在后面关于国际货币体系的章节中展开。

此时出口商直接从境外运进黄金更划算。

因此，在金本位制下，汇率的波动主要受到黄金输送点的制约。不过，运送黄金的费用(包括包装、运送、保险、检验、利息等费用)占黄金价值的比重极小，在第一次世界大战以前，英美之间运送黄金的成本约为黄金价值的 0.6%，运送 1 英镑黄金的费用约为 0.03 美元，每英镑 4.8666±0.03 美元就是汇率上下限，所以，金本位制下的汇率是比较稳定的。

专栏 3-5 黄金输送点的解释说明

在国际金本位制度下，汇率的波动界限是铸币平价±运金成本，即黄金输送点。

例如：假设美国为本国，$为本币；英国为外国，£为外币。

它们与黄金的比价分别是：$1=1.504 63g；£1=7.322 38g

£1=$7.322 38/1.504 63=$4.8666(假设 0.03 美元是运送黄金的费用)

对美国进出口商而言：

若美国进口商进口了 £1 的货物，是用黄金结算，还是用外汇结算？

当外汇价格为 4.95>4.8966($/£)时：

(1) 如果用外汇结算，需支付$4.95，即 7.4479g(=4.95×1.504 63)黄金；

(2) 如果直接用黄金结算相当于只支付$4.8966(=4.8666+0.03)，即 7.3676g 黄金。所以，进口商选择直接将黄金运送到英国进行支付，而不会用美元买外汇。进口商不希望外汇升值。

若美国出口商出口了 £1 的货物，是用黄金结算，还是用外汇结算？

当外汇价格为 4.75<4.8366($/£)时：

(1) 如果用外汇结算相当于收到 7.1470g(4.75×1.504 63)黄金；

(2) 如果用黄金结算可以收到 4.8366(=4.8666-0.03)，即 7.2773g 黄金。

所以，出口商选择直接收取黄金，而不会收取外汇。出口商不希望外汇贬值。进出口商的意愿就会反映到外汇市场上的供求力量中去，从而使汇率在由黄金输送点规定的界限内变动。

2) 布雷顿森林体系下决定汇率的基础

布雷顿森林货币体系是第二次世界大战后建立的以美元为中心的固定汇率制，其基本内容可简述为"双挂钩"制度，即美元与黄金挂钩，其他国家(或地区)货币与美元挂钩。在布雷顿森林体系下，所谓美元与黄金挂钩，就是其他各国必须承认美国政府规定的 35 美元等于 1 盎司(黄金的度量衡盎司是 1 盎司=31.103 481 克)的黄金官价，未经美国同意，该官价不能随意变动，以维持美元等同黄金的地位，而美国则准许外国央行或政府机构以其持有的美元按官价向美国兑换黄金。根据 35 美元等于 1 盎司的黄金官价，1 美元的含金量为 0.888 67 克纯金。所谓其他国家货币与美元挂钩，就是以美元的含金量作为各国规定货币平价的标准，各国货币兑美元的汇率，按各国货币含金量占美元含金量的比率，或不规定含金量而只规定兑美元的比价，间接与黄金挂钩。

因此，在这样的汇率制度下，决定各国货币与美元之间汇率的基础就是各国货币含金量占美元含金量的比率。例如，当时 1 法国法郎的含金量为 0.16 克纯金，那么美元与法国法郎的含金量对比为 0.888 67/0.16=5.5542，所以美元兑法国法郎的汇率为：$ 1=FFr 5.5542。

而各国货币之间的汇率是以这些货币的美元平价之比来确定的。例如，在布雷顿森林货币体系下，£1=$ 4.03，DKr (丹麦克朗)1=$ 0.2084，英镑与丹麦克朗的汇率就应当是：

英镑美元平价/丹麦克朗美元平价=($ 4.03/ £) / ($ 0.2084/ DKr)= 19.34DKr / £，即£1=DKr 19.34。

但是，上述根据平价而确定的汇率是法定汇率。实践中外汇买卖的汇率还要受外汇供求关系的影响而围绕法定汇率上下波动。根据国际货币基金组织的规定，市场汇率波动的幅度如超过平价上下的1%，各国政府的有关当局就有义务进行干预。1971年12月以后，市场汇率波动幅度又扩大为平价上下的2.25%。

因此，可以说，在布雷顿森林体系有效运行期间，汇率是相当稳定的，汇率的波动被控制在较小的范围。

2. 浮动汇率制度下汇率的影响因素

浮动汇率制是指一国(或地区)货币对外国(或地区)货币的汇率不固定，随着外汇市场的供求变化而自由波动的一种汇率制度。1973年3月以后，世界各经济体普遍实行浮动汇率制，各种货币之间的汇率波动频繁，不受限制。这时，因为各国(或地区)纸币不再有含金量或美元平价，所以很多因素(如经济增长、通货膨胀及货币本身流通规律)都可能通过影响外汇的供给和需求来影响汇率。下面关于"汇率变动的一般性分析"对此有更多的介绍。

3. 汇率变动的一般性分析

外汇作为货币的价格，是由该市场上的供给和需求决定的。因此，可以从供给和需求角度对汇率变动做一个一般性分析。

外汇市场可以算作世界上最大的市场之一。在这个市场最初始的供给和需求应该是产生于国家间商品和劳务输出入而引起的国际结算，国际贸易的参与者——出口商和进口商构成了外汇最基本的供求力量。要想购买外国的商品或者技术与劳务，本国人就要拥有外币，由此产生了进口商在外汇市场上对外汇的需求。同样，出口本国的商品、技术和劳务可以赚取外汇，但他们又需要将这笔收入换回本币，从而产生外汇的供给。此外，以个体形式存在的跨国旅游者也会有对外汇的供给和需求。例如，中国游客到美国旅游，就需要使用美元在当地消费，由此产生了对外汇——美元的需求。同样，美国游客到中国旅游需要将美元卖出，兑换成在中国境内使用的人民币，由此产生对美元的供给。政府间的采购、援助等也会产生对外汇的供求。

对外投资或者吸引投资等也会产生对外汇的供求。比如，中国的企业要到美国去直接投资，显然会在外汇市场上买进美元，即产生对美元的需求。同样，如果吸引外资进入，则会产生外汇市场上对外汇的供给。上面讲的这些活动的一个共同点是其所引起的外汇供求是有一定条件的，这些供求的量是有一定规模限制的，其扩大也是有步骤的。

但是，随着国际金融市场的发展及各国当局对资本流动管制的放松，外汇市场上绝大多数的交易仅仅是追逐利润。商业银行、金融机构、经纪人和自营商等利用国际市场上不同国家的汇率、利率或者通过外汇买卖来赚取利润，使非常庞大的一笔热钱(hot money)在国际外汇市场上流动，因此而产生的外汇供求量已远远大于以国际贸易、跨国投资为基础所产生的供求量。

综上所述，对于一个经济体而言，其外汇的供给来源可以归纳为：境内商品、技术和劳务输出所换回的外汇；本地居民在境外的投资收益，如股利、利息等；海外侨胞的汇款及外国(或地区)政府机构、慈善组织、经济团体等的援助与捐款①；各种形式和各种期限的外资流入；中央银行抛售外汇储备等。

而其外汇的需求来源则可以归纳为：输入外部商品、技术和劳务所需的外汇；向外国(或地区)投资者和贷款者支付股利、利息的支出；本地居民向海外汇款及各种形式的捐赠；本地居民的海外投资，本地政府向外国提供的贷款等；中央银行进行市场干预时所购入的外汇等。

这些供求都影响着外汇的价格——汇率。在图 3-1 中，纵轴 R 表示汇率，横轴 Q 表示外汇的供求量，S、D 分别表示外汇的供给和需求。显然，当供给等于需求时，均衡汇率为 R^*；当 S、D 发生变化时，R 也会随之发生变化。

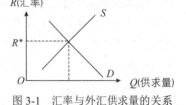

图 3-1 汇率与外汇供求量的关系

那么，在外汇的供给和需求诸因素中都有使 S、D 变化的量，其中又以政府的作用最为特殊。从以前有关外汇供求的分析中可以看出，中央政府同其他行为主体一样，也是构成供求力量的一方，它可以通过抛售外汇储备从而增加外汇的供给，使 S 外移，均衡汇率变低；可以购入外汇来增加外汇的需求，使 D 外移，从而提高均衡汇率。但是，除此之外，政府可以通过政策制定来影响外汇的供求，从而达到影响汇率的目的，这是其他主体所不具备的功能。例如，中央政府可能限制进出口，或者通过外汇管制来限制资本市场上外汇的流动。但随着世界经济的全球化和自由化，政府管制有放松的趋势，因此通过这种方法影响外汇市场的力量在逐渐减弱。另外，随着国际外汇市场上交易额的增加及热钱在国际金融市场追逐利益，政府通过第一种手段影响汇率的能力也在变弱，因为私人的资本力量，尤其联合的力量已远远大于政府的力量。所以，政府影响汇率的能力越来越低，控制也变得越来越困难。有关政府对汇率的管制我们还将在后面进一步讨论。

综合来看，以下因素会影响外汇的供给和需求，从而影响汇率。

(1) 经常账户差额。来自这方面的差异对汇率的影响最直接，因为经常账户的外汇收入和支出直接影响市场的供给和需求。一般来说，经常账户存在大量盈余的地区货币往往有较强的支撑，而赤字则会使货币面临贬值的压力。

(2) 通货膨胀差异。通货膨胀率可以通过多种途径影响汇率。通货膨胀一方面会导致物价上升、本国(或地区)出口品的竞争力下降和外国(或地区)进口品的竞争力提高，进而带来进口增加出口减少，即经常账户余额的减少和本币的贬值；另一方面，价格上升导致实际利率下降、资本流出，也会引起本币的贬值。同时，通货膨胀率的差异会影响人们对汇率的预期，影响资本流动。一旦人们预期本币将贬值，会加速把手中本币兑换成外币，在短期内造成本币的真正贬值。从长期来看，人们的预期价格不会总是居高不下，通货膨胀率也会下降，这样，长期的购买力和出口竞争力会增加，结果会导致长期内的本币升值。由于通货膨胀率对汇率的影响总要通过其他变量才能实现，因而通货膨胀率和经济增长率一起被看作影响汇率变动的长期因素。

(3) 利率差异。利率是金融市场资金的价格，它的变动会影响资金在某一经济体的进出。如果一国(或地区)的利率水平相对于他国(或地区)提高，就会刺激外部资金流入增加，本土资金

---

① 即在国际收支中提到的经常转移。

流出减少,从而改善资本账户收支,提高本币的汇率;反之,如果一国(或地区)的利率水平相对于他国(或地区)下降,则会恶化资本账户收支。而在国际资本流动规模巨大、远远超过实物经济的情况下,利率差异对汇率变动的作用就显得更为重要了。

(4) 经济增长差异。各经济体间的经济增长率差异对各自货币的汇率变动的影响是多方面的。一方面,一经济体经济增长率较高意味着其国民收入较高,由收入引致的进口较多,从而外汇需求增加,外币升值、本币贬值。另一方面,经济增长率的提高往往伴随着生产率的提高,产品成本降低较快,该经济体的出口产品竞争力因此增强,从而增加出口、抑制进口,使本币升值、外币贬值。而且,此时较好的经济增长势头意味着较高的投资利润率,既有更多有利可图的投资机会,也会吸引外国资金流入本国(或地区),改善资本账户收支,从而增加外汇供给,外币贬值、本币升值。

(5) 中央银行干预。无论是在固定汇率制度下还是在浮动汇率制度下,中央银行都会主动或被动地干预外汇市场。中央银行也是外汇市场的参与者,它可以用所拥有的外汇储备在外汇市场上进行操作。而中央银行由于拥有巨大资金往往会在市场上举足轻重,所以其行为经常被称为"中央银行干预",在短期内这种干预尤其有效。另外,中央银行的行为也是市场上的一个重要信号,从而影响长期走势。其目的是稳定汇率,避免汇率波动对宏观经济造成的不利影响,实现自己的政策目标。

比如,当货币供给增加或其他原因导致市场利率下降时,资本从本国(或地区)流出,本币存在贬值压力,投资者纷纷买入外币同时卖出本币,如果任其发展,就会导致本币的真正贬值,对经济产生不利影响。这时,央行可能通过卖出外币、买入本币来稳定市场信心,即通过抛出外汇储备来减少货币供给、提高利率,以吸引外国投资,进而缓解本币贬值压力。中央银行有时也会通过直接提高利率等强制手段防止本币贬值。当本币升值压力强大时,本国产品的市场竞争力降低会导致出口减少,影响国内经济,这时投资者卖出外币、买入本币,而央行通常会逆市场而行,卖出本币、买入外币,释放升值压力,使汇率保持稳定。

货币供给对汇率的影响取决于央行政策的强度。中央银行对外汇市场上外汇供求的影响虽然不能从根本上改变汇率,但是在短期内还是会对汇率的走势产生一些影响。另外,市场上有时还会出现有关国家(或地区)货币当局在某些突发或特别情况下对外汇市场的联合干预,这成为影响汇率的一个不可忽视的因素。

(6) 市场预期。市场预期主要影响的是国家间的资本流动。国际金融市场上存在一笔巨大的短期性资金(被称为"游资"),会受到预期因素影响在国际范围内进行流动,给市场带来巨大的冲击,成为各国(或地区)货币汇率频繁起伏的重要根源。比如,当人们预期某种货币将贬值时,市场上很可能立即就出现抛售这种货币的行为,而这种行为又会作用到汇率上。

(7) 宏观经济政策。宏观经济政策的目标在于稳定物价、充分就业、经济增长和保持国际收支平衡。经济政策对上述问题都会带来一定影响,必然会影响汇率的变动。例如,当政府实行减税、增加支出、增发货币等扩张性经济政策时,势必会导致国民收入增加、人民生活水平提高,引致进口随之增加,境内资本外流,外汇需求增加导致本币贬值、外币升值;反之,当政府实行增税、减少财政支出、减发货币等紧缩性经济政策时,会导致国民收入减少,引致进口减少,外汇需求下降,本币供给减少,造成外币贬值、本币升值。政府宏观经济政策也会在短期内影响汇率。例如2022年后美元持续升值就是美国实行"紧"货币政策带来利率上升、资金流入的结果。

以上只是影响汇率变动的一些主要因素，除此之外可能还有许多其他经济的或非经济的因素。而且，这些因素会相互作用。因此，在分析汇率变动时要对各项因素进行全面的考察，根据具体情况做出具体分析。

3.3.3 汇率变动对经济的影响

汇率连接了国内外的商品市场和金融市场。从上面可以看出，它受到一系列经济因素的影响。同时，汇率的变动会对经济本身产生广泛的影响。一国(或地区)当局要制定开放环境下的经济政策，企业要对汇率变化带来的风险进行管理，居民要管理其所拥有的外币资产，都要考虑汇率变动给经济带来的影响。这里，我们就以贬值为例来看其对经济的影响。如果是升值的话则基本相反。

1. 贬值对国内经济的影响

总体来讲，货币贬值会给国内经济带来提高产量、提升资源配置效率及抬高物价三个方面的影响。

根据国际收支理论，贬值往往会使一国(或地区)贸易收支得到改善，即出口增加、进口减少，此时若是在非充分就业的经济体中，则会通过乘数效应扩大总需求，使经济体中存在的闲置要素(如劳动力、机器、生产原料等)被充分利用，从而扩大产量，带动经济体实现充分就业；如果已经处于充分就业的经济体中，同样的需求扩张只能直接地或通过推高成本拉动物价上涨，而不会有产量的扩大，除非贬值能通过纠正原来的资源配置扭曲来提高生产效率。

同时，贬值带来的国际收支的改善会使整个贸易品部门的价格相对于非贸易品部门的价格上升，从而诱使生产资源从非贸易品部门转移到贸易品部门，即产业结构重心向贸易部门偏移，使得整个经济体系中贸易品部门所占的比重扩大，本国对外开放程度提高。因此，在发展中国家，贬值往往有助于资源配置效率的提高。

2. 贬值对国际收支的影响

贬值对国际收支的影响，可以分别从经常账户和资本账户的视角来观察。

如果进出口弹性符合马歇尔—勒纳条件①的话，贬值会有利于本国增加出口、减少进口，使本国贸易收支状况有所改善。而且，由于此时外币的购买力相对提高，贬值国的劳务、交通、导游、服务等都变得相对便宜了，旅游和其他劳务的收支状况也会有所改善。所以，总体来说，贬值是有利于经常账户改善的，这往往是贬值最重要的经济影响，也是一国(或地区)货币当局进行贬值或促成货币下浮时所要考虑的主要因素。

贬值对资本账户的影响，从资本流动角度来看，与人们对该国(或地区)货币的未来预期有关。如果贬值后人们认为汇率将有进一步的贬值，就会将资金向境外转移，以避免再遭受损失；如果人们认为贬值已经使本国汇率处于均衡水平或过头了的话，那些原先因为本币定值过高而外逃的资金就会抽回国内。

最后，一国(或地区)货币的贬值还可能带来对世界经济的影响。如果是一个小型经济体的

---

① 国际收支的弹性论中的基本结论，参见第 2 章相关内容。

话,汇率变动只会对贸易伙伴国的经济产生轻微的影响;如果是较大经济体(主要工业国家)的话,发生汇率的变动会在世界范围内造成重大的影响。

> **专栏 3-6　荷兰病(Dutch Disease)**
>
> 在我们上面围绕着汇率的讨论中,有这样一个链条:一些因素影响汇率,汇率被决定并会发生变化,这又会作用到经济体上。实践中一个反映这一链条关系的非常好的例子是"荷兰病"。这一名称就源于荷兰曾经的天然气繁荣及其后的一系列经历,是指:国如果突然发现石油等资源带来经济繁荣,就会在带动经济发展后带来本币的实际升值,从而使本国其他贸易品在国际市场上失去竞争力而被挤出,最后又带来本国经济的衰落。当然,也可以是其他原因带来本国经济的繁荣,如本国出口品在世界市场上的价格突然提高、本国产品的供应增加、突然大量的资本流入等。本币的实际升值也可以有不同的形式,如浮动汇率下名义汇率的升值,或者固定汇率下本国储备和价格水平的增加等。这些在后面的章节中还会有专门讨论。总之,荷兰病反映的是以汇率为核心的一种成功带来的负效应。

专题:对汇率均衡及福利的分析

我们在前面讲到影响汇率变动的因素时,已经讨论了各种影响外汇供给和需求的因素及它们对汇率的作用。接下来,我们在此基础上做进一步分析(见图3-2)。

在市场供给和需求的力量作用下,汇率(即价格)会达到均衡水平。

那么,为什么 A 点是均衡点呢?类似于商品市场的分析,我们也可以从福利分析上理解均衡的意义。在一般商品市场,福利是由消费者剩余和生产者剩余构成的,均衡点使总福利最大。

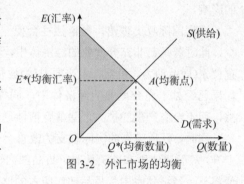

图 3-2　外汇市场的均衡

在汇率分析中,表面上看也是这样,但实际上有差别,这与外汇市场的供应和需求来源有关。一般来讲,外汇市场上的需求者是本国的进口商,他们需要获取外汇后实现对外国商品的购买。同时,他们还是国内市场上外国商品的供应者,因为他们进口之后要在国内市场进行销售[①]。而外汇市场上的供应者则是本国的出口商,他们在卖出本国商品后获取外汇并将其换成本币。

对于进口商而言,外汇市场的需求曲线实际上描述了其经营进口商品的成本,需求曲线和价格曲线之间的面积就是进口商的利润。而供给曲线则描述了出口商的成本,供给曲线与价格曲线之间的面积就是出口商的利润。显然,在 A 点时,出口商和进口商所能获得的利润总和是最大的,即社会福利状态最好。

进一步看进口商和出口商所经营的产品的生产者和消费者,对他们的境况进行分析是理解汇率不可缺少的环节。

首先看进口商经营的进口商品,它的消费者和生产者分别是国内的消费者和外国的厂商。因为进口商在某一汇率水平上进口一定数量的进口品,或者说进口商根据预计的国内需求量进口产品,

---

① 当然,这里讲的进口和下面要讲的出口都是主要的外汇需求和供应来源。除此之外,其还包括私人部门直接参加的跨国经济活动,如跨国旅游、汇款等,还有资本账户中由于资金流动引起的外汇交易。

所以可以把该产品在国内的供应曲线画为水平的价格线,如图 3-3(a)所示。随着汇率的下降(即本币的升值),该供应曲线会向下移动,国内消费者获得更多的消费者剩余,即图 3-3(a)中的阴影部分。对于该进口品的生产者即外国厂商而言,在当前价格和需求量下,也能够获得相应的剩余,即图 3-3(b)中的阴影部分。①

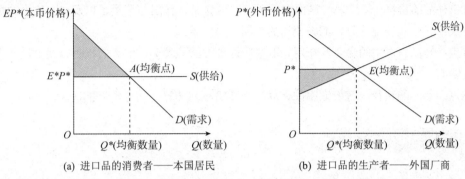

图 3-3 进口品的消费者、生产者福利状况

其次来看出口商。对于其生产供应的出口商品,消费者来自国外。类似于上面对消费者状况的分析,不过此时汇率的变化对其消费者剩余的影响与上面的相反。即 E 下降会使 S 曲线上移,减少外国消费者的剩余,即图 3-4(a)的阴影部分。同样,出口商是本国出口产品的生产者,他们获得的生产者剩余或利润就直接反映为外汇市场上供应曲线与价格曲线所围成的面积,即图 3-4(b)的阴影部分。

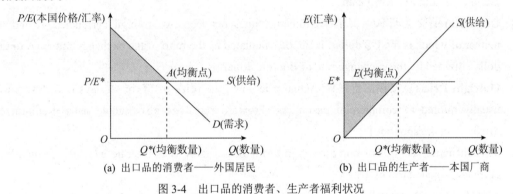

图 3-4 出口品的消费者、生产者福利状况

上面所分析的是均衡汇率下的福利状况。汇率偏离均衡会对总福利产生影响,而且会对进口商和出口商产生不同的影响,也就对进口产品的国内消费者和国外生产者、出口商品的国内生产者和国外消费者产生不同的影响。

以上我们对汇率的供求分析做了进一步探讨,这里又引出了一些问题,比如外汇储备到底有什么价值?这是我们后面在第 10 章要继续学习的。另外,供求分析只是理解汇率决定的一个视角,经济学界还发展了很多分析汇率决定与变化的理论,这是下一章要讲解的内容。

---

① 严格来讲,对生产者的分析需要根据市场状况而定,即依据它是一个垄断者、寡头垄断者抑或完全竞争者而分别分析。但是,此处为了简化分析,就只取了一条斜率较小的供应曲线来分析,不会对基本结论有什么影响。以下有类似的情况做类似的处理,不再解释。

本章总结

小结：本章从定义出发，结合对实践的观察，介绍了外汇及其存在的几种形式、主要功能，然后引出外汇的价格——汇率，进而介绍了汇率的含义、作用与分类，以及在实践中的标价与报价方法；并在此基础上分析汇率变动的"因"与"果"。

重点：外汇与汇率的含义及作用、汇率的标价方法与种类、汇率的报价方式、汇率变动的原因及影响。

难点：套汇的路径、有效汇率的计算、交叉汇率的计算、均衡汇率的决定。

关键概念及其英文释义

[1] **Exchange Rate(汇率)**：Price at which one country's currency can be converted into another's. A wide range of factors influences exchange rates, which generally change slightly each trading day.

英语深入阅读资料

[2] **Direct Quotation(直接标价)**：Home currency price of foreign currency, i. e. SF/$ in Swiss, $/£ in U. S. and ¥/FF in Japan.

[3] **Indirect Quotation(间接标价)**：Foreign currency price of home currency, i. e. $/SF in Swiss, £/$ in U. S. and FF/¥ in Japan.

[4] **Cross Rates(交叉汇率/套算汇率)** Exchange rates between two foreign currencies, A and B, neither of which is the US dollar. It can be calculated as the ratio of the exchange rate of A to the dollar, divided by the exchange rate of B to the dollar.

[5] **Outright Price(直接标出价格)**：Actual price, i.e., the price of FF in 90 days is 0.1889 $/FF. usually quoted to commercial customers (Forward rates are also quoted as a premium or discount on the spot rate).

[6] **The bid rate(买价)**：For currency A in terms of currency B is the rate at which dealers buy currency A(sell currency B).

[7] **The offer(or ask)rate(卖价)**：It is the rate at which dealers sell currency A(buy currency B).

[8] **Bid-Ask Spread(买卖价差)**：The difference between buying(bid)and selling(ask)prices, which reflects transaction costs. In general, retail spread is larger than wholesale spread. Less frequently traded currencies have larger spread than more frequently traded ones.

[9] **Bilateral Exchange Rate(双边汇率)**：The exchange rate between two countries, say, the UK and USA: the price of dollars in terms of pounds.

[10] **Trade-Weighted Exchange Rate(贸易加权汇率)**：For currency A, it is a weighted average of its exchange rate against currencies B, C, D, E…and so on. The weights used are usually the proportion of country A's trade which involves B, C, D, E… respectively. A measure of the weighted-average value of a currency relative to a selected group of currencies.

[11] **Nominal Exchange Rate(名义汇率)**：A bilateral exchange rate that is unadjusted for changes

in the two nations' price levels.

[12] **Real Exchange Rate**(实际或真实汇率): A bilateral exchange rate that has been adjusted for price changes that occurred in the two nations. Q = SP* /P. It is also called as "Effective Exchange Rate"(有效汇率).

[13] **Forward Premium**(远期升水): Denotes that the currency under consideration is more expensive for future delivery than for immediate delivery. Forward discount denotes the opposite situation.

[14] **Arbitrage**(套利): Elimination of a riskless profit opportunity in a market.

[15] **Spatial Arbitrage**(空间套汇): The act of profiting from exchange-rate differences that prevail in different markets.

[16] **Triangular Arbitrage**(三角套汇): Three transactions undertaken in three different markets and/or in three different currencies in order to profit from differences in prices.

[17] **Vehicle Currency**(基准货币): A currency that individuals and businesses most often use to conduct international transactions and denominate international contracts.

[18] **Devaluation and revaluation**(法定贬值和法定升值): Under a fixed exchange-rate system, a nation's monetary authority may decide to pursue balance-of-payments equilibrium by devaluing or revaluing its currency. The former means the depreciation of home currency's exchange value and the latter means the opposite.

[19] **Depreciation and appreciation**(贬值和升值): Under a floating exchange-rate system, the exchange rate decreases or increase because of the change in supply or demand for this currency.

[20] **Basis point**(基点): The one-hundredth of one-hundredth, 0.0001. It is also used as the smallest measure for quoting yields in the bond market. Each percentage point of yield in bonds equals 100 basis points. Basis points also are used for interest rates. An interest rate of 4% is 50 basis points higher than an interest rate of 3.5%.

[21] **Dutch Disease**(荷兰病): A boom in a mineral or agricultural commodity(taking the form either of an increase in price on world markets, or a sudden increase in supply, especially the discovery of oil)causes a real appreciation, so that other tradeable goods lose competitiveness, and are crowded out.

复习思考题

1. 请判断下列说法的正误。
(1) 外汇即外国货币。
(2) 外汇汇率，对中国而言就是人民币汇率；对英国而言就是英镑汇率。
(3) 在直接标价法下，外汇的买入价高于卖出价。
(4) 紧缩性货币政策会导致外汇需求下降、本币供给减少，使得外币贬值本币升值。

2. 给定下面的信息，你会怎样做？为什么？

$$1GBP=4.0000CHF$$

伦敦市场上的黄金价格=GBP 100/盎司

瑞士市场上的黄金价格=CHF 500/盎司

3. 完成下表：

	A$	£	C$	SFR	$
澳大利亚					1.54
英国					0.67
加拿大					1.42
瑞士					1.35
美国					—

4. 请用语言表述下面报价的含义：

(1) GBP/USD：1.8712～1.8723

(2) GBP/EUR：1.6521～1.6524

5. 假定纽约、法兰克福及伦敦市场的现汇价分别为 US＄1=€0.9300～0.9315，£1=€1.1600～1.1620，£1=＄1.2350～1.2370。是否存在无风险套汇机会？若有套汇机会，用 10 万美元套汇的收益为多少？

6. 中国一公司向印度出口商品，标价为每件 100 RMB，进口商要求以印度卢比付款。中国外汇市场上的汇率牌价为 RMB/INR=11.8866/8948，则中国公司应报价多少卢比？

7. 假设 USD/CAD=1.3345～75，3 个月远期差价为(100～80)，美元在升水还是贴水？升贴水年率为多少？

8. 请指出影响汇率变动的短期因素和长期因素。

9. 外汇市场上对远期汇率的表示方法有哪几种？

10. 请结合国际收支相关内容，画图分析汇率变动对经济的影响。

推荐资源

扫描右侧二维码阅读人民币汇率相关指标的解释说明及图表。

第 4 章 汇率理论

◎ 引言

上一章我们介绍汇率：从实践出发观察汇率决定和变化因素，并且用经济学的供求方法进行分析。确实，在国际金融理论中有关汇率的研究是重中之重。其中，汇率形成机制的规则性和透明度建设，成为促进经济高质量发展和全面推进高水平对外开放的重要保障，亦是我国推动人民币国际化、积极参与全球治理、推动经济全球化进程、提升人类福祉的关键抓手。

那么，经济学家怎样认识汇率的决定及变化呢？经济学家往往是抓住最根本的因素来进行分析，从而发展形成某种学说。当然，不同的学者可以有不同的视角。

有的学者从生活中的购物感受来理解汇率。拥有国外生活经验的人很容易有这样的感觉，如果该国物价水平很低的话，其货币一定比较"贵"，也就是相对于其他货币汇价会比较高，而且差异幅度应该与物价差别大体一致。比如，在英国，去趟超市采购日常生活用品一般只要花 10~20 镑。而在中国同样的采购量往往要花费 80~180 元，英镑与人民币的比值也就大体为 8~9。因此，从货币的购买力角度来分析汇率，就形成了购买力平价理论。

有的学者把汇率看作资产选择中一个非常关键的指标，由此发展出了利率平价说。有的学者通过我们之前介绍的国际收支建立分析汇率的框架，形成了汇率的国际收支说。还有的学者围绕货币市场来进行汇率分析，就形成了汇率的资产市场说。

因此，本章将对主要的汇率理论进行介绍和讨论，包括购买力平价理论、利率平价说、国际收支说和资产市场说等。

◎ 思维导图

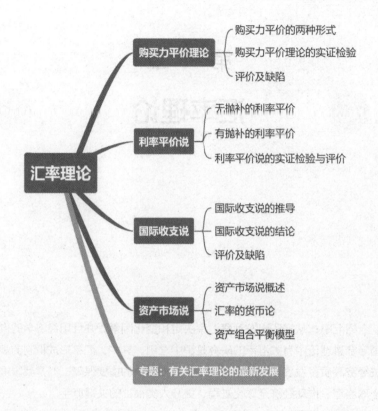

4.1 购买力平价理论

购买力平价(Purchasing Power Parity，PPP)是一个古老的概念，其起源可以追溯到16世纪中叶西班牙的萨拉门卡学派(Salamanca School)和17世纪早期英格兰杰勒德·得·梅里尼斯(Gerrard de Melynes)的著作。但第一个正式提出并进行系统论述、使其得到广泛应用的是瑞典经济学家古斯塔夫·卡塞尔(Gustav Cassel)。第一次世界大战之后，金本位制削弱，一些国家出现恶性通货膨胀，还有战后遗留的国际支付、赔款等问题。针对这些问题，能否提供一种国际公认的货币标准？在此背景下，卡塞尔在1918年[①]和1922年[②]的文章中系统阐述了购买力平价理论。

购买力平价理论的基本思想是人们持有的一国或地区的货币具有对其相应国家或地区内一般商品的购买力。因此，一种货币和另一种货币之间的平价主要取决于两种货币购买力的比较；而货币的购买力又直接取决于当地的物价水平，所以可以通过两国或地区物价水平的比较来观察两种货币购买力的对比，从而得到汇率及其变化。

能够将不同货币的购买力联系在一起的是所要购买的商品本身，所以购买力平价的基础是有关商品价格的"一价定律"(the law of one price)，即相同的商品应该具有内在一致的价格。在一价定律的基础上，我们可以得到购买力平价理论的两种形式，即绝对形式和相对形式。

---

① Cassel. Abnormal Deviations in International Exchanges[J]. *The Economic Journal*, 1918(28)：413-415.
② 古斯塔夫·卡塞尔. 1914年以后的货币和外汇[M]. 北京：商务印书馆，2016.

4.1.1 购买力平价的两种形式

1. 绝对形式(absolute version)

绝对形式是指在某一时点上,两种货币之间的兑换比率取决于两种货币的购买力(一般物价水平的倒数)之比,如式(4-1)所示:

$$e=(1/P^*)/(1/P)=P/P^{*①} \tag{4-1}$$

e 是一单位 $B^②$ 货币以 A 货币表示的价格,即从本国(或地区)(A)的角度看,采用的是前面讲的直接标价法。

例子:一种商品(更准确地讲应该是一篮子商品)在美国(这里是 B 国或地区)卖 10 美元,在中国(这里是 A 国或地区)卖 65 元人民币,则汇率是 e 为 6.5,即 1 美元兑 6.5 元人民币。如偏离的话,国家间的商品套购(commodity arbitrage)就会发生,直到调整到均衡状态。

> **专栏 4-1 对绝对形式购买力平价成立基础的探讨**
>
> 基于一价定律对两种货币的汇率进行推导时,是从个体的关系推导到整体的关系,即如果所有的商品都满足一价定律,则由它们构成的经济体之间的货币就通过购买力来决定彼此之间的汇率。因此,这里的"一般物价水平"所针对的商品应该具有的条件是:所包含的商品相同,每种商品在两国(或地区)物价指数编制中的权重相等。但是,在现实中,由于存在产品差异、贸易壁垒、信息成本、交货延迟等,绝对购买力平价成立的基础受到伤害,因此,绝对购买力平价在现实中很难成立,或者说很难完全成立。

2. 相对形式(relative version)

由于现实中绝对形式购买力平价的成立基础难以达成,经济学家们提出可以从两个时点的绝对形式购买力平价推导出反映两个时点之间汇率变化的相对形式购买力平价,即式(4-2):

$$\frac{e_1}{e_0}=\frac{\left(\dfrac{P_1}{P_1^*}\right)}{\left(\dfrac{P_0}{P_0^*}\right)}=\frac{\left(\dfrac{P_1}{P_0}\right)}{\left(\dfrac{P_1^*}{P_0^*}\right)} \tag{4-2}$$

其中,下标 0 表示基期,下标 1 表示当期。

对上式进行一定的转换和处理,就可以得到式(4-3):

$$1+\Delta e = \frac{\pi+1}{\pi^*+1} \Rightarrow (1+\Delta e)\cdot(1+\pi^*)=(1+\pi)$$

$$\Rightarrow 1+\Delta e+\pi^*+\Delta e\cdot\pi^*=1+\pi$$

$$\Rightarrow \Delta e \approx \pi-\pi^* \tag{4-3}$$

其中,$\Delta e=\dfrac{e_1-e_0}{e_1}$ 为汇率的变动程度,$\pi=\dfrac{P_1-P_0}{P_1}$ 和 $\pi^*=\dfrac{P_1^*-P_0^*}{P_1^*}$ 为两地的价格变化,即通货膨胀率。

---

① 凡是带*的都是外国或地区的指标。
② 一般来讲,A 是本国或地区,B 是外国或地区。

可见，相对形式的购买力平价理论认为汇率的变化来自两地在该时期的物价水平变化。两者的相对变动成比例，即汇率变化幅度近似等于两国或地区的通货膨胀率差异。

虽然刚才的推导是从绝对形式出发的，但反过来相对形式成立时绝对形式不一定成立，也就是说，绝对形式是相对形式的充分非必要条件。因为相对形式强调汇率的变化，它可以在一定程度上避开一价定律的严格假设，而且能避免确定基期价格指数的困难。因此，相对形式比绝对形式更有实际意义。

当然，卡塞尔也并不认为购买力平价是唯一可以系统解释汇率及其变动的变量，他承认存在其他因素的影响，也承认汇率和购买力平价之间可能出现的随机偏差，尤其是对于短期均衡汇率而言。但是，他认为购买力平价是系统解释汇率变化诸多因素中最重要的因素，汇率本质上并且首先是由购买力平价决定的。

专栏 4-2 真实汇率(real exchange rate)

购买力平价究竟在多大程度上解释了现实中的汇率呢？我们用真实汇率(也叫作实际汇率)来反映购买力平价的解释程度，它是名义汇率经过价格调整后的指标，定义为：$R = E \cdot (P^*/P)$ (注意，这里的 E 是从现实世界观察得到的名义汇率，区别于上面根据购买力计算出来的名义汇率 e)。

显然，如果绝对形式的购买力平价理论完全解释了现实中的名义汇率水平，即 $E=e$，就会有 $R = E \cdot (P^*/P) = (P/P^*) \cdot (P^*/P) = 1$，此时真实汇率为 1。如果真实汇率偏离 1，按照购买力平价理论就意味着本币存在高估(当 $R<1$ 时)或低估(当 $R>1$ 时)。与名义汇率不同的是，真实汇率的升贬既可能源于名义汇率(E)的升贬，也可能源自两国或地区相对价格(P^*/P)的变化，即真实汇率的升值(贬值)意味着本国或地区的产品相对外国或地区的产品更贵(便宜)，是反映本国或地区产品在国际市场竞争力变化和观察宏观经济状况的重要指标。

除了对绝对形式进行检验外，真实汇率的变化也可以用来验证相对形式的购买力平价理论是否成立。如果相对形式的 PPP 成立，则可以做如下推导，得到式(4-4)：

$$\frac{R_1}{R_0} = \frac{\left(E_1 \times \frac{P_1^*}{P_1}\right)}{\left(E_0 \times \frac{P_0^*}{P_0}\right)} = \frac{E_1}{E_0} \times \frac{\left(\frac{P_1^*}{P_0^*}\right)}{\left(\frac{P_1}{P_0}\right)} = 1 \tag{4-4}$$

于是有 $R_0 = R_1$，即 R 应该保持不变，为一常数。因此，如果我们在现实中观察到了一个总在变化的真实汇率，则否定了相对形式购买力平价理论的成立。

4.1.2 购买力平价理论的实证检验

那么，实践中的情况是否可以用购买力平价来解释呢？这需要对其进行实证检验。经验数据对购买力平价关系的检验表明，如果单独看某一种商品的话，其类别不同，购买力平价关系的成立情况也存在差异。例如，农产品和矿产品中购买力平价关系成立较好，而非贸易商品和服务中的则不好。总体来讲，绝对购买力平价关系对汇率的预测往往与实际汇率偏离较大；相对购买力平价的预测则与数据较为接近，尤其是在发生恶性通货膨胀时，相对购买力平价的解释力更好一些。所以，可以得出这样一个一般性的结论，购买力平价理论在长期远比短期更符合经验数据，而相对购买力比仅考虑时点量的绝对购买力对长期均衡汇率的预测能力更好。

绝对形式的购买力平价会出现与经验数据偏离较大的可能原因是：贸易限制的不对等、外汇投机(speculation)、通货膨胀预期、长期资本流动、政府干预、运输成本、贸易品和非贸易品竞争不完全等，使现实中一价定律几乎不成立；价格指数中所选取的商品及权重有所差别，造成比较的基础不统一；商品结构变化等因素影响统计的准确性；还有可能存在价格调整与汇率调整之间的时间差距等因素。

专栏4-3　一个关于绝对形式购买力平价检验的经典例子——巨无霸指数

著名的财经类杂志《经济学人》(*Economist*)从1986年开始统计很多国家麦当劳餐厅的代表产品——巨无霸的价格，结合对当时汇率的观察，试图验证绝对形式的购买力平价是否成立，并以此形成巨无霸指数(Big Mac Index)，显示出相对于购买力平价所确定的理论汇率，一种货币被高估或低估程度。从另外一个角度也可以看出差异不大的这一产品在各地区价格上的差异可能较大。例如，根据2023年最新的数据，瑞士的巨无霸价格为7.26美元，货币高估程度较大，而印度的巨无霸价格则为2.53美元，低估程度较大[①]。总的一个规律是，在较富裕的国家巨无霸较贵，而这一点则与巴拉萨—萨缪尔森效应[②]有关。

4.1.3　评价及缺陷

购买力平价理论在汇率理论中占有重要的位置。在放弃金本位制的情况下，它指出以两地物价对比作为汇率决定的依据，说明货币的对内贬值必然引起货币的对外贬值，揭示了汇率变动的长期原因。在浮动汇率制较为流行的当今世界，购买力平价仍然有很强的生命力。

在实践中，购买力平价理论的应用主要体现在以下几方面：对于新成立的独立国家，为其新的主权货币确定初始汇率时提供参考；帮助预测中长期实际汇率的变化；在进行收入的国际比较中，通过购买力平价来调整价格差异，以便更准确地反映出地区间的生活水平差异。比如，IMF就提供根据PPP调整过的GDP数据。

但是，这一理论也引起了很大争论，有很多批评的意见指出了购买力平价的缺陷。

(1) 从理论基础看，购买力平价是以货币数量论为前提的，卡塞尔认为两国纸币的交换取决于纸币的购买力。这实际上是一种本末倒置，事实上纸币的购买力取决于纸币所代表的价值。

(2) 在购买力平价中假定所有商品都是贸易商品(tradable goods)，这忽视了非贸易商品(non-tradable goods)的存在。而非贸易商品的价格往往难以通过国际贸易趋于一致，因此两地的一般物价水平也难以通过国际商品套购机制而完全取得一致。该理论还忽略了贸易成本和贸易壁垒，关税、限额、补贴等的存在使两国或地区间贸易商品并不存在完全的替代性，价格也不能通过套购而趋于相等。

(3) 购买力平价理论过分强调了物价对汇率的作用，但实际上汇率变化也可以影响物价。

(4) 忽略了国际资本流动、投机对汇率所产生的冲击，而它们显然会影响汇率，尤其是短期汇率。对通货膨胀的预期、政府对外汇市场的干预等因素也会影响购买力平价对汇率的解释能力。

(5) 采用静态或比较静态的分析方法，并没有对物价如何影响汇率的传导机制进行具体分析。

---

① Economist. Our Big Mac Index Shows How Burger Prices are Changing[EB/OL]. https://www.economist/big-mac-index，2023-08-30.

② 此处未对巴拉萨—萨缪尔森效应做详细的介绍，具体内容可参见推荐阅读部分。

(6) 计算购买力平价时，在编制各国或地区物价指数的方法、范围、基期选择等方面也都存在技术性困难。

专栏4-4 购买力平价理论的新发展

尽管购买力平价理论存在缺陷，在实践中的检验效果也不尽理想，但是这并没有改变购买力平价理论在汇率理论中的重要地位，后续学者也在不断丰富和发展该理论。我们可以简单观察几点。第一，购买力平价与失业率[①]：有学者认为，购买力平价理论的一个关键前提是市场的完全竞争，实际上市场常常存在失业率等问题。因此，近年来有学者将失业率引入购买力平价理论，以更好地解释汇率波动。第二，购买力平价与非线性效应[②]：传统的购买力平价理论基于线性模型，实际上市场参与者的预期和行为往往呈现出非线性的特征。因此，有学者提出了基于非线性模型的购买力平价理论，以更好地解释货币汇率的非线性波动。第三，购买力平价之谜[③]：有学者指出有关购买力平价的谜题，即尽管巨大的汇率波动表明名义冲击在黏性价格下可能起主要作用，但现实观察到的实际汇率的半衰期持续性似乎过高，无法通过价格黏性来合理化。

4.2 利率平价说

购买力平价理论所关注的是商品市场，现在，我们将分析的重点转移到金融资产市场。出发点仍然是一价定律，通过比较不同经济体金融资产的回报水平可以将跨时期的汇率变动联系在一起，由此形成的汇率决定理论就是利率平价理论(Interest Rate Parity)。利率平价思想由来已久，1923年凯恩斯首次提出了该理论的古典形式[④]，随后1937年英国学者爱因齐格(P. Einzig)出版了《远期外汇理论》(The Theory of Forward Exchange)，进一步阐述了远期差价与利率之间的相互影响。

根据对投资者的风险态度(risk attitude)的不同假设，可以将该理论分为无抛补的(uncoverd)和有抛补的(covered)利率平价理论。

4.2.1 无抛补的利率平价

首先推导无抛补的利率平价(uncovered interest rate parity)。考虑如下的情形：一年期存款利率在中国和美国分别为 i 和 i^*，中国为本国，人民币(¥)为本币；美国为外国，美元($)为外币。

假设在 t 时两种货币的比价为 e(¥/$)，即 1 美元等价于 e 元人民币。

那么，对于投资者显然存在以下两种投资策略。

第一种：t 时在中国存入 1 元，$t+1$ 时获得 $1 \cdot (1+i)$ 元。

第二种：t 时用 1 元在外汇市场换成美元，则可换得 $1/e$ 美元；再将这些美元存入美国市场

[①] 王国林. 人民币汇率变动的就业效应[D]. 复旦大学，2010.

[②] Taylor, M. P., Peel, D. A., & Sarno, L. Nonlinear Mean-reversion in Real Exchange Rates: Toward a Solution to the Purchasing Power Parity Puzzles[J]. International Economic Review, 2001, 42(4): 1015-1042.

[③] Yin-Wong Cheung, Kon S Lai.(2000). On the purchasing power parity puzzle[J]. Journal of International Economics, 2000, 52(2): 321-330.

[④] J. M. Keynes. A Tract on Monetary Reform[M]. London: Maemillan and Co., 1923.

上的金融机构，$t+1$ 时得到 $1/e \cdot (1+i^*)$ 美元，再到市场将这些美元换回成人民币。

在均衡情况下，两种投资策略应该有相同的回报。决定第二种策略的回报的关键因素是 $t+1$ 时两种货币的汇率。因为投资者是在本期做决策，所以此时决定第二种策略回报的是预期汇率水平 e^*。显然，均衡就带来式(4-5)：

$$(1+i)=(1+i^*) \cdot 1/e \cdot e^* \tag{4-5}$$

但是，上面两种策略除在投资方式上有不同外，还存在其他差别，其中最明显的就是风险不同。第二种方式下不但有投资外部市场带来的不确定性，而且存在未来汇率偏离预期的风险。因此，上面决定汇率的等式隐含着一个非常重要的假设——忽略风险因素。也就是说，在这里，假设投资者是风险中性的，即投资者不额外要求对预期不确定因素的风险补贴。

令 $\Delta e = e^*/e - e/e$，即汇率的预期变化幅度。于是，$e^*/e = 1 + \Delta e$，则根据(4-5)式，可以得出式(4-6)和式(4-7)：

$$\frac{e^*}{e} = \frac{(1+i)}{(1+i^*)} = (1+\Delta e) \tag{4-6}$$

$(1+i) = (1+\Delta e)(1+i^*) = 1 + i^* + \Delta e + \Delta e \cdot i^*$（这一项很小，可近似为0）

$$i \approx i^* + \Delta e \Rightarrow \Delta e \approx i - i^* \tag{4-7}$$

所以，市场对 t 到 $t+1$ 时期内预期汇率的变化率应该约等于两地利率水平的差异。市场利率高的国家(或地区)的货币会有预期贬值，而市场利率低的国家(或地区)的货币会有预期升值。同时，从式(4.6)中也可以看出，如果某些因素使人们对未来的汇率预期 e^* 发生了变化，那么会立即带来当期汇率 e 的变化。如果是市场利率水平发生变化，也会立即作用在当期汇率上。

在利率平价中，因为两地投资策略都会以一个相同的通货膨胀率计算，所以只需考虑名义利率。

除了风险中性的假设，无抛补利率平价的成立还基于如下的一些前提假设：只有一种金融资产即货币；只有一种资产价格即利率；资金在各个市场中不受任何限制地自由流动，而且资金流动的规模和速度使套利机会转瞬即逝；外汇的交易成本忽略不计；银行存款无风险；等等。

4.2.2 有抛补的利率平价

与无抛补的利率平价不同，有抛补的利率平价(covered interest rate parity)将实践中投资者通常会做风险规避(risk-averse)这一现实因素考虑在内。通过比较不同国家(或地区)金融资产在调整风险后的名义回报率来平衡不同国家间跨时期的汇率关系，我们可以得到有抛补的利率平价。

下面，我们就假设：本币为 A 币，利率为 i；外币为 B 币，利率为 i^*。

使用直接标价法：$eA=1B$，e 为 T_0 时的初始汇率水平；e^* 为远期市场 T_1(交割期为 T_1)[①]的汇率水平；接下来，我们就利用这些信息结合图 4-1 来推导有抛补的利率平价理论。

两地投资者都可以选择两种投资策略，S1 为本国(或地区)市场投资策略，S2 为外国(或地区)市场投资策略。投资策略图解可见图 4-1。

对于风险规避的 A、B 两地投资者而言，要想保证 T_0 时刻对外国(或地区)市场的投资在 T_1 时刻的回报水平，就必须在采取对外投资策略(即 S2)的同时进入远期外汇市场卖出将在 T_1 时刻

---

① 本书后面关于外汇市场与交易的一章会专门讨论远期市场和远期交易。

收到的外币本息。显然，这时远期外汇交易价格 e^* 的不同取值会使 S1 和 S2 的对比不同，投资者因而会选择较好的战略。随着不同战略的执行，远期外汇的供给和需求会发生变化，从而带来 e^* 的变化，使其最终达到均衡状态，即有式(4-8)：

$$e^* = e(1+i)/(1+i^*) \tag{4-8}$$

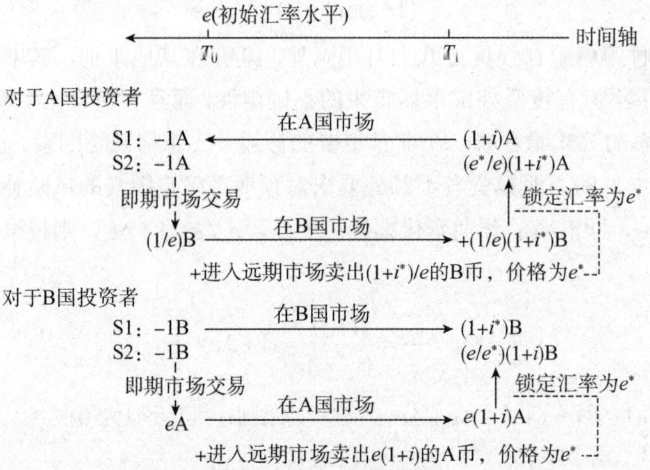

```
                    e(初始汇率水平)
              ←——————|————————————|—————— 时间轴
                    T₀            T₁
对于A国投资者
    S1: -1A  ————在A国市场————→  (1+i)A
    S2: -1A                     (e*/e)(1+i*)A
    即期市场交易                   ↑锁定汇率为e*
    (1/e)B  ————在B国市场————→  +(1/e)(1+i*)B
           +进入远期市场卖出(1+i*)/e的B币，价格为e*

对于B国投资者
    S1: -1B  ————在B国市场————→  (1+i*)B
    S2: -1B                     (e/e*)(1+i)B
    即期市场交易                   ↑锁定汇率为e*
    eA      ————在A国市场————→  e(1+i)A
           +进入远期市场卖出e(1+i)的A币，价格为e*
```

图4-1 投资策略图解

这就形成了均衡关系，反映了当前汇率与远期汇率的关系：当 $i > i^*$ 时，有 $e^* > e$，即本币在远期汇率上一定是贬值的；当 $i < i^*$ 时，有 $e^* < e$，即本币在远期汇率上一定是升值的。

由上面的分析可见，与无抛补的利率平价不同，有抛补的利率平价是基于真实的套利关系的，从而反映不同国家或地区利率与汇率之间的密切联系。因为具有套利性的资金会在国家间根据利率的水平流动，这种流动必然伴随着货币的兑换，从而给汇率带来影响。凯恩斯和爱因齐格正是通过分析抛补套利所引起的外汇交易提出利率平价说，来说明远期汇率的决定。

因此，利率平价理论的基本观点是：在利率有差异时，资金将从低利率国(或地区)流向高利率国(或地区)以谋取利润。但套利者在比较金融资产的收益率时，还要考虑利率和两种资产由于汇率变动所产生的收益变动，所以往往将套利与掉期业务(即期和远期的结合，后面还会详细讲到)结合进行，以避免汇率风险。

随着抛补套利的不断进行，远期差价就会不断加大，直到两种资产所提供的收益率完全相等，这时抛补套利活动就会停止，远期差价正好抵补了两地利率差异，即利率平价成立。因此得出，远期差价是由两地利率差异决定的，高利率国(或地区)货币在期汇市场上必定贴水，低利率国(或地区)在期汇市场上必为升水。

如果我们假设远期汇率与即期汇率相比变化幅度为 f，即 $f = e^*/e - 1$，则有式(4-9)：

$$\begin{aligned} 1+i &= (1+i^*)(1+f) = 1 + f + i^* + f \cdot i^* \\ &\Rightarrow i \approx f + i^* \end{aligned} \tag{4-9}$$

也就是说，利率的差异基本上反映了远期汇率与即期汇率之间的差异。

利率平价理论规定了短期汇率波动的界限，较好地反映了外汇市场，尤其是开放程度较高的外汇市场上汇率波动的特点。比如，在欧洲货币市场上远期汇率就是利用两种货币的利率差异来计算的。

专栏 4-5 国际费雪关系式(International Fisher Relationship, IFR)

费雪方程式($i \approx r + \pi$①)在一个经济体内部的商品价格(通货膨胀水平)与货币(或资金的)价格(利率)之间建立了联系。在开放经济环境下,前面讲到的购买力平价在不同经济体的商品价格水平之间建立了联系;利率平价则在不同经济体的货币价格即利率水平之间建立了联系。因此,如果能够将上面三种关系结合起来,就会得到一个跨经济体的国际费雪方程式,也叫作国际费雪效应(international fisher effects)。

由购买力平价理论可得 $\Delta e \approx i - i^*$,由有抛补的利率平价可知 $i \approx f + i^*$,考虑 Δe 和 f 的定义,它们都表示远期汇率相对于即期汇率的变化程度,所以可以理解它们是相等的。那么,上述的购买力平价和利率平价联系在一起就可以得到式(4-10):

$$\pi - \pi^* = i - i^* \tag{4-10}$$

这就是国际费雪方程式,即两国的通货膨胀差异约等于两国的名义利率的差异。再结合费雪方程式,名义利率与通货膨胀率的差异就是真实利率,这一点在各个经济体内部都是成立的。所以,可以得到式(4-11):

$$i - \pi = i^* - \pi^* \tag{4-11}$$

即两国的真实利率水平相等,这一关系也被称为真实利率平价(real interest parity)。国际费雪关系式确立了国家间名义汇率、真实利率与通货膨胀之间的关系。国家间名义利率的差别可以用国家间预期通胀率的差别来近似。因此,如果日本和美国的预期通胀率分别是 3% 和 5%,那么这两个国家的名义利率差别就约等于 2%。如果资本市场是有效的,世界范围内真实的无风险利率应该相等,有差别的只是名义利率与通货膨胀率。而通货膨胀水平和名义利率的差异对两地货币在相应时期中的变动则有着内在一致的影响。

4.2.3 利率平价说的实证检验与评价

无抛补利率平价理论的实证检验比较困难,因为预期汇率数据很难获得。不过,学者们通过一些处理,得到对实证数据的检验,也发现无抛补利率平价常常不能反映汇率的变化,造成这种偏离的原因主要是来自风险中性(risk-neutral)的假设。

有抛补利率平价理论的实证检验表明该理论运行得相当好。经济学家泰勒通过对英格兰银行的有关数据研究发现,事实显示,在市场比较正常和平静的时期里没有被利用的抛补套利机会是非常少的,只有在某些特殊情形下(如市场剧烈波动时),才可以发现这样的机会。但是,这并不意味着该平价就总是精确地反映着市场汇率水平,交易成本、不同的税率、政府管制、政治风险及时滞等都可能使该理论与实践出现偏差。

专栏 4-6 套息交易的存在和流行

如果有抛补的利率平价理论在现实中完全成立,就不会存在套息交易(carry trade)——为了寻求高收益,钱在各地区游走,流向每日都能收取利息的高收益货币,卖出低利率货币以从中获利。套息交易的目的是获利,而获利的关键在于选择目标货币和融资货币,其中一个基本要求是让目标货币和融资货币的利差尽可能大。目前,日元和美元是最常用的融资货币。自 20 世纪 90 年代以来,在日本持续低利率的环境下,日元一直是受套息交易者偏爱的融资货币。

---

① 有时是预期的通货膨胀率。

然而，由于美元流动性充裕、利率较低、不断贬值等原因，美元在交易者心目中从广义的避险货币转变为套息交易的融资工具，而且美元套息资金的规模越来越大。套息交易的目标货币通常是高息货币，目前，人民币已成为套息交易的新主角，中国经济发展的基本条件也吸引了投机性国际短期资本的流入。因此，套息交易的存在，说明有抛补的利率平价并不完全成立。

利率平价说从资金流动的角度描述了利率与汇率之间的相互关系，它认为，两种货币之间的汇率变动可以反映出它们之间的利率差异，而且这种关系是可逆的，也就是说，如果两种货币之间的利率差异发生了变化，它们之间的汇率也会相应调整。这一理论在某些情况下可以用来预测货币汇率的变动趋势，例如在短期内利率差异较为稳定时，货币汇率的变化可能主要受到利率差异的影响。

然而，利率平价说也存在一定的缺陷和局限性。

(1) 它忽略了货币市场交易的成本，例如货币兑换和汇款费用等，这些成本可能对套利机会造成负面影响。也就是说，如果存在交易成本，那么套利交易可能会因为成本而无法进行或变得不再具有吸引力。

(2) 货币市场可能存在资本流动限制，例如外汇管制或外汇市场不发达等，这可能会影响套利交易的实施。当资本流动受到限制时，市场上可能会出现大量未被套利的机会，导致利率平价说失效。

(3) 货币市场中的利率差异并不总是稳定的和可预测的，市场可能会受到各种因素的影响，如政治风险、经济数据、自然灾害等。这些因素可能会使利率差异变得不可预测，使利率平价说的预测能力下降。

(4) 货币汇率的变化不仅受到利率差异的影响，还受到其他因素的影响，如贸易平衡、国际收支、资本流动、政治风险等。因此，利率平价说不能忽略这些因素的影响，否则就是在忽略汇率变化的复杂性和多元性。

专栏 4-7　利率平价说的新发展

利率平价说作为一种传统的汇率理论，近年来依然受到学者们的关注，也有一些新的发展和改进。第一，改进的长期利率平价说[1]：长期利率平价说认为货币汇率应该在长期内趋于平衡，但实际上长期平衡状态往往不稳定。近年来有学者提出了一种改进的长期利率平价说，认为汇率可能存在长期趋势性变化，并将货币汇率的长期趋势性变化纳入模型。第二，考虑金融危机的利率平价说[2]：利率平价说是基于市场参与者对信息的理性反应来解释汇率波动的，但金融危机时期市场出现了明显的非理性行为，因此，近年来有学者尝试将金融危机时期的非理性行为纳入利率平价模型进行分析。第三，基于非线性模型的利率平价说[3]：传统的利率平价说是基于线性模型的，但实际上市场参与者的预期和行为往往呈现出非线性的特征。因此，基于非线性模型的利率平价说被提出，以更好地解释货币汇率的非线性波动。

---

[1] Cheung, Y. W., Chinn, M. D. Currency traders and exchange rate dynamics: a survey of the US market[J]. Journal of International Money and Finance, 2001, 20(4): 439-471.

[2] Hui, C.-H., Genberg, H., Chung, T.K. Funding liquidity risk and deviations from interest-rate parity during the financial crisis of 2007-2009[J]. International Journal of Finance & Economics, 2010, 16(4): 307–323.

[3] Sarno, L., Valente, G, Leon, H. Nonlinearity in Deviations from Uncovered Interest Parity: An Explanation of the Forward Bias Puzzle[J]. Review of Finance. 2006, 10(3): 443–482.

4.3 国际收支说

早在金本位时期,英国学者葛逊(G. L. Goschen)就在1861年系统地提出了国际借贷说(Theory of International Indebtedness),认为汇率是由外汇供给与需求决定的,而外汇供给与需求是由国际借贷产生的,因此国际借贷关系是影响汇率变化的主要因素。

到了1973年西方国家普遍实行浮动汇率制以后,一些学者在国际借贷说的框架基础上,将凯恩斯主义的国际收支均衡分析应用到汇率决定的分析上,将国际收支与外汇供求联系起来。汇率主要由外汇资金流量市场上的供给和需求决定,而引起货币供给和需求的经济交易都会进入国际收支中,因此,可以用影响国际收支均衡的因素来分析均衡汇率的变动。1981年美国学者阿尔吉(Argy)系统总结了这一理论。可以说,国际收支说(BOP Theory of Exchange Rate)就是国际借贷说的现代形式。

4.3.1 国际收支说的推导

根据国际收支平衡表有:$CA+FA=0$,即经常账户和金融账户差额之和为零。注意,因为这一学说的背景是浮动汇率制度,因此可以假设储备资产不发生变化,也就有$RT=0$。

而CA和FA又会分别受到如下因素的影响,即式(4-12):

$$CA\begin{cases} X = f(Y_f, P_d, P_f, e) \\ M = g(Y, P_d, P_f, e) \end{cases} \tag{4-12}$$

(两地产品的相对价格$\dfrac{P_d}{e \cdot P_f}$会对进出口产生影响,其中e为直接标价法下的现汇汇率,即本币给外币标价,e上升意味着本币的贬值,下降意味着本币的升值。)

两地利率水平的对比及对汇率变化的预期都会影响资金的流动,如式(4-13):

$$FA = FA\left(i_a, i_b, \frac{e^e - e}{e}\right) \tag{4-13}$$

将两个差额联系起来,就可以确定均衡汇率水平e,如式(4-14):

$$CA = -FA$$
$$\therefore e = h\left(Y, Y_f, P_d, P_f, i_a, i_b, e^e\right) \tag{4-14}$$

4.3.2 国际收支说的结论

根据对式(4-14)中各个因素的分析,可以将它们对汇率的影响总结如下[①]:

$$Y\uparrow \to M\uparrow \to 国际收支赤字 \to 外汇需求\uparrow \to e\uparrow$$
$$Y_f\uparrow \to X\uparrow \to 国际收支盈余 \to 外汇供给\uparrow \to e\downarrow$$

---

① 在分析每一个变量变化带来的影响时都假设其他变量保持不变。

$$P_d\uparrow(P_f\downarrow)\to\begin{cases}X\downarrow\\M\uparrow\end{cases}\to e\uparrow$$

$$i_a\uparrow(i_b\downarrow)\to FA\uparrow\begin{cases}\text{资金流入}\uparrow\\\text{资金流出}\downarrow\end{cases}\to e\downarrow$$

$$e^e\text{看涨}\to\text{抛本币，换外币}\to e\uparrow$$

影响均衡汇率变动的因素有很多，如两地国民收入、两地价格水平、两地利息率，以及人们对未来汇率的预期。这些影响汇率的因素都会受财政政策和货币政策的影响，因此，可以通过执行财政、货币政策来影响均衡汇率的变化。

4.3.3 评价及缺陷

该理论在运用供求分析的基础上，将影响国际收支的各种重要因素纳入汇率的均衡分析，对短期外汇市场分析是有意义的，为人们广泛运用。

但是，该理论存在一些缺陷，比如：以外汇市场的稳定性为假定前提；分析基础是凯恩斯主义的宏观经济理论，无法摆脱这些理论本身具有的缺陷；国际投资者的金融资产组合中由于包含外币资产，所以就有了货币流动，而该理论不考虑这些；该理论中使用的都是定性分析和短期分析，而且在分析一种因素变化的影响时假设其他因素不变，这不符合现实中各种因素会有相互作用的事实，因此也就很难对实践有更明确的判断和指导。实践中就有该理论的反例，如第二次世界大战后日本、德国的收入增长很快，但日元、马克反而长期处于坚挺的态势。

4.4 资产市场说

20世纪70年代中期在布雷顿森林体系解体以后，资本在国家间流动的规模越来越大，在这样的背景下发展起来了一种重要的汇率决定理论——资产市场说(Asset Models/Asset Market Approach)。该理论一经问世，便迅速获得西方学术界的普遍关注，也获得一些实际部门的青睐，成为IMF、各国中央银行和一些跨国公司及跨国银行制定汇率政策或分析、预测汇率变化的主要依据之一。

4.4.1 资产市场说概述

资产市场说是在国际资本流动获得高度发展的背景下产生的，所以特别重视金融资产市场的均衡对汇率变动的影响。在封闭经济下，金融市场的失衡会影响商品市场的供求，两个市场共同调整以恢复均衡。而在开放经济条件下，一国(或地区)金融市场供求存量的失衡还可以通过国外资产市场的调整来恢复。汇率作为两地资产的相对价格，其变动有助于资产市场恢复均衡。

因此，其基本思想是，均衡汇率就是两地资产市场供求存量保持均衡时的两种货币之间的相对价格。

在资产市场说中通常使用存量分析的方法，并强调预期的作用。另外还有一些一般性的假设,包括:外汇市场是有效的(efficient market),即市场的当前价格反映了所有可得的信息;一国(或地区)的市场包括商品市场、金融资产市场(货币市场和资产市场);货币供给和实际收入是被外生决定的;各地区居民只持有本国货币;资金完全自由流动,国际金融市场高度整合,利率平价始终成立;等等。

资产市场说还提出了两个非常重要的概念,并以此为依据形成了进一步的分类。

首先是替代程度,即在各地区商品之间和资产之间有一个横向的替代程度的问题。

其次是调整速度,即在一个国家(或地区)的三种市场(商品市场、货币市场和资产市场)之间有一个受到冲击后进行均衡调整的速度快慢对比问题。

具体来讲,资产市场说可以根据对替代程度和调整速度的不同假设分为几个类型,如图 4-2 所示。

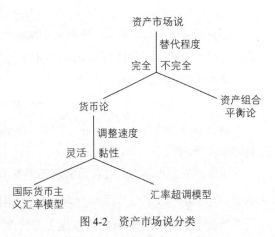

图 4-2 资产市场说分类

4.4.2 汇率的货币论

货币论(Monetary Approach to Exchange Rate)强调货币市场(金融资产)对汇率变动的要求。该理论认为,存在如下机制:

货币市场失衡 ⟶ 本地商品市场和资产市场受冲击 ⟶ { 国际商品套购机制 / 国际套利机制 } ⟶

汇率变化 ⟶ 货币市场恢复均衡

在这个调整过程中,国际商品套购机制和国际套利机制如何发生作用取决于它们在调整速度上的差异。因此,货币论又可以细分为国际货币主义汇率模型和汇率超调模型。前者是指两种机制在价格完全弹性的情况下调整速度相同;后者是指商品价格黏性的存在使得两种机制的反应速度不一样。

1. 国际货币主义汇率模型(Monetarist Model)

这一理论也被称为汇率的弹性价格的货币论(Flexible-price Monetary Approach),是由弗兰克尔(Frenkel)、穆萨(Mussa)和比尔森(Bilson)等提出的。他们认为,整个系统的均衡由货币市场的均衡决定,是市场出清的一般均衡模型。货币模型的成功运用是在德国 20 世纪 20 年代的恶性通货膨胀时期,弹性的商品价格假定是当时现实的一个很好的反映。但是,这一模型很难解释目前浮动汇率制下汇率的变动,不过在固定汇率制下可以作为一个长期均衡模型解释国际收支失衡及因此产生的中央银行外汇储备的变化。

1) 假定

(1) 所有商品市场的价格能像货币市场价格一样迅速、灵敏地加以调整。

(2) 两地资产具有完全替代性,两地债券市场合为一个市场。

(3) 稳定的实际货币需求不受货币市场存量的影响,只受一个经济体实际经济活动的影响,其实际上是货币数量论。

(4) PPP 始终成立，产出水平稳定。

2) 推导

回忆国际收支理论中的货币论，在开放经济中小国模型的假设下，货币需求为：$L(M_d)=k \cdot PY$，因为利率在小国模型中是外生给定的，所以在这个货币需求中没有给出利率。

现在，去掉小国的假设，可以将货币需求更一般化地表示为式(4-15)：

$$L(M_d)=f(P, Y, i) \tag{4-15}$$

即货币需求为实际收入、价格水平和利率的函数。因为一般来说价格(P)的影响都是成比例的，所以可以把上式转化为 $L(M_d)=P \cdot f(Y, i)$。

货币供给为式(4-16)：

$$M_s = R + D \tag{4-16}$$

假设货币乘数为1，R 为外汇储备，D 为国内信贷。一价定律可以将两地物价通过汇率联系起来：$P=EP^*$。

所以，货币市场均衡时货币需求等于货币供给，即式(4-17)：

$$M_d = (EP^*) \cdot f(Y, i) = R + D = M_s \tag{4-17}$$

当货币市场出现失衡(比如 D 发生变化)时，在不同的汇率制度下会带来不同的影响。

固定汇率下因为 E 不能变，所以由 P^*、Y、i、R 中的一个或多个因素来承担调整的任务(根据假设条件，往往是本地的 R 调整)；在浮动汇率下，则主要通过 E 的调整来承担。所以，汇率和外汇储备的变化反映了货币市场的失衡，并使其恢复均衡。

因为只有在浮动汇率下才会出现汇率的变化，所以现在讨论浮动汇率下的汇率变化机制。

因为 $P = EP^*$，所以有 $E = P/P^*$，而根据货币需求与供给可以得到式(4-18)：

$$\frac{M_S}{P} = f(Y, i) \tag{4-18}$$

则可以得到式(4-19)：

$$P = \frac{M_S}{f(Y,i)}, P^* = \frac{M_S^*}{f^*(Y^*, i^*)}$$

$$\Rightarrow E = \frac{P}{P^*} = \frac{M_S}{M_S^*} \cdot \frac{f^*(Y^*, i^*)}{f(Y, i)} \tag{4-19}$$

货币市场的失衡会立即反映到商品市场上，国际商品套购机制通过商品市场上的价格将汇率与两地的货币供应和需求联系起来，最终的均衡汇率正是使两地货币市场的相对供给存量正好为公众所意愿持有的汇率水平。

根据货币需求理论，可以将货币需求函数假设为式(4-20)：

$$M_d = P \cdot f(Y, i) = P \cdot k \cdot Y^\alpha \cdot i^{-\beta}, M_d^* = P^* \cdot f(Y_f, i_f) = P^* \cdot k_f \cdot Y_f^\alpha \cdot i_f^{-\beta} \tag{4-20}$$

其中，k 为以货币形式持有收入的比例，α 是货币需求的收入弹性[①]，而 β 则是货币需求的

---

① 可以通过数学推导获得。

货币需求的收入弹性 $= \dfrac{\dfrac{\partial MD}{MD}}{\dfrac{\partial Y}{Y}} = \dfrac{\partial MD}{\partial Y} \cdot \dfrac{Y}{MD} = k \cdot \alpha \cdot Y^{\alpha-1} \cdot i^{-\beta} \cdot \dfrac{Y}{k \cdot Y^\alpha \cdot i^{-\beta}} = \alpha$

利率弹性的绝对值[①]。假设两地具有相同的收入和利率弹性，这些指标都大于零，则上面汇率的决定可以表达为式(4-21)：

$$E = \frac{M_S}{M_S^*} \cdot \frac{k_f}{k} \cdot \left(\frac{Y_f}{Y}\right)^{\alpha} \cdot \left(\frac{i}{i_f}\right)^{\beta} \tag{4-21}$$

这一函数反映了汇率和宏观经济变量之间的关系。

接下来，我们不妨以货币供应受到冲击为例来看看汇率的调整过程。

假设货币供应突然增加，会带来货币市场的失衡。货币市场的失衡一方面会带来本地价格的上升，使国际商品套利机制发挥作用，推动本币贬值；另一方面会通过金融资产市场发挥作用，利率下降引起资金的外流，也推动本币贬值。汇率的调整是一个平滑的过程，各种力量同时向着一个方向发挥作用，如图4-3所示。当然，我们还可以从其他角度分析汇率的变化。

3) 结论及政策含义

通过对式(4-21)的分析，可以总结出汇率变动的影响因素：汇率变动与本币供给变化成正比，与外币供给成反比；汇率与本地相对于其他地区的收入呈反方向变动，与利率呈同方向变动。[②]

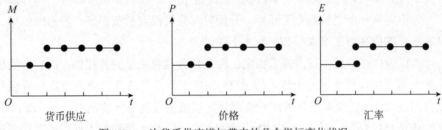

图4-3　一次货币供应增加带来的几个指标变化状况

货币模型有重要的政策含义。在其他因素不变的条件下，本币供给相对于外币供给增加，将导致本币贬值。同样，国民收入相对于外地国民收入上升时，本币升值；本地利率水平相对于外地利率水平上升时，本币贬值。国民收入和利率的影响都是通过货币市场发生的，因此中央银行可以通过影响货币供应量和利率水平而影响汇率水平。由于价格是完全弹性的，因此货币供给只能改变名义汇率，而不改变真实汇率，国际收支始终处于均衡状态。

4) 实证检验及评价

尽管总体上货币模型在实证研究中并不令人满意，但一些研究者认为，在分析汇率长期趋势方面，货币模型还是有帮助的。例如，从美元和日元的汇率变动来看，日本国民收入增长率曾长期超过美国，导致日元相对美元的长期升值，这在一定程度上符合货币模型的分析。

从之前的分析中可以看到，该理论实际上是购买力平价说的现代翻版，也是国际收支货币论在浮动汇率制下的变体。只是在购买力平价理论的基础上，采用现代货币学派的货币供求理论来进一步说明如何决定物价水平。但是，在该理论中，对资产具有完全替代性的假设、货币

---

① 同上推导：

货币需求的利率弹性 $= \dfrac{\dfrac{\partial MD}{MD}}{\dfrac{\partial i}{i}} = \dfrac{\partial MD}{\partial i} \cdot \dfrac{i}{MD} = k \cdot Y^{\alpha} \cdot (-\beta) \cdot i^{-\beta-1} \cdot \dfrac{i}{k \cdot Y^{\alpha} \cdot i^{\beta}} = -\beta$

② 注意，这一结论正好与国际收支说的结论相反。

需求函数稳定的假设等与现实有偏离;过分简化地假设两种货币需求函数中的系数相同。这一理论较适合说明长期汇率的变化趋势,但存在与国际收支说同样的缺陷。

2. 汇率超调模型(Overshooting Model)

这一理论也被称为汇率的黏性价格的货币论(Sticky-price Monetary Approach)。弹性价格的汇率货币模型不能解释现实的可能原因在于,它依赖于购买力平价理论中的假设;忽视了预期在决定国家间利率差异中的作用。美国著名经济学家多恩布茨(Rudiger Dornbusch)1976年提出汇率超调模型①,强调货币市场均衡对汇率变动的作用,而货币供求均衡应该是货币市场、商品市场和资产市场同时均衡的一部分,所以汇率的变化是几个市场调整的结果。但是,当货币市场发生失衡时,商品市场价格具有黏性,而资产市场反应极其灵敏,利率立即就能被调整,从而产生汇率从超调到新均衡的调整轨迹。该模型是一个混合体,一方面,在它的短期特性上强调商品市场的价格黏性,符合凯恩斯传统;另一方面,它则显示出货币主义的长期特征。

1) 假设

超调理论中的分析采用了两个惯例:第一,关注的是一个单一的、小的经济体,其发展对外部世界几乎没有影响。特别地,外国(或地区)价格水平 P^* 和利率水平都被当作外部世界给定的。第二,分析将从一个"初始点"开始。开始时,假设没有通货膨胀、静态的汇率。然后考虑货币供应水平的提高对汇率水平和物价水平的冲击。

此外,该模型中还假设:货币需求稳定;两地债券具有完全的替代性;商品市场价格具有黏性;金融市场中的投资者风险中性,(无抛补)利率平价总是成立,资产市场反应极其灵敏;资本完全自由流动,保证预期的升值或贬值正好足以抵消任何地区的利率差异,即 $i = i^* + \Delta E^e$,其中 i 为本国(或地区)利率, i^* 为外国(或地区)利率, ΔE^e 为本币相对于外币的预期贬值率。长期购买力平价成立;总需求是由开放经济中的各种因素内在决定的,短期内产出会发生变化,长期不发生变化(即货币长期是中性的)。

2) 推导

以货币供应受到冲击为例,来看这一过程是如何发生的(见图4-4)。

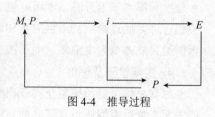

图4-4 推导过程

首先,货币市场受到货币供应扩张的冲击而失衡(M 增加);因为短期内价格 P 黏性不变,实际货币供应量就会增加;为了使货币市场恢复均衡,就要增加对实际货币余额的需求,以适应增加了的货币供应量。实际货币需求是国民收入和利率的函数,在国民收入短期内难以增加而保持不变的情形下,利率就会下降。因为只有在利率下降的情况下,人们才愿意拥有所增加的实际货币余额。

各地区资本具有完全的流动性和替代性,所以利率的下降会引起资金外流,从而引起本币的贬值。但是,此时由于商品市场上价格的黏性,货币市场恢复均衡完全由资产市场来承受,利率在短期就必然超调(即调整的幅度大于最终要达到的长期均衡水平),所以汇率的变动幅度也会超过最终要达到的长期均衡水平。

---

① 1976年发表在《政治经济学期刊》(*Journal of Political Economy*)上的文章《期望和汇率动态学》(*Expectations and Exchange Rate Dynamics*)。

然而，汇率并不会长久地位于较高的汇率水平上。因为，随着上述变化的出现，商品市场的均衡被打破，出现超额需求。一是因为利率的下降会刺激总需求，二是因为本币的贬值使世界商品市场偏离一价定律，引起商品套购，从而使世界需求转向本国商品。这两方面的因素共同推动总需求的增加，在产量不变的情况下，必然带来价格的同比例上升。当然，由于商品价格相对黏性，所以价格调整较为滞后而缓慢。商品价格上升又会使实际货币供应量下降，带来利率回升；利率的上升又导致资本内流和本币升值。

我们可以通过图4-5直观地观察这个过程。

从图4-5可以看出，受到货币供应的冲击(即 M 增加)后，由于商品价格黏性不变，汇率的调整必然是超幅度(即超调)的，从 A 点的 E 调整到 C 点的 E'，而不是弹性价格下的 A 到 B。但是，随着商品价格开始升高，C 点又开始向 B 点靠拢，汇率从 E' 向其新的长期均衡水平 $\overline{E'}$ 调整，反而又有了一段从 E' 到 $\overline{E'}$ 升值的过程。在这个过程中，价格、利率和汇率的变化轨迹如图4-6所示。

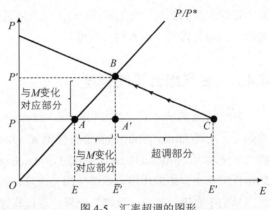

图 4-5　汇率超调的图形

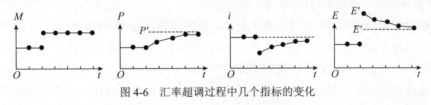

图 4-6　汇率超调过程中几个指标的变化

货币增加的冲击立刻带来利率 i 的下降、汇率 E 的超调反应；随着价格 P 的上升，利率回升，汇率也开始向新的长期均衡水平调整。最终来看，最初的货币扩张所引起的仅是价格、汇率等名义变量的同幅度上升，而实际货币供应量、利率等则要恢复到最初的水平。

3) 结论

因为价格水平对干扰的反应有所延迟，所以在短期里，货币市场的失衡完全由资产市场来承受，利率在短期内就以最大的限度变化，如果资本在国家间可以自由流动，利率的变动就会引起大量的套利活动，由此带来汇率的立即变动；与利率的变化相适应，汇率的变动幅度会超过新的长期均衡水平。所谓长期均衡，是指满足如下条件的状态：总需求等于总供给，价格没有再变化的压力；两地利率相等，这样对汇率静态没有再贬值或升值的预期；国际收支经常账户没有赤字或盈余。

4) 实证检验及评价

从实证研究的角度来看，对超调模型进行计量检验存在一定的困难。原因之一是该模型较为复杂，在选择计量检验的方式上存在困难。另外，现实生活中存在大量的冲击，包括货币性冲击和实际性冲击，很难确定汇率的变动是对哪一种冲击进行的反应，以及是处于短期变动还是处于向长期稳态的复归。

在研究中，超调理论更多地被应用于解释某些经济现象和汇率长期变动趋势。例如，多恩布什认为1979年至1981年英镑在短期内的急剧升值是由于英国政府紧缩货币供给造成的汇率过度调整，超调模型可以对此做出较为可信的分析。

超调理论将理性预期的思想引入国际金融理论，具有非常重要的意义。该理论采用了动态分析方法，是货币论的动态模式，说明了汇率如何由于货币市场失衡而发生超调，又如何从短期均衡水平达到长期均衡水平。它解释了汇率高度波动的特征，总结了汇率现实中的超调现象，并在理论上首次予以系统阐述。

但是，该理论存在缺陷：将汇率波动完全归因于货币市场的失衡，而否认商品市场上的实际冲击对汇率的影响，失之偏颇；假定国内外资产具有完全的替代性，但事实上存在交易成本、税收、风险等因素，影响替代程度。

4.4.3 资产组合平衡模型

20世纪七八十年代，以布兰逊(W. Branson)、库礼(P. Kouri)、阿伦和凯南(Allen and Kenen)、詹姆士·托宾(James Tobin)和克鲁格曼(P. Krugman)等人为代表的学者们提出了汇率决定的资产组合平衡模型(Portfolio Balance Model of Exchange Rate)。他们认为，货币论仅强调了货币市场均衡在汇率决定中的作用，不够全面。而且，各地区资产具有完全替代性的假设过于严格。所以，他们主张用"收益—风险"分析法取代通过套利和商品套购机制的分析，来探讨资产市场(即同时考虑货币和证券流动)的失衡对汇率的影响。

资产组合平衡模型认为，世界已发生变化，开始强调投资和投机的影响，并认为人们对通货膨胀和汇率的预期是当前决定外汇市场汇率的主要因素。而汇率正是使资产市场供求存量保持和恢复均衡的关键变量。它是在新的国际经济环境下发展起来的一个汇率决定理论，是自国际货币体系进入浮动汇率制后所产生的一种汇率理论。该理论较综合地考虑了影响汇率的多种因素，一定程度上弥补了以前一些理论的不足。

1. 假定

该理论接受了多恩布茨关于短期内价格黏性的看法。另外，它假设各地区资产不具有完全的替代性，并且是在小国模型的框架下分析。

2. 推导

本理论的中心论点是，理性的投资者会将其拥有的财富，按照收益与风险的权衡，配置于可供选择的各种资产上。当各种资产供给存量发生变动，或者各种资产的预期收益率发生变动时，私人部门实际的资产组合比例与其意愿的比例就不吻合，原有平衡被打破，私人部门要对现有的组合进行调整，以使资产组合符合意愿，恢复资产市场均衡。

在进行两地资产调整的过程中，不同资产之间的替换会引起外汇供求存量的变化，从而带来汇率的变化。汇率的变动通过影响私人部门对财富的重新估价，起着平衡资产供求存量的作用。均衡汇率正是使私人部门愿意持有现有各种资产存量的汇率水平。

在各国(或地区)资产具有完全流动性的情况下，一国(或地区)居民所持有的金融资产不仅包括本国(或地区)货币和本国(或地区)证券，还有外国(或地区)证券，所以，一国(或地区)私人部门(包括个人居民、企业和银行)的财富持有可用式(4-22)表示：

$$W = M + N_p + e \cdot F_p \tag{4-22}$$

式中：W 为财富总额；M 为本国(或地区)货币；N_p 为本国(或地区)证券；e 为直接标价法下的汇率；F_p 为外国(或地区)证券。

注意，这里该理论只假设三种金融工具，因为两地证券都有利息回报，货币则最具流动性且没有风险，所以私人部门会将其财富分配在这三种资产上；这里并不包括外国(或地区)货币。因为一方面持有货币没有利息收入，另一方面通过外汇交易很容易在即期外汇市场上获得外国货币，所以本国(或地区)居民没有积极性持有外币。

那么，私人部门如何将财富总额在本国(或地区)货币、本国(或地区)证券及外国(或地区)证券之间进行配置呢？显然，这应该取决于各类资产的预期收益率高低。本国(或地区)货币的预期收益率为零，本国(或地区)证券的预期收益率就是利息率(i)，外国(或地区)证券的预期收益率为利息率(i^*)加上预期外币升值率(π_e)。各种资产的比例与本身的预期收益率成正比，与其他替代性资产的预期收益率成反比，因此上式中各项的比例将随各种资产的预期收益率的变动而发生调整。

以 α、β、r 分别表示私人部门愿意持有的本国(或地区)货币、本国(或地区)证券和国外(或地区)资产的比例，则必有式(4-23)～(4-26)：

$$\alpha + \beta + r = 1 \tag{4-23}$$

$$M = \alpha(i, i^*, \pi_e) W \tag{4-24}$$

$$N_p = \beta(i, i^*, \pi_e) W \tag{4-25}$$

$$e \cdot F_p = r(i, i^*, \pi_e) W \tag{4-26}$$

当各种资产的预期收益率发生变动时，私人部门实际的资产组合比例与其意愿的资产组合比例就不吻合，原有的资产组合平衡被打破，或者说资产市场供求存量发生失衡。私人部门就会对现有的资产组合进行调整，以使资产组合符合其意愿，恢复资产市场均衡。在进行两地资产的调整过程中，两地资产之间的替换就会引起外汇供求流量的变化，从而带来外汇汇率的变化，并形成新的均衡汇率，重新使私人部门的意愿持有水平得以实现。

接下来我们分析几种情况下汇率的调整。

(1) 货币供应增加，本国(或地区)资产减少。假设本国(或地区)政府(货币当局)购买发行在外的政府债券，货币存量和债券就有数额相同、方向相反的变化。这时，初始的平衡被打破，出现货币的超额供应、债券的超额需求；利率会下降，债券市场的一部分需求被外国(或地区)资产分流走，所以会增加对外币的需求，汇率上升。

(2) 货币供应增加，外国(或地区)货币资产减少。本国(或地区)政府(货币当局)也可以从本国(或地区)居民手中购买外币标价的证券，F 的减少引起对国外(或地区)资产的超额需求，于是增加对外币的需求，带来汇率上升，e 的提高又增加了国外(或地区)资产的比例，弥补超额需求，重新回到平衡。

(3) 外国(或地区)的 i^* 上升。如果由于外国(或地区)市场的某些变化带来其利率上升，本国(或地区)居民对外国(或地区)证券的预期收益上升，增加对 F_p 的需求，r 变大，α、β 则相应会变小。这样，在原先的资产组合上，M、N_p 就出现超额供给，而 F_p 出现超额需求。当公众重新平衡其资产组合时，就会拿 M、N_p 去换 F_p，由此导致外汇需求的增加，外汇汇率的上升，$e \cdot F_p$ 也随之上升直到重新符合公众意愿的比率。反之，i^* 下降，则会引起外汇汇率下降。

(4) 经常账户的变化。如果本国(或地区)出现经常账户盈余，私人部门持有的 F_p 就会增加，打破了该国(或地区)居民原有的最佳资产组合。为恢复资产结构的平衡，人们就会相应地增加

M 和 N_p 的持有量,而对外国(或地区)资产 F_p 的需求相对减少,造成外汇汇率下降,直到 $e \cdot F_p$ 达到公众所愿意持有的水平。反之,当经常项目出现赤字时,F_p 就会下降,要求外汇汇率 e 上升,使 $e \cdot F_p$ 回到原先水平。

(5) 财政赤字。当本国(或地区)出现财政赤字而发行政府债券时,N(本国或地区证券)增加,有两种途径会作用于资产组合:如果增加的 N 由中央银行购买,会导致 M 的增加,会像第一种情况中的传导机制使外汇汇率上升;如果增加的 N 由私人部门购买,N_p 就会增加,一方面 N_p 的增加提高私人部门财富总额,使 F_p 的需求增加,促使外汇汇率提高。另一方面,由于 N_p 的增加提高了本国(或地区)的利息率 i,会诱使公众将一部分需求由 F 转向 N,造成外汇汇率下降,所以 N 对 e 的影响是双向的,净影响取决于国外(或地区)资产的需求弹性与国外(或地区)资产对本国(或地区)利率的交叉需求弹性何者为大。

(6) 预期外币币值变化。当各种因素引起私人部门预期外币升值率 π_e 上升时,外国(或地区)证券的意愿持有比例 r 就会被提高,相应 α 和 β 会降低。当重新平衡资产组合时,人们就会用本国(或地区)货币和证券去换国外资产,由此导致外汇汇率上升。汇率上升后,以本币表示的国外(或地区)资产额($e \cdot F_p$)就调整到与新的需求额相一致的水平。反之,当预期汇率下降时,将引起汇率的下降。

3. 结论

从以上分析可以看出,汇率同国外(或地区)利率 i^*、本国(或地区)货币及预期汇率 π_e 上升的变化方向相同,与经常账户差额的变动相反,而本地证券的变动的影响则具有不确定性。总体来说可以概括为式(4-27):

$$e = e(\overset{+}{i_f}, \overset{+}{M_s}, \overset{\pm}{N}, \overset{-}{F_p}, \overset{+}{\pi_e}) \tag{4-27}$$

4. 实证检验及评价

经济学界对汇率的资产组合平衡分析法进行了多种检验,具有代表性的是弗兰克尔的检验。在检验过程中,弗兰克尔以日本、西德、英国、法国、加拿大作为"本国",以美国作为"外国",根据 1973 年至 1979 年的统计数据进行了检验。他发现,在资产组合平衡理论的框架下,无法解释美元对"本国"货币汇率的运动,即资产组合平衡理论无法预测汇率运动。此外,弗兰克尔还发现,资产组合平衡理论所预测的资产价格变动与实际资产价格运动存在一定的偏差。

资产组合平衡模型考虑到了各种资产之间的不完全替代性及国际贸易和国际收支结构在汇率决定中的作用,将传统理论所强调的经常账户收支纳入汇率的资产市场说,它的动态的、一般均衡的分析方法为我们研究汇率、理解汇率变动提供了更好的条件,尤其是它对货币因素和预期因素的强调更加符合变化了的现实。

但该学说也有一定局限性,即它的前提条件是拥有较发达的国内(或地区)金融市场和国际金融市场;没有将商品市场失衡如何影响汇率纳入考虑;用财富总额代替收入作为影响资产组合的因素,没有说明实际收入对财富总额的影响;它要求外汇管制较松并实行自由浮动的汇率制度。所以,在不具备这些条件的市场上这一学说就会失去现实意义。

上面我们介绍了资产市场说的几种形式,可以看到它们所具有的共同特征:一般均衡的分析方法,将商品市场、货币市场和资产市场结合起来,用汇率分析代替了局部均衡分析;用存量分析代替了流量分析;用动态分析代替了比较静态分析;将长短期分析结合起来。

专题：有关汇率理论的最新发展

随着越来越多的国家(或地区)采用浮动汇率制度，有关汇率的研究就越来越重要，学者们从不同的视角对汇率决定的因素与形成机制进行深入的探讨，不断地丰富已有的汇率理论。除了以上介绍的几个比较有代表性的经典汇率理论外，近年来还有一些汇率学说不断出炉。这里我们就对有关汇率理论的最新发展进行简单介绍。

1. 行为均衡汇率理论

1998 年由克拉克(Peter B. Clark)和麦克唐纳德(Ronald MacDonald)提出，其核心是将现实的实际有效汇率解释为具有长期持续效应的经济基本因素向量、中期影响实际汇率的经济基本因素向量、短期影响实际汇率的暂时性因素向量和随机扰动项的函数。在任何时期，总的汇率失调可以被分解为短期因素效应、随机扰动效应和基本经济因素偏离其可持续水平程度效应三个方面。

2. 基于 Redux 的均衡汇率模型

1995 年开始，奥博斯菲尔德(Obstefeld)和罗格夫(Rogoff)将微观经济基础、名义价格刚性和不完全竞争加入分析开放宏观经济的框架中，构造了开放经济宏观经济学研究的一个新框架(Redux)，后又由很多学者的扩展，形成了"新开放宏观经济学"的理论基础。该模型从一般均衡的角度指出了汇率决定的几个重要因素，如货币供给量、居民消费、政府购买等。

3. 动态随机一般均衡模型(DSGE)

DSGE 模型是一种基于宏观经济学理论的汇率决定模型，它考虑了货币市场、劳动市场、资产市场等多个方面的因素，并将其嵌入一个一般均衡的框架中进行分析。"动态"指经济个体考虑的是跨期最优选择(intertemporal optimal choice)。因此，模型得以探讨经济体系中各变量如何随时间变化而变化的动态性质。"随机"则指经济体系受到各种不同的外生随机冲击的影响。举例来说，可能的冲击有技术性冲击、货币政策冲击或偏好冲击等。"一般均衡"指宏观经济体系中，消费者、厂商、政府与中央银行等每一个市场参与者，在根据其偏好及对未来的预期下，所做出最优选择的总和。该模型能够更全面地解释货币政策和外部冲击对汇率走势的影响。

4. 外汇市场微观结构理论

这一理论是检验与外汇定价相关的交易信息如何通过交易过程影响即期汇率的分析方法。该理论认为，汇率波动的直接原因不在于宏观层面，而是取决于掌握不同信息或是对信息理解不一致的外汇交易者。在特定交易体系下，汇率取决于交易者的相互博弈。因此，交易的细节是即期汇率的重要决定因素，可以用交易细节的多变性解释汇率的过度波动。

5. 汇率决定的混沌分析方法

混沌是指在非线性确定性系统中出现的貌似随机的不可预测的运动。自然科学中的混沌理论认为，运动确定性并不等价于可预测，确定性运动能够产生不可预测的行为。司徒泽(Stutzer)1980 年将混沌分析运用到经济学研究中。后来，比利时经济学家在 1991 年将混沌理论运用于汇率研究，提出了由汇率决定的混沌货币模型，认为投资者异质性预期假设是产生混沌因子的根本原因。混沌模型通过非线性方程组描述了汇率变动，也解释了很多传统汇率理论中难以说明的问题，如混沌系统对初始条件的敏感性可以说明现实中预测汇率的困难。

6. 汇率的新闻模型

这是由弗兰克(Frankel)等经济学家发展起来的，用新闻解释汇率中的一些随机变动因素。不同于影响汇率的基本因素，一些具有更大易变性的因素可能带来汇率的大幅波动，比如新闻对交易行为的影响就是其中之一。新闻中既涉及可以量化的关于基本经济因素的信息，也涉及政治消息和谣言等信息。

7. 基于结构变化的汇率预测模型

该模型利用结构变化的概念来描述汇率走势中的转折点和趋势变化，通过检测历史数据中的结构变化来预测未来汇率走势。该模型在处理非线性和不稳定的时间序列数据方面具有优势，能够更准确地捕捉汇率走势的变化。

8. 基于机器学习算法的汇率预测模型

近年来，机器学习算法在汇率预测领域得到了广泛应用。该模型利用人工神经网络、决策树等机器学习算法对历史汇率数据进行训练和学习，从而预测未来汇率走势。这些模型通常具有较高的预测准确性和稳健性，能够适应不同市场环境和情境下的汇率变化。

新的汇率理论还在不断涌现，从其发展来看，一方面，它们在不断突破传统的分析框架，越来越重视微观因素的影响；另一方面，随着统计、计量方面的发展，越来越多的统计学和计量经济学工具被用来分析汇率变动。

本章总结

小结：本章主要围绕几大经典汇率理论的假设、推导、结论、实证检验及评价进行介绍。

(1) 购买力平价理论：货币之间的汇率由其对商品的购买力对比来决定。

(2) 利率平价说：将汇率看作资产投资时的一个价格转化指标，就可以通过各地区投资战略推导而出。

(3) 国际收支说：国际收支中所包含的各项经济交易最终会反映在外汇市场上，外汇市场供给、需求的变化会带来均衡汇率的变化。

(4) 资产市场说：以货币市场均衡为出发点，联系各地区资产市场和商品市场，外部冲击发生后带来几个市场的调整，从而带来汇率的变化。

重点：各个汇率理论和模型的概念、假设、推导及结论。

难点：不同汇率理论之间的区别和联系；如何将理论与实际应用对应起来；如何使用不同理论预测汇率。

关键概念及其英文释义

[1] **Law of One Price**(一价定律)：In competitive markets free of transportation costs and official barriers to trade, prices of identical goods traded in different markets should be the same. Or once prices are converted to a common currency, the same good should sell for the same price in different countries.

[2] **Commodity Arbitrage**(商品套购)：If two identical goods are priced differently in two countries, then everyone will buy the cheaper one (leading to an increase in price) and no one will buy the expensive one (leading to a decrease in price), this process of buying or selling something in order to exploit a price differential so as to make a risk-less profit will finally converge the prices.

[3] **Speculation**(投机)：The activity of holding a good or security in the hope of profiting from a future rise in its price.

[4] **Real Depreciation(真实汇率贬值)**: The increase of local currency's real exchange rate, a fall in this currency's purchasing power of foreign products relative to this currency's purchasing power of local products.

[5] **Real Appreciation(真实汇率升值)**: The decrease of local currency's real exchange rate, a rise in this currency's purchasing power of foreign products relative to this currency's purchasing power of local products.

[6] **Tradable goods(贸易商品)**: Tradable goods refer to physical or digital products that can be bought, sold, or exchanged between buyers and sellers in a market, and can be traded across national borders. These goods include tangible items such as raw materials, finished goods, and machinery, as well as intangible items such as intellectual property, software, and services.

[7] **Non-tradable goods(非贸易商品)**: Non-tradable goods are products or services that cannot be easily traded across borders, and are primarily consumed domestically. Examples of non-tradable goods include local services such as haircuts, construction work, and medical care, as well as government services such as public safety, education, and healthcare.

[8] **Risk Attitude(风险态度)**: It is the subjective judgments of the investors. Risk-averse means an investor who, when faced with two investments with the same expected return but different risks, prefers the one with the lower risk. By contrast, risk-seeking means the investor prefers the one with the higher risk. And risk-neutral means the investor is indifferent in these two investments.

[9] **International Fisher Relationship(国际费雪方程式)**: Or the Fisher open condition, giving the relationship between the interest rates and expected rates of inflation. All else equal, a rise in a country's expected inflation rate will eventually cause an equal rise in the interest rate that deposits of its currency offer. Similarly, a fall in the expected inflation rate will eventually cause a fall in the interest rate.

[10] **Carry Trade(套息交易)**: The process of borrowing money in a low-interest currency such as the Japanese yen, and simultaneously investing it in high-interest one such as the New Zealand dollar, to get profit.

复习思考题

1. 什么是开放经济下的一价定律？它成立的条件有哪些？

2. 已知在特定时期内，一种综合性商品在美国由 1.4 美元上升为 1.8 美元，该商品在我国由人民币 10 元上升为 13 元。假设起初的人民币对美元汇率为 1 美元=6.88 人民币，则根据相对购买力平价理论，人民币对美元汇率在期末应当为多少？

3. 假设 PPP 成立，给定下面的信息，到年底时汇率应该是多少？

现货市场上汇率为：1 美元=108 日元

日本的年通货膨胀率为 2%；美国的年通货膨胀率为 5%。

4. 致使对 PPP 在实践中存在短期偏离的原因是什么？

5. 购买力平价理论。实际汇率 E_{real} 被定义为：$E \cdot \dfrac{CPI^*}{CPI}$。其中 E 是名义汇率；带星号的表示外国的指标。

(1) 如果购买力平价成立，当外国的通货膨胀率为 7%(年率)、名义汇率不变时，CPI 的变化率是多少？

(2) 如果购买力平价成立，当外国的通货膨胀率为 7%(年率)、外币贬值幅度为 4%(每年)时，CPI 的变化率是多少？

(3) 令 $CPI = P_n^{\alpha} P_t^{1-\alpha}$，其中 P_n 是非贸易品的价格，P_t 是贸易品的价格，α 是前者在消费品篮子中的比重。以同样的方法定义 CPI^*。请将实际汇率表示为 $\dfrac{P_n}{P_t}$ 和 $\dfrac{P_n^*}{P_t^*}$ 的函数。(假设对于贸易品一价定律成立)

6. 有如下信息：

USD/PHP：40.200 0～40.205 0

3 个月菲律宾比索利率：10%

3 个月美元利率：6%

请利用利率平价理论计算三个月远期汇率。

7. 请比较分析非套补的利率平价说和套补的利率平价说的异同。

8. 美国和日本的年利率分别为 5% 和 2%，即期汇率是 ¥110.38/$。

(1) 如果利率平价条件满足，则 60 天远期汇率是多少？

(2) 观察到的 60 天远期汇率报价是 ¥109.83/$，则外汇市场在这一刻是否存在套利机会？如果存在，应该怎样利用这一机会？

9. 已知伦敦市场上一年的利率是 5%，纽约市场上一年的利率是 7%，即期汇率是 GBP1=USD1.2687～98，6 个月的汇水是 50～60 点，请回答：

(1) 6 个月的远期汇率是多少？

(2) 这是理论上均衡的远期汇率水平吗？

(3) 若投资者持有 100 万美元，他应该投放在哪个市场上获利更多？说明投资过程及获利情况。

10. 在多恩布茨的汇率决定模型中(黏性价格的货币论)下，如果货币供应增长 1%，则：

(1) 在短期，如果外汇交易者给客户的报价正好等于汇率的新长期均衡值，会出现什么现象？

(2) 短期汇率怎样变化才能使外汇市场出清？为什么？

推荐资源

扫描右侧二维码阅读以下资料：

- 巴拉萨—萨缪尔森效应；
- 价格指数对 PPP 的影响；
- 人民币汇率指数及汇率决定因素介绍。

第 5 章

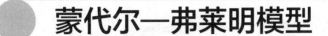
蒙代尔—弗莱明模型

◎ 引言

世界经济发展的历史证明，开放带来进步，封闭导致落后。建设开放型世界经济符合经济全球化大趋势。国际收支和汇率的内容给我们展开了一幅丰富的画卷：在开放的经济环境中，一个经济体与其他经济体进行着各种各样的经济交易，货币在这些交易活动中发挥着纽带作用。那么，我们如何透过纷杂的表象对其中的经济运行规律有更基础性的把握呢？一个非常重要的问题就是，从经济政策的角度看，在开放的环境下，不同的经济政策会产生什么效果？

探讨经济政策的影响，是宏观经济学中非常重要的构成部分。在封闭经济中，IS-LM 模型就是因此而发展起来的。因此，我们在这一章里首先会对这一模型进行简单的回顾。

其次，在 IS-LM 模型的基础上，加入开放经济的基本因素，就形成了国际金融理论中非常重要的模型——蒙代尔—弗莱明模型。它是由加拿大经济学家蒙代尔(Mundell)和英国经济学家弗莱明(Fleming)共同提出的经济模型。加拿大经济学家蒙代尔是国际金融领域的知名学者，并因其在这一领域的贡献获得了 1999 年的诺贝尔经济学奖。

蒙代尔—弗莱明模型将许多重要的宏观经济变量放在一个统一的框架内，探讨了开放经济中经济政策产生影响的机制和效果。但是，对于小国和大国，在浮动汇率制度或固定汇率制度下，经济政策作用的过程和结果会有所不同，需要分别探讨。

这一章的学习将为我们理解开放经济建立一个基本的分析框架，也为后面有关制度与政策的学习奠定基础。

◎ 思维导图

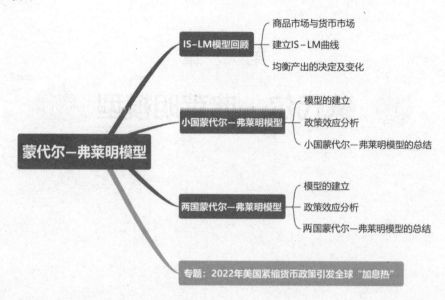

5.1 IS-LM 模型回顾

IS-LM 模型是将货币和利率加进凯恩斯的理论分析中，构造出的一个说明总产出如何决定的模型。以凯恩斯 1936 年发表的著作《就业、利息和货币通论》为基础，希克斯最早于 1937 年提出 IS-LM 模型。利用这个模型，可以分析出财政政策、货币政策等因素如何影响经济活动。因此，该模型对宏观经济政策如何影响总体经济活动提供了较深刻的理解，是我们进一步理解开放经济的基础。接下来，我们就通过模型的建立和分析来对其进行简单回顾。

5.1.1 商品市场与货币市场

在 IS-LM 模型中包含商品市场和货币市场，两个市场的共同均衡决定了经济的最终均衡状态。

1. 商品市场

商品市场围绕经济体的总产出展开。因此，我们首先要看这一变量是如何决定的。在凯恩斯的理论框架中，封闭经济中对一个经济体的产品的全部需求可以分为这样几个部分：消费支出(C)，即对消费品和服务的总需求；计划中的投资支出(I)，即工商企业对新的实物资本所计划的支出总额，加上对新住宅的计划支出；政府支出(G)，即各级政府对商品和服务的支出。所以总需求可以表示为式(5-1)：

$$Y_{ad}=消费支出(C)+计划投资支出(I)+政府支出(G) \quad (5-1)$$

其中，消费支出可以分解为自主性消费(即一个固定的消费量)与由边际消费倾向带来的、受可支配收入(即扣除税收后的收入)影响的边际消费量；投资则受利率影响，与利率反向相关；政府支出由经济中的财政政策决定，可以看作一个外生变量。

经济中的总供给为总产出(Y),当总需求=总产出(即 $Y=Y_{ad}=C+I+G$)时经济中商品市场达到均衡。

2. 货币市场

根据凯恩斯的流动性偏好理论(Liquidity Preference Theory),货币市场的供给与需求可以表示为式(5-2):

$$M^d = L(i, Y) = \frac{M}{\hat{P}} \tag{5-2}$$

该式左边表示的是对货币实际余额即扣除了价格影响的需求,右边表示的是实际货币供应。货币供应是由货币政策决定的外生变量,价格水平在IS-LM模型下也被假设为不变,所以这里可以把价格单位化为1,不考虑其影响。

5.1.2 建立IS-LM曲线

在上面分析的商品市场和货币市场中,可以把利率和产出看作这个经济体中的内生变量。因此,我们在由利率和产出构成的坐标体系下构建代表两个市场均衡的曲线。

1. IS曲线——商品市场的均衡

商品市场均衡就意味着商品的生产总量等于商品的需求总量,根据上面对商品市场的分析,可以把均衡表述为式(5-3):

$$Y = C(Y-T) + I(i) + G \tag{5-3}$$

其中:$Y-C(Y-T)-G$ 也可以理解为经济体的总储蓄S,所以有$S=I$,因此商品市场均衡同时意味着投资等于储蓄,这也是I(investment,投资)S(saving,储蓄)曲线得名的缘由。

在利率(纵坐标)、产出(横坐标)的坐标体系下,它们的不同组合决定了商品市场不同的均衡点。从储蓄S的等式看,储蓄显然是收入的增函数,即$S_Y'>0$;而投资是利率的减函数,即$I_i'<0$。因此,对$S=I$进行全微分就可以得到IS曲线应该具有的斜率,如式(5-4)所示:

$$S'dY = I'di, \tag{5-4}$$

于是,$\frac{di}{dY} = \frac{S'}{I'} < 0$,所以以$i$、$Y$为坐标体系的$IS$曲线是斜率为负即斜向下的曲线,如图5-1所示。

当然,IS曲线的斜率可以有所不同,主要受收入对储蓄的影响程度(S')与利率对投资的影响程度(I')的影响,这里我们就不做详细分析了。在IS曲线上,每一点都实现了商品市场的均衡,而这条线以外的区域则存在某种不平衡。具体来讲,可以根据商品供给需求分析得出:IS曲线右边,存在商品的超额供应;IS曲线左边,存在商品的超额需求。

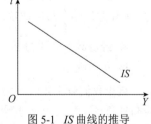

图5-1 IS曲线的推导

2. LM曲线——货币市场的均衡

前面对货币市场的分析得出其均衡时,等式如式(5-5)所示:

$$M^d = L(i, Y) = \frac{M}{P} \tag{5-5}$$

根据凯恩斯的流动性偏好理论可知，货币需求受收入 Y 的正向影响，受利率 i 的负向影响，即 $L_i'<0$，$L_Y'>0$。由于上式右边的货币供给中 M 为货币供应量，为外生给定的数量，P 则假设不变，所以上面加了一条横线。因此，如果对上式进行全微分的话，右边就为 0。于是有式(5-6)：

$$L_i'di + L_Y'dY = 0 \tag{5-6}$$

在利率和产出(收入)的坐标体系下，这条曲线的斜率为：

$\dfrac{di}{dY} = -\dfrac{L_Y'}{L_i'} > 0$，即代表货币市场均衡的 LM 曲线为正斜率，即斜向上的曲线(见图 5-2)。

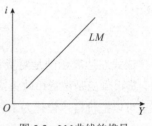

图 5-2 LM 曲线的推导

当然，类似于 IS 曲线，LM 曲线的斜率也可以有所不同，取决于货币需求对利率和收入的敏感程度，我们在此也不做深入讨论了。在 LM 曲线上，每一点都实现了货币市场的均衡，而这条线以外的区域则存在某种不平衡。具体来讲，可以根据货币供给需求分析得出：LM 曲线右边，存在货币的超额需求；LM 曲线左边，存在货币的超额供给。

5.1.3 均衡产出的决定及变化

在利率—产出坐标轴中，将 IS 和 LM 曲线合并到一起，就得到 IS-LM 模型。通过这个模型，可以分析均衡状态下的产出和利率——由两条曲线的交点所决定——因为只有在这个交点上，商品市场与货币市场才能同时实现均衡。然后，就可以分析代表财政政策和货币政策的外生变量政府开支(G)、货币供应(M)对这一均衡点的影响。

1. 均衡产出的确定

图 5-3 中只有 E 点是两个市场都均衡的点，其他区域都存在不平衡。它们分别为：

Ⅰ——商品市场超额供应，货币市场超额供应；
Ⅱ——商品市场超额供应，货币市场超额需求；
Ⅲ——商品市场超额需求，货币市场超额需求；
Ⅳ——商品市场超额需求，货币市场超额供应。

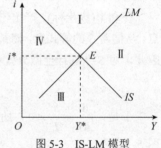

图 5-3 IS-LM 模型

显然，均衡点的变化既可以来自 IS 曲线的移动，也可以来自 LM 曲线的移动，最终取决于两者的共同作用。

2. 经济政策效果分析

1) 货币政策

这里我们以扩张政策为例。扩张性的货币政策意味着货币供应量 M 的增加，这会使 LM 曲线向外移动，均衡点从 1 变为 2，利率下降；利率的下降使私人部门投资增加，带来了更大的产出，从而达到新的均衡产出水平(见图 5-4)。

2) 财政政策

这里我们以扩张政策为例。扩张性的财政政策意味着政府开支 G 的增加(当然也可以是税收的减少，但最后效果一样，所以这里就只讨论政府开支)，这会使 IS 曲线向外移动，均衡点从 1 变为 2，利率上升；利率的上升带来私人部门投资的减少，部分抵消了政府开支对产出的增加效果，即产生挤出效应(crowding-out effect)。不过，最后均衡产出仍然能够增加，只是增加的程度有所减弱(见图 5-5)。

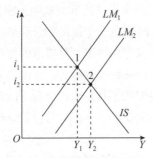

图 5-4　扩张性货币政策的效果

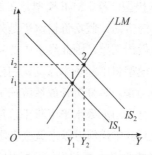

图 5-5　扩张性财政政策的效果

由此可见，无论是货币政策，还是财政政策，在封闭经济中都会影响本国的产出，但是作用的机制和效果有所不同。而且，从图形中也可以看出，IS、LM 曲线的不同斜率带来的影响效果不同。例如，如果 LM 曲线完全垂直，则会发生完全的挤出效应，使财政政策无效。不过，一般不会出现这种极端的情况。

以上就是我们对 IS-LM 模型的简单回顾，它为我们理解封闭经济中宏观经济政策的作用机制和效果提供了一个非常简洁的分析框架，也为进一步建立开放经济的分析框架奠定了基础。

专栏 5-1　流动性陷阱(Liquidity Trap)

在对 IS-LM 模型的讨论中，经常提到的一个概念是"流动性陷阱"。它源于凯恩斯，即凯恩斯指出，当名义利率处于极低水平甚至接近于零时，人们预期未来利率将上升，债券价格将回落，此时人们更愿意以现金或储蓄的方式持币，而不愿意用这些财富进行投资或消费。流动性偏好使得市场参与者对利率变化不敏感，利率失去原有的弹性，而货币需求弹性会变得无限大，即无论增加多少货币，都会被人们储存起来。发生流动性陷阱时，再宽松的货币政策也无法改变市场利率，导致货币政策失灵。

凯恩斯、希克斯和克鲁格曼都认为，流动性陷阱是在利率很低的情况下由货币对债券的完全替代造成的。但是，日本在 2008 年陷入流动性陷阱而导致经济衰退的实际情况表明，货币对债券的替代是很不充分的。可贷资金理论试图在利率决定问题中把货币因素和实物因素结合起来，完善古典学派的储蓄投资理论和凯恩斯流动性偏好理论。该理论认为，利率是由可贷资金的供给和需求决定的，而不是由货币的供给和需求决定的。在陷入流动性陷阱时，货币转换为可贷资金的途径遇到障碍，因此货币供给增加难以对利率产生影响。与此同时，由于利率和支出机制失效，货币流通速度下降抵消了货币供给存量增加所产生的影响，因此扩张性的货币政策不能带来利率下降和产出增加，即失效。

5.2　小国蒙代尔—弗莱明模型

将 IS-LM 模型在开放经济中进行扩展，并加入外部均衡分析，就形成了非常著名的蒙代尔—弗莱明模型(Mundell-Fleming Model，以下简写为 M-F 模型)，

视频

它是由经济学家弗莱明(Fleming)和蒙代尔(Mundell)在 1962 年和 1963 年提出的。弗莱明来自 IMF；蒙代尔是美国哥伦比亚大学教授，1999 年因为在经济学上的贡献获得了诺贝尔经济学奖。

同 IS-LM 模型一样，M-F 模型是在凯恩斯主义宏观经济模型的框架基础上建立的。它也沿用了短期分析的方法，假定价格水平是外生不变的。同时假定一个经济的总供给可以随总需求的变化而迅速做出调整，因此经济中的总产出完全由需求方面决定，总需求的变化决定经济活动的水平。该模型将国际资本流动、利率差异、汇率、产品价格竞争力、进出口和国民收入等经济变量联系起来。是分析开放经济偏离均衡时政策搭配的工具，也是分析不同政策手段调节效果的工具。对不同汇率水平下货币政策、财政政策等宏观经济政策有效性的分析使其广受欢迎，自 20 世纪 60 年代问世以来就极有影响力。

既然 M-F 模型是在开放经济环境中建立的，涉及本经济体与外部世界的互动，而这又与本经济体的大小有关。如果本经济体的规模相对整个开放世界来讲很小，那么本经济体就像完全竞争市场中的一个厂商那样，可以被看作世界市场的价格接受者(price-taker)，其自身对外部世界的影响则可以忽略不计。如果本经济体的规模相对较大，比如现在的中国、美国、欧盟这样的经济体，那么本经济体的变化就必然会作用到外部世界上，外部世界的变化还会再影响本经济体。因此，接下来我们就从两个角度介绍 M-F 模型：一个是小国模型，一个是大国或者两国模型。这一节我们先从小国 M-F 模型开始。

5.2.1 模型的建立

1. 模型的假设

小国模型所研究的经济体经济规模很小，因此本地的经济形势、政策变化都不会影响世界经济状况，是世界市场的一个接受者(price-taker)。

(1) 本地经济。

假设 1：总供给曲线是水平的(也就是完全弹性的总供给曲线)。

这一假设意味着我们的分析集中在经济的需求方面，对总需求变化的调整落到了经济活动水平即总产出(Y)上，而不是价格水平(P)上。事实上，在价格固定的情况下，我们可以简单地假设 $P=1$，这样，M 就同时代表名义和实际货币供给量。假设国内和国外价格水平 P、P^*不变，真实汇率与名义汇率①也就同比例变动。

(2) 国际收支。

M-F 模型的一个显著特点是反映开放经济下经济体的对外特征。可以分别从经常账户和金融账户的角度来看模型对该经济体对外经济交往方面的假设。

首先是经常账户。

假设 2：购买力平价(PPP)并不一定成立，甚至长期也如此。为简化起见，忽略其他影响因素，经常账户盈余的规模只受(真实)汇率和可支配(实际)收入影响，即式(5-7)：

$$CA=CA(Y-T, Q) = CA(Y-T, E) \tag{5-7}$$

CA 为经常账户差额，$Y-T$ 为可支配(实际)收入。$Y-T$ 的值越高，进口需求越大，盈余越少，CA 的值就越小，也就是 CA 对($y=Y-T$)的一阶导数小于 0，即 $CA_y'<0$。

---

① E 为名义汇率，EP^*/P 为真实汇率，价格水平不变的话两者同时随 E 变化。

E 为以直接标价法表示的名义汇率，Q 为真实汇率。给定本国和外国价格水平的话，真实汇率和名义汇率就同比例变化，所以有式(5-7)中第二个等号。汇率 E 值越大，本币越贬值，外国产品相对越贵，本国出口增加、进口减少，也就是 CA 对 E 的一阶导数大于 0，$CA_E' > 0$。

其次是金融账户。利率的角色在 M-F 模型中非常重要。

假设 3：汇率预期为静态(static)，即预期汇率变化为 0。

假设 4：资本具有充分的流动性(当然，还可以讨论流动性不同的情形，但这里我们假设资本完全自由流动)。于是，国家间利率差异会激发国内外的资金流动。

如果我们以 r^* 表示外生给定的世界市场利率水平，以 r 表示本国的利率水平，则有式(5-8)：

$$K = K(r - r^*) = K(r) \qquad K_r' > 0 \qquad (5\text{-}8)$$

K 为本国净资本流入，是本国、外国间利率差的增函数。在小国模型的假设下，最终本国利率由世界市场利率水平决定，即均衡时有 $r = r^*$。

2. 模型中的方程

接下来，将反映在上述假设中的内容用开放经济中的变量表示在一组方程中：

$$Y = C(Y - T) + I(r) + G + CA(EP^*/P, Y - T) \qquad (5\text{-}9)$$

$$M/P = L(r, Y) \qquad (5\text{-}10)$$

$$r = r^* \qquad (5\text{-}11)$$

方程解释：

式(5-9)表示开放经济中的 IS 曲线，即式(5-12)表示的商品市场的均衡条件：

总产出 = 总需求(包括私人消费、私人投资、政府支出和净出口)

$$Y = C(Y - T) + I(r) + G + CA(EP^*/P, Y - T) \qquad (5\text{-}12)$$

可以将其简化为式(5-13)：

$$Y = D(EP^*/P,\ Y - T,\ r,\ G) \qquad (5\text{-}13)$$

式(5-10)表示开放经济中的 LM 曲线，即货币市场的均衡条件：实际货币供给=真实货币需求。其中，M 是外生的，由货币当局决定。

式(5-11)表示利率平价条件。根据假设 4，任何利率的差异都会导致资本流向高利率的地区，从而消除不同地区的利率差别；由于小国假设，它可以在世界市场上借或贷任意数量的货币而不影响世界市场利率，所以 r 由 r^* 决定。

3. 模型的图形表示

从上面的描述中可以看出存在三个内生变量：Y、r、E。因此，可能用两种不同的坐标体系来进行图形表示：坐标 Y-r；坐标 Y-E。

(1) Y-r 坐标系中的模型(见图 5-6)。在这一坐标体系下，E 影响商品市场需求，IS 的位置决定于 E，记为 $IS(E)$；E 上升即本币贬值，会带来出口增加，进而 Y 增加，IS 曲线向外移动。水平线表示世界市场利率水平。三条曲线交于一点，说明国内货币市场、商品市场和世界资金市场同时处于均衡状态。如果没有外在干预力量，市场就可以通过自发调整达到这一均衡点。

(2) Y-E 坐标系中的模型(见图 5-7)。在这一坐标体系下，因为必然有 $r = r^*$，所以两条曲线分别是：

$IS(r^*)$: $Y = D(EP^*/P, Y-T, r^*, G)$

$LM(r^*)$: $M/P = L(r^*, Y)$

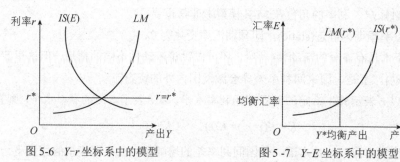

图5-6 Y-r坐标系中的模型　　　　　图5-7 Y-E坐标系中的模型

E 并不进入方程中，所以 $LM(r^*)$ 曲线垂直；E 上升即本币贬值，带来出口增加，进而产出增加，所以 IS 向上倾斜。

两条曲线的交点确定均衡汇率和均衡产出。这时，图形中可以直接体现出 E 对外部冲击的反应，更为直观。所以，接下来就采用它来做分析。

下面我们就利用这个开放经济下的模型，来分析在不同的汇率制度下各种经济政策会有什么样的效果。

5.2.2　政策效应分析

在开放经济中一个重要的新增变量就是汇率，关于汇率的确定和变化等一系列规定属于一个经济体的汇率制度。汇率制度包含很多内容，我们会在后面有专门章节讨论。这里，我们就简单地沿用前面关于汇率分类中提到的固定汇率和浮动汇率。前者指一地货币当局(通常是中央银行)要维持一个固定不变的汇率水平，后者则是一地汇率可以自由波动，由市场力量来决定。

1. 浮动汇率下的政策效应

首先，我们来分析一下可以随市场变化自由调整的汇率，即浮动汇率制度下不同经济政策带来的影响。

1) 货币政策

假设经济政策当局(通常是中央银行)实行了一次扩张性的货币政策，增加了货币供应(见图5-8)。

在上一节 IS-LM 模型所分析的封闭经济中，货币供应增加会带来本国利率水平的下降，从而刺激投资，最终带来产出的增加。

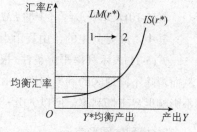

图5-8　浮动汇率下的货币政策

但是，在开放经济中会有不同的作用机制。货币供应增加后，由于价格水平 P 不变带来实际的货币供应增加，从而使 LM 右移，均衡汇率上升，带来均衡产出的增加。但是，这时产出的增加并不是利率下降的结果。货币供应的增加确实会瞬间降低本国的利率水平，而在世界市场利率水平不变的前提下，本国与外国的利率差异会导致资本外流，从而增加外汇市场上本币的供应，带来本币的贬值。在资本流动的过程中本国利率最终调整回原来的世界市场利率水平，即利率最终没有发生变化。而发生贬值的本币,则会带来净出口的增加,引起产出的增加,反映在图(5-8)中就是 LM 曲线在 IS 曲线更外侧的位置上与其相交,达到新的均衡。

因此,我们可以得到该模型的第一命题:在浮动汇率下,一次货币供应增加会带来本币的贬值、产出的增加及经常账户的改善。

2) 财政政策

假设政府实行了一次扩张性的财政政策,增加了政府购买或实施减税(见图 5-9)。

封闭经济中扩张性财政政策会带来利率的增加和产出的增加。但是,由于存在部分挤出效应,产出的增加幅度要小于扩张的幅度。

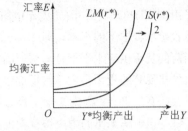

图 5-9 浮动汇率下的财政政策

现在,在小国开放经济的情形下会有所不同。一次扩张性的财政政策(减税或增加政府开支)使 IS 外移,带来产出暂时的增加和本国利率上升的压力;在某一瞬间,本国利率水平会高于世界市场利率水平,吸引资金流入,从而增加外汇市场上对本币的需求,带来本币的升值。在资本流动的过程中,本国利率最终会调整回原来的世界市场利率水平。而发生升值的本币,则会带来净出口的减少,引起产出的减少,因此最终产出水平没有变化,反映在图 5-9 中就是 IS 曲线与 LM 曲线在更低处相交,达到新的均衡。

综上所述,就带来第二命题:在浮动汇率下,财政扩张会带来汇率升值、产出不变及本国经常账户的恶化。从政策角度看,扩张性的财政政策对产出的影响在开放经济下全部被抵消掉了,也就是发生了"完全挤出"。因此,从 M-F 模型可以看出,在浮动汇率制度下,货币政策比财政政策有效。

3) 贸易政策

不同于封闭经济,开放经济中的经济体还可以使用贸易政策,通过对进口实行限制或对出口进行鼓励来改善经常账户差额。这里,我们假设政府实行了一次进口配额或提高关税的贸易政策(见图 5-10)。

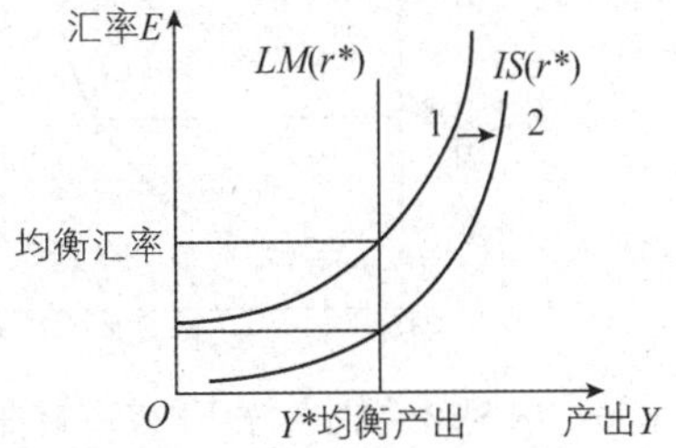

实施进口配额或提高关税这样的贸易政策会带来对进口品的需求减少,从而带来净出口增加,使 IS 曲线外移。但是,汇率降低,即本币升值,最后产出仍保持不变。为什么贸易政策没有达到增加产出的效果呢?这类似于在财政政策中的分析,贸易政策带来的对外汇需求的减少引起了本币的升值(汇率的下降),又使出口减少,抵消了由净进口减少带来的产出增加,最终使产出维持在原来的水平。

图 5-10 浮动汇率下的贸易政策

或者利用前面的公式得到 $CA=Y-C(Y-T)-I(r)-G$,可以发现贸易限制并不能影响 Y、C、I 和 G,所以 CA 也不会受到影响。因此,第三命题是:限制性贸易政策在浮动汇率制下无法改善小国的经常账户余额。

2. 固定汇率下的政策效应

接下来,我们来分析固定汇率情形下的经济政策效应。固定汇率制度下中央银行承诺按固定的汇率买卖本币并有义务维持该固定汇率。也就是说,此时货币政策的一个很重要的任务就是将汇率保持在固定的水平上。只要中央银行总是按照固定的汇率买卖外汇,货币供给就会自动地调整到一定的水平。因此，固定汇率的存在实际上已经内在决定了货币供给的规模。我们可以通过图形来说明这一点(见图5-11)。

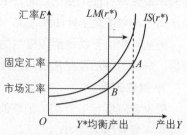

图5-11 固定汇率下的货币供应

如图5-11所示，假定当前的固定汇率制度是要保持人民币(本币)与某种外币(如美元)的汇率水平为$E=6$(A点)(E是直接标价法下的汇率，即1美元等于6元人民币)。如果当前的货币供应水平不是与这一固定汇率水平相适应的话，比如在现有的货币供应下市场汇率为$E=5$(B点)，那此时显然存在套汇机会：因为$5<6$，所以在外汇市场上买入较便宜的外币，再以较高的固定汇率向承诺维持该汇率水平的中央银行卖出该笔外币。

这样的话，本国货币当局势必不断增加外汇储备从而增加货币供给，使LM曲线右移，一直持续到均衡汇率等于固定汇率、套汇机会消失为止。

当然，如果最开始的市场汇率水平高于固定汇率水平，那么套汇的方向就会相反，从而带来LM曲线的左移，最终也仍然要回到固定汇率水平所确定的位置上。因此，如果我们只看均衡状态的话，在固定汇率下LM与IS曲线必定相交于固定汇率的水平线上，这就是固定汇率下IS-LM曲线具有的特点，如图5-12所示。

接下来，在固定汇率所包含的条件下，我们来分析不同的经济政策带来的效果。

1) 货币政策

假设政府(中央银行)实行了一次扩张性的货币政策，即增加了货币供应(见图5-13)。

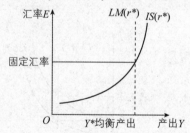

图5-12 固定汇率下的IS-LM曲线

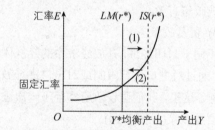

图5-13 固定汇率下的货币政策

封闭经济中货币供应的增加会带来本地利率水平的下降，从而刺激投资，最终带来产出的增加。那么，在固定汇率下会带来怎样的变化呢？

此时，货币供应的增加首先带来LM曲线的右移，在利率维持在世界市场水平上的情况下汇率上升，即过程(1)，本币贬值，从而改善经常账户，带来产出的增加。但这种增加只能是暂时的，因为套汇活动会减少货币当局的外汇储备，从而减少货币供应，将LM曲线向回推，即过程(2)，直到重新回到固定汇率水平为止。最终，产出没有发生变化，固定汇率在政府的维持下也没有发生变化。

可见，在固定汇率制度下，因为承诺固定汇率，中央银行放弃了其对货币供应的控制，从而使货币政策失效。

因此得出第四命题：在固定汇率下，一次货币供应增加会引起外汇储备减少，但是产出和利率都不变。

专栏 5-2 "三元悖论" (Trilemma, or Impossible Trinity)

从上面的描述中就可以看到著名的"三元悖论"。20 世纪 60 年代初蒙代尔关于它就有经典性论述：在资本完全流动的条件下，一国将面临货币政策独立性和固定汇率两者之间的明显冲突。一国政府最多只能同时实现下列三项目标中的两项：完全的资本流动(perfect capital mobility)、独立的货币政策(monetary independence)和固定汇率(fixed exchange rates)。保罗·克鲁格曼则将这三个目标画到一个三角形的三个角上，称为"不可能三角"。例如，如果选择的是固定汇率制度，但又不想丧失货币政策的独立性，只能通过限制资本流动来保证，就像某一时期里中国的情形。而对于实行浮动汇率的国家或地区，既可以保持货币政策的独立性，又可以与外界有自由的资本流动，像美国等工业国基本上属于这类。另外还有些经济体，出于某些原因维持固定汇率制度，同时必须保证资本的自由开放，那么就只能放弃货币政策了，比较典型的例子就是中国香港地区。

新经济环境下对"三元悖论"有了更为广义的理解，即"三元悖论"中完全的资本流动、独立的货币政策和固定汇率这三个政策目标之间的关系是非线性的，并且政策目标间的边际替代率并非恒等于 1。很多新兴市场和发展中国家在经济增长中积累了大量外汇储备后，实行有管理的浮动汇率制度、部分资本开放和相对独立的货币政策，部分兼顾了三元悖论的三项政策，这被称为"三元悖论中间化"。可见"三元悖论"理论框架中极端的非此即彼的角点解只是一种理论上的选择，对于多数经济体而言，处于中间地带的各种不同的非角点解更为现实。

2) 财政政策

假设政府通过增加公共开支或减少税收实行了一次扩张性的财政政策。在封闭经济的情形下，扩张性财政政策会带来利率的增加和产出的增加。但是，由于存在部分挤出效应，产出的增加幅度要小于扩张的幅度。

在开放经济下，扩张性的财政政策使 IS 曲线向右移动。这种移动正如在浮动汇率情形下的分析一样，会带来汇率下降，即本币的升值，这时货币当局在承诺固定汇率制的前提下就会进入市场卖出本币，引起外汇储备的增加，也就使货币供应增加，使 LM 曲线向右移动，直到与新的 IS 曲线相交于原来的固定汇率水平上为止，最终带来产出的增加。

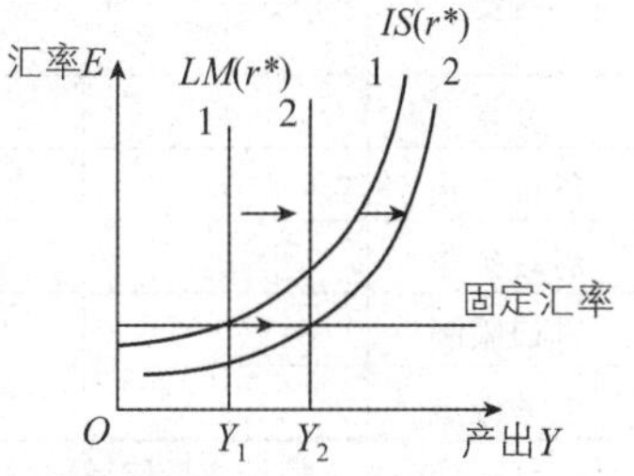

如图 5-14 所示，IS 曲线从 1 移到 2，就会随即带来 LM 曲线从 1 移到 2。因此，可以得出第五命题：固定汇率下，财政扩张会带来产出的增加。

图 5-14 固定汇率下的财政政策

3) 贸易政策

假定一国政府试图通过贸易政策来改善经常账户差额，就要对进口实行限制或对出口进行鼓励，假设政府实行一次进口配额和提高关税(见图 5-15)。

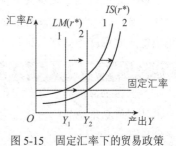

图 5-15 固定汇率下的贸易政策

在这样的政策下进口受到抑制，净出口增加，带来 Y 增加，使 IS 曲线右移；IS 曲线的右移使得汇率下降，即本币升值，汇率偏离了固定汇率水平；中央银行为了维持固定汇率制度，就必须买进外汇，从而带来外汇储备的增加，进而货币供应增加，LM 曲线右移，直到与 IS 曲线在固定汇率水平上相交，此时均衡产出增加。

所以，不同于浮动汇率下产出不变的情况，贸易限制此时能使总产出提高，也使经常账户得到改善。因为汇率不变使出口不减少而进口减少，或者由公式 $CA=S-I$ 可知，总产出的增加使储蓄增长大于投资增长，经常账户得到改善。因此，可以得出第六命题：固定汇率下，贸易政策会带来产出的增加。

4) 汇率政策

不同于浮动汇率制度，在固定汇率制度下政府还可以实行汇率政策，即人为地调整固定汇率的水平。假设本国实行一次对本币的贬值政策(见图 5-16)。

一次官方宣布的货币贬值将汇率 E_0 提高到 E_1，带来净出口的增加，使经济沿 IS 曲线从 A 移动到 A_1，产出增加到 Y_1。与此同时，为了维持新的固定汇率水平 E_1，货币当局必须买进外国资产，从而增加外汇储备，使货币供应扩大，LM 曲线向右移动，直到与 IS 曲线相交在 A_1 的位置，经济恢复均衡。于是，可以得出第七命题：固定汇率下，实施一次贬值性的汇率政策会带来产出的增加。

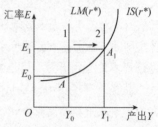

图 5-16 固定汇率下的汇率政策

5.2.3 小国蒙代尔—弗莱明模型的总结

通过以上的分析我们发现，在一个小国经济中任何经济政策的效应都依赖于汇率是浮动的还是固定的。每种政策的影响即我们前面得出的 7 个命题可以用表 5-1 来概括。

表 5-1 小国蒙代尔—弗莱明模型：政策效应总结

政策	汇率制度					
	浮动汇率			固定汇率		
变量	Y	E	CA	Y	E	CA
货币扩张	↑	↑	↑	0	0	0
财政扩张	0	↓	↓	↑	0	0
进口限制	0	↓	0	↑	0	↑
汇率政策	/	/	/	↑	↑	↑

注：箭头向上表示变量值增加，向下表示变量值减少，0 表示没有影响，/ 表示没有这种情况。

以上分析都基于资本充分流动的假设，但在现实世界尤其是该模型发展起来的 20 世纪 60 年代，资本的流动往往没有那么完美，所以还有假设资本流动并不充分条件下的蒙代尔—弗莱明模型。本章就不做深入讨论了，简单的讨论参见下面的专栏。

专栏 5-3 不同的资本流动程度下的分析

我们在上面的模型分析中，都假设了资本是自由流动的，这样的条件保证了小国的利率完全由外部世界来决定，瞬间出现的利率差都会带来资本的大规模流动，从而保证迅速重回利率平价条件。

但是，在现实世界中，资本的流动往往有或多或少的障碍，这样的障碍就使资本调整的程度受到影响，从而带来可能不一样的政策效果。接下来，我们把资本流动程度分为完全不能流动(0 流动)、低流动、高流动，再加上上面已经有的"完全流动"，看一下在不同的汇率制度下财政政策和货币政策的作用机制和效果，如表 5-2 所示。

表 5-2　不同资本流动程度下的政策效应

汇率制度	资本流动	货币政策(扩张)	财政政策(扩张)
浮动汇率制度	0 流动	利率下降,产出增加;本币贬值,产出进一步增加	利率增加,产出增加;本币贬值,产出进一步增加
	低流动	利率下降,产出增加;资本缓慢流出,本币贬值,幅度较上一种情况大一些,产出进一步以较大的幅度增加	利率上升,产出增加;资本缓慢流入,本币仍然小幅贬值,产出进一步小幅增加
	高流动	利率下降,产出增加;资本快速流出,本币贬值,幅度较上一种情况更大一些,产出进一步以更大的幅度增加	利率上升,产出增加;资本快速流入,本币小幅升值,产出有一个小幅的回调
	完全流动	本币贬值,产出增加	本币升值,产出不变
固定汇率制度	0 流动	利率降低,产出增加;然后在本币贬值压力积累的情况下货币供应缓慢回调,产出的增加缓慢减少	利率升高,产出增加,贸易账户赤字带来本币贬值压力,货币供应逐渐减少,产出增加缓慢回调
	低流动	利率降低,资本流出,但速度较慢;综合差额赤字,本币积累贬值压力;储备流出,消除贬值压力;产出先增加,然后慢慢减少	利率升高,资本内流,但规模小于贸易赤字,本币仍然积累贬值压力;储备流出,货币供应回调,产出增加后减少,但最终产出会小幅增加
	高流动	利率降低,资本流出,且速度较快;综合差额赤字,本币积累贬值压力;储备流出更快,消除贬值压力;产出先增加,然后较快减少	利率升高,资本内流,且规模很大,使本币积累升值压力;储备流入,货币供应增加,产出持续增加
	完全流动	产出不变	产出增加

专栏 5-4　国家间利率差异的原因

根据上面对 M-L 模型的分析可以看出,在资本充分流动的情况下两国间利率应该相等(不考虑通货膨胀因素)。但是,实践中本经济体和外部世界利率经常存在差异。那么,造成这些差异的原因是什么呢?可以从国家因素(country factors)和货币因素(currency factors)两个角度来看。具体来讲,国家因素主要包括资本管制、对金融交易的税收规定、交易成本、信息不完全、违约风险、未来资本管制的风险等;货币因素则包括预期货币币值变化、外汇风险补贴等。在工业国之间,国家因素几乎为零,但仍然存在货币因素;在发展中国家之间,国家因素仍对利率差异产生重要影响。

补充思考:

1. 2022 年 4 月 11 日早盘,美国 10 年期国债收益率上行至 2.764%,中国 10 年期国债活跃券收益率为 2.753%,中美利差自 2010 年以来首次出现倒挂,中美出现利差倒挂的原因是什么?
2. 中美利差倒挂会给中国带来怎样的影响?

5.3　两国蒙代尔—弗莱明模型

小国模型可以说是一种非常简单的假设,这样可以不考虑一个经济体对世界经济产生的影响,因为小国只是被动地接受外部世界对它的影响。但事实上,世界上很多经济体的政策变化不仅会影响本经济体,而且会影响其他经济体,后者又会反过来进一步影响本经济体,即产生国外反响(repercussion)。

例如,一国增加财政开支会带来本国产出的增加,增加收入的一部分将用来购买进口产品,继而带来进口需求增加;本国的进口就是外国的出口,因此外国产出增加,这又会带来其对本国产品需求的增加,进而影响本国产出。

国外回响效应在现实中可能对经济产生重大的影响,一个经济体的经济扩张会把世界的其他经济体同样带入经济扩张。例如,20 世纪 80 年代初,各工业国为了抑制通货膨胀,纷纷采取紧缩性的货币政策,造成各经济体内利率急剧上升,经济严重衰退。而一个经济体内部的衰退进一步导致了世界其他经济体的衰退,直到 1982 年美国采取扩张性货币政策及美元升值,才带动其他经济体逐渐走出衰退。同样地,如果其余的世界经济体采取扩张政策,美国也会分享经济扩张带来的好处。

那么,如何利用模型来分析这种情形下的宏观经济政策效果呢?如果我们把 M-F 模型中的小国变成大国,把本国与外部世界(可以笼统地看成外国)的相互影响考虑进来,就形成了两国的蒙代尔—弗莱明模型。

5.3.1 模型的建立

以小国模型的蒙代尔—弗莱明模型为基础,我们对其进行扩展。

$$M/P = L(I, Y) \tag{5-14}$$

$$M^*/P^* = L^*(i^*, Y^*) \tag{5-15}$$

$$Y = D = C(Y-T) + I(i) + G + CA(EP^*/P, Y-T, Y^*-T^*) \tag{5-16}$$

$$Y^* = D^* = C^*(Y^*-T^*) + I^*(i^*) + G^* + CA^*(EP^*/P, Y^*-T^*, Y-T) \tag{5-17}$$

$$i = i^* \tag{5-18}$$

方程解释:带星号的符号表示外国的相应变量。

式(5-14)、式(5-15)分别表示本国和外国货币市场均衡条件,即两国的 *LM* 曲线。

式(5-16)、式(5-17)分别表示本国和外国商品市场均衡条件,即两国的 *IS* 曲线。

式(5-18)表示本国利率与外国利率相等。

但此时,本国的经常账户余额也受到外国可支配收入(正方向)的影响,并且 *CA* 与 *CA** 此消彼长。

这时,我们取消原来的小国假定,重新假设两国经济结构相同,各国都可以通过国内的经济政策来影响共同的利率。其他假设基本与小国模型中的类似,如价格水平固定不变;资本在国家间自由流动;汇率预期是静态的,即 $E_t^e = E_{t-1}$;等等。

5.3.2 政策效应分析

这里我们仍然要分别分析在不同汇率制度背景下各项经济政策的效应。不过,与小国模型不同的是,这里我们要重新使用在封闭经济中 IS-LM 模型中的利率—产出坐标体系,而不是小国 M-F 模型中的汇率—产出坐标体系。因为,在两国模型中,世界市场最终的均衡利率水平是可能发生变化的。而且,这里我们不但要用本国的 IS-LM 曲线,还需要引入外部世界的 IS-LM 曲线,把它们放在一个统一的系统里进行分析。

1. 浮动汇率下经济政策的国际传导

在浮动汇率制度下,一经济体内的经济政策通过汇率这个机制发挥作用,国际收支失衡将通过汇率变动得到修正。

1) 货币政策

考察货币扩张的效应,如图 5-17 所示。

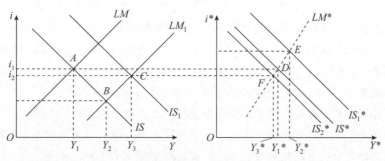

图 5-17 浮动汇率制度下货币扩张的效应

本国货币供应扩张,使本国的 LM 曲线向外移动到 LM_1,与原来的 IS 曲线的交点从 A 变成了 B,利率下降,刺激经济增长,使本国产出从 Y_1 增加到 Y_2。

本国产出的增加会通过边际进口倾向增加对外国产品的进口,外国的净出口 CA^* 就会增加,从而推动 IS^* 向外移到 IS_1^*,外国收入增加到 Y_2^*,并且带来利率的上升。

这时候世界市场的均衡被打破了,并带来调整:本国利率的下降与外国利率的上升造成了利率的差异,导致本国资本流出,再加上本国进口的增加和外国出口的增加造成了暂时的本国国际收支赤字。这些变化会引起本币贬值、外币升值。

随着本币贬值,本国出口增加,IS 外移,带来本国产出的进一步增加和利率的回升。而外国货币升值会减少其出口,使 IS_1^* 内移,并带来产出减少和利率的下降。

这样的调整会持续下去,直到两国市场的利率水平重新满足利率平价条件即相等,世界市场就重新达到均衡状态。最终的均衡点在 C、F,世界利率下降到 i_2,本国的产出增加,但外国的产出反而下降了。因此,本国扩张性的货币政策对外国经济产生了负的溢出效应,这种政策通常被称为"以邻为壑"①(Beggar-Thy-Neighbor Effect)的政策。

由此可见,两国模型与小国模型的区别在于,国内货币政策可以通过利率影响国内产出;国内扩张性货币政策对外国经济有负的溢出效应,外国产出减少。当然,这种效应会受资本流动程度高低的影响。如果没有我们前面资本自由流动的假设,在资金流动有障碍时,利率传导机制的作用就会受到抑制,那么本币贬值的幅度会减小,从而使本国产出的增加减弱,外国产出的负溢出效应也相应减弱。

2) 财政政策

如果本国实行了扩张性的财政政策,则会有下面的变化(见图 5-18)。

---

① "以邻为壑"政策指对本国经济有利但是会损害他国经济的政策措施。

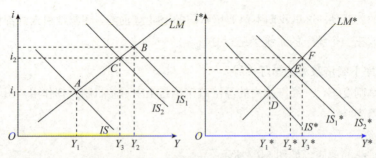

图 5-18　浮动汇率制度下财政扩张的效应

本国实行扩张性的财政政策，使 IS 外移到 IS_1，带来产出从 Y_1 增加到 Y_2，利率上升；本国收入增加会带来进口需求的增加，所以外国的净出口随之增加，即 CA^* 增加，使 IS^* 向外移动到 IS_1^*（但移动幅度小于本国 IS 曲线的移动幅度，因为前者的移动受到本国边际进口倾向的制约），同时产出增加到 Y_2^*，利率也会上升，但幅度小于本国利率的上升。

这时候世界市场的均衡被打破了，并带来调整：本国利率的上升与外国利率的上升幅度不同就造成了利率的差异，导致外国资本流入，带来了本币升值。本币升值使本国 CA 下降，IS_1 又回移一些，带来产出的下降和利率的下降；外币贬值使 CA^* 上升，使 IS_1^* 进一步向外移，并带来产出的增加和利率的上升。

这样的调整会持续下去，直到两国市场的利率水平重新满足利率平价条件即相等，世界市场就重新达到均衡状态。最终的均衡点在 C、F，世界利率上升到 i_2（由于世界经济总支出增加而全世界货币存量保持不变，所以世界利率会上升），本国和外国的产出都有所增加。

与小国模型不同的是，此时国内财政政策可以影响国内产出；国内扩张性财政政策对外国经济有正的溢出效应，外国产出也增加。当然，这种效应会受资本流动程度高低的影响。如果没有我们前面资本自由流动的假设，在资金流动有障碍时，本币升值的幅度会减小，则本国产出的增加会加大，而外国产出的溢出效应则减弱。

总体来看，浮动汇率下本国实行扩张性财政政策使得本国和外国收入都增加，也就是本国对外国经济有着正的溢出效应。例如，美国在 2020 年实行了扩张性的财政政策，带来了美国经济的复苏，同时带动了欧盟和日本等地经济的改善。德国在 2019 年也扩大了公共开支以应对英国脱欧造成的经济增长放缓，带动本国和外部世界的经济改善。

2. 固定汇率下经济政策的国际传导

接下来，我们考察一下固定汇率制度下经济政策对本国和外部世界的影响。

1) 货币政策

货币扩张的效应如图 5-19 所示。

货币供应扩张使本国的 LM 曲线向外移动到 LM_1，与原来的 IS 曲线的交点从 A 变成了 B，利率下降，刺激经济增长，使本国产出从 Y_1 增加到 Y_2；本国产出的增加会通过边际进口倾向增加对外国产品的进口，外国的净出口 CA^* 就会增加，从而推动 IS^* 向外移动到 IS_1^*，外国收入增加到 Y_2^*，并且带来利率的上升。这时候世界市场的均衡被打破了，并带来调整：本国利率的下降与外国利率的上升造成了利率的差异，导致本国资本流出；本国进口的增加和外国出口的增加造成了本国暂时的国际收支赤字。这两种变化都增加了本币贬值、外币升值的压力。而两国都是要维持固定汇率制度,所以必须相应地进行对外汇储备的操作来抵消掉币值变化的压力。这样的话,就会带来本国和外国被动的货币供应变化。

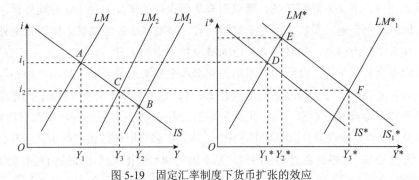

图 5-19　固定汇率制度下货币扩张的效应

对于本国而言,要卖出外汇储备,所以带来货币供应的减少,使 LM_1 曲线回移,并且推动利率回升,但同时产出减少;对于外国而言,则要增加外汇储备,所以带来外国货币供应的增加,使 LM^* 向外移动,同时会带来产出的进一步增加和利率的下降。

这样的调整会持续下去,直到两国市场的利率水平重新满足利率平价条件即相等为止,世界市场就重新达到均衡状态。最终的均衡点在 C、F,世界利率下降到 i_2,本国和外国的产出都增加。

可见,在大国情形下,国内货币政策可以影响国内产出(通过利率);国内扩张性货币政策对外国经济有正的溢出效应,外国产出也增加(通过收入和利率两个方面)。当然,如果资金流动有障碍,本国货币供应扩张的利率效果受到抑制,本币贬值和外币升值的压力有所减少,则本国产出的增加会强化,而外国产出的溢出效应则减弱。

2) 财政政策

财政扩张的效应如图 5-20 所示。

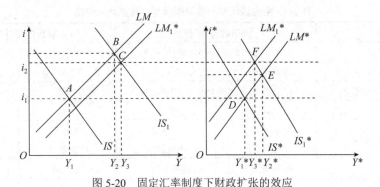

图 5-20　固定汇率制度下财政扩张的效应

本国实行扩张性的财政政策使 IS 外移到 IS_1,带来产出从 Y_1 增加到 Y_2,利率上升;本国收入增加会带来进口需求的增加,所以外国的净出口随之增加,即 CA^* 增加,使 IS^* 向外移动到 IS_1^*(但移动幅度小于本国 IS 曲线的移动幅度,因为前者的移动受到本国边际进口倾向的制约),同时产出增加到 Y_2^*,利率也会上升,但幅度小于本国利率的上升。

这时候世界市场的均衡被打破了,并带来调整:本国利率的上升与外国利率的上升幅度不同就造成了利率的差异,导致外国资本流入,从而带来了本币升值、外币贬值的压力。而两国都是要维持固定汇率制度,所以必须相应地进行外汇储备操作来抵消掉币值变化的压力。这样的话,就会带来本国和外国被动的货币供应变化。

对于本国而言,要买入外汇储备,所以带来货币供应的增加,使 LM 曲线外移,并且推动利率下降,同时产出会进一步扩大;对于外国而言,则要减少外汇储备,所以带来外国货币供应的减少,使 LM^* 向内移动,同时带来产出的减少和利率的上升。

这样的调整会持续下去,直到两国市场的利率水平重新满足利率平价条件即相等为止,世界市场就重新达到均衡状态。最终的均衡点在 C、F,世界利率上升到 i_2(由于世界经济总支出增加而全世界货币存量保持不变,所以世界利率会上升),本国和外国的产出都有所增加。

由此可见,国内财政政策可以影响国内产出;国内扩张性财政政策对外国经济有正的溢出效应,外国产出也增加。如果资金流动有障碍,则本国的利率变化虽然比外国的利率变化大,但不能引起资金的完全流动,从而不会带来太大的币值变化的压力,也就不会带来外国货币供应的变化和本国货币供应被动的变化,从而使本国产出的增加效果减弱,而外国产出的溢出效应加强。

因此,在一个简单的、固定汇率制度下的两国蒙代尔—弗莱明模型中,宏观经济的国际相互关联可以通过两种渠道实现:①当一国收入变化影响他国出口时,国际收支中经常账户余额的变化将影响后者的产出;②国内宏观经济政策会对世界市场利率产生影响,进而影响国际资本流动和别国的资本账户。在固定汇率下,资本账户余额的变化将影响本国和外部世界的货币供给水平。

5.3.3 两国蒙代尔—弗莱明模型的总结

通过上面对两国模型下宏观经济政策的分析可以看到,大国的经济政策会给外国经济带来或正或负的溢出效应,不过这一效应的大小会受资本流动状况的影响。我们可以将这些效应简单地总结在表 5-3 中。

表 5-3 两国蒙代尔—弗莱明模型:政策效应总结

背景				货币政策(扩张)		财政政策(扩张)	
封闭经济				利率下降,产出增加		利率上升,产出增加	
小国经济		固定汇率		利率不变,汇率固定,产出不变		利率、汇率不变,但货币扩张,产出增加	
		浮动汇率		利率不变,本币贬值,产出增加		利率不变,本币升值,产出不变	
开放经济				本国	外国	本国	外国
	大国经济	资金流动无障碍	固定汇率	利率下降,产出扩大	利率下降,产出扩大	利率上升,产出扩大	利率上升,产出扩大
			浮动汇率	利率下降,产出扩大	利率下降,产出减少	利率上升,产出扩大	利率上升,产出扩大
		资金流动有障碍	固定汇率	利率下降幅度更大,产出扩大更大	产出扩大效应减弱	利率上升幅度更大,产出扩大减弱	利率上升幅度减少,产出扩大更大
			浮动汇率	利率下降幅度更大,产出扩大减少	产出减少效应减弱	利率上升幅度更大,产出扩大更大	利率上升幅度减少,产出扩大减少

同时,蒙代尔—弗莱明模型也存在一定的局限性,包括前面提到的小国蒙代尔—弗莱明模型和本节中的两国蒙代尔—弗莱明模型在分析中都有其缺陷与不足。首先,该模型对国际资本流动采取的是流量分析方法,而忽略了对国际资本存量的分析,没有充分考虑利率变动对国际

资本存量的影响。其次,该模型是一个短期模型,适用于短期分析,难以很好地分析长期政策效应。因为从长期来看,扩张性货币政策只能对价格水平产生影响,而不能影响如收入和利率等实际变量,该模型的分析框架将不成立。

但蒙代尔—弗莱明模型仍然是分析开放经济条件下宏观经济政策效应的十分重要和较为可靠、实用的工具。它使人们认识到,财政政策、货币政策的效应不仅在开放经济与封闭经济条件下有显著的差异,而且在开放经济下,资本流动程度、汇率制度的不同和经济体的大小都会对财政政策、货币政策效应产生重要的影响。该模型也具有一定的现实意义,利用蒙代尔—弗莱明模型对不同条件组合下的宏观经济政策效应进行分析,为经济体根据实际情况选择适当的政策搭配和汇率制度以解决经济中的内外失衡问题提供了有价值的指导。

专题:2022 年美国紧缩货币政策引发全球"加息热"

2020 年以来,为应对新冠疫情对美国经济和金融市场的冲击,美国实施了量化宽松政策使经济从疫情造成的衰退中复苏。然而,与之而来的是由于经济增速显著高于潜在增速,以及国内消费复苏快于生产复苏,美国通货膨胀率不断上升。在劳动力市场短缺、俄乌局势恶化等因素的综合作用下,美国通胀达到了四十年来最严重的局面。这里,我们专门来看一下美国在 2022 年为应对通货膨胀采取的紧缩货币政策,以对我们刚刚学过的蒙代尔—弗莱明模型做一个实践分析。

视频

在通胀飙升的局面下,美联储开始释放加息信号。2022 年 3 月 16 日,美联储宣布加息,将联邦及基金利率目标区间上调了 25 个基点,到 0.25%至 0.5%,后续又分别在 5—7 月、9 月、11 月和 12 月共加息 6 次。2022 年 12 月 14 日,美国联邦公开市场委员会(FOMC)公布最新利率决议,将基准利率上调 50 个基点至 4.25%~4.5%,达到 15 年来的最高水平。这是美联储 2022 年以来第 7 次加息,在这之前的 4 次加息每次都高达 75 个基点,联邦基金率在 2022 年一年内累计上涨 425 个基点。美联储主席鲍威尔表示,美联储预计持续加息的行动有助于将通胀率恢复至 2%的目标。2023 年,美国经济与去年相比已显著放缓。

根据本章的分析,美国属于一个对世界经济有举足轻重的影响力的大国,因此适用两国模型。同时,美国实行的是浮动汇率制度,与外部世界在资本流动上比较畅通,因此适用浮动汇率下资本流动无障碍的情形。这种情况下的紧缩性货币政策会带来本国利率上升,产出减少,以缓解通胀压力,这也正是紧缩性货币政策实行的目的。

从 M-F 模型中看,美国的货币政策变化不仅影响本国经济,同时会对其他经济体产生显著的正向溢出效应,造成外国(或地区)利率上升、产出增加。然而这种溢出效应使得美国将本国危机转嫁至全球,美联储大幅度加息加剧了外部世界通胀的风险,导致其他经济体的货币持续贬值。为了避免恶性通胀和资本外流的双重危机,全球主要经济体的中央银行不得不"跟风"开启一轮全球加息狂潮。例如 2022 年 6 月 15 日美国宣布加息 75 个基点后,当晚巴西中央银行宣布将基准利率从 12.75%上调至 13.25%。同年 9 月,瑞士央行、英国央行和挪威央行也紧跟美联储加息的步伐,先后宣布上调基准利率。截至 2022 年末,共有约 90 个经济体的央行提高了基准利率来控制本地的通胀水平,以应对资本流入美国给本地的货币及债务带来的巨大冲击。

因此,如何在开放经济中进行宏观经济政策协调,以"睦邻友好"取代"以邻为壑",推动构建人类命运共同体，这是共处于地球村的每一个国家尤其是大国需要思考的。从货币政策应对角度看，面对美国货币政策调整的内外部冲击，各地需要出台更加灵活的货币政策，进一步激发不同市场主体活力。我们在后面还会专门讨论"国际经济政策协调"。

本章总结

　　小结：本章从封闭经济下的IS-LM模型出发探究经济政策的效果；接着引入蒙代尔—弗莱明模型探讨开放经济中经济政策产生影响的机制和效果。在开放经济下，资本流动程度、汇率制度的不同和经济体的大小都会对财政政策、货币政策效应产生重要的影响，并推导了著名的三元悖论。当小国变成大国，利用两国的蒙代尔—弗莱明模型进行分析，宏观经济政策就会对外部世界产生溢出效应，进而带来国外反响。

　　重点：IS-LM模型、小国蒙代尔—弗莱明模型、两国蒙代尔—弗莱明模型、三元悖论、开放经济中扩张性与紧缩性宏观经济政策的影响效果分析。

　　难点：政策变化产生国外反响、资本流动不完全时扩张性与紧缩性宏观经济政策的影响效果分析。

关键概念及其英文释义

英语深入阅读资料

[1] **Consumer Expenditure(C)(消费支出)**：The total demand for consumer goods and services.

[2] **The Marginal Propensity to Consume(c)(边际消费倾向)**：The change in consumer expenditure that results from an additional dollar of disposable income.

[3] **Beggar-Thy-Neighbor(以邻为壑)**：An international trade policy of competitive devaluations and increased protective barriers that one country institutes to gain at the expense of its trading partners.

[4] **Investment (I)(投资)**：For economists, the investment means **"planned investment spending"** (计划投资支出), the total planned spending by businesses on new physical capital (such as machines, computers, factories, raw materials and etc.) plus planned spending on new homes. This "I" could be classified into two categories: **fixed investment**(固定投资)and **inventory investment**(存货投资). The former one is the spending by firms on equipment and planned spending on residential housing; the latter one is the spending by firms on additional holdings of raw materials, parts and finished goods. And we should know that we use "Investment" in our daily life differently. When we say we are making an investment, we usually refer to the purchase of common stocks or bonds or other financial instruments, but not newly produced goods and services.

[5] **Keynes's Liquidity Preference Theory(流动性偏好理论)**：The demand for money in real

terms is positively related to income (Y) and negatively related to interest rate (i).

[6] **The Mundell-Fleming Model(蒙代尔—弗莱明模型)**: For the past several decades, it is the "workhorse" model of international macroeconomics. It provides a systematic analysis of the role played by international capital mobility in determining the effectiveness of fiscal and monetary policies under alternative exchange rate regimes. The model extends the simple Keynesian approach to output determination by incorporating considerations of asset-market equilibrium.

[7] **IS-LM model(IS-LM 模型)**: It is a two-dimensional macroeconomic tool that shows the relationship between interest rates and assets market (also known as real output in goods and services market plus money market). The intersection of the "investment-saving" (IS) and "liquidity preference-money supply" (LM) curves models "general equilibrium" where supposed simultaneous equilibria occur in both the goods and the asset markets. Yet two equivalent interpretations are possible: first, the IS-LM model explains changes in national income when the price level is fixed in the short-run; second, the IS-LM model shows why an aggregate demand curve can shift. Hence, this tool is sometimes used not only to analyze economic fluctuations but also to suggest potential levels for appropriate stabilization policies.

[8] **Crowding Out(挤出)**: It is a phenomenon that occurs when increased government involvement in a sector of the market economy substantially affects the remainder of the market, either on the supply or demand side of the market. One type frequently discussed is when expansionary fiscal policy reduces investment spending by the private sector. The government spending is "crowding out" investment because it is demanding more loanable funds and thus causing increased interest rates and therefore reducing investment spending.

[9] **Repercussion Effects(回响效应)**: In an interdependent world, domestic policy changes affect both other countries and themselves, and then feed back to their own economies. When increasing government expenditure, the income of the country increases, and some of the increased income will be spent on imported goods, which means that foreign income will also increase. The increase in foreign income will increase their demand for domestic goods, which in turn increases the momentum of domestic income expansion caused by increased government expenditure.

[10] **Perfect Capital Mobility(资本完全流动)**: The complete flow of capital internationally refers to the ability of investors to quickly and infinitely purchase assets at low transaction costs in any country they choose. When capital flows completely, asset holders are willing and able to mobilize a large amount of funds, seeking maximum returns or minimum borrowing costs across borders.

复习思考题

1. 本章中的小国蒙代尔—弗莱明模型有哪些基本假设？为什么要有这些假设？
2. 蒙代尔—弗莱明模型的基本含义是什么？

3. 考虑一个封闭经济 A 和一个小国开放经济 B：

A：$Y = C(Y-T) + I(r) + G$

$M/P = L(Y, r)$

$Y = C(Y-T) + I(r)IR + G + CA(EP^*/P, Y-T)$

B：$M/P = L(Y, r)$

$r = r^*$

假设国外价格 P^*、国外利率 r^* 和本国价格 P 固定，汇率 E 自由浮动。

要求：(1) 在 r-Y 空间和 E-Y 空间上分别画出 A 和 B 的 IS-LM 曲线。

(2) 请分析货币扩张对两个经济的影响，其传导机制分别是什么？

4. 小国模型下，当资本流动不完全时，固定汇率制下的财政、货币政策的效力怎样？

5. 小国模型下，当资本流动不完全时，浮动汇率制下的财政、货币政策的效力怎样？

6. 国家间政策效应的传递机制有哪些？

7. 在短期模型中，比较开放条件和封闭条件下扩张性货币政策对总需求及其组成部分传导机制的差异。

8. 假设一国经济处于衰退之中，汇率贬值可以刺激总需求，从而使该国脱离经济衰退，可以做些什么来引发贬值呢？其他国家对于贬值会做出怎样的反应？

9. 在蒙代尔－弗莱明模型中，考虑一个由以下方程式所描述的小国开放经济：①LM 曲线方程：$Y=2M/P+100i$；②货币供应量 $M=1000$；③价格水平 $P=1$；④世界利率 $i^*=10$；⑤IS 曲线方程：$Y=1000+2G-T+NX-50i$；⑥政府支出 $G=500$；⑦税收收入 $T=800$；⑧$NX=2500-100e$，i 为利率，e 为汇率(外币/本币)。求：

(1) 该经济体短期内的均衡国民收入和均衡汇率；

(2) 现在假设 T 减少到 500，该国采取浮动汇率制度，那么新的均衡国民收入和新的均衡汇率将会是多少？

10. 什么情况下一国的经济政策会产生"以邻为壑"的效果？

推荐资源

扫描右侧二维码阅读以下资料：

- "清洁浮动"与"肮脏浮动"及人民币汇率趋向"清洁浮动"路径选择；
- "三元悖论"非角点解理论发展。

扫码阅读

推荐资源

第2篇

国际金融制度与政策

第 6 章
国际货币体系

◎ 引言

生活、工作中我们几乎无时无刻不在与制度或规则打交道。比如，家里如何分配一块蛋糕，父母通常会成为分配制度的设计者和执行者；怎样晋职加薪，也需要按照该单位多年来形成的规则办。可见，制度的存在对微观个体、宏观总体都很重要。党的十八大以来，我们党也致力于中国特色社会主义制度的发展和完善，国家治理体系现代化取得明显进展。制度的生命力在于执行，制度体系如何有效执行，制度优势又如何转化为治理效能呢？制度的设计必须源自实践、符合实际。制度要想有效落实，本身必须具有可行性。如果制定或设计的制度脱离实际，即使反复强调落实，必然也是无法有效执行的。制度要想符合实际，就要求相关主体在制定与设计时秉持鲜明的实践原则。好的制度可以激励创新、提高工作效率，坏的制度则可能阻碍个人、社会的发展。

那么，在我们这里学习的国际金融领域有哪些关于制度方面的内容呢？本书读到这里，你一定已经多次看到"金本位制""布雷顿森林体系"等名词，以及浮动汇率制度、固定汇率制度等，这些都是某一个角度或层面的制度，它们对经济体的运行至关重要。而当面对开放的世界时，各国即便能够在政治上保持相对独立，在金融领域却是相互依赖的，这时候所形成的制度就变成了国际社会各成员所认同、共同遵守的国际货币体系。

这样的国际货币体系有什么内容，如何发展、演进？是否可以促进贸易的顺利进行，使世界经济发展达到更高水平？这一章里我们就要回答这些问题。我们将首先对国际货币体系做一概述，然后按照时间顺序介绍国际金本位制、布雷顿森林体系及当代的国际货币体系。最后，我们还会通过一个专题来了解国际货币合作进程中形成的国际金融组织。

◎ 思维导图

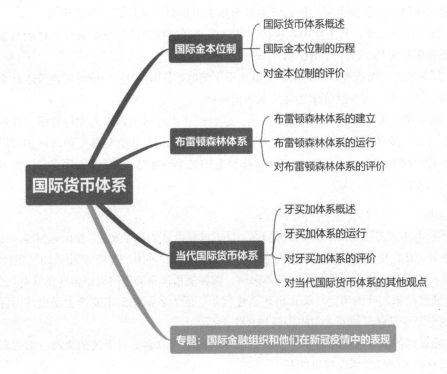

6.1 国际金本位制

国际货币体系(International Monetary System)，有时也被称为"国际货币安排""国际货币秩序"或"国际货币制度"。"体系"(system)这个词是指"一种安排""一个相互作用的有机体"等，它含有一定的组织形式或有计划发展的意思。国际货币体系是如何产生的呢？一种体系可以是原有体制和习惯缓慢发展的结果，当越来越多的参与者遵守它，并赋予某种约束力时，一种体系就算建立起来了。在国际货币体系的发展史上，国际金本位制的产生就是如此。在另一些情况下，一种体系也可能在很短时间内，经过国际会议协商建立起来，并随着时间推移得到修正和发展，例如第二次世界大战后的布雷顿森林体系。

接下来，让我们先对国际货币体系做一些总体性的了解。

6.1.1 国际货币体系概述

国际货币体系是指各国政府共同遵守的、为有效地完成国家间各种交易的支付所做的一系列规定、安排、惯例和组织形式等，包括为此所确定的国际支付原则、采取的措施和建立的组织机构等。

1. 主要内容

在一种国际货币体系下，一般会涉及以下几个主要方面的规定。

(1) 汇率制度的选择。汇率制度的选择就是规定一国对其货币与其他货币之间的汇率应该如何决定、维持及变化的机制,比如一国货币是否可以自由兑换成其他货币等。

(2) 国际结算原则。其主要内容包括在结算国家间债权债务时应采取什么样的结算方式,对支付是否施加限制(即外汇管制)等。

(3) 国际收支调节机制。当国际收支出现不平衡时,各国(或地区)政府应该采取什么方式进行调节以达到均衡,而各经济体之间又该如何协调。

(4) 国际货币或储备资产的确定和供应。这包括使用什么货币作为支付货币,国际储备的基础是什么,一国政府应该持有何种世界各地普遍接受的资产作为储备资产以维护国际支付原则和满足国际收支的调节需要等。(有关国际储备的讨论会在第 10 章深入展开,这里我们只需知道它的基本性质即可。)

2. 功能

国际货币体系的功能在于保障国际贸易、促进世界经济的稳定发展,使国际贸易和国际资本流动效率最大化,使资源在国际范围内得到更有效的配置和利用,并使各国(或地区)能公平地得到国际贸易和国际经济合作的利益。具体来讲,国际货币体系的作用应该体现在以下几个方面。

(1) 通过汇率制度的确定,防止出现恶性竞争。因为各国在汇率安排上要遵从国际货币体系中的规定,尽量做好相互之间的协调与合作。

(2) 通过对国际货币或储备资产的确定来明确国际清算和支付手段的来源、形式和数量,为世界贸易往来等经济活动提供便利。

(3) 世界各国(或地区)都可能面临国际收支不平衡的问题,而国际收支本身会受到内、外多因素的共同影响,仅靠自身进行调整往往无济于事。因此,国际货币体系中要包含对国际收支不平衡的调节方式,通过这些安排来尽可能地帮助各国(或地区)消除国际收支不平衡。

(4) 更根本的是,国际货币体系中包含的共同准则要给各地的对外经济活动设置一道安全线,不能让国际收支出现持续的不平衡,避免汇率的波动大起大落;经济体自身的经济政策要服从共同的规则,并且确立有关国际货币、金融事务的协商机制或协调和监督机构,从而避免一国(或地区)的经济状况和政策影响全球经济发展的利益,促进国家间的经济政策协调。

3. 评价

那么,现实中的某种国际货币体系是否起到了这些作用呢?或者,在设计一种体系时要考虑哪些标准呢?

具体来讲,可以从三个角度衡量或评价一种国际货币体系的有效性和贡献:调整性(adjustment)、清偿能力(liquidity)和信心(confidence)。

调整性表现在国际收支失衡的调节过程中。在良好运行的国际货币体系中,国际收支失衡可以在最短时间内、以最小的成本加以调节,并且各国、各地区能够公平合理地承担调节责任。**清偿能力**是指国际储备总额,稳健的国际货币体系应该能够提供充足的清偿能力,以便出现失衡的国家或地区能够利用国际储备来进行调整。**信心**则是指各种储备资产的持有者愿意继续持有它们,而不会惊慌地从一种储备转向另一种储备。简单来讲,良好的国际货币体系能够使人们确信调节机制可以顺利地发挥作用,并且国际储备的相对、绝对价值都能保持充足而稳定。

4. 分类

根据以上介绍就会发现，可以从两个不同的角度对国际货币体系进行分类，即汇率制度和储备资产。

有关汇率的安排在一切国际货币体系中都占据着中心地位，因此可以根据汇率的弹性大小来划分国际货币体系。两个最典型的制度类型就是固定汇率制和浮动汇率制，固定汇率制又可分为金本位制度下的固定汇率制和纸币流通(即信用货币)制度下的固定汇率制。当然，介于固定汇率制与浮动汇率制之间的还有可调整的钉住汇率、爬行钉住汇率和管理浮动制等中间汇率制度。实践中，可以根据对汇率制度的选择对国际货币体系进行分类和命名。具体怎么选择汇率制度，会在第8章中详细讨论。

货币本位是国际货币体系的另一个重要方面，这涉及储备资产的性质。一般而言，国际储备可分为两大类，即商品储备和信用储备。根据储备性质可将国际货币体系分为三类：纯粹商品本位，如黄金本位制度；纯粹信用本位，如不兑换纸币本位；混合本位，如美元—黄金储备体系、多元储备体系。

有时也可以同时以汇率制度和国际储备货币来描述不同的国际货币体系，如金本位下的固定汇率制度，以不兑现的货币为本位的固定汇率制度等。在历史的各个不同时期，国际货币体系在不断演变。最早的货币体系是大致形成于1880年、延续至1913年的国际金本位制度，我们的观察就从它开始吧！

6.1.2 国际金本位制的历程

黄金作为货币的历史非常悠久，但西方国家并不是在一个确定的时间一起实行金本位制(gold standard)的。比如，英国在1816年以法律的形式确定了金本位制，但国际金本位制大体上开始于1870年[①]到1890年期间，是在19世纪下半叶随着各主要资本主义国家(或地区)逐渐过渡到单一的金铸币本位制而形成的。

金本位是以一定重量和成色的黄金作为本位币，并使流通中的各种货币与黄金间建立起固定兑换关系的货币制度。它的基础在于各主要国家在国内都实行了金铸币本位制，继而黄金充当了国际货币。

但是，在金本位下，流通中的货币不限于金币，还有辅币和银行券等。随着历史进程的推进，货币与黄金的联系程度也在变化，金本位制又逐渐表现为三种形式，即金币本位、金块本位和金汇兑本位；不同的金本位形式带来稍有区别的国际金本位制度。

1. 金币本位制

金币本位制(gold specie standard)流行于1870—1914年。实际上，它是最为基础、典型的国际金本位制。其内容包括：一国法律规定以一定重量、成色黄金铸成一定形状的金币充当本位币，金币具有无限法偿能力；金币可以自由铸造和熔化，数量不受限制；黄金可以自由输出输入；价值符号(辅币和银行券)可按名义价值自由兑换成金币或黄金，金币构成货币供应量的主要部分。

---

① 1870年是一个比较笼统的时间，而且一般认为1870年到1914年是金本位制的黄金时代。但是，西方主要工业国都是在此前后开始实行金本位制的，如英国是在1819年，德国是在1871年，法国、瑞士等是在1874年，美国是在1879年等。

早在 1717 年，英国就开始了货币标准化，采用金本位制。但是，在 1800 年以前，大多数国家和地区交替使用金币和银币。商人喜欢在本地交易时使用银币、铜币和其他廉价金属铸成的货币，在国际贸易中则使用金币。这种复本位制直到 19 世纪 70 年代终止，因为当时新银矿的发现使银价降低，导致两种金融货币之间的即时汇率不稳定，这样各国政府就要做出选择。与此同时，国际贸易和投资的增长使黄金更有吸引力。最后，英国作为全球市场领袖的地位吸引其他国家和地区采用跟其相同的货币制度。

1844 年，英国通过银行法案，规定英格兰银行独家控制银行券发行权，发行量以黄金准备金数量为基础，实施真正的金本位。1853 年，美国立法限制银币铸造，放弃金银复本位，实质上建立起金本位制。当时其他较发达的国家如德国、荷兰、法国、意大利、日本和印度①也先后在 19 世纪后半叶开始实行金本位制度，包括不完全的金本位制。于是，各国之间逐渐形成了一个统一而又松散的国际货币体系，即国际金本位制，这是世界上第一次出现的国际货币体系。显然，这个体系并不是人为设计出来的产物。

当时形成的国际金本位制具有以下几个特点：黄金作为储备资产充当着国际货币的职能，成为各国之间的最后清偿手段；金币可以被自由铸造和熔化，金币面值与所含黄金实际价值保持一致；金币或黄金可自由兑换，因此价值符号(辅币和银行券)名义价值稳定，不致发生通货贬值；黄金可以自由输出输入，保证各国货币之间的兑换率相对固定和世界市场的统一；每对货币汇率的法定平价决定于它们之间的铸币平价，汇率波动受到黄金输送点的限制，这是自动而不是靠人为措施维持的；外汇市场上外汇供求之间的差距不会很大，外汇汇率虽然可能偏离铸币平价，但不会超越黄金输送点的界限，是自发的、较严格的固定汇率制；金币可以在市场完全兑换，以支持资本流动；国际金本位制具有自动调节国际收支的机制，即在前面讲的大卫·休谟提出的价格—铸币流动机制。

在金币本位制时期，伦敦是当时世界的货币和资本市场的中心。英格兰银行作为世界金融市场的中心，维持其黄金平价，并建立起了该体系的信用。这促进了金本位制得以有效、顺利运行。因此，在实践中，英镑成为当时的世界货币，黄金的实际流动反而既不是最重要的，也不是必需的国际债务清偿手段。国际贸易通常以英镑标价，贸易也就经常用英镑来结算，英镑也因此成为受欢迎的储备资产。

2. 两次大战期间

两次大战期间是指 1918—1939 年这段时期。1914 年爆发的第一次世界大战结束了上述的金本位制。在战争开始时，国民的爱国情怀和政府的法律限制阻碍了私人黄金的流动。在战争期间，商人和银行家们不得不担心国家会限制国际资本流动，国际金融关系变得很紧张。再加上此时欧洲大多数国家经历了严重的通货膨胀，使金本位制的稳定性进一步遭到破坏，各国纷纷放弃金本位制，国际金本位制也就中断运行。

第一次世界大战同时也结束了英国的金融领导地位，美国成长为最重要的金融国家。在国内通货膨胀率较小的条件下，美国在 1919 年 6 月率先恢复了金本位制。1922 年，各国在意大

---

① 德国在 1872 年，斯堪的纳维亚国家在 1873 年，荷兰在 1875 年，比利时、法国和瑞士在 1878 年实行金本位制。1879 年，大多数工业国实行金本位制。

利热那亚(Genoa)召开的会议上通过了一项全面恢复金本位制度的行动纲领①。

1925 年英国也恢复了金本位制，英镑回到了第一次世界大战前的含金量水平(不过，这时有了一定限制，1700 英镑以上才可以兑换金块)。但是此时，英国的物价水平已经比战前上升了。正如凯恩斯曾经警告的那样，通货膨胀带来的英镑币值过高伤害了英国的出口，并且导致了英国工资和物价的下降。1931 年，由于英国黄金储备的流出，英镑被宣布为不可兑换，英国短暂的金本位恢复期由此结束。一旦英镑不能再兑换为黄金，注意力就转移到美元上了。1931 年，美国黄金的流出导致其黄金储备减少了 15%。尽管这一点并没有立即引起美国政策的改变，但到 1933 年美国终于因为持续的黄金流出不得不放弃金本位制。

1929—1933 年，世界性经济危机爆发，资本主义国家陷入极大的混乱。为了通过扩大出口刺激国内经济，20 世纪 30 年代开始到中期，各国纷纷对本币进行官方贬值，因此这一时期被称为"竞争性贬值"期或"国际货币战"时期。各国当局还通过使用外汇管制来控制净出口，以期提高国内生产总值。危机还使巴西、阿根廷、澳大利亚、奥地利、德国及一些英镑区国家(或地区)陆续宣布放弃金本位制，法国、比利时、瑞士、意大利等国组成了金本位集团，但因为国际收支出现困难无法解决，最终在 1936 年放弃了金本位制。1936 年主要的工业国都放弃了金本位制，金本位制彻底崩溃，各国(或地区)的货币汇率开始自由浮动。

3. 金块本位和金汇兑本位

两次世界大战期间，1920 年年初前后，资本主义经济处于相对稳定的时期，很多国家和地区都曾相继恢复金本位制，使国际金本位制在此基础上恢复运转。但是，这时候的金本位制已经与原来的金币本位制有所区别，可以理解为是被削弱了的金本位制。金块本位(gold bullion standard)和金汇兑本位(gold exchange standard)属于此类。

金块本位也被称为"生金本位制"，其特点是国家(或地区)规定以一定重量和成色黄金铸币作为本位币；国家(或地区)不铸造，也不允许公民自由铸造金币，流通中不存在金币；只发行代表一定重量和成色黄金的银行券，银行券具有无限法偿能力，并且只能有限地兑换金块。比如英国在 1925 年规定，银行券每次兑换金块的最低数量为 1700 镑(含纯金 400 盎司)。

金汇兑本位也被称为"虚金本位制"，是指银行券在国内不能兑换黄金和金币，只能兑换外汇的金本位。其特点是：国家(或地区)规定以一定重量和成色黄金铸币作为本位币；国家(或地区)不铸造，也不允许公民自由铸造金币，流通中不存在金币；只发行银行券，银行券具有无限法偿能力，能兑换成可以在发行国兑换黄金的外汇，但不能兑换金币和金块；本币与某一实行金本位或金块本位制国家的货币保持固定比价。

6.1.3　对金本位制的评价

1. 金本位体制的优点

通过前面的观察可以看出，典型的国际金本位制主要具有以下几个优点。

(1) 各国货币的对内和对外价值稳定。

---

① 此时各国已经很难再维持金币本位制度。1922 年在意大利热那亚城召开了国际货币会议，会议决定采用"节约黄金"的原则，实行金块本位制。在这种制度下，货币仍然有法定的含金量，但是只作为货币发行的准备金集中于中央银行，而不在市场中流动。

(2) 黄金自由发挥着世界货币的职能。

(3) 自动调节国际收支。

这些优点为刚刚起步的国际经济往来提供了比较稳定的汇率环境，促进了各地商品生产的发展，鼓励和扩展了国际经贸往来，推动了资本主义信用经济的发展，也促进了资本输出。可以说，国际金本位制促进了资本主义世界在那段上升时期(1870—1913年)里经济的繁荣和发展。

因此，很多人将会把金本位时期看作经济发展的"黄金期"，认为应该回到金本位制度。但也有人认为，该体系还存在相当的缺点，那段时期经济的发展很大程度上应该归功于当时的世界经济环境：第一，那段时期是非常和平的，主要的国家间没有发生大的战事；第二，国家间资本自由流动。

2. 金本位体制的弊端

金本位制的弊端也在其运行过程中逐渐显现，主要体现在以下几点。

(1) 对黄金这种贵金属的依赖使得货币供应及其增长受到限制，可能无法适应经济增长的需要，尤其是在金币本位制下，如果黄金产量的增长不能与实体经济的增长相适应，将限制实体经济的增长。例如，1873—1896年，只有很少黄金被挖掘出来，这直接解释了这段时期里世界范围内物价的大幅度下降：美国下降了53%，英国下降了45%，这些都带来了经济困难。而且，当一国经历贸易赤字时，可能由于黄金输出引起货币紧缩，引起生产停滞和工人失业。

(2) 金币本位制的严格规则使它在世界的政治经济局势出现动荡时难以为继，就像我们上面看到的战争时期的状况。此时，各国很难再遵守原来的规则。

(3) 在金汇兑本位制下，容易形成中心国与外围国，并且带来彼此的不对称关系，这一点对各国经济政策协调有所影响①。随之而来的，就可能是储备资产的投机性流动给世界经济发展带来不确定性。

另外，还可以用评价国际货币制度的几个标准来评价国际金本位制。在调节机制和对储备货币的信心上，可以说国际金本位制有着比较好的表现。但是，在国际清偿能力上，随着实体经济的发展，黄金生产量的下降带来的矛盾必然越来越突出，最终成为制约经济发展的力量。这些都导致最后金本位制的普遍停止。

专栏6-1 同时期中国的货币制度

严格来讲，我们上面讲的国际金本位制并不是"国际"范围内的金本位制，而是欧美主要工业国的货币制度。但是，由于在近代经济历史上这些国家或地区在世界经济中占有绝对重要的地位，因此就把流行于这些国家或地区的货币制度称为"国际的"货币体系。那么，我们不禁会有这样的疑问：同一时期中国采取的是什么样的货币制度？是否被包括在我们讲的国际货币体系中呢？

我们主要关注的是19世纪初到20世纪初这段时期，这时的中国处于清朝后半期。早在明朝末年，中国就开始了白银货币化的过程；到了清朝，则实行"银钱复本位"，白银货币占据中心地位，白银权重大，白银部门的主导地位很牢固。白银资源一方面来自国内开采和生产，另一方面来自于海外进口。因此，中国与欧洲、北美的贸易，以及南美的白银状况对中国的白银供给都非常重要。

随着19世纪后期洋务运动的开展，近现代大工业部门的出现，货币结构发生变化，带来

---

① 关于这一消极影响的深入分析，可以在6.2节中讨论的布雷顿森林体系中见到。

了货币部门的多元化。银元、纸币、铜元等货币的作用日益增大,外币的流通也获得了更大的发展。可见,在很多工业国实行了"国际金本位制"的同一时期,中国并不是其中一员。但是,世界的金银比价对中国的白银经济影响至深。

1933 年,随着中国进入民国时期,终于实现了"废两改元",建立了银本位;到 1935 年,推行了法币改革,中国传统的货币经济转向了现代货币经济。

6.2 布雷顿森林体系

随着世界范围内的经济大萧条,以及随之而来的第二次世界大战,各国自顾不暇,也就谈不上什么国际货币体系了。但是,战争结束后人们首先想到的就是要建立一个会促进各国经济恢复和发展的国际货币体系,这就是我们接下来要介绍的、流行于 1944 年到 20 世纪 70 年代初的布雷顿森林体系(Bretton Woods System)。

6.2.1 布雷顿森林体系的建立

鉴于两次世界大战之间货币金融领域各国混乱的局面,以及给各国经济贸易带来的严重损害,英美两国在战时就分别准备了凯恩斯计划[①]和怀特计划[②],积极筹划战后的国际货币制度,希望将国际货币体系改革成为一个以多边合作和自由兑换货币为基础的制度。

1944 年 7 月,44 国代表在美国新罕布什尔州的布雷顿森林举行联合和联盟国家国际货币金融会议。美国此时已经成为世界上最强大的经济体:工业制成品占世界总额的一半;海外贸易占世界总额的 1/3 以上;黄金储备达到 200.8 亿美元,约占世界总储备的 59%;黄金投资超过英国,成为世界上最大的债权国,等等。因此,会议最终以美国提出的怀特计划为蓝本,通过了《布雷顿森林协议》,这样就形成了第二次世界大战后运转了长达 26 年[③]之久的布雷顿森林体系。

该体系以《国际货币基金协定》的法律形式确定了主要内容,其中最显著的特点就是双挂钩,即美元与黄金挂钩,各国货币与美元挂钩。另外,该协定建立了国家间金融协调和合作的机构——IMF,并包括如下内容。

1. 美元等同于黄金,作为国家间主要清算支付工具和储备货币

美国对各国政府承担美元兑换黄金的义务,按 1 美元价值 0.888 671 克纯金比率确定美元

[①] 凯恩斯计划由英国财政大臣首席顾问约翰·凯恩斯在 1941 年提出。其主要内容包括:建立一个世界性的中央银行——国际清算联盟;发行"班柯"(Bancor)作为存款货币和清算单位,清算官方债权和债务;一国国际收支发生逆差,按规定的份额申请透支;强调顺差国和逆差国共同承担责任;等等。

[②] 怀特计划由美国财政部长助理哈里·怀特(Harry Dexter White)在 1940 年提出,也被称为"国际稳定基金计划"。其主要内容包括:各成员国以黄金、本国货币和政府债券交纳 50 亿美元,建立一个国际基金组织,各国享有的表决权与其所交纳的基金份额成正比;发行一种叫作"尤尼塔"(Unita)的国际货币,作为计算单位,含金量相当于 10 美元;各国货币与"尤尼塔"保持稳定比价,不得任意变动;等等。

[③] 1971 年,布雷顿森林体系崩塌。

含金量,即美元和黄金保持 1 盎司[①]黄金=35 美元的官价。IMF 成员国政府必须认可美国政府这一官价,并把这一官价作为国际货币制度基础。

2. 实行可调整的钉住汇率

IMF 会员国的各国货币通过各自法定含金量即黄金平价与美元含金量对比,套算出兑美元的汇率,也可以不规定含金量而直接确定与美元的比率。这一汇率不经 IMF 批准不得轻易变动。会员国要将汇率维持在黄金平价的±1%限度内。

3. 国际收支的调节

各成员国国际收支出现不平衡时,可以通过 IMF 贷款来调节,但主要依靠各国自身改变国内支出。除非 IMF 认为该国国际收支处于"根本性失衡"(fundamental disequilibrium),才可变动其货币的含金量,从而调整其汇率,对外法定贬值或升值,以此来改善国际收支状况。

由此可见,美元在各国货币制度中处于中心地位,履行着关键货币的职能,其他国家或地区的货币则都依附于美元,布雷顿森林体系实际上是以美元为中心的国际金汇兑制。

6.2.2 布雷顿森林体系的运行

从布雷顿森林体系的运行中可以看出,其顺畅运行的一个核心就是有效的"双挂钩"原则。这一点依赖于三项相互联系的基本条件:第一,美国国际收支保持顺差,美元对外价值稳定;第二,美国黄金准备充足,保证美元兑黄金的有限兑换性;第三,黄金价值维持在官价水平。当以上三条不能同时满足时,以美元为中心的国际货币体系的基础就会随之动摇。

布雷顿森林体系运行初期确实在很大程度上解决了金本位体制存在的黄金产量无法适应经济发展的问题,大大促进了战后经济的发展。在布雷顿森林体系运行的过程中,世界范围内贸易和资本流动都得到了发展,为世界上很多国家或地区带来了巨大的经济利益。1947—1958 年,很多国家和地区刚刚从战争中恢复,此时面临的主要问题为美元不足,例如布雷顿森林体系运行的这十年期间所表现出来的美元荒(dollar shortage)。随着美国经济状况的变化,布雷顿森林体系的运行也逐渐出现了新的问题。

20 世纪五六十年代,美国急剧对外扩张带来了巨额的国际收支赤字,经济实力也相对下降,从而使美元信用发生动摇。1960 年 10 月,爆发的第一次美元危机标志着美元本位从此进入动荡时期。之后,IMF、美国和其他主要国家或地区采取了种种补救措施,如 1960 年 10 月美国与西欧发达国家达成的"稳定黄金价格"的君子协定[②]、1961 年 3 月国际清算银行理事会成员央行达成的《巴塞尔协议》[③]、1961 年 10 月的《黄金总库协议》[④]和"借款总安排"[⑤]、1962 年 3

[①] 盎司,是重量单位,符号为"ounce"或"oz"。一般的盎司(常衡盎司)约等于 28.350 克。而我们这里用的是"金衡盎司"(troy ounce),缩写为"oz.t",每盎司等于 31.1035 克。

[②] 美国与欧洲主要国家达成的君子协定,约定彼此收购黄金的价格不能超过 35.20 美元(35 美元+0.25%手续费+运费)。各国希望通过这项协定来抑制黄金的价格上涨,保持美元的价值。

[③] 参加国际清算银行(BIS)的 8 个国家于 1961 年通过了《巴塞尔协定》,该协定规定在国际收支发生困难的时候,各国银行应该在外汇市场上保持合作,维持汇率水平的稳定。

[④] 黄金总库(good pool)是用其他国家的黄金来补充美国的黄金。

[⑤] 有 10 国于 1961 年签订了借款总安排协议,该协议规定当 IMF 缺少这些国家的货币时,可以通过借款总安排向这些国家借入必要的资金。这主要是为了让美国向其他国家借款,以缓解美元危机,维持布雷顿森林体系的运行。

月的《货币互换协定》[1]等。但这些补救措施收效甚微,到了 20 世纪 60 年代中期,由于越南战争的扩大,美国财政金融和国际收支进一步恶化,对外债务不断增加,美元信用进一步下降。1968 年 3 月爆发了第二次美元危机,美国黄金储备从 1949 年占西方世界存量的 75% 的顶峰下跌到 1968 年的 25%,美元的实际对外价值下降。

同样,IMF、美国和其他主要国家或地区又采取了诸如 1968 年"黄金双价制"、1970 年发行 SDR 等种种补救措施,力图阻止美元危机的再次发生。但是到了 20 世纪 70 年代初,美国受周期性经济危机影响,国际收支进一步恶化,于是 1971 年 5 月爆发了第三次美元危机,外汇市场大量抛售美元,抢购黄金和西德马克。1958—1971 年渐次出现的这些美元危机也可以理解为美元过剩的美元灾(dollar glut),它们最终促使美元本位制走向解体。

1971 年 8 月中旬,美国官方储备资产下降到 120 亿美元,官方美元债务上升到 506 亿美元,即外国官方持有的美元额相当于美国黄金存量折合美元价值的 4 倍以上,终于导致 1971 年 8 月 15 日美国(尼克松政府)宣布实行"新经济政策",关闭"黄金窗口"(gold window),对外国官方持有的美元停止承担兑换黄金的义务,美元与黄金脱钩。

1971 年 12 月,"十国集团"召开国际货币会议讨论重新安排主要货币的汇率,达成《史密森协议》(Smithsonian Agreement),将黄金官价从每盎司 35 美元上升到每盎司 38 美元,美元兑黄金贬值 7.89%;其他国家(或地区)的货币则升值;各国(或地区)货币兑美元汇率波幅由原来不超过±1%,扩大到±2.25%。

但是,该协定只是暂时地推迟了外汇危机的发生。投机资本开始冲击英镑和意大利里拉。1972 年,英镑汇率开始根据供应和需求情况浮动。而有着大量投机资本流入的国家如德国和瑞士,则使用法律控制来减少货币的进一步流入。

1973 年 2 月,美国国际收支逆差严重,美元信用猛烈下降,国际金融市场掀起抛售美元风潮。1973 年 2 月 12 日,美国宣布美元兑黄金所谓官价再贬值 10%,黄金官价由每盎司 38 美元升值到每盎司 42.22 美元。同年 3 月,西欧出现抛售美元、抢购黄金和联邦德国马克的投机风潮,西欧和日本的外汇市场被迫关闭长达 17 天之久。意大利、日本等国决定放弃汇率平价,实行浮动汇率;其他主要货币也开始浮动,与美元脱钩,固定汇率制逐渐被浮动汇率制取代。

因此,从 1971 年开始到 1973 年,布雷顿森林体系先是经历了美元停止兑换黄金,然后是固定汇率波幅扩大和固定汇率制垮台,最终退出了历史舞台(见表 6-1)[2]。

表 6-1 主要工业国货币在布雷顿森林体系时期的汇率

国家	汇率(对美元)
加拿大	直到 1962 年 5 月 2 日,汇率(对美元)都是浮动的,然后钉住在 C\$1.081 =\$1,在 1970 年 6 月 1 日后又开始浮动
法国	1948 年之后没有官方的 IMF 平价价值(尽管实际汇率大概在 FF350 = \$1);直到 1958 年 12 月 29 日,汇率被固定在 FF493.7 =\$1(旧法郎);一年后,新法郎出台后(1 个新法郎等于 100 个旧法郎),汇率变为 FF4.937 =\$1;1969 年 8 月 10 日,官方贬值到 FF5.554 =\$1

---

[1] 这是美国同 14 个西方主要国家的中央银行签订的协议,约定彼此提供对等的短期信贷资金,以保证汇率的稳定。
[2] 需要注意的是,在很多理论文章中,将 1971 年美国总统理查德·尼克松宣布中止美元与黄金的可兑换性作为布雷顿森林体系崩溃的标志。这与本书中的论述并不矛盾,只是观察角度不同。

(续表)

国家	汇率(对美元)
德国	1961年3月6日,马克升值,从 DM4.20=$1 到 DM4.0=$1；1969年10月26日,马克又升值到 DM3.66=$1
意大利	从1960年3月30日到1971年8月都钉住在 Lit625 = $1 上
日本	直到1971年都钉住在¥360 =$1 上
荷兰	直到1961年3月7日都钉住在 F13.80 = $1,然后升值为 F13.62 = $1
英国	1949年贬值一次；1967年11月11日贬值,从$2.80=£1 到$2.40 = £1

资料来源：迈克尔·梅尔文. 国际货币与金融[M]. 欧阳向军,俞志暖,译. 上海：上海人民出版社,1994.

在布雷顿森林体系时期,国际货币体系中发生的主要事件如表6-2所示。

表6-2 布雷顿森林体系时期国际货币体系大事记

年份	事件
1944	召开布雷顿森林会议；创设国际货币基金组织；成立世界银行
1948	签订"马歇尔计划"
1949	欧洲主要国家和许多其他国家将货币贬值
1950	由马歇尔计划的接收者建立欧洲支付联盟(European Payments Union)
1958	建立欧洲经济共同体(European Economic Community,EEC),取消 EPU
1960	黄金危机下由几个主要的中央银行建立了伦敦黄金总库(the London gold pool)以平抑黄金价格
1961	德国马克和荷兰盾升值；成立经济合作与发展组织(Organization for Economic Cooperation and Development,OECD),第一批成员国包括奥地利、比利时、加拿大、丹麦、法国、联邦德国、希腊、冰岛、爱尔兰、意大利、卢森堡、荷兰、挪威、葡萄牙、西班牙、瑞典、瑞士、土耳其、英国、美国等。后来的成员国包括日本(1964)、芬兰(1969)、澳大利亚(1971)和新西兰(1973)
1962	法国开始出售美元获取黄金
1963	美国开始对非居民借款者征收利息平衡税
1965	美国对本国居民的对外投资施加"自愿性"管制
1967	在英镑官方贬值后发生了世界货币危机
1968	自愿性管制变成强制性管制,黄金的流失使各国政府放弃"伦敦黄金总库",并形成了两层黄金市场：一个是中央银行以官方价格交易的市场,另一个是以市场价格成交的私人交易市场
1969	法国法郎贬值。德国马克在短暂的浮动之后升值
1970	创设特别提款权(Special Drawing Right,SDR)
1971	美国出现巨额贸易赤字,美国黄金存量降到100亿美元以下；8月15日冻结了美元对黄金的兑换,允许美元浮动；12月17日史密森协议调低美元的黄金价值,并重新确定一个有更宽波动幅度的平价(从1%变为2.25%),不再提及美元和黄金之间的可兑换性
1972	欧盟国家,丹麦和英国同意彼此之间维持一个更窄的波幅1.125%,同时对美元保持2.25%的波幅
1973	美元贬值,很多货币开始浮动；产油国建立了禁运组织

专栏6-2 黄金窗口(Gold Window)

1944年7月1日,共44个国家在美国新罕布什尔州的布雷顿森林参加了"联合联盟国家国际货币金融会议(布雷顿森林会议)"。会议通过了《布雷顿森林协议》,确立了美元—黄金双挂钩机制。该机制规定美元以 35 美元兑换一盎司黄金，而其他货币与美元挂钩。双挂钩机制在成立之初为国际货币体系的稳定做出了重大贡献。黄金与美元固定价格很好地弥补了西欧国家清偿力不足的问题，促进了国际贸易的发展。

但是，这种双挂钩成立的前提是美国有足够的黄金储备，且第二次世界大战后其他国家的货币信用不足。随着第二次世界大战后世界经济逐渐复苏，各国的竞争力不断上升，美元和黄金也开始大量外流。在这种情况下，美元的储备已经不足以支撑美国维持这种固定的兑换水平。1971 年，美国的国际逆差达到了 220 亿。市场上有大量的美元，而美国却没有足够的黄金来维持固定汇率。在这种情况下，美元的信誉岌岌可危，各国纷纷停止买入美元，并要求美国将他们手中的美元兑换成黄金。

在此情况下，时任美国总统的尼克松不得不于 1971 年 8 月 15 日宣布关闭黄金窗口，美元与黄金脱钩，不再以固定汇率进行兑换。

6.2.3 对布雷顿森林体系的评价

1. 布雷顿森林体系的优点

以第二次世界大战时的经济环境为背景建立起来的布雷顿森林体系在 20 世纪五六十年代的大多时间里都运行良好，对战后世界经济和贸易的发展起着一定的积极作用，支撑了从 20 世纪 60 年代开始的资本主义世界高速增长的"黄金时代"，对全球经济贸易发展起到积极作用，具体表现在以下几个方面。

(1) 促进了国际经济的迅速发展。在布雷顿森林体系下，汇率的稳定消除了国际贸易及对外投资的汇率风险，使国际货币金融领域从动荡混乱状态进入相对稳定时期，为国际经济领域创造了相对平稳的外部环境；美元作为主要国际支付手段和储备货币，弥补了过去的清偿能力不足，消除了影响国家和地区间商品货币流通的各种障碍。这些都促进了国际贸易和资本流动，从而促进了世界经济的发展。据统计，1948—1971 年，主要工业国的出口贸易年平均增长 8%，远高于第一次世界大战期间的 0.8%。以马歇尔计划为开端的大规模资本借贷和投资，使一大批国家和地区走上负债发展经济的道路，通过生产国际化和积极参加国际分工，拉丁美洲各国及亚洲"四小龙"也都得到迅速发展。

(2) 缓解了各国国际收支的困难。第二次世界大战之后，稳定的环境、充足的资金对战后经济恢复非常关键。IMF 为各国提供应急贷款，指导并协助各国进行国内经济政策调整，减少国际收支不平衡对经济发展的制约。其成立使各成员国有可能获得来自国际机构提供的各种类型贷款以解决收支困境，从而减轻了这些国家或地区货币的内在不稳定性。

(3) 树立了国际货币合作的典范。在布雷顿森林体系下，为了协调国际货币问题，IMF 成员国每年召开一次全体成员会议，就国际金融问题交换意见，在共同讨论的基础上做出决策。在稳定汇率方面，IMF 与一些国家集团之间的相互协调也受到了世界范围的肯定。通过 IMF 来协调解决国际金融问题，开辟了国际金融政策协调的新时代。

2. 布雷顿森林体系的缺点

布雷顿森林体系的最终解体证明了该体系本身存在的严重缺陷。

首先，由于美元享有特权地位，各个国家或地区都愿意在对外经济交往中使用美元，因此美国可以利用美元无限制地扩大对外投资活动，影响国际金融活动和弥补美国的国际收支逆差，使实际资源向美国转移，等于美国向其他国家和地区征收了"铸币税"。以上种种使国际货币体系实际上是建立在美国的经济基础上。一旦美国经济状况发生变化，国际货币体系也必然随之动荡。

其次，1944 年 IMF 规定的美元价值存在对美元的高估，而这种高估难以维持。美元高估使美国可在国际贸易、投资和信贷中获取超额利润，如低价进口原材料及商品，即进口增加。同时，美元高估又使得美国在国际市场上的竞争力削弱，即出口减少。因此，美国国际收支不断恶化。这就意味着美元地位受到冲击，势必削弱美元信用，影响以美元为中心的货币体系的稳定。

最后，美元本位是一种固定汇率制，这就限制了各国利用汇率杠杆来调节国际收支的能动程度。

以上都是布雷顿森林体系的缺陷，但是，这些缺陷背后最深层、最根本的原因是清偿能力与信心的内在矛盾和调整性的僵化。清偿能力与信心的内在矛盾是布雷顿森林体系的一种自身不可克服的内在矛盾，最早被经济学家特里芬(Triffin)指出，因此被称为特里芬困境(Triffin Dilemma/Paradox)。在该体系下，随着世界经济的发展，需要增强国际清偿能力，即增加国际储备(美元)；如果增加美元这种国际储备，美国国际收支必须长期持续逆差；美国国际收支长期逆差最终使人们对维持美元与黄金间的可兑换性产生怀疑，对美元的国际清偿能力丧失信心；要维持各国对美元的信心，美国必须纠正其逆差，这又必使国际清偿能力不足。由于这一困境的存在，布雷顿森林体系成为一种非常虚弱的国际货币制度，即基准货币国家美国的国际收支无论出现盈余或赤字，都会给这一国际货币制度的运行带来困难，最终摆脱不了垮台的命运。调节机制失灵是由于汇率过于僵化，国际收支失衡调节的责任不对称导致的。由于 IMF 的贷款能力有限，调整汇率的次数很少，各国调整国际收支失衡，主要是以牺牲国内宏观经济政策自主权为代价的。同时，国际收支调节压力的不对称现象造成了巨大的国际收支世界性不平衡：一方面，由于美元作为基准货币的特殊地位，美国具有对其国际收支不平衡做自行调节的特权；另一方面，IMF 通过贷款能促使赤字国纠正其国际收支不平衡，但对盈余国的调节责任却没有监督措施，也很少执行稀缺货币条款。

6.3 当代国际货币体系

随着布雷顿森林体系的瓦解，国际货币金融关系动荡混乱，美元的国际地位下降，许多国家和地区开始实行浮动汇率制，汇率波动剧烈，全球性国际收支失衡现象日益严重。这些迫使国际货币体系迅速改革，以保持国家或地区间经济活动的顺利进行。

几十年来，人们一直在进行着这方面的尝试。早在 1968 年，IMF 就提出了创设一种以记账单位形式存在的储备资产来弥补美元的不足，即特别提款权(special drawing right, SDR)。1970 年，IMF 第一次发行并根据会员国缴纳份额的比例向各成员国发放了 SDR，到 1972 年共发放了 95 亿 SDR。有关 SDR 的讨论会在第 10 章详述。

1972 年 7 月 20 日，IMF 建立了"国际货币制度改革及有关问题委员会"，即所谓"二十国委员会"，专门负责研究国际货币体系的改革问题。1973 年 9 月 1 日，这个委员会提出了第一个改革提纲草案。1973 年 10 月，由于石油危机的发生，委员会的工作重点转向应对当时许多国家面临的通胀和国际收支逆差问题，国际货币体系改革进展缓慢。1974 年 6 月 14 日，委员会提出了正式的改革提纲"国际货币体系改革纲要"，完成了第一阶段工作。1976 年 1 月，IMF 组成"国际货币制度临时委员会"，在牙买加首都金斯敦举行会议，最终签署了《牙买加协议》(*Jamika Agreement*)，从而形成了新的国际货币体系——牙买加体系。

6.3.1 牙买加体系概述

《牙买加协定》涉及汇率制度、黄金作用等诸多方面的问题。其具体内容包括：成员国可自由做出汇率方面的安排，但成员国汇率政策要受 IMF 的监督，以防止各国采取损人利己的货币贬值手段；废除黄金官价，以降低黄金的货币作用；增加成员国缴纳的基金份额；扩大对发展中国家的资金融通，等等。1976 年 4 月，IMF 理事会通过《国际货币基金协定第二次修正案》，1978 年 4 月 1 日修正案正式生效，从此国际货币金融关系进入一个新阶段，逐渐形成国际货币关系新格局。

6.3.2 牙买加体系的运行

简单来说，牙买加体系是以美元为主的国际储备货币多元化和浮动汇率体系。这一体系在运行中体现出如下特点。

(1) 美元仍然是最主要的国际货币，但地位有所下降，而德国马克、日元，特别是复合货币 SDR、欧洲货币单位 ECU[①]的国际地位日益提高。其具体表现在美元仍是主要的国际计价单位、支付手段和国际价值存储手段。随着美元汇率的剧烈波动，特别是 1985 年 2 月下旬以后的美元汇率暴跌，美元的国际货币地位受到冲击。再加上新冠疫情期间，美国实行量化宽松政策，导致美国通货膨胀，美元的内在价值下降。国际货币多元化趋势进一步增强，开始形成以美元为中心的多元化国际储备体系。

(2) 黄金非货币化的推行使得黄金的国际货币作用被严重削弱。事实证明，黄金的货币作用并没有完全丧失，黄金仍是最后的国际清偿手段和保值手段。

(3) 以浮动汇率为主的混合汇率体制(Hybrid System)得到发展，这种复合汇率体制比布雷顿森林体系的汇率制度更加复杂和灵活。

(4) 国际金融市场开始大规模发展。随着主要国家(或地区)对资本流动管制的放松，各国间资本流动的规模越来越大，对各国产生的影响也在不断增强。

(5) 国际收支的调节是通过汇率机制、利率机制、基金组织的干预和贷款、国际金融市场的媒介作用和商业银行的活动，以及有关国家(或地区)外汇储备的变动、债务、投资等因素结合起来进行的。

具体来讲，汇率机制是：当一国经常项目发生逆差时，对外汇的需求大于外汇供给，本币对外汇率下浮，该国出口增加、进口减少，从而改善国际收支状况。利率机制是：通过一国实际利率与其他国家或地区的实际利率的差异，引导资金流出流入，从而调节国际收支。IMF 的

[①] 当然，随着欧元的推出，就不再有欧洲货币单位和德国马克了。

调节则是通过干预和贷款等活动来帮助成员国扭转持续的不平衡状况。

6.3.3 对牙买加体系的评价

1. 牙买加体系的优点

牙买加体系对维持世界经济的运转、推动世界经济继续发展起到一定的积极作用。

(1) 它基本摆脱了布雷顿森林体系时期基准货币国家与依附国家相互牵连的弊端，由于国际储备的多元化，一定程度上解决了"特里芬难题"，缓解了国际清偿能力不足的问题。

(2) 以浮动汇率为主的混合汇率体制可以灵活地适应不断变化的国际经济状况，各国汇率可以根据市场供求状况自发调整，可以比较灵活地反映瞬息万变的客观经济状况，这使得一国宏观经济政策更具有独立性和有效性，也使得各国货币的币值得到充分体现和保证，同时减少了各国为了维持汇率所需要的外汇储备。

(3) 采取多种国际收支调节机制相互补充，在一定程度上缓和了布雷顿森林体系调节机制失灵的情况。

2. 牙买加体系的弊端

随着国际经济关系的发展变化，这种被人们称作"无体系的体系"的牙买加体系日益暴露出一些弊端。

(1) 随着美元地位的不断下降，美元已经不能很好地执行国际货币职能，而国际储备货币多元化缺乏统一的货币标准，国际货币格局错综复杂，导致国际金融市场的动荡混乱，为国际贸易和信用、世界经济的健康发展都带来不利影响。

(2) 汇率波动频繁而又剧烈。美元汇率从 1980 年至 1985 年第一季度上升超过 60%，从 1985 年 2 月至 1987 年年底下降超过 50%，波动幅度剧烈，给国际贸易、国际借贷、国际信用和各国经济发展带来了不利影响。另外，汇率剧烈波动也让外汇投机商有机可乘，助长了外汇投机活动，加剧了国际金融市场的动荡和混乱。

(3) 国际收支调节机制不健全。理论上的汇率机制、利率机制等在现实世界中并不能很好地发挥作用。在实践中，由于各种条件的限制，汇率机制对国际收支的调节作用并不十分有效，汇率运转机制缺乏效率。利率机制可能对本国经济带来负面影响，其作用效果往往会受到国内经济环境和政策的影响。20 世纪 80 年代美国里根政府的宏观经济政策就是如此[①]。IMF 本应在调节国际收支方面发挥重要作用，但又没有实力促使强大的顺差国承担调节国际收支的义务，难以指导并监督顺差国与逆差国双方对称地调节国际收支失衡。因此，面对全球性国际收支失衡日益严重的现象，其往往束手无策，无法充分履行调节职能。

(4) 其他国家或地区可能会面临输入性通胀。由于世界上大多数的石油只能用美元进行结算，这使得其他国家或地区的货币在相对于美元贬值之后，会面临输入性的通货膨胀。例如，中国本来购买 100 升石油只需花费 100 美元(630 人民币)。但是，当人民币相对于美元贬值之后，100 美元可以兑换 680 人民币。那么，就算一美元可以购买的石油价格不变，由于人民币相对贬值，石油对于中国来说价格还是上升了。由于许多商品都需要使用石油进行生产，石油的价

---

① 里根政府采用的是供给学派的经济政策，减免税收、增加国防开支，实行扩张性的财政政策，以及温和、谨慎的货币政策。但是，这些政策在促进美国经济保持低速增长的同时，带来了国内巨大的财政赤字及对外贸易的巨大逆差。

格上升也会带来其他商品价格的上升,那么中国就会被动地接受这种输入性通胀。

(5) 牙买加国际货币体系建立在美元的信用上,一旦人们失去对美元的信心,就会造成国际货币体系和国际经济与贸易的混乱。在新冠疫情期间,美国大量地发行美元,企图挽救本国经济,这在全球范围内都造成了一定程度的通货膨胀。这种毫无节制的货币发行会影响美元的国际信誉。虽然在牙买加体系下美元不是唯一的货币储备,但仍然是最主要的货币储备,各国都持有大量的美元外汇储备。在这种情况下,美债一旦违约或者公众相信美债将要违约,将会带来美债的大量抛售和美元的信用危机。这样会对大量持有美债作为外汇储备的国家或地区带来无法估量的损失。

(6) 浮动汇率制度下的国际金融市场具有不稳定性。选择浮动汇率制度的国家或地区越来越多,但正如我们前面提到的,浮动汇率下仍然会有政府对其进行"管理",因为汇率的频繁、剧烈波动不利于国民经济的增长。不过,实行干预政策存在一定的困难,这是因为难以辨别汇率浮动是由基本经济情况的变化引起的,还是由短期因素造成的,也难以辨别一国干预是为了稳定各国之间的货币关系,还是为了自身的利益。而且 IMF 对此缺乏有效的监督,这样就更增加了国际金融市场的不稳定性。

综上所述,牙买加体系存在的问题会给当前世界经济的发展带来不利的影响,因此,有必要思考如何进一步改革国际货币制度,建立合理而稳定的国际货币新秩序。

6.3.4 对当代国际货币体系的其他观点

除了"牙买加体系"这个比较正式的提法外,美国的约翰·威廉姆森(John Williamson)还将其定义为"国际货币无体系"(International Monetary Nonsystem)。另一些学者则根据国际货币体系实际运行的一些特征将当代国际货币体系称为"第二代布雷顿森林体系"(BWII)。其中比较著名的就是杜利(Dooley)等经济学家。

之所以仍然用"布雷顿森林体系"这个词,是因为布雷顿森林体系解体以后国际货币体系的运行与之前的货币体系并无本质的不同。在布雷顿森林体系下,一个最突出的特征是美元作为中心国与外围国联系。布雷顿森林体系解体后,虽然美元不再与黄金挂钩,但美元和几种主要货币(如欧元、日元等)仍然是国际货币的核心,这时的中心国就从美国扩展为以美国为中心的发达国家,而外围国则主要包括以东亚国家为代表的新兴市场国家和以中东国家为代表的资源输出国。

但是,根据前面对牙买加体系运行的观察我们也可以看出,当代国际货币体系中确实有很多与布雷顿森林体系下不同的特征,如浮动汇率制度、黄金非货币化等,所以它被称为"第二代"的布雷顿森林体系。

当然,不管怎样对当代的国际货币体系进行命名,我们都在经历着这样的国际货币体系。从近 40 年的实践来看,国际范围内的金融危机仍然时有发生,有的发生在某些地区,有的则对全球产生重大冲击,如 2008—2009 年的国际金融危机。

那么,当代的国际货币体系在金融危机中是什么角色呢?有一些学者将现行的国际货币体系当作罪魁祸首,认为是它带来了全球的国际收支不平衡,并最终引发了危机。这种观点是否完全正确,还没有一个统一的答案。我们会在第 9 章对此进行深入探讨。但是,比较一致的看法是，现行的国际货币体系肯定需要变革，以促进更稳定的世界经济发展。因此，本章后面的专栏会就国际货币体系的改革问题进行探讨。

专栏 6-3　国际货币体系的改革

第二次世界大战之后特殊的历史机遇，形成了以美元为主导的国际货币体系。近几年频发的金融危机虽然加剧了各国对美元依赖，但是也进一步加剧了全球经济的失衡。另外，从对现行国际货币体系的阐述可以看到，它在运行中确实产生了一些问题。正是以上困难的存在，使诸多学者、政治家等经常提出对国际货币体系进行改革的建议。

视频

一部分学者提出用一个超主权货币代替美元成为国际储备货币。2012 年在法国政府的推动下，对于国际货币体系改革的讨论得到了加强，各国政要频频召开与国际货币体系改革相关的高级别研讨会，呼吁建立一个更稳定、更抗风险的国际货币体系，扩大 IMF 的特别提款权货币篮子，加强金融监管等。国内有学者建议扩大 SDR 的适用范围，使之逐渐成为超主权货币。发展中国家呼吁应更多地着眼于发展中国家在国际金融机构中的代表权。中国央行前任行长周小川建议对国际货币基金组织创设的 SDR 进行改进和扩大，以"大处着眼、小处着手、循序渐进、寻求共赢"的改革，逐步创建"具有稳定的定值基准并为各国所接受的新储备货币"，核心是要在未来建立一种不与任何国家主权挂钩的"世界货币"，以此作为国际储备和贸易结算的工具，并在实践操作性上进行探讨，提出一套相应的解决方案。

还有人认为未来应该是人民币、美元和欧元三足鼎立形成的一个多元储备货币体系，并在此基础上用 SDR 进行补充，保证国际金融的顺利运转。多元化的储备货币可以有效地缓解特里芬难题，并且可能达到一种动态平衡，减少单个货币对国际经济的影响。近年来随着中国经济不断发展，人民币的国际地位不断提高，人民币的国际储备占比也越来越大。巴西央行发布的报告显示，截至 2022 年年底，人民币已取代欧元成为巴西外汇储备占比第二的货币。另外，中国与伊朗签订了用人民币购买石油的协定，中海油与法国道尔夫公司签订了在上海用人民币支付液化天然气的协议，这些无一不在说明人民币的国际地位不断提升。截至 2023 年 4 月，上合组织和欧佩克中已经有 29 个国家同意使用人民币结算。这些都预示着多元化的国际货币体系可能是未来的发展方向。

专题：国际金融组织和他们在新冠疫情中的表现

在国际货币体系形成的过程中，一些国际金融组织发挥了非常重要的作用。下面会简单介绍一些较为重要的国际金融组织。

1. 国际清算银行(Bank for International Settlements，BIS)

BIS 是世界上最早的国际基金组织，是在第一次世界大战结束后，为了处理德国的战争赔款和协约国之间债务的清算及清偿事务而成立的。BIS 现有中央银行(或货币当局)成员 63 个，不但有工业国，还包括像中国这样的发展中国家。它的总部在瑞士的巴塞尔，并在中国香港和墨西哥城有两个代表处。BIS 只服务于各国中央银行和国际组织，不办理私人业务。

在新冠疫情期间，BIS 发布了多篇关于新冠疫情对各国经济可能影响的研究报告，对新冠疫情可能导致的市场暴跌、债券飙升等问题表示担忧，并督促各央行积极应对，重视这场疫情冲击可能带来的金融危机。另外,在国际清算银行发布的年度报告中提到,新冠疫情导致的现金支付交易下滑,可能会对央行数字货币市场的发展产生积极影响。

2. 国际货币基金组织(International Monetary Fund,IMF)

IMF 作为政府间的国际金融组织,于 1994 年 7 月根据《布雷顿森林协议》而成立,其宗旨是稳定国际汇兑,消除妨碍世界贸易的外汇管制,在货币问题上促进国际合作,并通过提供短期贷款,满足成员国国际收支不平衡时产生的外汇资金需求。截至 2022 年 6 月,中国在 IMF 份额为 304.8 亿特别提款权(SDRs),占总份额 6.40%,排名第三位,仅次于美国(17.43%)和日本(6.47%)。

2020 年 3 月 4 日,IMF 宣布将向低收入国家提供 100 亿美元的无息贷款,并向新兴市场国家提供 400 亿美元的低利率贷款,来帮助他们抵抗新冠疫情。2021 年 5 月 21 日,IMF 发布的报告提议筹资 500 亿美元来加速全球范围内的新冠疫苗接种,并保证在 2022 年上半年,全球接种疫苗的人口比例可以达到 60%。

3. 世界银行集团(World Bank Group,WB)

WB 是国际复兴开发银行(International Bank for Reconstruction and Development,IBRD)、国际开发协会(International Development Association,IDA)和国际金融公司(International Finance Corporation,IFC)的总称,另外还包括解决投资争端国际中心(International Centre for Settlement of Investment Disputes,ICSID)和多边投资担保机构(Multilateral Investment Guarantee Agency,MIGA)。

WB 有 189 个成员,在 130 多个地区设有办事处。最开始的目标是为西欧国家战后复兴提供资金支持。不过在 1948 年"马歇尔计划"中的欧洲复兴资金落实以后,其业务目标转变成帮助发展中国家提高生产力,促进其社会进步和经济发展。WB 致力于在发展中国家减少贫困人口并建立共享富裕的可持续之道。

WB 在新冠疫情中启动了有史以来最大规模的应对措施。从 2020 年到 2021 财年末,WB 提供的融资总额超过了 1570 亿美元。该融资帮助 100 多个国家和地区解决医疗卫生的需求。并且,WB 还在 24 个月提供 120 亿美元用于疫苗接种,向发展中国家提供安全有效的疫苗。2021 年 6 月,WB 与非洲联盟共同宣布成立"非洲疫苗采购信托基金",为非洲多达 4 亿人购买并接种疫苗,使非盟在 2022 年年底实现了非洲大陆 60%人口完成疫苗接种的目标。

4. 亚洲基础设施投资银行(Asian Infrastructure Investment Bank,AIIB)

亚洲基础设施投资银行(以下简称"亚投行")于 2013 年 10 月由中国首次倡议筹建,并于 2016 年 1 月开业。其宗旨是通过在基础设施及其他生产性领域的投资,促进亚洲经济可持续发展,创造财富,并改善基础设施互联互通;与其他多边和双边开发机构紧密合作,推进区域合作和伙伴关系,应对发展挑战。亚投行截至 2023 年有 106 个成员,其中包括 92 个正式成员和 14 个意向成员。

在新冠疫情暴发时,亚投行与东道国中国守望相助,为中国抗疫做出了积极贡献。2020 年 4 月,亚投行为中国提供了一笔总额为 24.85 亿元人民币的经济援助贷款。该贷款用于支持中国采购医疗设备等物资,加强公共卫生基础设施建设。亚投行还宣布设立"危机恢复基金",基金额度从最初的 50 亿美元,已经追加到 2020 年 7 月的 100 亿美元,为各国政府、企业和人民带来战胜疫情的力量。

本章总结

小结：本章按照时间顺序讲述了历史上和当代的三个国际货币体系：国际金本位货币体系、布雷顿森林体系和牙买加体系；然后对这三个货币体系的特点及优缺点进行分析，并详细阐述了货币体系的建立和崩溃的原因。

重点：三个货币制度的特点，优缺点评价。

难点：区分这三个货币体系的特点和记住货币体系的优缺点及评价。

关键概念及其英文释义

[1] **International Monetary System(国际货币体系)**: The framework within which countries borrow, lend, buy, sell and make payments across political frontiers. This framework determines how balance of payments disequilibrium is resolved and the consequences that the adjustment process will have on the countries involved.

英语深入阅读资料

[2] **Gold Standard(金本位)**: Each national currency has a precisely fixed gold content. It is irrelevant whether gold materially circulates in the form of gold coins or whether circulation is made of paper currency which can be immediately converted into gold on demand.

[3] **Gold Exchange Standard(金汇兑本位)**: A country stands ready to buy or sell a particular foreign exchange which is fully convertible into gold. Since the Bretton Woods agreement in 1944, the gold exchange standard involved the United States pegging the US dollar to gold and other countries pegging their currencies to the dollar.

[4] **Bretton Woods System(布雷顿森林体系)**: The international monetary system in use from 1945—1971 in which exchange rates were fixed and the U. S. dollar was freely convertible into gold (by foreign governments and central banks only).

[5] **Dollar Shortage(美元荒)**: Situation in which a country that imports from the United States can no longer pay for its purchase without U. S. gifts or loans to provide the necessary dollars. After World War II a world-wide dollar shortage was alleviated by massive infusions of American money through the European Recovery Program (Marshall Plan) and other grant and loan programs.

[6] **Dollar Glut(美元过剩)**: An over supply of dollar worldwide which damages the credit on dollar.

[7] **Fundamental Disequilibrium(根本性不平衡)**: Under Bretton Woods System, each country has a par value or parity of its own currency in terms of dollar. The parity could only be modified in the case of fundamental disequilibrium in accordance with certain rules—judged by some fundamental economic conditions including income levels, tastes and preferences, etc.

[8] **Triffin Dilemma (paradox) (R. Triffin, 1960)(特里芬两难)**: To avoid a shortage in

international liquidity, the United States would have to run balance-of-payments deficits, and this would undermine confidence in the dollar; on the other hand, the cessation of the US deficits to strengthen the dollar would create a liquidity shortage.

复习思考题

1. 评价国际货币制度的标准有哪些？
2. 金本位制和金汇兑本位制的区别是什么？在实践中这两种体制的缺点有哪些？
3. 布雷顿森林体系的主要内容是什么？
4. 为什么信心和清偿力之间存在矛盾？有调节这一矛盾的方法吗？
5. 如何理解特里芬困境？
6. 是什么带来了布雷顿森林体系的解体？请你既考虑系统性因素，也考虑一些短期因素。
7. 当代国际货币体系在运行中都有哪些特点？可能带来什么问题？
8. 简述布雷顿森林体系和牙买加体系的异同。
9. 国际货币制度改革应该特别注意哪些问题？
10. 请分析几种未来货币体系的改革方向并说明原因。

推荐资源

扫描右侧二维码了解几个国际金融组织。

第 7 章
区域货币合作

◎ 引言

　　区域合作是当前国际关系发展中的一个重要潮流。习近平总书记对于坚持开放、加强区域合作也有多次论述，并强调新时代中国特色社会主义市场经济建设中要坚定不移地奉行互利共赢的开放战略，推进我国参与区域合作。

　　区域合作有多种形式，包括建立区域组织、签署合作协议、实施灵活的合作项目和倡议等。在全球多边合作进程遇阻的情况下，区域合作则呈现出加速发展的趋势，成为各国对外关系的重点选择。

　　从上一章对国际货币体系的学习中可以看出，一个合理的制度对于世界各国的经济，尤其是货币金融层面的发展非常有意义。然而，现实中的国际货币体系还存在诸多问题，有的学者甚至认为它是 2008—2009 年全球金融危机的罪魁祸首。因此，对国际货币体系的探索和改革将是一个艰巨、耗时的任务。

　　相比较而言，一定的区域即地理范围内的国家(或地区)，由于相似性更大、相关性更强，联系也更为紧密，先行进行更深层次的货币合作更具有可行性。因此，有关区域货币合作的理论和实践研究，已经成为国际金融领域关注的一个热点和焦点问题。

　　到目前为止，有关区域货币合作的实践已经在不同区域取得了不同程度的进展，尤其是在欧洲。我们现在所熟悉的货币——欧元，就是区域货币合作的成果。尽管 2010 年开始的欧元区国家的主权债务危机为欧元带来了一定的挑战，但相信欧元区会克服困难，继续深化和扩展其货币合作。

　　当然，除了欧元区，亚洲等地也在推进货币合作。因此，本章我们将了解这些区域货币合作的状况。不过，在进入对现实的观察之前，我们还需要先对支持和指导这些实践探索的理论进行学习。

◎ 思维导图

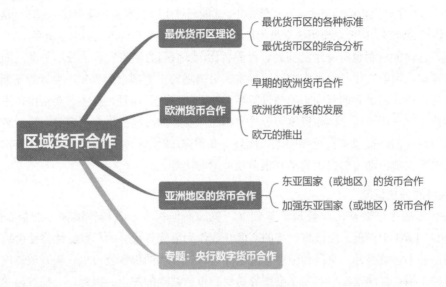

7.1 最优货币区理论

有关区域货币合作最经典的理论是最优货币区理论(The Optimum Currency Area Theory)。该理论产生于 20 世纪 60 年代初，由时任 IMF 特别研究处的经济学家罗伯特·蒙代尔(Robert Mundell)首次提出，后来麦金农等人分别从不同角度进行了补充和修正。"最优货币区"，是指由一些符合一定标准的地区所组成的独立货币区。该理论就是探讨在什么样的条件下加入这样的货币区利大于弊；具有什么样经济特征的国家(或地区)之间比较适合结成为一个货币区等。

关于组成货币区的标准问题，经济学家做了许多探索，诸如生产要素的自由流动性、开放程度、生产多样化程度、通货膨胀差异、政策协调性等。一般来讲，一些彼此间商品、劳动力、资本流动比较自由，经济发展水平和通货膨胀率比较接近，经济政策比较协调的国家(或地区)可以组成独立的货币区，即最优货币区。在这样的货币区内，各成员国采用固定汇率制并保证区内货币的充分可兑换性，各个货币区之间实行弹性的汇率。"最优性"表现为，这种货币区能通过协调的货币、财政政策和对外弹性汇率，保障区内各个成员同时实现物价稳定、充分就业和对外收支平衡。

下面，我们就具体对在最优货币区理论中比较重要的经济特征进行分析。

7.1.1 最优货币区的各种标准

1. 生产要素的自由流动性

蒙代尔在 1961 年首次提出将生产要素流动性作为确定最优货币区的标准。他认为，需求转移是一国出现外部失衡的主要原因。在浮动汇率制度下，汇率的变动会使外部失衡朝着均衡的方向调整，正如我们前面讲过的国际收支失衡在浮动汇率下的自动调整机制。但是，如果要想成立最优货币区,那么区域内的经济体之间在需求发生变化带来对外失衡时,就无法利用汇率这个机制。只有在劳动力等生产要素能够自由流动的情形下,才能通过生产要素的转移来使区域内经济体重新回到内外均衡的状态。因此,要想成立最优货币区,生产要素的自由流动就非常重要。

但是,这样的机制也有一定的问题。世界各国(或地区)的经济发展十分不平衡,如果生产要素高度流动,可能会使货币区中的富国越富、穷国越穷。穷国会因为生产要素的不断流出,导致在经济增长方面受到的负面影响超过贸易上得到的好处。而且,在生产要素中,不同类型的要素在流动上有所不同。比如资本和劳动力相比,前者的流动显然会更容易,而后者的流动因为伴随着较高的迁徙成本会更加困难。此外,在国家(或地区)界限和经济差距还非常显著的情况下,要想实现劳动力的自由流动有很多政治上的困难。

2. 经济的开放程度

在蒙代尔的生产要素流动性理论基础上,美国斯坦福大学教授罗纳德·麦金农(Ronald Mckinnon)在1963年指出,应该将经济的高度开放作为最优货币区的标准。他将社会总产品分为可贸易品和不可贸易品,生产和消费可贸易品占经济总体的份额就可以代表开放程度。经济高度开放的小国,在浮动汇率制度下会很容易受到市场波动的冲击。因此,一些贸易关系密切的开放国家(或地区)可以组成一个相对稳定和封闭的共同货币区,在区内实行固定汇率或单一货币,结成最优货币区,对外实行浮动或弹性汇率制度。

但是,仅仅从经济开放程度来判断有时会有局限。例如,对于高度开放的小国(或地区)而言,如果其贸易分散于若干个大国(或地区),而这些国家(或地区)的货币又彼此浮动,那么这个指标就没有实际意义了。另外,开放程度的度量主要关注在贸易账户上,而忽略了资本流动这一重要因素。

3. 出口商品的集中程度

彼得·凯恩(Peter Kenen)在1969年提出了形成一个最优货币区的标准应该是一国出口商品的集中或多样程度。他认为,如果出口产品的集中程度很高的话,就更容易受到外部冲击对本国收支和就业的影响;在这种情况下,浮动汇率可能带来更多的负面影响。如果该国能够和贸易集中的国家(或地区)建立最优货币区,在区域内实行固定汇率制度,当然有助于防范外部冲击。

4. 国际金融一体化程度

1969年,詹姆斯·英格拉姆(James Ingram)避开了上述实体经济的角度,从一国的金融特征来考虑,并在1973年提出了以国际金融高度一体化作为最优货币区的标准。他认为,一个区域内国际收支的不平衡主要与资金流动有关;如果一个区域与国际金融市场的一体化不充分,那么就会与外部世界的长期利率结构产生显著差异;如果一体化程度很高,则国际收支失衡可以通过利率机制快速调整,而不是通过汇率的波动。因此,反过来,如果一国与国际金融市场的一体化程度很高,则具备了加入最优货币区的条件。

显然,这个角度与前文类似(只考虑贸易一样),这一标准只强调资本流动,也具有类似的局限性。

5. 通货膨胀相似程度

哈伯勒(G. Harberler)和弗莱明(G. M. Fleming)分别于1970年和1971年提出了用通货膨胀的

相似程度来确定最优货币区的标准。他们认为通货膨胀是造成国际收支失衡的根本原因；如果区域内各国(或地区)的通货膨胀趋于一致，就可以避免汇率的波动。反过来，要想加入最优货币区，必须与区域内其他经济体有相似程度较高的通货膨胀水平。

然而，根据我们前面对国际收支失衡原因的分析，通货膨胀有时并不是主要原因。因此，这一标准显然有其局限性。

6. 政策间的协调程度

以上标准是从经济的不同角度提出的，而爱德华·托尔(Edward Tower)和托马斯·维莱特(Thomas Willett)则于1970年从政策角度提出了最优货币区的标准，即只有在政策上有着基本一致看法的国家(或地区)之间才能较好地协调、相处，共存于一个最优货币区内。

这一标准在现实中可能面临很大困难。一般来讲，政策协调程度高的国家(或地区)可能在经济发展水平上比较接近。但是，国家(或地区)间经济发展的差异存在于很多区域。

7.1.2 最优货币区的综合分析

从某一个标准来判断是否进入最优货币区，难免存在片面性和局限性。只有综合考虑这些标准，才能做出更具有现实性的判断。因此，20世纪90年代以来最优货币区理论的发展方向就是综合分析，在此基础上进行加入货币区的成本和收益分析。

1. 进入最优货币区的收益

最优货币区首先是区域内的固定汇率，然后更进一步是单一货币。和固定汇率相比，货币联盟或单一货币更难以打破，但是它也需要成员国之间更高程度的协调。采取共同货币获得的最主要收益在于：减少货币兑换的交易成本；减少会计成本及增大贸易相关公司相对价格的预测能力；隔绝货币干扰和投机泡沫，避免实际汇率短期不必要的波动。

另外，还有一些因素会影响收益。例如，一个货币区的规模越大，区内价格水平的稳定性与可测性就越高，位于其中的经济体收益就会越大；区域内各地市场的联系越紧密，加入货币区的收益也就越高；生产要素在货币区内的自由流动程度越高，收益也会越高。

2. 进入最优货币区的成本

为了获得收益就要付出代价，最优货币区最主要的成本和负面影响体现在：加入货币联盟的单个地区放弃了用汇率工具和货币政策应对本地区宏观经济冲击的能力；放弃了用通货膨胀减少公共债务实际负担的选择；国家(或地区)铸币税的流失。铸币税就是中央银行发行货币时所得到的收入，当存在通货膨胀时，铸币税就成为通货膨胀税；在决定各个成员怎样分享由共同货币带来的铸币税收入上，存在政治上策略不同的问题。

同样，一些因素也会影响加入最优货币区的成本。如果一个国家(或地区)与货币区的经济一体化程度越高，该经济体可能经受的损失就会越低。

当然，如果真要分析某一个经济体是否适合加入最优货币区，或者要解释某一个经济体为什么已经加入或者没有加入最优货币区，上面只是最基本的因素，还有很多方面的因素可能发挥作用，甚至包括经济之外的如历史、传统的因素。

最优货币区理论既是区域性货币一体化在理论上的反映，又对区域性货币一体化，特别是欧洲货币体系的建立提供了理论上的支持和启发。因此，我们接下来就观察欧洲货币合作。

> **专栏 7-1　最优货币区理论的发展历程**
>
> 　　1961 年，罗伯特·蒙代尔(Robert Mundell)提出了最优货币理论。虽然传统上每个国家都有自己的独立货币，但是相互关联的国家可能会通过使用同一种货币而获利。共同的货币可以在一定程度上实现资本市场的一体化，进一步促进贸易流通。但是共同货币也会使得政府失去使用货币政策来调控本国经济的能力。文中还提出可以将生产要素是否可以自由流动作为衡量是否适合建立最优货币区的标准。
>
> 　　在罗伯特·蒙代尔理论提出之后，有许多人在此基础上进行研究并提出了新的标准。1963 年，唐纳德·麦金龙(Ronald Mckinnon)提出将经济对外开放程度作为最优货币区的标准之一。1969 年彼得·凯恩(Peter Kenen)提出了产品多样性的标准。1969 年詹姆斯·英格拉姆(James Ingram)又提出了国际金融一体化程度的标准。
>
> 　　随着最优货币区的理论和标准越来越完善，1999 年欧元正式诞生，成为世界上首个将最优货币区理论变为现实的货币。截至 2022 年，欧盟已经有 27 个成员国，GDP 总量达到了 16.65 万亿美元，占全球经济总量的 22.9%。同时，世界上也开始有越来越多的国家和地区开始在现实中实践最优货币区的理论。

7.2　欧洲货币合作

　　欧洲货币合作的进程和成果可以说是在区域货币合作中最为成功的，也成为其他地区的典范。当然，它也经历过困难、出现过危机，但是，这些危机不能否定其价值和意义。

7.2.1　早期的欧洲货币合作

　　在布雷顿森林体系开始运行的相当长的一段时期内，在欧洲重建战后经济的背景下，欧洲各国货币严格按布雷顿森林体系兑换，保持本币兑美元的波动幅度在 1% 内。1958 年 12 月，欧洲 17 国缔结《欧洲货币协定》，各国货币将兑美元的波动幅度控制在 0.75% 内。但到了 20 世纪 60 年代末，德国在经过恢复和发展后经济出现过热，不得不采取货币紧缩政策，带来进口下降，顺差大增。同时，这使法国产生严重的逆差，并被迫宣布法郎兑马克贬值，欧洲经济共同体①国家出现了汇率关系的紧张。因此，1969 年 2 月，欧共体执委会向欧共体理事会提交了关于成员国之间经济政策方面合作的备忘录，提出在共同体范围内建立一种货币合作机制，以帮助成员国解决国际收支困难。

　　1970 年 10 月，以卢森堡首相兼财政大臣维尔纳为首的委员会提交报告，建议从 1971 年至 1980 年分三阶段建立欧洲经济货币联盟(Economic and Monetary Union，EMU)，以巩固和促进内部经济一体化进程，摆脱对美元的依赖，并应对日益严重的美元危机的不利影响。

　　1973 年 3 月 19 日共同体国家建立了联合浮动集团，成员国货币彼此保持可调整的固定汇

---

① 统称欧共体，最开始包括西德、法国、意大利、荷兰、比利时、卢森堡，随后英国、爱尔兰、丹麦加入。

率，对成员国外第三国货币则实行联合自由浮动。1973 年 4 月欧共体组建了欧洲货币合作基金(European Monetary Cooperation Fund，EMCF)，用于干预外汇市场，维持汇率稳定，并对有困难的成员国提供短期信贷。1975 年 3 月创设欧洲记账单位对付美元危机的冲击，但 1977 年爆发的严重美元危机[①]，猛烈冲击西欧国家(或地区)，使一些西欧国家(或地区)出口困难，经济增长缓慢，失业加剧，联合浮动机制也遇到极大困难。1978 年 12 月 5 日欧共体各国在布鲁塞尔的首脑会议通过建立欧洲货币体系决议，1979 年 3 月 13 日欧洲货币体系(European Monetary System，EMS)正式生效成立。

欧洲货币体系形成的主要原因是对欧洲经济一体化、协调发展的需求。汇率不稳定影响着共同体各国的经济关系，国际收支的巨大不平衡使各国政策难以协调。欧洲货币体系的形成可以在一定程度上解决这些问题，促进内部贸易和经济一体化，并且能够在国际金融方面联合起来与美国分庭抗礼，防止美元危机的冲击。再加上最优货币区理论的横空出世，为欧洲货币体系的形成提供了理论上的依据。

7.2.2 欧洲货币体系的发展

1979 年欧洲货币体系正式启动，其宗旨是建立新的保持成员国货币汇率稳定的机制。

1. 欧洲货币体系的主要内容

具体来看，该体系是一个复杂的货币合作机制。它主要包括以下两方面的内容。

(1) 创设欧洲货币单位(European Currency Unit，ECU)。ECU 为一篮子货币，也被称为"埃居"，是由原来的欧洲计算单位(EUA)演变而来的。它是欧共体成员国货币的合成货币，各国货币在 ECU 中所占比重由它们的国内生产总值和贸易额在共同体国内生产总值和内部贸易中的比例决定。ECU 是欧洲货币体系的核心，确定成员国货币中心汇率的标准，是各成员国中央银行间的结算手段，用于衡量成员国货币地位和对中心汇率的偏离程度，是各成员国货币当局未来的储备资产。ECU 推出后就逐渐成为一种重要的国际储备货币和干预货币。

(2) 加强欧洲货币合作基金(EMCF)的作用。EMCF 是欧洲货币体系的基础。各国提取黄金外汇储备总额的 20%存入欧洲货币合作基金。合作基金拥有相当的资金总额，可以向国际收支有困难的成员国提供巨大的信贷支持。这种信贷支持还具体反映在短期货币支持制度(STMS)和中期金融帮助制度(MTFA)等中。前者是由欧共体合作进行基金管理，贷款期限最长为 9 个月。当参加汇率机制的国家(或地区)的国际收支出现临时性不平衡时，可向 STMS 申请信贷；后者则向国际收支严重困难的成员国提供信贷帮助，贷款期限为 2~5 年，申请国必须满足一些规定的经济条件。

2. 欧洲货币体系的运行

EMS 成立后，发挥了平价网和信贷机制的作用，通过调整中心汇率，使成员国之间的货币平价相对稳定，并削弱了美元的影响，有力地促进了共同体内部贸易、信贷和投资的发展，积极地协调了共同体国家的经济。欧洲货币单位的使用在各个范围内不断扩大，也成为世界储备

---

① 这次美元危机是指在 1977 年 9 月到 1978 年 10 月这 1 年多的时间里，受油价不断上涨的影响，再加上美国国内经济增长乏力，使美国对外贸易由顺差转为逆差，美元兑主要货币汇率出现了高达 16%的下跌。

货币的选择之一。

EMS 的发展也存在不少问题，主要有：各国之间经济实力不同，政策难以做到真正的统一协调；欧洲货币基金(EMF)迟迟未能建立；美元作为世界主要支付货币和储备货币，欧洲货币体系未能摆脱美国的影响。英国迟至 1990 年 10 月 8 日才加入 EMS 的汇率机制，但 1992 年 9 月中旬发生的英镑危机使英国又退出 EMS 汇率机制。

在欧洲货币体系的运行中一个重要的发展是"欧洲经济货币联盟"(EMU)的建设，其经历了这样几个阶段。

第一阶段：准备阶段。这一阶段的主要任务是：实现欧共体内资本流动自由化，强化各国经济政策的协调，为建立欧洲经济货币联盟做准备。接下来分为三个阶段建设欧洲经济货币联盟。

第二阶段：1990 年 7 月 1 日—1993 年 12 月 31 日。这一阶段的主要任务包括：成员国经济趋同；除爱尔兰、西班牙、葡萄牙等外，1990 年 7 月前实现成员国之间资本自由流动；成员国立法禁止本国央行为政府或公共当局提供贷款便利，禁止政府和欧共体机构享有向金融机构融资的优先权；《欧盟条约》生效后(1993 年 11 月)，立即冻结 ECU 的货币构成，不再进行重新修改；所有成员国应尽快加入欧洲货币体系的汇率机制。

第三阶段：1994 年 1 月 1 日—1998 年 12 月 31 日。这一阶段的主要任务包括：制定经济的指导原则和多边监督机制；制定成员国预算规则，确定两大标准：计划或实际的政府赤字占 GDP 比例是否超过 3%，政府债务占 GDP 比重是否超过 60%；禁止成员国互相担保公债；立法使成员国央行具有独立性；建立欧洲货币局。

第四阶段：1999 年 1 月 1 日—2002 年 6 月 30 日。这一阶段的主要任务包括：欧洲中央银行开始运行；确定成员国货币兑欧元(Euro)的转换率，同时确定 ECU 与欧元等值，即 1 ECU=1 Euro；遵守《稳定与增长公约》；实行单一货币政策；2002 年 7 月 1 日后，成员国货币退出流通领域，欧元成为欧元区内唯一法定货币。

7.2.3 欧元的推出

欧洲货币体系的发展为统一货币奠定了基础，欧洲经济货币联盟则为欧元——这种跨主权国家创造的信用本位货币——的推出制定了具体的时间表。从 1999 年 1 月 1 日起，欧洲中央银行开始运行，履行统一货币政策的职责，维护欧元(取代 ECU)稳定，统一管理主导利率、货币储备及货币发行等，建立和完善货币政策机制。

同时，各成员国中央银行自动成为欧洲中央银行的执行机构，而不再单独制定货币政策。欧元区内欧元实时自动清算系统与各成员国的实时清算系统连接起来并开始磨合运转，各成员国货币汇率与欧元固定下来。另外，逐步完善欧洲中央银行体系，即由欧洲中央银行牵头、各欧元区成员国中央银行参加的联席会议。所有欧元区成员国中央银行都需要按本国人口和国内生产总值比例在欧洲中央银行认购股本，以奠定该行制定和实施货币政策的资金基础。

到 2002 年 1 月 1 日，欧元钞票和硬币开始发行，替代各成员国的货币。到 2002 年 7 月 1 日过渡期结束时，成员国的货币不再以法偿货币的身份存在。

在欧洲货币合作发展的过程中发生的主要事件如表 7-1 所示。

表 7-1 欧洲货币合作大事记

年份	事件
1975 年	11 月在法国,主要国家的领导人认为有必要实行浮动汇率制
1979 年	3 月 13 日建立欧洲货币体系(European Monetary System,EMS)
1981 年	EMS 重新调整了平价,以缓解法国法郎的贬值压力
1982 年	2 月 EMS 重新调整货币;8 月墨西哥关闭了其外汇市场,并宣布无力偿还外债
1987 年	通过《统一欧洲法案》(The Single European Act),计划在 1992 年以前消除掉欧盟内的商品、劳务和资本流动壁垒
1990 年	向《马斯特里赫特条约》中倡议的欧洲经济欧币联盟(EMU)迈出第一步
1994 年	随着欧洲货币机构——欧洲中央银行的前身的建立,迈出了第二步
1995 年	5 月 31 日欧洲委员会通过了《绿皮书》;12 月 15—16 日,马德里欧洲议会议定统一货币的名称为欧元(Euro)
1996 年	在爱尔兰共和国首都都柏林,欧洲议会确定了向欧元过渡的实际细节,包括法律地位等
1998 年	由欧元区的 11 个国家政府创设欧洲中央银行,并提名行长;欧洲中央银行体系开始以欧元发行票据
1999 年	第三步在 1 月 1 日开始;欧元诞生,ECU 不再存在
1999—2002 年	欧洲中央银行体系以官方汇率兑换各国货币,为向欧元过渡做准备
2002 年	欧元钞票和硬币开始发行,替代成员国各自的货币;到 7 月 1 日过渡期结束,成员国的货币不再以法偿货币的身份存在

专栏 7-2 瑞典公投是否加入欧元区

截至 2023 年 2 月,在欧盟国家(或地区)中有包括丹麦、瑞典等 10 个国家未加入欧元区(欧盟中有波兰、匈牙利、捷克、斯洛伐克、爱沙尼亚、拉脱维亚、立陶宛、丹麦、瑞典和英国没有加入欧元区)。其中瑞典在 2003 年 9 月 14 日就是否加入欧元区进行公投。瑞典 707 万选民中有 81% 的人参与了投票。其中,56.1% 的选民投了反对票,只有 41.8% 的选民投了赞成票。自此,瑞典成为继丹麦后第二个不加入欧元区的国家。

视频

赞成者认为,加入欧元区可以降低国家间资本流动的成本,扩大资本市场,提高核心竞争力;反之,不加入欧元区则会阻碍瑞典经济未来发展。反对者则认为,加入欧元会让瑞典的经济失去独立性。例如在 2022 年新冠疫情期间,保持独立的瑞典央行就可以于 2022 年 2 月先于欧洲央行提高利率,以减少本国受到高通胀的影响。加入欧元区也会让本国政府丧失铸币权,政府从货币发行者转变成货币使用者。因此,在本国政府存在债务危机的时候,他们只能通过借债或者征税,而无法使用货币政策来调节本国经济,缓解本国债务问题。这也在很大程度上导致了 2009 年希腊爆发债务危机。

像瑞典、丹麦这样自身经济水平较高的国家,可能会选择保持独立。而像希腊这样经济水平相对不高的国家,加入欧元区会促进经济和金融稳定性。

7.3 亚洲地区的货币合作

欧洲的货币合作已经取得了重要的成果,这为其他地区提供了可参考的经验,也在某种程度上对其他地区推进合作是一种激励。那么,其他地区在区域货币合作上都取得了什么进展呢?这一节主要对我们所处的亚洲货币合作状况进行观察。

亚洲的经济体众多,发展水平差异也很大,因此,从大范围看亚洲的货币合作还非常困难。但是,在东亚地区,包括东盟国家和中国、日本、韩国,已经有了很多经贸方面的合作,推进货币合作就更有条件。因此,我们接下来就从这个角度来观察东亚地区的货币合作。

7.3.1 东亚国家(或地区)的货币合作

区域货币合作首先在于区域内经济体货币当局在汇率、流动性安排等方面的合作。1997—1998 年发生的亚洲金融危机使东亚地区的国家(或地区)认识到推进区域金融合作的必要性和重要性,并开始了对区域货币合作的切实探索。经过 10 多年的努力后,东亚地区已经在这一领域取得了一些重要成果。2007—2009 年由美国次贷危机引发的全球金融危机又一次加速了东亚地区的货币合作。迄今为止东亚地区国家(或地区)的货币合作主要表现在以下几个方面。

1.《清迈协议》(Chiang Mai Initiative,CMI)

1997—1998 年东亚金融危机后推进东亚地区金融合作的一个直接成果就是 2000 年 5 月由东盟 10 国和中、日、韩达成的《清迈协议》。该协议旨在于建立起一个东盟和中、日、韩三国之间的双边互换协议网络,以应对区域成员可能面对的短期流动性困难,补充现有的国际金融安排。其主要包括以下几个方面。①扩展原有的《东盟互换协议》(ASEAN Swap Agreement)总额规模。将 1977 年东盟 5 个主要国家之间建立起来的 2000 万美元的互换安排扩展到东盟全部 10 国,总额扩大到 10 亿美元。互换方式为以本币为抵押,对方提供国际上三种主要货币中的任何一种货币,这样就可以为成员国提供必要的短期流动性支持。②建立东盟成员与中、日、韩之间的双边货币互换网络。这是 CMI 的核心,最初由日、韩提出并在中、日、韩三方财经合作框架下建立,最后在中国的引导下推广到"10+3"框架下实施。③建立双边国债回购协议网络,目的是以美国国债或签约方政府债券为抵押,增加短期流动性来源。

《清迈协议》成员国从 2004 年 5 月开始对《清迈协议》进行评估,并探索提高其有效性的方法。评估包括救援资金数额、形式及与 IMF 贷款条件性的关联问题。一个重要的发展是,2005 年 5 月 4 日,东盟"10+3"财长会议宣布的几项强化举措,包括:将区域成员的经济监管整合进《清迈协议》的框架并进行强化;使互换安排的激活程序更为清晰,并调整集体协商机制;大幅提高互换规模,等等。2007 年 5 月,第 10 次东盟"10+3"财长会议又进一步达成共识,要建立一个基于多边合约的储备池,以更有效地实现《清迈协议》的目标。

到 2007 年 12 月,双边互换协议的数目达到 17 个,金额达 840 亿美元。在 2007—2009 年新一轮的全球金融危机中,中国与东盟国家在流动性安排上继续合作,不断推出中央银行之间的双边互换协议。截至 2008 年年底,中国与泰国、菲律宾、马来西亚、印度尼西亚等国签署了总额达 230 多亿美元的互换协议。

另外，2007年5月，东盟和中日韩财长会议还提出了建立亚洲外汇储备库的设想。2009年5月，一个规模为1200亿美元的亚洲区域外汇储备库被宣布将于同年年底前正式成立并运作。

东盟与中日韩(10+3)财长和央行行长，以及中国香港金融管理局总裁共同签署的清迈倡议多边化协议特别修订稿于2021年3月31日正式生效。清迈倡议多边化是东盟和中日韩区域金融安全网的重要组成部分，修订稿有助于进一步强化清迈倡议多边化，提高其有效性和可操作性。修订的主要内容有三点：第一，增加本币出资条款，即在美元计价贷款之外，成员可以基于自愿和需求驱动原则，提供本币计价贷款；第二，清迈倡议多边化与国际货币基金组织(IMF)贷款的脱钩比例从30%提高到40%；第三，明确其他技术性问题，包括与伦敦银行同业拆借利率(LIBOR)退出相关的修改等。

2. 建立区域内的经济评论和政策对话(Economic Review and Policy Dialogue，ERPD)

1999年4月，东盟"10+3"财长会议达成共识，即通过"10+3"框架来加强东亚地区的自助机制；2000年5月，东盟"10+3"建立了经济评论和政策对话(ER-PD)。在这一机制下，"10+3"财长举行年会，讨论政策问题和互换信息，财政部和中央银行副手为年会做准备；副财长层面则一年会面2次，讨论区域内的经济和金融发展。此外，政府首脑峰会也会定期举行，使各国政治领袖能够直接参与对话。这些对话关注的问题包括在东亚地区协调宏观经济风险的管理、监测区域资本流动、增强银行业和金融体系、改革国际金融框架，以及提高自助机制等。

这种区域政府首脑的定期会晤也是进行金融合作的重要途径，有助于通过较早发现问题、采取迅速的补救行动来防范金融危机。同时，这种安排为在危机发生时提供及时帮助奠定了基础。

此外，其他对话机制也旨在促进东亚地区的金融合作。

3. 亚洲债券市场(Asian Bond Markets Initiative，ABMI)

亚洲各国还提出建立一个区域债券市场(Regional Bond Market)，而一个具有深度和广度的一体化区域金融市场能够更好地服务于本地区的经济发展。2003年，亚洲债券基金(Asian Bond Funds)的第一步由EMEAP[①]成员启动，投资了10亿美元的由主权或准主权借款人发行的美元债券。同年，ABMI成立。2004年，第二阶段启动，ASMI宣布于2005年早期投资20亿美元的本币债券。此外，ABMI还积极利用ADB和日本已有的担保机制，为亚洲债券提供信用担保，推动清算、结算、会计、信息披露等债券基础设施建设等。2008年，东盟"10+3"财长会议创建并设立了区域内信用担保投资机构和东盟10+3债券市场论坛，让亚洲债券市场可以更加全面地发展。

目前来看，亚洲债券市场中的债券主要集中在中短期，在以后的发展中需要注重针对不同融资需求提供不同的债券工具，完善债券期限结构，完善信用评级等。另外，要增强东亚地区的融资能力，让亚洲债券市场为本地区提供资金支持，促进东亚经济的发展。

---

① EMEAP是指"东亚及太平洋中央银行行长会议组织"(The Executives' Meeting of East Asia and Pacific Central Banks)，成立于1991年，由日本发起，包括中国人民银行等东亚及太平洋地区11个经济体的中央银行和货币当局，是本地区最重要的中央银行合作组织。

7.3.2 加强东亚国家(或地区)货币合作

东亚国家(或地区)之间进行货币合作非常重要,需要不断地探索和推进。根据不断变化的世界经济形势,东亚国家(或地区)之间通过加强对话机制的效率,应该在以下几方面促进和加强合作。

(1)《清迈协议》下的区域外汇储备库和多边化机制已经开始运行,这是一个重要的货币合作成果。但是,这显然不是货币合作的终点,而是一个新的起点。第一,今后在具体运行该储备库和多边安排中,必然会碰到很多实际问题。不断解决这些问题,推进该机制的良好运作,是未来的主要工作。第二,该储备库目前的规模是1200亿美元,随着各国经济发展、世界经济环境和国际金融环境的变化,需要继续调整这一规模。第三,在目前的机制下贷款的启动有20%是与IMF的贷款条件脱钩的,未来还需要对此进行调整,以使这一机制更具有灵活性,适应区域各经济体的实际情况。

(2) 继续完善区域对金融风险的监控与风险预警系统。在这一方面,东亚地区已经取得较大的进展,但是这一工作应该是持续的、动态的,以便在不断变化的环境下及时发现风险隐患并向有关方面发出预警信号,为提前采取适当的监管措施提供客观和充分的决策依据,将风险控制在可以接受的水平之内,防止风险进一步发展和蔓延。而且,在不断推进中国和东盟国家私人部门资本流动的情况下,该区域的资本流动必然呈现出新的特点,如何对这些资本流动进行有效监测,也需要区域国家(或地区)在未来的金融合作中不断探索。具体来讲,这一系统的设计可以从定量指标和定性指标两方面进行。定量指标可以考虑从市场风险、经济体自身风险和国际金融风险等方面进行;定性指标可以考虑从重大危机事件等方面进行;同时,可以将风险预警等级化,分别给出不同的预警信号。

(3) 继续推动区域货币和汇率方面的合作。1997—1998年的东亚金融危机相当大程度上表现为该区域国家(或地区)货币的危机。当时,除了人民币一直坚持不贬值外,其他货币都纷纷贬值。马来西亚林吉特贬值30%左右,韩元贬值近40%,泰铢贬值超过40%。之后的金融合作也是为了防止这样的危机重演。但是,到目前为止,中国和东盟国家还没有就汇率合作达成具体的方案。而随着未来可预见的区域内贸易和资本流动的增加,为了减少汇率波动带来的负面影响,应该继续探索汇率合作的方式。然而,2010年的欧洲债务危机又增加了人们对汇率目标区、最优货币的担忧。因此,中国和东盟在汇率合作上还需要根据各自的不同情况,逐步推进具有灵活性的汇率合作。

(4) 区域合作的成功取决于各参与方的协调和努力。因此,在今后的合作中,中国和东盟国家都应该在推进合作的过程中积极地给予政策支持。而且,中国在这个过程中应该发挥出应有的领导作用。当然,这绝不意味着强权,而是承担更多的责任。例如,目前来看,中国和东盟国家在经济、金融发展水平、外汇储备等各方面还存在很大的差异,既有低收入国,也有中高收入国家。因此,在进行互利的金融合作过程中,还需要拓展单向的金融援助,比如低息贷款、债务豁免等。这样的援助从长远来看有助于推动整个区域的平衡、协调发展。显然,随着经济的不断成长,中国应该在这方面承担起相应的责任。

在认识货币合作的重要性、探索其可行路径的过程中,面临困难和挑战在所难免。这些困难和挑战不仅存在于货币层面,还可能涉及政策、社会诸多方面。

东亚国家(或地区)彼此间存在巨大差异,在金融自由化和金融开放的程度上也各不一样。既有像新加坡这样作为全球金融中心之一存在的国家,也有不断改革资本流动政策的中国,还有金融自由化程度在近年来反而在下降的马来西亚。很多国家(或地区)的国内金融市场发育尚不完善,金融发展还存在一些结构性缺陷。如果要推进资本流动,就必须在金融发展中实行一定的政策。那么,如何处理好开放与管制、平衡好中国与东盟国家之间和本区域与世界其他国家(或地区)之间进行资本流动的关系,是需要这些国家(或地区)政策制定当局妥善解决的问题。

金融危机的发生往往会成为推进东亚国家(或地区)货币合作的催化剂。因此,有两个问题需要考虑:第一,如何将货币合作纳入更常规的日常工作中;第二,如何在货币合作中建立对金融体系的监控和预警机制,这是防范金融危机的最直接方法之一。然而,随着全球金融危机的发生,怎样认识金融监管也变成一个问题。2008—2009年的全球金融危机就使人们认识到原有金融体系监管框架下的诸多问题。因此,先解决怎样监控和预警这些问题,是继续推进这方面货币金融合作的一个先决条件。

东亚国家(或地区)要推进汇率上的合作,还需要考虑在宏观经济上的协调。显然,该区域内各国经济发展存在较大差异,可能面临的冲击有所不同,在宏观经济目标上也不尽相同。而且,汇率合作是以金融合作为前提的,没有良好的金融一体化环境,也就没有进行汇率合作的环境。

虽然东盟是一个整体性的区域合作组织,但是其成员在文化、宗教、资源等方面都呈现出很多不同的特点,在法律制度、监管、税收等方面都存在差别,各国国民之间对彼此的了解也非常有限,这增加了推进合作的难度,我们需要注意对不同地区选择和制定不同的战略。

专栏7-3 美元化

同使用欧元类似,一些国家(或地区)也放弃了本国货币,选择使用另一种货币。不过,与之不同的是:第一,它们并不是和其他国家(或地区)共同进行区域货币合作的结果;第二,它们使用的是某一个已经存在的强势货币,最流行的是美元。因此,这种现象被称为"美元化"(dollarization)。美元化就是指一个国家(或地区)的居民将本国的货币换成美元用来行使本国货币之交易媒介、价值贮藏及支付手段的功能。

视频

虽然在美元化的过程中一般并没有美国的参与,但我们也可以把它看作一种单方面参与的区域货币合作。很多拉丁美洲国家(或地区)在经历了金融危机后采用"美元化"作为解决问题的最终手段。

从政策角度看,存在支持完全美元化和反对美元化两种针锋相对的观点。前者以马里兰大学的卡尔沃(Calvo)为主要代表,包括MIT的多恩布茨(Dornbusch);后者包括哈佛的弗兰克(Frankel)和克鲁格曼(Krugman)。

支持者认为美元化具有以下好处。①有利于维持金融体系的稳定。美元化具有金融中介功能,可以有效降低通货膨胀率和通货膨胀预期,稳定国内货币,有利于促进经济增长。②有利于金融市场发展。一是能够帮助在一定程度上避免发生金融危机。二是美元化使居民不需要再对他们的资产分散化。三是促进本国银行业的发展,美元化将大大降低因为货币不同而引起的交易费用,降低本国的实际利率,减少本币利率的波动。

而美元化的反对者则认为其存在诸多弊端。美元化会使实行该政策的国家(或地区)失去独立的货币政策，导致最后贷款人缺位。由于美元化国家(或地区)的中央银行并不具备充当最后贷款人的能力，当这些国家(或地区)发生金融危机，而美联储不承担最后贷款人的责任时，风险与代价一定巨大。

除了美元化这种比较特殊的"区域货币合作"之外，还有其他尝试。区域货币合作是区域经济发展、合作中的重要构成部分。但是，到底怎样推进，选择什么方式，还需要因地区而异，不断探索。

专题：央行数字货币合作

我国从 2014 年就成立专门团队来研究中央数字货币(central bank digital currencies，CBDC)，并于 2017 年成立了数字货币研究所，以组织部分商业银行和相关机构共同研发数字人民币体系。2019 年年底，数字人民币开始在深圳、苏州、雄安新区等地区进行试点。BIS 发布于 2022 年 5 月的一项调查显示，在全球范围内参加调查的 81 个中央银行中，有 90%的央行已经在进行中央银行数字货币方面的研究。这为 CBDC 的多边机制建立提供了基础保障。

中国之所以想要研发数字货币和构建新的数字货币支付平台——中央数字货币桥，是因为现有的跨境结算模式有以下几个缺陷。第一，现有的跨境支付涉及多个中介机构，这些机构可能分布在不同时区，有不同的营业时间，这使得跨境支付存在"时间沟壑"。另外，现有的跨境支付系统，例如 SWIFT 系统和 CHIPS 系统被发达国家掌控，这使得发展中国家往往处于劣势地位。在俄乌冲突时，美国和欧盟、英国及加拿大发表联合声明，宣布禁止俄罗斯的几家主要银行使用环球同业银行金融电讯协会(SWIFT)国际结算系统。美元武器化的行为动摇了国际货币体系运行的根本，也给中国敲响了警钟，督促我们尽快建立自己的跨境支付平台，让各国之间的资金流动变得更加便捷。数字货币去中心化的特性和显著的网络效应有助于打破使用美元的惯性，打破现有中性化支付的垄断。

截至 2022 年 8 月，来自中国内地、中国香港特别行政区、阿联酋等国家(或地区)的 20 多家商业银行在多边央行数字货币桥(mBridge)平台试点发行和交换各自的数字货币。货币桥本质上是一个走廊网络，加入的平台可以在不需要中间账户的情况下点对点地进行交易，在不同货币之间提供代币化无缝的点对点转账。该平台可以提高各国(或地区)中央银行和交易者的效率，大幅度降低监管成本，使得国际贸易和资金流动变得更加高效便捷。这样的合作虽然没有直接地使用同样的货币，但是可以使得不同国家(或地区)之间的贸易流通更加便利，降低贸易成本，一定程度上与区域货币合作有同样的作用。多边央行数字货币桥的建立在未来有可能形成独立的国际支付清算体系，绕开由西方发达国家主导的 SWIFT 系统，为中国的发展和人民币国际化的推行提供保障。再结合对外开放战略，与 RCEP[①]区域的合作，货币桥有望为数字货币合作提供更广阔的平台，提升人民币的国际地位。相信在未来的发展中，数字货币也必将占据越来越重要的国际地位。

---

① RCER，英文全称为 Regional Comprehensive Economic Partnership，即《区域全面经济伙伴关系协定》，是 2012 年由东盟发起，历时 8 年，由包括中国、日本、韩国、澳大利亚、新西兰和东盟 10 国共 15 方成员制定的协定。

本章总结

小结：从区域货币合作出发，列出最优货币区的几个标准和最优货币的收益成本分析。另外，以欧洲和亚洲的货币合作为例，讲述全球较为成功的区域货币合作是如何建立和运行的。

重点：最优货币区的 6 个标准和含义，最优货币区的收益和成本分析，美元化的定义。

难点：理解最优货币区的各种标准，掌握最优货币区的收益和成本分析。

关键概念及其英文释义

[1] **The Optimum Currency Area(最优货币区)**: The best area within which exchange rates are fixed and between which exchange rates are flexible, or a region that should have its own currency and own monetary policy.

[2] **ECU(欧洲货币单位)**: A currency basket comprised of a predetermined amount of a number of different currencies—all the European Economic Community (EEC) currencies except the Spanish peseta and the Portuguese escudo.

英语深入阅读资料

[3] **The Euro(欧元)**: A common currency adopted by 11 European nations starting January 1, 1999. It also replaced the ECU. The 11 countries are: Austria, Belgium, Finland, France, Germany, Ireland, Italy, Luxembourg, the Netherlands, Portugal, and Spain. At first, the Euro was used in financial markets by companies and governments issuing bonds and by banks issuing credit cards. Starting from January 1, 2002, the Euro went into circulation and replaced all national currencies of the participating countries. All national notes and coins were withdrawn by July 1, 2002. The national currencies of 12 European countries disappeared. They were replaced by one new currency, the euro.

[4] **Target Zone(目标区)**: A range of permitted exchange-rate variation between upper and lower exchange-rate bands that a central bank defends by selling or purchasing foreign exchange reserves. In a credible target zone, a country's central bank precommits itself to selling foreign exchange reserves to keep the nation's exchange rate at or below the upper band of the zone and to buying foreign exchange reserves to keep the nation's exchange rate at or above the lower band of the zone. The basic theory of exchange rate determination in a target zone indicates that the exchange rate should lie on an S-shaped curve. Real-world experience, however, indicates that imperfect policy credibility and intra-marginal interventions require modification of this target zone model.

[5] **Dollarization(美元化)**: It is the adoption of another nation's currency as the sole legal tender. Recently, policymakers in Ecuador and EI Salvador have dollarized their economies. Policymakers in other nations, such as Nicaragua and Argentina, continue to consider the benefits and costs of dollarization. A principal argument for dollarization is that it will reduce inflation and interest rates to mirror those of the nation whose currency is adopted.

复习思考题

1. 请对欧元区成立的理论基础"最优货币区理论"进行介绍，指出欧元区的成立带来的优势和存在的问题，并对欧元区国家的债务危机进行分析。

2. 如何评价欧洲货币合作？它给其他地区的合作带来什么启示？

3. 请评述欧元的发展前景及其对国际货币制度的影响。

4. 欧元的外部汇率变动对欧元区的不同成员的商品市场的影响是不对称的。例如，某段时间里欧元相对人民币有所升值。那么，这对德国和希腊的影响哪个更大一些？德国并不直接与中国在出口市场上竞争，而与希腊有竞争。如果希腊仍然采用其自己原来的货币，会受到什么影响？

5. 身处亚洲，你对亚洲地区的货币合作有什么看法？前景如何？

6. 美元化是什么意思？一般什么样的国家会实行美元化？

7. 美元化和货币合作有什么异同？

8. 数字货币是什么？和传统的线上支付手段有什么区别？

9. 在数字货币背景下如何开展区域货币合作？

10. 中国"一带一路"倡议如何和区域货币合作结合起来？

推荐资源

扫描右侧二维码了解欧洲主权债务危机。

扫码阅读
推荐资源

第 8 章
宏观经济政策选择

◎ 引言

在经济全球化时代，各国发展环环相扣，一荣俱荣，一损俱损。没有哪一个国家可以独善其身，协调合作是必然选择。今天的世界比以往任何时候都更有条件朝着和平与发展的目标迈进，而尊重彼此的发展选择、相互借鉴发展经验、合作共赢就是实现这一目标的现实途径。

近年来，随着中国积极参与全球治理，广泛而深入地参与国际经贸交流合作，诸如 G20 峰会、中美战略对话等话题常常出现在新闻头条，为全民所关注。随着全球经济的融合，国家之间的相互影响也越来越显著，除了我们在前一章提到的国际或区域的货币合作外，任何原来国内经济政策的制定现在都必须纳入一个开放的国际框架进行讨论。因此，在这一章里，我们从一个经济体的角度出发，分析其面对开放环境时怎样选择宏观经济政策的问题。

一般来讲，宏观经济政策包括货币政策、财政政策、贸易政策等。此外，前面的学习又告诉我们，在开放的环境下还必须考虑一种政策——汇率制度的选择。一个国家(或地区)应该怎样选择汇率制度？汇率制度本身有多种选择，而一个地区显然应该根据其所处的历史时期的宏观经济背景，确定出"汇率制度"并在恰当的时候做出调整。所以在这一章里我们首先确立开放经济下宏观经济政策的目标，提出内部均衡和外部均衡的概念。然后，从实践观察和理论分析入手，讨论历史和现实中不同汇率制度背景下的均衡。对这个问题的回答显然可以帮助我们进行有关汇率制度选择的探讨。

在蒙代尔—弗莱明模型的学习中，我们已经看到了国家间经济政策的相互影响。因此，在开放经济中进行国际经济政策协作是十分必要的，这也是本章最后一节讲解的内容。

◎ 思维导图

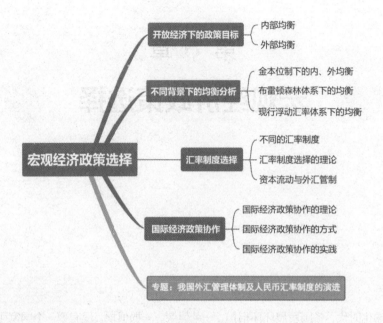

8.1 开放经济下的政策目标

一个经济体实施经济政策的目的是实现一些既定的宏观经济目标。在开放的经济环境下，政府的目标不仅包括关于本经济体内部的经济增长、物价稳定、充分就业等目标，即内部均衡目标；还包括与外部保持基本平衡的国际收支平衡目标，即外部均衡目标。

8.1.1 内部均衡

一般来讲，经济的内部均衡(internal equilibrium)表现为一国国内商品、要素和货币市场供求平衡，生产性资源被充分利用，总体价格水平稳定，同时经济能实现稳定增长。其中，物价稳定和充分就业是经济体更为持续关注的目标。

1. 物价稳定

物价稳定(price stability)即通过避免长期通货膨胀或长期通货紧缩，从而保障经济体实现健康成长。

(1) 物价稳定下总体价格水平的正常波动不会掩盖相对价格的变化，使相对价格的变化更容易被观察到。由此，企业和消费者可以更好地进行消费和投资决策，从而使市场更有效地配置资源。物价稳定通过帮助市场引导资源发挥它们最佳的生产价值，提高经济的生产潜能。

(2) 如果投资者们确认未来的物价很稳定，就不会提出"通货膨胀风险溢价"以补偿他们长期持有资产的风险。这可以通过降低实际利率来刺激投资并有效帮助资本市场配置资金，从而有利于经济增长。

(3) 物价稳定的可靠性降低了个人和公司因为避免通货膨胀而把资源从生产用途转出的可能。比如，在通货膨胀很高的情况下，人们倾向于持有实物资产而不是货币或其他金融资产，因为实物资产可以保值。而囤积商品本身是一个消极的投资决策，可能阻碍经济增长。

(4) 税收和福利系统可以产生扭曲经济行为的消极影响。在大多数情况下，这种扭曲又会因为通货膨胀或者通货紧缩而加剧，因此物价稳定会减少这些扭曲可能引致的损失。

(5) 保持物价稳定可以防止由通货膨胀或者通货紧缩引起的财富和收入的大量无序地重新分配。物价稳定的环境有助于保持社会的凝聚力和稳定。正如20世纪的几个例子①表明的那样，高度的通货膨胀或通货紧缩常常导致社会和政治的不稳定。

2. 充分就业

经济学研究如何有效配置稀缺的经济资源，经济资源在低于或高于充分就业的状态下被利用，都可能造成巨大的浪费。

让我们理解一下充分就业的含义。充分就业(full employment)并不意味着完全没有失业。现实中，有些人为了寻找更好的工作而放弃目前的工作，形成摩擦性失业；随着产业升级、城乡发展等带来的经济结构变动，还出现了岗位空缺和失业共存的现象，被称为结构性失业。因此，一定的失业率是无法避免的，他们被合称为自然失业率(natural unemployment rate)，即在不刺激通货膨胀的情况下维持的最低失业率。充分就业就是指经济保持在拥有一个自然失业率时的就业水平。

当经济没有达到充分就业时，失业率高于自然失业率，而且这部分高出的失业是不受欢迎的。这些失业意味着劳动力资源没有得到充分运用，使国民产出偏低，并且进一步引起税收收入偏低和财政支出下降，影响公共产品的提供。更严重的是，失业虽然是失业者的不幸，但不幸的人很可能变成新的不幸的制造者，影响社会的稳定。

当经济高于充分就业时，失业率低于自然失业率。这时，对资源的浪费是比较隐性的，表现为对机器、劳动力等生产要素的过度使用，从而可能使生产要素更频繁地发生故障和更快地发生折旧。

综上所述，短期内，物价稳定和充分就业会成就经济的长期稳定、均衡发展，这些目标又是关于经济体内部的经济指标，所以被归类为内部均衡目标。

8.1.2 外部均衡

虽然受经济形势、外部世界的条件及支配其与外部世界经济关系的制度安排等因素影响，不同的经济体、不同时期的同一经济体对外部均衡(external equilibrium)的要求可能有所不同，但整体上，外部均衡是一个反映经济合理开放状态的综合概念。前面我们学习过的国际收支记录了一国在一段时间内的对外经济交往，因此，通过对国际收支的观察可以判断其外部平衡的状况。和差额分析类似，外部均衡是指国际收支在某些项目上的平衡。一般准则是经常账户差额(CA)保持在一个适当的水平上，避免过大的赤字或盈余。

由 $S=CA+I$ 可知，经常账户赤字，意味着 $S<I$，存在资本流入(情形1)；经常账户盈余，意

---

① 20世纪20年代德国的恶性通货膨胀，20世纪40年代中期和80年代末中国的通货膨胀，20世纪90年代巴西、阿根廷和秘鲁等国的通货膨胀，等等。

味着 $S>I$，存在资本流出(情形 2)。所以，如果一国国内具有较好的投资机会，未来收益很高，不妨保持在情形 1，成为现期产品尤其是资本品的净进口国；当由国外借入的资金用于生产性支出时，经常账户赤字不会对经济造成不良影响。相反，当一国国内投资的预期回报低于它在国外的投资时，该国政府可以适当鼓励资本流向投资收益率较高的地区，从而保持在情形 2 的状态。另外，暂时性的赤字或盈余可能是出于维护经济长期稳定的目的，可以存在。但是，如果经济中存在过度的赤字或盈余并伴随着以下经济状况，则应引起注意。

1. 过度的经常账户赤字

经常账户赤字带来的资金流入可能用于以下几个方面。第一，如果出现政府的错误导向或经济中其他因素失控使借入资金大多用于高消费，则这种赤字不能对本国经济的长期发展做出贡献，还可能带来未来的偿付能力不足等问题。第二，根据第一章中的等式，$C + S_P + T = C + I + G + EX - IM + R$，从而有 $S_P + T = I + G + CA$，即 $S_P + (T-G) = I + CA$，其中 $(T-G)$ 就是政府储蓄。如果净进口带来的资本流入是用于弥补巨额财政赤字的，即 $(T-G)<0$，而后者又未能改善国内投资环境，也是相当危险的。第三，如果在计划阶段对利用外资的投资项目的营利性有过于乐观的估计，也可能带来未来偿债能力的不足。在这些情况下，政府应该迅速采取措施减少赤字，以避免将来可能面临的外债偿还困难。

一般的经验法则(Traditional Rule of Thumb)是，如果经常账户赤字(CAD)大概超出了一国 GDP 的 5%，则被认为是一个危险的信号。

2. 长期的经常账户盈余

存在长期的经常账户盈余意味着对外投资和持有外国资产的净增长，也表明国内投资增长下降。而实际上，在某些情况下投资于国内可能比投资于国外具有更大的边际收益；如果国内资本存量的增加有助于减少本国失业，就比等量的国外资产的增加对国民收入的贡献更大；一个企业在国内的投资对国内的其他企业在技术上具有外部性，从而促进国内技术的扩散；相较于对国外投资收益征税，对国内投资收益征税更方便。另外，鉴于风险、与外国关系等因素，政府应该积极采取行动改变本国的经常账户收支状况。

8.2 不同背景下的均衡分析

接下来我们就先从对现实的观察出发，分别以第 6 章中讲到的几种国际货币体系为背景，看看内、外部均衡如何实现，或者存在什么冲突。

8.2.1 金本位制下的内、外均衡

在金本位制下，一国货币当局的根本任务是持有足够的黄金储备以保持本国货币与黄金之间的法定平价。当时，国际收支主要表现为经常账户下的收支，如果出现经常账户赤字，则意味着黄金的净输出；如果出现经常账户盈余，则意味着黄金的净输入。所以，货币当局就应该通过对黄金储备的控制来达到外部平衡，即保持黄金存量不以较大的速率增加，也不以较大的

速率减少。

但是，由于(大卫·休谟提出的)价格—铸币流动机制的存在，政府通常对经常账户收支采取自由放任的态度，任由其自发调节。在这样的调节过程中，黄金储备量的变动会带来国内货币供给量的变动，政府实际上放弃了利用货币供给量的增减来刺激或紧缩经济的手段，因此无法承诺实现充分就业。

可见，金本位制下外部均衡目标是被置于内部均衡目标之上的，一国在保持金本位制时就有可能以国内经济失衡为代价。

8.2.2 布雷顿森林体系下的均衡

布雷顿森林体系下一个最基本的特点是美元充当国际储备货币，被广泛地用作国家间的计价单位、支付手段和贮藏手段；以美元为本位，成员国要保持一定幅度内的固定汇率。这时，美国是储备货币的发行国，其他国家(或地区)则是非储备货币的发行国。他们所面临的内外均衡问题是不同的，需要分别进行讨论。

1. 储备货币发行国

前面分析布雷顿森林体系时已经提到了美国作为储备货币的发行国所面临的外部均衡问题，即维持信心和清偿力。一方面，美国必须通过国际收支逆差向世界提供清偿力，以便其他国家(或地区)可以通过贸易获得足够的美元作为国际储备和国际支付手段；另一方面，美国必须保证外部世界对其的信心，即相信美国能够按照布雷顿森林体系的规定以 1 盎司黄金 35 美元的官价随时将美元兑换成黄金。

在布雷顿森林体系建立之初，国际社会对美元充满信心，甚至认为美元作为国际储备比黄金更便利，因此各中央银行愿意增加美元储备而放弃兑换黄金。然而，正如我们在第 6 章中所讲到的那样，随着美国国际收支逆差的增加，其黄金储备开始减少，美元国际清偿能力与信心的内在矛盾日渐凸显，引起了国际社会的担心，频繁发生美元危机，并最终导致布雷顿森林体系的解体。

美国在对待内部均衡上有优于其他国家(或地区)的特权，因为它不需要为维持汇率而紧缩国内经济或引入国外的通货膨胀。它可以不断发行美元短期债券来弥补赤字。整个 20 世纪 60 年代，美国的宏观经济政策基本上都是扩张性的，造成了国内的高通货膨胀率，再通过汇率机制传导到其他国家(或地区)。

2. 非储备货币发行国

与美国相比，非储备货币发行国则面临不同的内外部均衡问题。在第二次世界大战刚刚结束、布雷顿森林体系运行之初，一方面，美元短缺是他们主要面临的外部均衡问题，马歇尔计划(Marshall Plan)[①]为缓解这一问题提供了支持。另一方面，经济发展的需求又使各国经常账户出现赤字，由于当时的私人部门资金流动很少，这些赤字主要靠央行的储备来支持。1958 年后，随着外汇交易的扩大，不同国家金融市场间的联系逐渐紧密，带来私人资本的国际流动迅速增

[①] 官方名称为欧洲复兴计划(European Recovery Program)，是第二次世界大战结束后，美国对被战争破坏的西欧各国进行经济援助、协助重建的计划，对欧洲国家的发展和世界政治格局产生了深远的影响。

强,因此,中央银行也必须密切关注国际金融市场动向,在必要时卖出或买进储备资产以维持汇率稳定。同时,这些国家经常账户赤字或盈余所能达到的规模会受投机性资本流动的规模和速度的影响。

另外,在布雷顿森林体系中还提到了非储备货币发行国可能面临的一个外部均衡问题,就是"根本性不平衡"(fundamental disequilibrium),这时就需要对汇率进行调整,否则很难改善。

接下来,我们就通过构建一个模型来分析非储备货币发行国所面临的外部均衡和内部均衡问题。

假定:资本流动无成本,本国利率 R 与世界利率 R^* 相等;在短期分析中,国内价格 P 和国际价格 P^* 不变;汇率 E 固定,除非政府改变汇率水平。

该国的均衡目标包括内部均衡目标和外部均衡目标。

(1) 内部均衡:P、E 不变,国内通货膨胀主要依赖于总需求对经济的压力。只要求充分就业,总需求等于充分就业时的产出水平 Y^f。因为利率相对稳定,所以假定 I 一定,则内部均衡条件为:

$$Y^f = C(Y^f - T) + I + G + CA(EP^*/P, Y^f - T) \tag{8-1}$$

根据小国的蒙代尔—弗莱明模型,在固定汇率制下,财政政策、汇率政策有效,而货币政策无效。所以,在将要建立的模型中只考虑财政政策和汇率政策,而不用考虑货币政策。政府可以选择前两者的某种组合,使产出稳定在充分就业时的水平 Y^f。

(2) 外部均衡:假定政府选定一个经常账户目标余额 X,则均衡条件为:

$$CA(EP^*/P, Y-T) = X \tag{8-2}$$

由于 E 固定,货币政策对经常账户余额不起作用,因此政府仍然需要利用财政政策和汇率政策来达成外部均衡。

如果我们把上面的分析用图形表示出来,则以汇率 E 为纵坐标,以财政政策(扩张)为横坐标,分别画出代表内部均衡的 $I\text{-}I$ 曲线和代表外部均衡的 $X\text{-}X$ 曲线(见图8-1)。

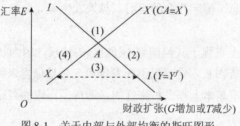

图8-1 关于内部与外部均衡的斯旺图形

如图8-1所示,这个由内部均衡曲线和外部均衡曲线构成的图形也叫作斯旺图形(Swan Diagram)[①],其中:

- $I\text{-}I$ 曲线:使产出等于充分就业水平的所有汇率政策和财政政策的组合;曲线上的任一点都处于内部均衡。因为货币贬值和财政扩张都对产出有扩张作用,为了使产出保持在充分就业水平,就得让财政扩张与升值相伴随,因此这条曲线是向下倾斜的。

---

① 斯旺图形(Swan Diagram)是由经济学家特雷弗·斯旺(Trevor Swan)在1955年的文章《国际收支的长期问题》(Longer-run Problems of the Balance of Payments)画出的,后来又由 W. 迈克斯·科登(W. Max Corden)进行完善。

- X-X 曲线：代表了使经常账户余额等于给定水平 X 的所有汇率政策和财政政策的组合；线上任一点都达到了外部均衡。因为货币贬值与财政扩张对经常账户余额的影响方向相反，为保持一定的经常账户余额，它们就必须搭配使用，所以这条曲线是向上倾斜的。

从图 8-1 可以看出，只有在交点 A 处内部均衡和外部均衡同时实现，产出水平为 Y^f，经常账户余额为目标值 X。而(1)~(4)区域代表 4 种不同的失衡方式。

区域(1)：财政扩张超过了必要的限度，经济处于大于充分就业的状态；经常账户盈余过多(大于 X)。

区域(2)：经济处于大于充分就业的状态；经常账户盈余小于目标值 X(可能是赤字)。

区域(3)：财政扩张不足，经济中存在失业；经常账户盈余小于目标值 X(可能是赤字)。

区域(4)：财政扩张不足，经济中存在失业；货币贬值幅度过大，净出口增加，经常账户盈余过多。

如果经济在初始时偏离了点 A，落在了 4 个区域中的任何一个，则通过两种政策的适当调整可以使经济恢复到 A 点。

但在固定汇率下，财政政策成为唯一的使经济恢复内、外部均衡的政策工具。而事实上，单靠财政政策显然不足以同时恢复内部和外部的均衡，除非经济本身是沿水平方向偏离 A 点的。

假如经济初始时处于虚线上的某一点，只能达到某一种均衡，要想走出这样的困境，政府只能宣布货币的官方贬值。

实际中，各国确实在某些时候通过改变汇率使本国经济更接近内部和外部的同时均衡。或者，通过加强对资本账户的控制来割断本国利率与世界市场利率的关系，使货币政策更加有效。

专栏 8-1　米德冲突(Meade's Conflict)与政策搭配(Policy Assignment)

英国著名经济学家、诺贝尔经济学奖获得者詹姆斯·米德(James Meade)于 1951 年在他的名著《国际收支》(The Balance of Payments)一书中指出，固定汇率制下，当宏观经济处于特定区间时(如通货膨胀、国际收支顺差的组合和经济衰退、国际收支逆差的组合)，政府调节社会总需求的宏观政策会在实现某一均衡目标的同时恶化另一目标，此时经济就面临内外均衡的冲突。现在可以利用斯旺图形来具体看一下冲突出现的情形。图中偏离 A 点就意味着经济的不均衡，但是，在不同区域的状况是不同的：在(2)(4)区域中，在不改变汇率的情况下，财政政策的实施会同时改善内部失衡和外部失衡；但是在(1)(3)区域中，如果汇率固定，则财政政策只能改善一种失衡，同时会加重另外一种失衡，就出现了内外均衡难以兼顾的情形。这一固定汇率下内外均衡的冲突问题就是"米德冲突"。有了冲突问题，就需要选择不同的政策达成不同的目标，即政策搭配。荷兰经济学家丁伯根(Tinbergen)最早提出将政策目标和政策工具联系在一起的正式模型，指出要实现若干个独立的政策目标，至少需要相互独立的若干个有效的政策工具，这也被称为"丁伯根法则"。他在 1969 年成为第一位诺贝尔经济学奖得主。

视频

8.2.3　现行浮动汇率体系下的均衡

浮动汇率制构成了布雷顿森林体系解体后的当今国际货币体系的一个重要特征。那么，在这样的浮动汇率制下一国的内外均衡又是怎样的呢？

1. 外部均衡

汇率对国际收支失衡的调节作用主要体现在下面两个渠道：改变商品的相对价格，有利于贬值国的商品出口，改善其国际收支状况；贬值促使私人投机者把升值的货币兑换成贬值的货币，这种资金流动有助于改善逆差国的国际收支状况。

利用浮动汇率来调节国际收支的优点在于：调整迅速、自动和持久，能连续地对任何时候出现的失衡进行及时调整，相比于布雷顿森林体系下的固定汇率制度，不至于产生累积性的国际收支困难；能通过改变货币的相对价格，对国际收支进行长期的结构调整；简单易行。

2. 内部均衡

浮动汇率本身可以确保国际收支平衡，所以政府可以不受汇率和国际收支条件的限制，将所有的政策工具都用于实现内部均衡，尤其是货币政策，因为此时资本的流动和货币币值的变化不会再受固定汇率制度的限制，恢复了其干预经济的能力，有效性加强。浮动汇率还使各国政府能够根据各自不同的经济条件选择适宜的通货膨胀率，使各国通货膨胀差异得以保持，再加上一国的货币扩张对其他国家的货币供给影响很小，经济政策的独立性有所增强。

在固定汇率下，一国政府在政策选择时会面临内外均衡的"米德冲突"。在浮动汇率制下，政府同样需要考虑内部结构是否合理的问题。并且，作为开放经济的核心变量，汇率的变动会对宏观经济各个层次的变量都产生深刻影响。因此，浮动汇率制下一国内部经济会受到更多的来自外部的干扰，新型的内外均衡冲突更加明显。不同于米德时代，与直接生产、交换相脱离的巨额国际资本流动于各国间，使内外均衡冲突发生得更加频繁，后果更严重。因此，政府应该根据各种经济政策的作用和特点进行协调使用，以期同时实现内部均衡和外部均衡。

为实现内外均衡目标，可供一国当局选择使用的政策工具有财政政策、货币政策、价格调整(包括对货币工资率的调整和汇率政策等)和直接管制(包括金融控制和商业控制，前者有外汇管制、多重汇率等，后者包括数量限制、关税配额等)等。其中：财政、货币政策主要通过改变国内支出总量来发挥作用，通常被合并视为一种工具，即支出变更政策；汇率政策则通过改变贸易品和非贸易品的相对价格来发挥作用，被作为支出转换政策。从前面对不同背景下内、外均衡的分析可以发现，不同的国际货币体系下由于汇率制度等选择不同，一国实现其内外均衡目标各有其优缺点。因此，汇率制度的选择就是开放环境下一个经济体非常重要的决策。然而，对于如何选择合适的汇率制度这个问题一直存在争论。下一节就对有关问题展开讨论。

8.3 汇率制度选择

汇率制度(Exchange Rate Regime or Exchange Rate System)，又称汇率安排(Exchange Arrangements)，是指一国货币当局对本国汇率变动的基本方式所做的一系列安排或规定。传统上，按照汇率变动的幅度，汇率制度被分为两大类型：固定汇率制(fixed)和浮动汇率制(floating)。前者流行于布雷顿森林体系之前，后者则随着布雷顿森林体系的解体变得越来越普遍。我们在前面的学习中已经多次提及它们，但是一般只是从汇率变动的角度进行简单的界定。接下来，我们就围绕着汇率制度本身进行讨论。

8.3.1 不同的汇率制度

首先，正像上文所说，最典型的汇率制度当然就是固定汇率制度和浮动汇率制度。

1. 固定汇率制度

固定汇率制度是金本位制度时代流传下来的汇率制度。自 19 世纪中后期金本位制在西方各国确定以来，一直到 1973 年布雷顿森林体系解体之前，绝大多数时间里世界主要工业国家采取的汇率制度基本上都属于固定汇率制度。

在金本位制度下，金币为无限法偿的本位货币，可以清偿一切债务；金币可自由熔化与铸造；黄金可自由输出或输入；国家用法令规定了每个金铸币所含纯金量(即成色与重量)；银行券(即纸币)作为金币的代表参与流通并与黄金自由兑换。金本位的这些特点，使金币的名义价值和实际价值相等，国内价值与国外价值趋于一致。在国际结算中，若用纸币办理支付，就要按照它们的含金量(即一个货币所含纯金的数量)计算所具有的价值。因此，货币的含金量是决定彼此之间汇率的基础，黄金输送点是汇率波动的界限，汇率变化的幅度很小，也就是事实上的固定汇率制度。

金本位制崩溃后，各国都实行了纸币流通制度。纸币流通下的固定汇率制，在第二次世界大战后的布雷顿森林体系中表现得最为典型。这种固定汇率制，就是两国的货币比价基本固定，并把两国外汇汇率的波动界限规定在一定的幅度之内。如果在外汇市场上两国汇率的波动超过规定的幅度，有关国家(或地区)的货币当局就有义务出来干涉，以维持一定的汇率水平。

布雷顿森林体系下以美元为中心的固定汇率制度与金本位制下的固定汇率制度的本质区别主要在于，在布雷顿森林体系下的固定汇率制度是通过国家间的协议(布雷顿森林协定)人为建立起来的，各国当局通过外汇干预、外汇管制或国内经济政策等措施将汇率维持在一个人为规定的狭小范围内波动；各国货币的金平价是可调整的；当一国国际收支出现根本性失衡时，金平价可以经由国际货币基金组织的核准而予以变更。这种固定汇率制实质上是可调整的钉住汇率制。

因此，简单来说，纸币流通条件下固定汇率制度的特点在于法定汇率一经确立，不得随意变更，市场汇率波动又可得到各国政府的控制，使各国汇率可以保持相当程度的稳定。与此同时，美元的主导地位被确立下来。但是，随着 1971 年以后美元危机日益深化，固定汇率制度从动摇走向崩溃。到 1973 年，西方各国不再承担维持对美元的固定汇率义务，布雷顿森林体系下的固定汇率制度终于垮台。

2. 浮动汇率制度

浮动汇率制度是指一国货币兑换外部货币的汇率不固定，随着外汇市场的供求变化而自由波动的一种汇率制度。浮动汇率制又可分为自由浮动与管理浮动。自由浮动是指汇率完全由市场供求机制决定自由涨落；管理浮动是指中央银行或有关当局以不同的方式来干预和影响汇率的变动。但事实上，绝对的自由浮动只是理论上的一种假设，在现实中并不存在，无论哪一个国家(或地区)，货币当局都不可能听任汇率随市场供求状况的变动自由涨落而不加任何干预。所以，自由浮动与管理浮动的差异在于干预的程度不同。

我们可以将固定汇率制度和浮动汇率制度进行对比，如表 8-1 所示。

表 8-1 固定汇率制度和浮动汇率制度

项目	固定汇率制度		浮动汇率制度	
汇率波动	受平价的制约,只能围绕在平价很小的范围内上下波动		不受限制,随外汇市场供求状况变动而波动	
时间	自19世纪中后期金本位制,一直到1973年		1973年以后,世界主要工业国和一些发展中国家	
再分类	金本位制下	纸币流通下	自由浮动	管理浮动
共同点	①有金平价,中心汇率按两国货币各自的金平价之比来确定;②外汇市场上的汇率水平相对稳定		汇率可以随外汇市场的供求情况发生变化	
区别	自发形成、自由兑换、金币自由铸造和自由熔化等	通过国家间的协议人为建立	货币当局对外汇市场不加任何干预,汇率完全随市场供求状况的变动而自由涨落,又称"清洁浮动"(clean floating)	货币当局对外汇市场进行干预,以使市场汇率朝有利于自己的方向浮动,又称"肮脏浮动"(dirty floating)
	汇率保持真正的稳定,属于典型的固定汇率制	金平价可以调整,出现根本性失衡时可以由IMF核准后变动金平价,属于可调整的钉住汇率制		

3. 汇率制度的现实观察

固定汇率制度和浮动汇率制度是比较简单的划分,实践中对汇率的分类和描述要更为细致。我们不妨来看看IMF对各国在2021年汇率制度安排情况的最新统计数据(见表8-2)。

表 8-2 IMF 的汇率制度分类

汇率安排类型	包含的具体类型	国家/经济体总数
硬钉住(hard pegs)	无独立法定货币(no separate legal tender)	14
	货币局制度(currency board arrangement)	11
软钉住(soft pegs)	传统的钉住汇率(conventional pegged arrangement)	40
	水平波幅钉住(pegged exchange rates within horizontal bands)	1
	爬行钉住(crawling peg)	3
	稳定化安排(stabilized arrangement)	24
	类似爬行安排(crawl-like arrangement)	24
浮动汇率制度(floating regimes)	浮动(floating)	32
	自由浮动(free floating)	32
其他(residual category)	其他管理安排(other managed arrangement)	12

资料来源:IMF于2022年7月出版的《汇率安排和外汇管制年度报告》(*Annual Report on Exchange Arrangements and Exchange Restrictions*,AREAER)。

从表8-2可以看出,IMF的基本分类为"硬钉住""软钉住"和"浮动汇率制度"。"浮动汇率制度"较为简单,与我们上面讲过的"浮动汇率制度"基本一致;"硬钉住"和"软钉住"里的前两种则基本与前面讲的"固定汇率制度"一样;其他的则属于介于两者之间的中间汇率制度。2021年,使用硬钉住、软钉住和浮动汇率制度的IMF成员分别占比13%、44.7%和33.2%。但要注意的是,一国的汇率制度不是一成不变的,随着经济体发展和内外部均衡的变化,各国政府会做出相应的调整。仅在2020年5月到2021年4月的一年间,就有30个IMF成员国的汇率制度被重新分类,变化的方向也不尽相同。可见,汇率的种类多种多样,不同国家(或地区)

在选择时也有不同考量。

专栏 8-2　IMF 的名义分类和实际分类

IMF 出版的《国际金融统计》自 1982 年起将其成员国汇率安排分为钉住汇率制度(pegged regimes)(包括钉住美元、法国法郎、其他货币、SDR、其他货币组合等)、有限弹性汇率制度(limited flexibility regimes)(包括单独和合作)、弹性汇率制度(flexible arrangements)(包括管理浮动和独立浮动)三大类。1997—1998 年亚洲金融危机爆发后，基金组织对各国的汇率安排进行了研究，并自 1999 年 1 月 1 日起，从汇率灵活变动程度的角度对汇率安排重新加以分类。同时，还有一个重要的变化就是，开始使用实际分类的概念，区别于名义分类。

所谓名义分类，是指各国货币当局对外宣布并在 IMF 进行登记的汇率制度。所谓实际分类，主要是根据成员国实际的名义汇率灵活程度和当局干预程度来划分的，它可能与一国所宣告的汇率制度不同。自 1999 年引入实际分类以来，实际分类方法也在不断变化，自 2009 年起，IMF 的实际分类分为三大类和一残差项(共 10 小类)。以 IMF 对现行 190 个成员国及 3 个相对特殊的经济体(包括荷兰的海外领地阿鲁巴、库拉索和圣马丁地区，以及中国香港地区)在 2021 年的汇率制度安排的分类统计为例，表 8-2 中最右一列就是各国家/经济体汇率实际分类的数目。

一般来说，汇率制度的实际分类比名义分类更能反映实际情况，但实际分类本身存在一些问题。因此，有学者指出(Genberg & Alexander, 2005)，名义分类的汇率制度或者实际分类的汇率制度都没有告诉我们一国汇率政策的全部信息，但它们又都含有一定的信息，应该同时给予考虑。

专栏 8-3　中国在 IMF 框架中的汇率制度演变

正如前面所说的那样，一国的汇率制度不是一成不变的。表 8-3 展示了过去十几年在 IMF 统计中中国实际汇率制度的变化。

表 8-3　中国的汇率制度分类(2006—2021 年)

年份	IMF 框架下汇率分类
2006	传统的钉住汇率(conventional pegged arrangement)
2007—2008	爬行钉住(crawling pegs)
2009—2010	稳定化安排(stabilized arrangement)
2011—2015	类似爬行安排(crawl-like arrangement)
2016	其他管理安排(other managed arrangement)
2017	稳定化安排(stabilized arrangement)
2018	类似爬行安排(crawl-like arrangement)
2019—2020	其他管理安排(other managed arrangement)
2021	类似爬行安排(crawl-like arrangement)

2005 年"7·21"汇改后，人民币升值压力得到释放。2006 年，IMF 将我国汇率制度归为传统钉住汇率。但随着升值态势的持续和官方的干预，波幅保持在 2%的爬行区间，因此，2007 年我国汇率开始进入爬行钉住时期。2008 年全球金融危机之后，人民币出现暂时的贬值压力，汇率浮动大幅收窄，人民币进入稳定化安排时期。2010 年后，随着央行宣布提升人民币汇率弹性，人民币缓步升值，开始归为类似爬行安排阶段。2013 年美联储宣布量化宽松后，人民币贬值压力不断

积累,直到 2015 年汇率改革。2016 年,受汇改影响,我国汇率被归为其他管理安排。此后,我国汇率制度又逐渐向市场化靠近。新冠疫情之下,人民币汇率重回其他管理安排。2020 年 7 月到 2021 年间,人民币呈现 2%波幅内的小幅升值趋势,故在 2021 年又被重分类为类似爬行安排。

可以看到,过去十几年间,虽然我国名义汇率为有管理的浮动汇率制度,但是在实践中,实际汇率政策会不断调整。想了解更多内容,请参考 IMF 历年的 AREAER 报告。

那么,一个国家(或地区)应该怎样选择适合自己的汇率制度,就成为开放环境下经济政策选择的一个重要内容。上面我们看到的是各国选择的结果,这样的选择背后有什么样的理论依据或指导吗?下面我们就对有关汇率制度选择的理论进行学习。

8.3.2 汇率制度选择的理论

尽管汇率制度相当多样,但最具有代表性的就是固定汇率制度和浮动汇率制度。因此,有关汇率制度选择的理论首先就集中在这两种汇率制度上,通过认识它们的优缺点来指导选择。

1. 固定汇率制度和浮动汇率制度的比较

从总体上看,固定汇率和浮动汇率制度互为对立,一种汇率制度的优点就是另一种汇率制度的缺点。因此,我们通过表 8-4 来对比二者的优点。

表 8-4 固定和浮动汇率制度的优点

固定汇率制度	浮动汇率制度
➢ 汇率稳定,降低汇率波动带来的贸易风险,也降低了进入国际金融市场的成本,有利于促进资源在国家间流动	➢ 国际收支均衡可以通过汇率变化实现,而财政货币政策可以关注国内经济目标
➢ 避免竞争性贬值和升值,使通货膨胀保持在较低水平	➢ 无须过多的外汇储备,可使更多的外汇资金用于经济发展
➢ 在一定程度上抑制了外汇市场的投机活动,避免投机性泡沫的产生	➢ 增加本国货币政策的自主性
	➢ 避免国际性通货膨胀的传播
➢ 使得财政赤字难以货币化	➢ 提高国际货币制度的稳定性
➢ 固定汇率制度更适用于满足最佳货币区标准的国家或小型经济体	➢ 促进自由贸易,提高资源配置的效率

专栏 8-4 谁为啤酒付了钱?

相传在 19 世纪的爪哇国与哇爪国相邻的地方,有两个小村庄接壤。有一个快乐的单身汉汤姆,就游走在这两个小村庄之间,每天与啤酒相伴,过得十分惬意。人们都好奇他哪来的酒钱,殊不知他发现了一个小窍门。

原来,由于爪哇国与哇爪国都有自己的中央银行,并且就货币制度、汇率制度等做了一系列规定。两个国家都已经开始使用信用货币,但在汇率制度上都实行了固定的汇率制度。奇怪的是,两国对各自国家的货币规定了不同的对外汇价。

在爪哇国,该国政府规定 1 哇爪币=0.9 爪哇币;在哇爪国,该国政府则规定 1 爪哇币=0.9 哇爪币。于是,这个单身汉发现了其中的奥妙。两个村庄的酒馆对一杯啤酒的定价都是 0.1 元(即本国货币)。汤姆就先来到爪哇国的酒馆,并拿着 1 爪哇币要买酒喝。一杯啤酒下肚之后,伙计给他找来了 0.9 爪哇币。他却说,"我还要去哇爪国的村子里办事呢,就直接给我哇爪币吧!"伙计按照该国对汇率的规定,就将 0.9 爪哇币换成了 1 哇爪币给汤姆。汤姆就拿着这 1 元的哇爪币,又晃悠到了哇爪国村子的酒馆里,又要买一杯啤酒。伙计拿了酒给他,要再找他 0.9 哇爪币,谁知汤姆又说:"我还要去爪哇国的村子里办事呢,就直接给我爪哇币吧!"于是,伙计就按照他们的规定将 0.9 哇爪币换成了 1 爪哇币给了汤姆。结果,汤姆手里又有了 1 爪哇币,跟最开始一样,但此时他已经两杯啤酒下肚了。就这样,周而复始,汤姆一分钱没花,却不断有酒喝,真是逍遥啊!

在这个过程中,卖酒的小酒馆也都有钱入账。那么,到底是谁为他喝的酒付了钱呢?提示:当一国要维持一个扭曲的固定汇率制度时,就要付出代价。

从以上的对比中可以看出,两种汇率制度各有优缺点。究竟选择哪一种汇率制度呢?接下来我们就看一下传统汇率选择理论是如何对一国选择提出建议的。

2. 代表性的选择理论

在国际金融领域,对于汇率制度的选择一直是学者们争论的焦点。从不同视角出发,逐渐衍生发展出一系列有关汇率选择的理论和假说。正如我们所说,没有哪一种汇率制度是最优的,也没有哪一种汇率选择制度是普适的,接下来我们就对一些常见的汇率选择理论进行梳理。

1) 经济论

经济论是从一个国家的经济特征来进行分析,美国前总统肯尼迪的国际经济顾问罗伯特·赫勒(Robert Heller,1978)认为,一国对汇率制度的选择主要受经济方面的因素影响;博森(Poisons,2001)进一步补充和完善了这种认识。简单来看,各种经济因素与汇率制度选择大体如表 8-5 所示。

表 8-5 经济因素与汇率制度选择

因素	固定(fixed)	浮动(flexible)
经济规模(size of the economy)	小	较大
经济开放程度(一国经济对国际贸易的依赖程度)(openness)	高	低
经济结构(economic structure)	缺乏多样性	比较多样
进出口贸易的商品结构和地域分布(goods structure and geographical distribution of trade)	集中	多样
国内金融体系的复杂程度(sophistication of the financial system)	低	高
经济/金融发展程度(economic/financial development)	低	高
相对的通货膨胀率(divergence from world inflation)	低	高
对经济政策的国际约束(international constraints on economic policies)	接受	拒绝
资本流动性(capital mobility)	低	高
劳动力流动性(labour mobility)	高	低
对外负债的规模(size of foreign exchange liabilities)	大	小
在国际上借款的能力(the capability of borrowing)	低	高
经济受到的冲击(the shocks)	名义、内部	实际、外部

此外,还可以从经济效率和经济稳定性角度来权衡两种汇率制度。经济效率是指稀缺的资源以最小的成本进行配置。经济稳定性是指经济以稳定的速度发展、维持和谐的状态。另外,

还需要考虑其他因素，如某个经济体的工资指数化程度、货币政策的可信度、是否存在区域性合作协议等。

2) IMF 的选择标准

2022 年，IMF 的货币与资本市场部门出版了一本技术援助手册，旨在为央行及相关从业人员提供有关的能力建设。在该手册中，IMF 总结了一套选择汇率制度的标准，也可以理解为关于汇率制度的选择理论。标准提到，在选择汇率制度时，应该考虑三方面因素：国家宏观经济现状(通胀水平、外汇储备、金融系统脆弱性、外部失衡规模、财政状况等)；经济体特点(规模、对外开放程度、出口的多样性、贸易和政治一体化、劳动力市场灵活性、资本流动性、美元化程度、金融系统发展程度)；冲击的类型(实体冲击、资本流动冲击等)。IMF 强调，各国政府应该对这三种类型的标准综合考虑分析，才能选择出最适合的汇率制度。

3) 其他汇率制度选择理论

随着理论和实践的发展，各国学者从不同角度、不同研究对象出发，提出了许多其他的汇率制度选择理论，此处我们简要介绍几个。

汇率制度选择的政治经济学理论认为汇率制度的选择在考量经济效率的同时，还应考量制度的、历史的、政治的背景及政治可行性。比如杰弗里·弗里登(Jeffry Frieden)提到，在进行汇率制度选择时，要考虑到不同利益集团(如非贸易品和贸易品生产者)的不同偏好；还有其他学者提出了如霸权稳定论、汇率与政治制度等相关理论。

有的发展中国家的经济学者专门提出了依附论，他们从本国的实际出发，提出：一国汇率制度的选择取决于其对外经济、政治、军事等诸方面联系的特征。发展中国家在实行钉住汇率制时，采用哪一种货币作为参考货币，即被钉住货币，取决于该国对外经济、政治关系的集中程度，亦取决于经济、政治、军事等方面的对外依附关系；反之，选择哪一种参考货币又会影响一国对外贸易的经济关系和其他各方面关系的发展。

一些学者通过对现实世界的汇率制度实践的观察，总结出了一系列新的理论与假说：许多国家(或地区)名义上实行浮动汇率制度，但实际上则由于"恐惧浮动论"(The Fear of Floating Theory)，实际采用的却是"软钉住"汇率制度；在 20 世纪 90 年代，很多学者认为介于完全浮动或完全固定之间的汇率制度没有生命力，各国汇率逐渐倾向于选择两边的角点汇率制度，被称为角点假说(The Corners Hypothesis)；而进入 21 世纪，越来越多的学者转而认同中间汇率制度(Intermediate Exchange Rate Regimes)，这也可以从 IMF 的汇率制度分类和统计中看出来。

3. 关于其他汇率制度的选择

前面各种对汇率制度选择的理论，只是简单地在固定和浮动之间选择。但事实上，正如表 8-2 中所显示的那样，一国的汇率制度选择可能要具体得多。这里，我们就对其中两种"硬钉住"汇率制度的选择进行讨论。

1) 无独立法定货币

这种汇率制度也被称为货币替代(currency substitute)或美元化(dollarization)。一国居民如果对本币的币值稳定失去信心，或在本币资产收益率相对较低时，就会进行大规模的货币兑换，从而使外币在价值贮藏、交易媒介和计价标准等货币职能方面全部或部分地替代本币，这就是货币替代。在货币替代中以美元替代(即美元化)最为显著。

很多拉丁美洲国家在经历了金融危机后采用美元化作为解决问题的最终手段。如 2000 年厄瓜多尔放弃本币苏克雷而采用美元作为法偿货币；2001 年萨尔瓦多放弃科朗采用美元作为法偿货币。

其实，从某种角度看，美元化也可以看作一种区域的货币合作，只不过在这个合作中一般美国(或其他被使用其货币的国家)较为消极。我们在前面讲到的区域货币合作中已经对美元化可能存在的优缺点进行了讨论。

2) 货币局制度

最早的货币局制度是毛里求斯在 1849 年设立的，后来有很多国家采用，主要位于殖民地区。随着 20 世纪五六十年代殖民国家相继独立，这种制度也逐渐衰落。从 20 世纪八九十年代开始，又有部分经济体开始采用货币局制度，比如立陶宛(1994 年)、阿根廷(1991—2001 年)、保加利亚(1997 年)、爱沙尼亚(1992 年)、波斯尼亚(1998 年)等。

货币局制度其实不仅是一种汇率安排，还包括关于货币发行和兑换的制度。这里，我们主要从汇率制度的角度来看。在货币局制度下，货币当局通过法律的形式保证了本经济体所用货币与所选择外币之间的汇率水平，因此它属于一种非常强的固定汇率安排。

一般来讲，当一个经济体需要增强外部世界对本经济体的信心时，可能采用这种汇率制度。比如中国香港特别行政区，当时采用这一制度的考虑就是要向外部世界发出信号，说明本地是安全、自由的。阿根廷采用货币局制度，则主要是为了控制通货膨胀，并向外部传递一种信心。

但是，这种制度可能减少本经济体在货币发行上能够获得的铸币税收入，以及货币当局充当最后贷款人的能力。在资本完全自由流动的情况下，采用这种制度则意味着完全放弃货币政策的自主性。因此，在这个选择上，一个经济体必须谨慎考虑。

以上我们讨论了有关汇率制度选择的争论和理论，可以看出这是一个十分复杂的工作。著名国际金融学者罗格夫(Rogoff)就说过："很难发现潜在的汇率制度决定因素与国家的实际制度之间的实证规律，它们在各国、各个时期和制度分类中都保持一致。"另一名学者弗兰克(Frankel)也说："没有一种汇率制度在任何时间、任何地方都适用。"因此，一国必须仔细考虑自身的情况，选择适合自己的汇率制度。

视频

8.3.3　资本流动与外汇管制

在开放经济中，与汇率制度息息相关的宏观经济政策还包括资本流动和外汇管制。长期以来，世界上多数国家(或地区)都在不同程度上对资本流动有所限制，还可能就外汇的买卖等实行一些行政上的管制。那么，为什么实行这些措施？这些措施的具体内容是什么？在这些措施上又有什么演进？这些都是本小节关注的话题。

1. 资本流动管制

第二次世界大战后资本流动管制是非常普遍的选择。随着经济的发展及全球市场的不断融合，一些国家如美国和德国在 1973 年、英国和日本在 1979 年开始渐渐放松对资本流动的管制。然而，是否采取资本流动管制，还应由一国依据自身的情况来确定。因此，即便是 IMF，也并不对其成员国资本项目下的限制做统一的规定。

之所以实行资本流动管制，一方面是出于防止资本流动对本国经济产生冲击的考虑，另一方面与汇率制度有关。在第 5 章中我们已经讲到了三元悖论，即一国无法同时获得固定汇率、货币政策的独立性及资本自由流动这三种状态。因此，对于实行固定汇率的国家，为了保持货币政策的独立性，就必须在资本流动上进行控制。

具体的资本流动管制措施可以实施在不同类型、不同项目下。比如，可以对外国流入本国的中长期资金尤其是外商直接投资采取鼓励的措施，但对本国流出的资金进行限制；可以对短期资金的流动进行管制；可以直接限制资金流动的规模和方向，也可以通过征税等形式抑制资本流动。

各国关于资本流动的管制是一个动态的过程，根据本国经济和外部世界经济环境的变化而调整。近年来，从宏观层面看，大多数国家都显示出放松资本监管的趋势，1990 年以前主要是工业国，后来包括新兴市场经济体都经历了资本流动限制的持续减少，这一过程也被称为资本流动的自由化过程(capital flow liberalization)。但是，这一自由化过程并不是不可逆的，一国仍然可以根据现实的考虑重新加强管制，尤其是在危机发生的时候。比如，在 1997 年亚洲金融危机发生的时候，马来西亚政府就选择以资本管制来抵挡外部的冲击，采取了如停止外国对本国股票的交易和本币的海外交易，限制居民出境携带的货币数量等措施。2008 年国际金融危机发生后，一些新兴市场国家的监管当局采取资本管制措施以应对国际资本流动的冲击。同时，IMF 提出了关于资本管制的政策框架。2015 年，深陷主权债务危机的希腊为了降低银行系统崩溃、国家破产及退出欧元区的风险，开始实行资本管制。这一资本管制长达 4 年，随着经济的恢复，管制措施不断放松，直到 2019 年 9 月才彻底取消。

2. 外汇管制

一国政府除了对汇率制度进行规定性安排外，还可以通过各种法令、规定和措施控制、影响外汇市场上的供求或者直接对汇率进行限制规定，即实行外汇管制。通过一定的外汇管制，本国货币同外汇的自由兑换部分或全部地受到限制，从而使境内的外汇买卖、国际结算和国际投资等重要金融业务活动被置于国家有计划、宏观的管理和控制之下，以实现防止资金的大量外流(或内流)、调整对外贸易结构、改善国际收支、维持本币汇率、稳定国内经济等目的。一国政府可以授权中央银行或设立专门的外汇管理机构通过法律、法令或法规对其管辖范围内的银行、其他金融组织、企事业单位、社会团体和个人所涉及外汇收支、存储、兑换和转移的经济活动采取各种限制性措施。

专栏 8-5　典型的外汇管制方法

常见的外汇管制方法有很多，主要分为直接管制方法和间接管制方法两种。前者是指政府主管外汇管制部门对汇率或外汇交易进行直接的、强制的控制，从而迅速达到管制的目的；后者则是通过影响外汇供求或交易数量而间接实行管制的方法。

典型的直接管制比如实行本币定值过高的汇率管制，即为了鼓励先进机器设备进口，促进经济发展，一国政府会有意识地实行本币定值过高，以达到维持本国物价稳定、控制通货膨胀和减轻政府外债负担的目的。还有国家可能会实行复汇率制，对外汇汇率人为规定两个以上的汇率，不同的汇率适用于不同类别的交易项目，以达到鼓励或限制某些外汇交易或增加外汇收入、控制外汇支出的目的。

间接管制主要包括许可证制度和进口存款预缴制。通过发放进口许可证,可以对外汇交易的数量进行严格管制,发放出口许可证,可以加强对出口外汇的控制,防止隐匿出口外汇收入与本国资金外逃。进口存款预交制则规定进口商在进口某项商品时,应向指定银行预存一定数额的进口货款,银行不付利息。这份存款在商品进口时退还,或进口商品最后支付完成时退还,亦可于存款后 30 天、60 天、90 天或 120 天等退还,这样可以对某项商品的进口进行控制。

短期来看,外汇管制在缓和国际收支困难、维持汇率稳定等方面往往见效很快,对抑制物价上升促进产业结构改善也能起到一定的作用,尤其在发展中国家,外汇管制措施常常是不可缺少的。

然而,外汇管制在实施过程中可能会对本国经济乃至世界经济产生负面影响:从宏观来看,外汇管制使管制国家与非管制国家之间不能实行多边的自由结算制度,阻碍国际贸易的发展,还可能引起一些国家或地区之间的贸易矛盾和摩擦。而且,在实行外汇管制的情况下,不能充分发挥市场机制的作用,难以使整个经济在外汇供求平衡、汇率与利率自由浮动的条件下实现均衡发展。人为决定的汇率也不利于国内价格与国际价格的比较,不合理的汇率水平可能造成一国资源配置的浪费。从微观方面看,由于实行外汇管制,必然使进出口贸易手续复杂,增加成本,还有可能引起逃汇、套汇、走私及黑市外汇买卖等不法行为。

因此,从长期来看,随着一国经济发展水平的提高和市场化程度的提高,对外汇管制的程度应该是不断减轻的。

专栏 8-6 新冠疫情冲击下的资本流动管制和外汇管制

2022 年,IMF 对 2020 年新冠疫情暴发前后各国资本流动管制和外汇管制的变化进行了观察。正如大家预估的一样,由于新冠疫情带来全球经济的深度衰退,一些经济体尤其是新兴经济体的金融市场加速收紧,市场剧烈波动,国际资本流动方向急剧扭转。在这样的背景下,IMF 成员国在 2020 年对资本管制措施共进行了 380 次调整,紧缩性 186 次,放松性 176 次,还有 18 次中性调整。其中,87%的紧缩政策都与新冠疫情有直接关系,而仅有不到 20%的宽松政策与疫情相关。相较 2019 年,对资本流出的紧缩性措施几乎翻倍,而对资本流入的紧缩性管制措施增长到了原来的三倍。

同时,不同类型的国家(或地区)对资本流动的管制在疫情后也展现出不同的趋势。根据 IMF 的分析,发达经济体和中低收入发展中国家在 2020—2021 年的资本管制措施与之前三年截然不同,紧缩型资本管制措施明显增多,反映出其资本流动自由化脚步明显放缓;而最不发达国家在 2020—2021 年使用的资本管制措施反而没有 2019 年频繁,且多数为宽松型措施,资本流动自由化在这些地区成为持续趋势。从使用的管制措施类型上看,2020 年之后,发达经济体最常使用的是对直接投资的管制措施,而在发展中国家,与资本和货币市场工具有关的管制措施在疫情后使用频率成倍增长。(可以结合所学知识,稍做分析)

2020 年,一些国家(或地区)也收紧了外汇管制的措施,尤其是一些实行钉住汇率制度的国家,外汇储备减少的压力使得他们采取资本流动管制措施来限制资本外流和保护其外汇储备:阿鲁巴、库拉索和圣马丁就暂停了居民资本交易外汇许可证的发放;斯里兰卡暂停了居民对外汇款;斐济、巴哈马等国也对使用外汇进行的投资与交易活动进行了限制。

关于这一统计的更多的信息请参见 IMF 于 2022 年 7 月出版的《汇总安排与汇总限制年报》(*Annual Report on Exchange Arrangements and Exchange Restrictions*)中的第 42~51 页。

8.4 国际经济政策协作

在开放的经济环境中，一国不仅要就自己的汇率制度、资本流动政策等做出选择，还要与其他经济体进行协作。因为，从前面的两国蒙代尔—弗莱明模型中已经看到，一国，尤其是大国，在本国采取某项政策可能给外部世界带来或正或负的溢出效应(spill over effect)。而且，随着全球化的推进，各个经济体之间的联系越来越密切，需要互相协作来共同推动发展。因此，我们这一节就从理论、方式、实践几个方面来探讨国际经济政策协作。

8.4.1 国际经济政策协作的理论

M-F 模型中提到的溢出效应，说明了一个经济体对外部世界的影响，这种影响的存在就使各国为了实现预定的经济目标必须加强协调。如果各国采取非协调的经济政策，其结果往往背离政府通过经济政策发展或调节经济的初衷，甚至远离要实现的目标。因此，分析溢出效应的经济理论本身可以作为国际经济政策协作的理论基础。

美国哈佛大学学者理查德·库伯(R. Cooper)的相互依存性理论也可以说明各国经济政策协作的必要。他在 1968 年发表了专著《相互依存经济学：大西洋共同体的经济政策》(*The Economics of Inter-dependence*: *Economic Policy in the Atlantic Community*)，指出了经济体之间的相互依存是进行经济政策协作的基础；1976 年哈马德(R. Harmade)分析了国际货币政策协调，建立了哈马德模型。以后还有学者从不同角度构建有关国际经济政策协作的理论，比如一般均衡的动态协调模式，比如国际协作的博弈分析、协作中可能存在的障碍和困难等。

接下来，我们就以微观经济学中博弈论的囚徒困境(prisoners' dilemma)来解释国际经济政策协作中可能面对的困境。

例如，现在本、外国都面临国内物价上涨的压力，希望采取措施来减少通货膨胀。简单来看，它们都可以在货币政策上进行操作，但可以选择不同程度的货币政策：非常紧缩的货币政策和一般紧缩的货币政策。在紧缩性货币政策的影响下，一方面国内一般物价水平下降，另一方面紧缩带来本币升值，会进一步降低本国的进口成本。

但是，由于两国之间的相互联系，每种政策的实际效果还取决于另一国的政策选择。从本国的角度看，在外国实行的是一般紧缩的货币政策情况下，如果本国也实行一般紧缩的货币政策，则两国的物价水平都会下降，但彼此汇率会保持不变，因此物价下降的幅度较小。当然，由于紧缩，经济中失业会有所增加，但增加幅度也会较小。如果本国实行非常紧缩的货币政策，则本国的物价下降，同时本币升值，又进一步促进物价下降，因此本国的物价下降幅度会较大，相应地，失业增加幅度也较大。而外国的一般紧缩带来的物价下降被其货币贬值抵消，通货膨胀率不变，但失业仍然会由于紧缩有所增加，不过幅度较小。

在外国实行非常紧缩的货币政策的情形下，如果本国实行一般紧缩的货币政策，则本、外国的政策效果正好跟上面分析的第二种情况相反；如果本国也实行非常紧缩的货币政策，则两国货币比值不变，紧缩效果全部来自货币政策，本、外国的物价下降幅度都较大，同时失业增加较大。

我们可以把本、外国采取不同政策的效果通过图 8-2 来显示。

	外国 一般紧缩	外国 非常紧缩
本国 一般紧缩	$\Delta\pi^*=-1\%$, $\Delta U^*=1\%$ / $\Delta\pi=-1\%$, $\Delta U=1\%$	$\Delta\pi^*=-2\%$, $\Delta U^*=1.75\%$ / $\Delta\pi=0\%$, $\Delta U=0.5\%$
本国 非常紧缩	$\Delta\pi^*=0\%$, $\Delta U^*=0.5\%$ / $\Delta\pi=-2\%$, $\Delta U=1.75\%$	$\Delta\pi^*=-1.25\%$, $\Delta U^*=1.5\%$ / $\Delta\pi=-1.25\%$, $\Delta U=1.5\%$

图 8-2 本、外国不同程度货币政策的政策效果

在图 8-2 中，斜线左边是本国的政策效果，斜线右边是外国的政策效果。$\Delta\pi$ 表示通货膨胀的变化幅度，ΔU 表示失业率的变化幅度；带星号的都表示外国。因为一国会乐于看到通货膨胀的下降，而不愿意看到失业率的增加，因此我们可以把一国的政策效果简单地用 $(-\Delta\pi/\Delta U)$ 来测度，于是上面的政策效果可以简化为图 8-3。

图 8-3 非常直观地告诉我们本国、外国的选择。在外国实行一般紧缩的货币政策时，本国选择非常紧缩得到的好处较大(8/7>1)；在外国实行非常紧缩的货币政策时，本国仍然要选择非常紧缩(5/6>0)。因此，本国的占优策略是选择"非常紧缩"，同样的道理，外国的占优策略也是"非常紧缩"。因此，本、外国都选择"非常紧缩"就成为开放经济中的一个纳什均衡。然而，都"非常紧缩"的效果(5/6, 5/6)是要劣于都选择"一般紧缩"的效果(1, 1)。

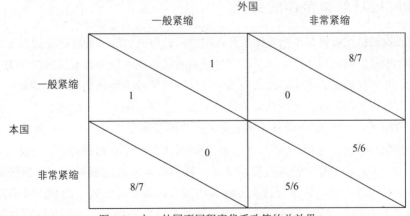

图 8-3 本、外国不同程度货币政策的总效果

通过上面的例子，我们先看到了国家之间的相互依存和影响；然后看到了国家间合作的好处，就是大家都选择"一般紧缩"，这样整个世界(本国+外国)的收益之和最大。然而，我们也看到了"囚徒困境"，若各国自行其是，选择的结果则不是最优的。

可见，国际经济政策的协作是非常必要的。另外，怎样有效地执行彼此之间的协议、分配协作中产生的收益等，也都增加了协作的难度。

8.4.2 国际经济政策协作的方式

国际经济政策协作可以从不同角度或在不同范围展开,也可以从低到高分不同的层次进行。

首先,协作可以通过制定明确的规则来进行,通过原则、协定、条款等来指导各国采取政策措施,从而达到协调的目的(rule-based coordination)。当然,有时世界经济形势变化比较大,尤其是出现危机等情况下,各国可以进行相机性协调(discretion-based coordination),通过会议、论坛、峰会等方式针对具体问题制定各国应采取的政策组合和共同行动措施。

其次,由于经济发展的多层次、区域经济发展的不平衡及各种政策、法律等因素的影响,国际经济政策协作可能在不同范围内进行,可以有通过国际组织或通过国际协定进行的全球性国际经济政策协作,也可以有区域性或是双边/多边的经济政策协作。比如我们前面讲到的国际货币体系和区域货币合作,实际上也可以理解为国际经济政策协作的构成。

最后,各国间进行经济政策协作,依据国家间的关系及客观条件,可以从低到高、从简单到复杂渐次展开。早期的可以有信息交换和危机管理,前者是指各国政府相互交流本国为实现经济内外均衡而采取的宏观调控的政策目标范围、侧重点、政策工具种类等信息,但仍在独立、分散的基础上进行本国的决策;后者则是应急性的,针对世界经济中出现的突发性、后果特别严重事件,各国进行共同的政策协作以缓解、度过危机。另外,在某些情况下,两国如果对同一目标采取政策会带来双输的结果,比如竞争性贬值。这时它们就可以通过政策协作来避免共享目标变量的冲突。如果各国做好了准备,就可以部分或全面地展开协作,即为了避免造成负的溢出效应,不同国家就国内经济的某一部分或更多的目标、工具进行协调,最大限度地获得政策协调的收益。

8.4.3 国际经济政策协作的实践

国际经济政策协作可以在不同方面展开,比如我们前面已经讨论过的在货币金融领域方面的国际货币合作和区域货币合作,以及建立自由贸易区、加入世界贸易组织(WTO)等国际贸易方面的合作。这里我们主要观察除此之外的一些国际经济政策协作实践。

我们先来看一下布雷顿森林体系解体后各主要工业国之间的经济政策合作。

1974—1979 年,在布雷顿森林体系下形成的高通货膨胀率和由两次石油价格大幅度上涨(1973 年第一次石油危机,1978 年第二次石油危机)带来的经济衰退背景下,主要工业国以凯恩斯主义经济理论作为其指导方针进行需求管理,以维持实际经济变量和通货膨胀率的稳定,并开始每年举行经济首脑会议进行政策商讨和决策,形成更灵活的、相机而行的政策合作形式。1978 年波恩首脑会议协定,日本和西德采取扩张性财政政策,美国采取削减石油进口的计划以抑制石油价格上涨,并采取反通胀政策,未涉及货币政策。这一阶段的协作对各国政策制定者(尤其是美国和西德)提出了具体的要求,因而其结果是可信的和可行的,但现实的经济运行却未实现其预期目标。不过从长期来看,对世界经济有益的影响是美国政府放开了对石油价格的限制。

1980—1985 年,持续的高通货膨胀率是头号敌人,各国的首要目标是抑制通货膨胀,以货币主义经济理论为指导，改善本国经济秩序，采取严格的紧缩性货币政策，结果是国内利率急剧上升和国内经济严重衰退，工业国的经济衰退又进一步导致了世界其他经济的衰退。这一时期里，国与国之间基本不存在财政、货币政策的合作行为，自行其是的紧缩性政策的累积效应使得世界经济陷入严重的衰退中。

1985年开始，主要工业国之间发生了巨大的外部不平衡，表现为美国的巨额贸易赤字和西德、日本的巨额贸易盈余。美国和其他国家之间的利率差异已经缩小，但美元仍在外汇市场上不断攀升，造成投机泡沫。这时，各国政策制定者一致认为，应进行政策合作以逐步降低美元币值，避免美元汇率的硬着陆和由此带来的金融危机和经济衰退，同时还可以采取以前的经济首脑会议相机协商、相机决策的形式。

1985年9月，美、英、法、德、日5国财长达成协议采取联合干预措施，促使各国通货有规律地对美元升值；日德实行扩张性财政政策，美国则要减少政府赤字。1986年在东京，各国商定每年财长会晤，考察各国经济政策目标的相容性，将对包括经济增长、通货膨胀、贸易和经常账户余额、汇率、货币供应增长率、政府预算在内的经济指标进行监督，使其成为各国制定政策目标的基础。1987年2月，7国(美、英、法、德、日、意、加)财长会议在卢浮宫举行，其描绘了以汇率目标区为基础的汇率合作的雏形，同时制定了合作性货币、财政政策的目标；美国削减政府赤字，西德减税，日本通过货币扩张来降低利率并扩大政府预算支出；对美元、日元和德国马克的汇率波动幅度做出决定，将美元汇价稳定在当时的水平上(125～140)；美联储降低贴现率，其他国中央银行一起抛售本国货币购入美元。自此，西方7国进入所谓的卢浮宫协议时代。1989年7月，7国首脑会议讨论了国际货币合作问题，提出共同干预货币市场的新建议。

进入20世纪90年代后，日本经济陷入了相对缓慢的增长期，日本政府为了促进经济增长，实施了长期相对宽松的货币政策；美国21世纪初网络经济泡沫破灭后，政策当局为了刺激国内经济增长，也推行了扩张性的财政与货币政策，使美元对世界主要货币大幅贬值。

总体来看，卢浮宫协定之后宏观经济政策合作一直向着协定所建议的方向迈进，但合作仍然是松散的。各国决策主要基于本国经济形势，缺乏国际统一协调的宏观经济政策。这与21世纪初全球范围内的流动性泛滥直到2008年发生国际金融危机也都有内在的关系。

早期的合作主要是在工业国家之间展开的。但是，随着新兴市场国家的经济发展，一些发展中国家在世界经济舞台上的重要性不断提升，比如中国已成为世界第二大经济体，贸易量第一大的经济体。因此，发展中国家参与到国际经济政策协作中是非常重要的。例如，随着2008年全球金融危机的爆发，一个包括发展中国家和工业国的合作势在必行。2009年9月25日，二十国集团(G20)领导人在美国匹兹堡联合发表声明，宣布G20将取代G7成为国际经济合作和协调的首要平台，使各国可以共同讨论和制定解决危机和促进世界经济发展的措施。

随着近年来的发展，G20峰会的关注议题也从金融、贸易等传统议题逐渐扩展到数字经济、气候变化等新兴领域，可持续发展也成为各国在政策协调时所关注的重点。面对新冠疫情冲击，各国政府纷纷出台了一系列宽松措施，随着经济逐渐复苏，部分国家政策又有所缩紧。在2022年G20峰会上通过的《巴厘岛宣言》就提出，各国承诺加强宏观政策合作，防范下行风险和负面外溢效应。适当调整货币政策收紧的节奏，确保通胀预期稳定，降低跨境溢出效应。

从以上的国际经济政策协作的实践来看，许多国家(或地区)已经意识到政策协作的必要性并采取了一些建设性措施,对世界经济产生了积极的影响。虽然国际经济政策协作中还会碰到很多障碍和困难,应该说其前景还是充满希望的。

专题：我国外汇管理体制及人民币汇率制度的演进

随着经济的不断发展和改革开放的不断深入,我国在外汇管理体制和人民币汇率制度上也不断改革。从过去40多年的实践来看,在这一过程中主要包括以下举措。

1978年,实行改革开放,国家逐渐放松对外汇的"集中管理、统一经营"。

1979年,国家批准设立国家外汇管理总局,对外汇进行管理。

1994年,官方汇率5.80一次性与市场汇率8.70并轨,建立以市场供求为基础的、单一的、有管理的浮动汇率制度；实行银行结售汇制,取消外汇留成和上缴；建立全国统一规范的银行间外汇市场；放宽人民币经常项目的限制,为实行人民币经常项目有条件可兑换创造条件。

2005年,中国人民银行宣布我国从单一钉住美元改为实行以市场供求为基础、参考一篮子货币进行调节、有管理的浮动汇率制度。同时,人民币对美元升值2%(到8.11元/美元)。

2010年,离岸人民币市场正式启动。

2015年,中国人民银行发布声明,完善人民币汇率中间价报价,做市商在每日银行间外汇市场开盘前,参考上日银行间外汇市场收盘汇率,综合考虑外汇供求情况及国际主要货币汇率变化,向中国外汇交易中心提供中间价报价；同时,央行将人民币对美元中间价下调至6.2298,并随后引入了逆周期因子。

图8-4[①]展示了自1994年起人民币对美元汇率中间价的走势。回顾人民币汇率改革的重要节点,每一次尝试和改革都是对市场、政策等多重因素考量之下的结果。比如,1994年之前,我国实行汇率双轨制,而20世纪90年代初的经济过热现象导致我国通胀率较高,贸易逆差不断增大,官方汇率偏高但汇率的贬值预期较强,内外经济失衡。在这样的背景下,汇率并轨的改革不仅缓解了经济失衡和外汇调控的压力,适当的贬值还有利于缓解内外冲击,吸引外资流入,改善国际收支,也为后续的改革奠定了基础。在人民币汇改的进程中,还遇到了1997年亚洲金融危机、2008年国际金融危机等多次考验,虽然期间人民币汇率改革的进程一度因受到阻碍而放缓,但总体来看,"市场化"仍是汇率改革的主线,"渐进式改革"也为汇率改革提供了方法论。

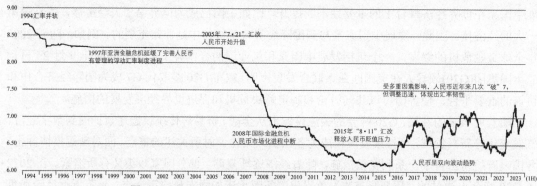

图8-4　1994—2023年人民币对美元汇率(直接标价法)趋势

---

① 数据来源：国家外汇管理局。

2007 年至 2014 年，人民币对美元汇率每日浮动幅度不断扩大，从±3‰到±5‰，±1%，再到±2%。从中我们可以看出，人民币对美元汇率每日浮动幅度在不断扩大，逐步扩大了市场的发挥空间，人民币汇率的市场化程度在不断增加。2014—2015 年，经济增速放缓，短期资本流出，资本市场波动，美元走强而其他主要货币贬值。国内外宏观形势叠加使得人民币汇率形成了一定程度的高估，贬值压力不断累积，也为对外出口、人民币国际化进程等带来阻力。因此，为了更好地反映人民币汇率的市场水平，同时更好地稳定中国国内外金融环境，不断推进人民币汇率市场化，提高人民币在国际货币体系中的话语权，新一次汇改应运而生。

2015 年"8·11"汇改至今，人民币汇率双向波动成为常态，不断发挥着其作为宏观经济稳定器和应对外部冲击缓冲器的作用。新冠疫情之后，虽然受基本面走势差异、俄乌冲突推升市场避险情绪、中美货币政策预期等多重因素影响，人民币汇率几次"破 7"，出现大幅调整，但境内外汇市场经受住了极端市场情形的考验，保持平稳运行，彰显了市场韧性。正如央行在 2021 年第二季度的中国货币政策执行报告中所指出的："我国目前实行的以市场供求为基础、参考一篮子货币进行调节、有管理的浮动汇率制度适合中国国情，应当长期坚持，这是人民币汇率双向波动的基础。"

本章总结

小结：我们了解了开放经济下一国的经济政策目标；具体分析了不同时期不同国家的内外均衡选择；并由此延伸到为实现外部均衡所要做出的汇率制度选择；最后，我们还从理论和实践层面观察了国际经济政策的协作。

重点：内外均衡的含义及不同背景下的内外均衡与政策选择；固定汇率与浮动汇率制度的优缺点；有代表性的汇率选择理论。

难点：理解开放经济下的目标冲突问题，并结合实例进行具体分析；理解米德冲突，利用斯旺图形理解"根本性不平衡"；理解并掌握不同汇率选择理论的核心思想。

关键概念及其英文释义

[1] **Natural Unemployment Rate**(自然失业率)**:** The normal rate of unemployment around which the actual rate fluctuates. It consists of **frictional unemployment (**摩擦性失业**)** and **structural unemployment**(结构性失业).

[2] **Internal Balance and External Balance**(内部均衡和外部均衡)**:** "Internal balance" describes the macroeconomic goals of producing at potential output (or at "full employment" or with sustainable and effective use of resources) and of price stability (or low inflation). "External balance" describes a current account that is not "too" negative or "too" positive, can also means **balance of payments equilibrium**(国际收支均衡)**.**

[3] **Marshall Plan**(马歇尔计划)：Officially the **European Recovery Program**(欧洲复兴计划，**ERP**)**,** was the American program to aid Europe, in which the United States gave monetary

英语深入阅读资料

support to help rebuild European economies after the end of World War II in order to prevent the spread of Soviet Communism. The plan was in operation for four years beginning in April, 1948. The goals of the United States were to rebuild a war-devastated region, remove trade barriers, modernize industry, and make Europe prosperous again.

[4] **Policy Assignment(政策搭配)**: There is a general principle that attains two different policy goals requires two independent policy tools. Here we have expenditure-switching and expenditure-reducing policy tools, or for concreteness, devaluation and government expenditure. Then there is the **assignment problem(搭配问题)** which determines whether the central bank or the finance ministry should assume responsibility for achieving a nation's domestic or international policy objectives. The general principle originated with Jan Tinnbergen. The application to the open economy was developed by James Meade. The application of the principle to an economy with international capital mobility was developed by Robert Mundell. All three won the Nobel Prizes.

[5] **Exchange-rate System(汇率制度)**: A set of rules that determine the international value of a currency. The exchange-rate system evolves from the nation's monetary order, which is the set of laws and rules that establish the monetary framework within which transactions are conducted.

[6] **Fixed Exchange Rate System(固定汇率制度)**: Countries agree to intervene whenever their currencies deviate from their state values by more than an agreed upon percentage.

[7] **Floating/Flexible Exchange Rate System(浮动/弹性汇率制度)**: A system without intervention by governments or central bankers. The spot price of foreign currency is market-driven, determined by the interaction of private demand and supply for that currency.

[8] **Clean Float(清洁浮动)**: The rate is free to go wherever the market equilibrium is at that time, without the intervention by government. It is the polar case of complete flexibility.

[9] **Managed Float(管理浮动)**: Or dirty float. Exchange rate is generally floating but the government is willing to intervene to attempt to influence the market rate.

[10] **De jure(官方宣称的、名义的)**: The description and effective dates of the de jure exchange rate arrangements are provided by the authorities. The description includes officially announced or estimated parameters of the exchange arrangement(e.g. parity, bands, weights, rate of crawl, and other indicators used to manage the exchange rate). It also provides information on the computation of the exchange rate.

[11] **De facto(事实上的、实际的)**: The de facto methodology for classification of exchange rate regimes is based on a backward-looking approach that relies on past exchange rate movement and historical data, some countries are reclassified retroactively to a date when the behavior of the exchange rate changed and matched the criteria for reclassification to the appropriate category.

[12] **(Foreign) Exchange Equilibrium Fund(外汇平准基金)**: Controlled by the monetary authorities, it is used to participate in the foreign market to stabilize the exchange rate.

[13] **Exchange Controls**(外汇管制)：Government regulation of foreign exchange (currency trading).

[14] **Spill Over Effect**(溢出效应)：Externalities of economic activity or processes that affect those who are not directly involved.

复习思考题

1. 开放经济下一国的宏观经济政策目标有哪些？它们之间有什么样的关系？
2. 请比较不同货币制度背景下的固定汇率制度的异同。
3. 在钉住汇率制度中，有单方面钉住，那么是否只有该决定钉住货币的国家的中央银行承担将汇率保持在承诺水平上的责任？
4. 在金本位制度下一国经济的内、外部平衡是如何实现的？
5. 储备货币发行国和非储备货币发行国在应付内、外平衡上有什么差别？
6. 什么是开放经济下的目标冲突问题？怎样解决？
7. 请比较固定汇率与浮动汇率的优缺点。
8. 不同的国家对于汇率制度选择应该有什么样的倾向性？
9. 当前的国际经济政策协作有哪些？它们的效果怎样？
10. 请对内部平衡和外部平衡进行分析。

贸易平衡是：$TB = xE - mY$

给定国际收支的资本账户为：$KA = \overline{KA}$ (即这里假定资本流动是外生给定的)

假设收入为：$Y = A(i) + TB$

其中，吸收 A 是利率的函数，并且 $dA/di < 0$。

(1) 计算 Y，作为 i 和 E 的函数。

(2) 计算 TB，作为 i 和 E 的函数。

(3) 以 i 做横轴，E 做纵轴，画出内部平衡线，并计算出曲线的斜率，即 Y 等于潜在产出条件下的 $\frac{\partial E}{\partial i}$，并解释其经济含义。

(4) 再画出外部平衡线，并计算出曲线的斜率，即 $BP = 0$ 条件下的 $\frac{\partial E}{\partial i}$，并解释其经济含义。

(5) 假设出现一个对外部平衡的负面冲击，带来 KA 的向下移动。请用图形给出描述。此时，i 和 E 应该怎样变动才能在不带来衰退的情况下保持外部平衡？

推荐资源

扫描右侧二维码了解 IMF 的汇率制度分类(2022 年)。

第 9 章

国际金融危机

◎ 引言

金融体系的良好运作对于一个经济体的发展举足轻重，国际金融体系的良好运作对整个国际经济体系也发挥着重要作用。然而，不管怎样选择宏观经济政策，持续的良好运作都是人们过于美好的期盼，现实中总会发生各种各样的问题，有时问题甚至严重到成为危机。

对金融危机的理解与应对是维护金融安全的重中之重。习近平总书记强调，维护金融安全，是关系我国经济社会发展全局的一件带有战略性、根本性的大事。金融是现代经济的核心，金融安全是国家安全的重要组成部分。而国际金融危机一旦发生，就会冲击金融系统，进而冲击到很多经济体和其中的个人。2008—2009 年的国际金融危机虽然已经过去了十多年，但仍然让人们记忆犹新，甚至有的人可能还在持续地受到这次危机的影响。那么，我们不禁要问，到底什么是国际金融危机？为什么会发生这样的危机？

其实，国际金融危机首先是金融危机。只不过在现今全球联通的背景下，发生在一个经济体的危机很容易向外传播，形成国际金融危机。比如刚才提到的危机，就是由美国 2007 年的次级信贷危机演变而成的。当然，有的国际金融危机与国际经济活动直接相关，比如与汇率有关的货币危机。

这一章，我们就要来认识这些危机。首先，我们要在理论上界定国际金融危机的各种类型和内涵。其次，观察真实世界中发生的影响较大的国际金融危机。正是这些真实发生的危机，促使学者们进行思考和研究，形成一代又一代有关国际金融危机的理论模型。

◎ 思维导图

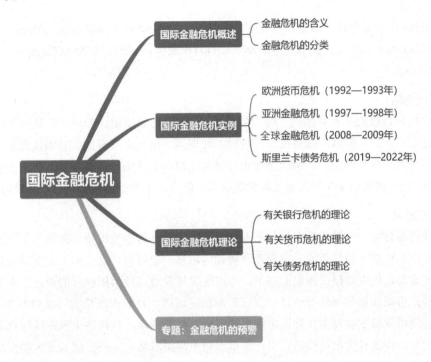

9.1 国际金融危机概述

国际金融危机首先是金融危机。当一个经济体发生金融危机时，由于这个经济体本身在世界经济中的重要地位及其与外部世界的关联，这一金融危机就可能演变成国际金融危机。或者，若国家间的金融活动出现问题，很可能导致国际金融危机直接出现。因此，我们首先来认识一下金融危机。

9.1.1 金融危机的含义

金融危机并没有一个统一的定义，不同的学者看法不同。比如，美国哥伦比亚大学教授米什金(F. S. Mishkin)认为，当金融体系所受的某些冲击已经明显干扰了信息传递，进而导致金融体系不再能有效地将资金传输给生产性投资机会时，金融不稳定就发生了。如果金融不稳定的程度较为严重，就会导致整个金融体系功能的丧失，即引起人们通常所说的金融危机。经济学家拉维(Laeven)和沃兰西(Valencia)则直接给出了界定，认为金融危机意味着一些或所有的金融指标(如利率、汇率、股票指数、房地产价格、商业破产数等)在一个较短时期里快速恶化。学者海泽拉(A. Hazera)、奎尔万(C. Quirvan)和特克(A. Triki)认为很多的金融危机是在改革开放、即允许对外贸易和外资投资后，由管理规则没有与之相匹配而引发的。

总体来说，金融危机就是金融体系在某些方面出现了较为严重的问题，以至于正常的资源配置功能无法继续，进而对整个经济产生负面冲击。不过，不同方面出现的问题，可能带来不同的影响。接下来我们就来了解一下金融危机的具体分类。

9.1.2 金融危机的分类

一般来讲,学术界根据金融危机在现实中的演化、表现,将其分为银行危机(Banking Crisis)、货币危机(Currency Crisis)、债务危机(Debt Crisis)和混合(系统性)金融危机(Hybrid/Systemic Financial Crisis)。

1. 银行危机

银行危机最直接的表现就是同一时期内过多(过大)银行的倒闭。当然,在竞争性市场中,优胜劣汰是很正常的。但是,如果在一段较短的时期里,出现大规模的银行倒闭现象,则会严重影响人们对银行体系的信心,继而引发银行挤兑风潮,导致银行危机发生。历史上最严重的银行危机发生于1929—1933年大萧条时期的美国。随后,世界范围内银行危机仍然时有发生。

2. 货币危机

在开放经济体中,一种货币必然与外部世界发生联系,这也使得货币危机有了发生的可能性。广义货币危机指一种货币的汇率变动在短期内超过一定幅度,这里的汇率变动主要指货币贬值。狭义货币危机主要指在固定汇率下,当市场参与者对该货币所执行的固定汇率失去信心时,通过外汇市场抛售等操作导致这一固定汇率制度崩溃、外汇市场持续动荡的事件。

可见,货币危机主要发生在外汇市场,体现为汇率的变动,且往往出现在国际资金流动大规模发生之后。伴随着货币危机的发生,货币当局通常要消耗大量外汇储备或大幅度提高利率来保持汇率稳定。

另外,从我们前面学习的国际收支和汇率内容中可以看出,国际收支的失衡往往是汇率发生变化的原因。因此,货币危机也被称为"国际收支危机"(Balance of Payments Crisis)。

3. 债务危机

在债权债务关系中,债务人出于某些原因不向债权人偿还约定的债务,就出现了违约。对于债权人而言,在提供信用安排后就面对"违约风险"。当然,一定的违约比例是正常的。毕竟,在债券市场上总会有债务人违约。那么,什么情况下算是发生了债务危机呢?一般来讲,当债务人是政府时,它作为公共机构具有良好信用,通常被认为风险很低,甚至无风险。一旦政府违约,就说明经济体出现严重问题。而政府拥有本国的货币发行机构,所以如果违约,通常也是对其外债进行违约。因此,债务危机通常也被称为主权债务危机(Sovereign Debt Crisis),即一国政府无法偿还其外债。

当然,如果是一国私人部门或地方政府突然出现了过高的违约比例,甚至严重到威胁本国的金融体系正常运转,也可以说是发生了债务危机。比如一些地方政府举债过多,但又无法按时偿还,就可能引发地方债务危机。

4. 混合(系统性)金融危机

金融体系中各个构成部门是彼此相关的,可能发生连锁反应。比如,当债务危机发生后,人们对其金融体系的信心有所下降,进而引发银行危机,甚至货币危机。当这些危机混合在一起发生时,就形成了混合金融危机。这些危机的发生会损害金融体系的基本功能,因此也被称为系统性金融危机。

上述这些危机可能是在国际化的背景下发生的,也可能是从本国向外部世界辐射的,因此国际金融危机就出现了。

9.2 国际金融危机实例

上一节从理论上探讨了金融危机的定义和分类，列举了国际金融危机可能发生的形式。那么，现实中国际金融危机到底是怎样发生和发展的？这一节，我们对近几十年来影响较大的国际金融危机事件进行观察。

9.2.1 欧洲货币危机(1992—1993 年)

欧洲货币危机也被称为"欧洲汇率机制危机"。在区域货币合作一章中我们已经介绍了欧洲货币合作的进程。在这个进程中，有困难和危机，这里我们将介绍发生在 20 世纪 90 年代初的欧洲货币危机。当时，欧洲货币合作已经取得了一定的成果：加入欧洲货币体系的欧共体成员国货币之间实行联合浮动汇率制，创立了欧洲货币单位(ECU)，并确定了各成员国货币与 ECU 的法定中心汇率。也就是说，各成员国之间形成了固定汇率制度，对外则实行联合浮动。

虽然这些国家货币通过固定汇率制度绑在了一起，但各国的经济状况存在差异。相对来讲，德国经济状况最好，英国、意大利等国就差一些。但是，由于马克占比较大，马克升值使得 ECU 升值，英国、意大利、芬兰、西班牙、葡萄牙等国的货币就出现了不同程度的币值高估现象，使欧洲货币体系内部出现了某种失衡。

于是，市场上出现了对英镑等货币的出售压力，而德国在两德统一的背景下开始实行高度紧缩的货币政策，提高了利率，导致英镑等货币被大规模抛售，巨大的贬值压力给国际投机者提供了机会。

1992 年下半年，针对这些货币的投机性攻击(speculative attack)开始了。最先受到攻击的是芬兰马克和瑞典克朗。其实芬兰和瑞典当时并不是欧洲货币体系的成员国，但它们都希望加入欧洲货币体系，并将本国货币与 ECU 中心汇率相联系。在投机性攻击下，芬兰迅速放弃了固定汇率，并于 1992 年 9 月 8 日大幅贬值本国货币；瑞典则坚决保卫克朗，将短期利率提高到年率 500%的高位，最终击退了投机性攻击。

同时，英镑和意大利里拉持续遭到冲击。1992 年 9 月 11 日，欧洲货币体系同意里拉贬值 7%，但 3 天后里拉退出了欧洲货币体系。英国则耗费了数十亿美元保卫英镑，但在 1992 年 9 月 16 日还是被迫允许英镑汇率自由浮动。

1993 年年初，爱尔兰镑在持续的投机压力下宣布贬值 10%。1993 年 5 月，西班牙银行突然向欧洲共同体委员会申请比塞塔贬值，同时葡萄牙银行宣布其货币暂时退出欧洲汇率机制。欧洲货币委员会决定让葡币和西币分别再次贬值 6%和 8%，其后葡币又重新加入欧洲汇率机制；到 1993 年 7—8 月，一度坚挺的法国法郎也受到了攻击，同马克的汇率再一次跌到官方规定上限的边缘，但最后得以保全；丹麦克朗兑马克的比率也急剧下滑。1993 年 8 月，ECU 中除了德国马克和荷兰盾之外的货币的汇率波动幅度从原来的 2.25%提升到 15%。

这次欧洲汇率机制的动荡给欧共体 12 国经济带来了极大损失，大多数国家通货膨胀率上升，失业率提高，出口困难，经济增长率下降。同时，这次危机是欧洲货币合作进程中的重大挫折。

专栏9-1　土耳其货币危机

2021年年底，土耳其再次遭遇货币危机。自2021年9月以来，土耳其央行已连续4次将基准利率下调至14%。2021年12月10日，里拉对美元连续突破16:1和17:1两个整数关口。与此同时，土耳其股市和债市也遭受重创。股市开盘大跌，两次触发交易熔断机制。2021年12月20日，里拉对美元汇率一度创下18.3:1的历史新低。这是土耳其自2018年以来经历的第二次货币危机。虽然都叫作货币危机，但是土耳其货币危机与欧洲货币危机的发生原因不尽相同。受执政当局的影响，土耳其央行的货币政策使得其经济始终存在过热风险，极易引发推高通胀。执政当局面对高通胀的现状却反对通过提高利率来抑制通货膨胀以收紧流动性。相反，央行通过降息释放流动性，导致通胀率上升。由此可见，政策对于一个国家经济而言是非常重要的。

9.2.2　亚洲金融危机(1997—1998年)

20世纪八九十年代世界经济出现一个非常显著的现象，亚洲一些发展中国家和地区经济快速发展，诞生了东南亚"四小虎"(泰国、马来西亚、印度尼西亚、菲律宾)和东亚"四小龙"(韩国、新加坡、中国台湾、中国香港)。但进入20世纪90年代中期以后，劳动力成本上升使这些地区的国际竞争力有所下降，一些地区出现了经常账户逆差。与此同时，有些地区并没有及时地优化产业结构，持续涌入的外部资金及国内投资普遍形成泡沫经济和房地产投资，提高了金融机构的坏账率。比如，1997年年初泰国的金融机构坏账已超过300亿美元，增加了公众及外国(或地区)投资者对其经济状况和金融秩序的担忧，从而聚集了货币贬值预期。同时，外部的国际投机者也在不断积蓄能量，准备大规模的投机性攻击。

1997年2月，对泰铢的攻击首先开始。1997年4月下旬，对冲基金开始大量抛售泰铢、买入美元，大量投资者随后跟进。泰国中央银行大力入市干预，但最终只有200多亿美元外汇储备的央行力不从心，到1997年7月2日就宣布泰铢和美元脱钩转为浮动汇率，放弃了自1984年以来就实行的固定汇率制，随后泰铢大幅度贬值，对美元的汇率当即下跌了20%。泰国的金融危机迅速向周边国家蔓延，如菲律宾、马来西亚、印度尼西亚等国，甚至新加坡货币都受到冲击，大幅度贬值。1997年10月以后，危机扩散到韩国，韩元对美元大幅度贬值，韩国陷入经济危机。韩元危机还冲击了在韩国有大量投资的日本金融业，导致日本一系列银行和证券公司相继破产，包括当时非常著名的山一证券。

仅在1997年7月到11月的这段时间里，印度尼西亚卢比、韩元、马来西亚林吉特、菲律宾比索、泰国铢的贬值幅度分别高达33.3%、18.2%、28.6%、20.6%、37.5%。同期，新加坡元和中国台湾的货币贬值幅度相对较低，分别为10.6%和15.0%。

1998年，危机又传至印度尼西亚。在印度尼西亚盾对美元汇率下跌时，出现了政权更迭的政治危机和社会骚乱的社会危机，加快了资本外流的步伐，使货币危机深化。

从1998年5月开始，国际投机资金又开始通过外汇市场、股票市场、期货市场攻击港币。但是，在巨额外汇储备的支持下，香港金管局进入股市和汇市进行了大规模保卫战，最后使国际炒家从中国香港败退。

在亚洲金融危机之后，世界范围内仍时不时发生金融危机，比如俄罗斯金融危机、阿根廷金融危机等。这些危机的影响范围相对较小,主要限于国内。到了 2008—2009 年,一场新的国际金融危机爆发,很多经济学家认为这是自第二次世界大战以来最严重的危机。

9.2.3 全球金融危机(2008—2009 年)

全球金融危机源于 2007 年出现在美国的次贷危机。所谓次贷——次级贷款(subprime loan),是美国抵押贷款市场上的一种以借款人的信用状况作为划分标准的贷款。次级是相对于优惠级(prime)而言的。顾名思义,优惠级指信用等级高、具备很强的还款能力的贷款者,而次级则指信用状况欠佳、还款能力可能有问题的贷款者。那么,为什么要向这样的贷款者发放贷款呢?当房地产市场比较景气的时候,银行发放次级贷款一方面可以获得高额利息收入,另一方面不用担心风险,因为房价上涨可以保证房屋的价值,因为这是抵押在银行手里的,即便贷款人无法还款,银行也可以通过处理房产来保证自己的利益。在次级贷款繁荣时,以次级抵押贷款为基础还产生了一系列的金融创新工具,进而卷入了大量的金融机构和投资者。因此,可以说,次级贷款的发放是建立在房价不断上涨的假设之上的,而这正是 2001—2005 年的现实状况。

但是,在美联储 2004 年 6 月开始提高利率[①]的背景下,自 2005 年第四季度开始,美国的住房市场开始出现低迷,新开量、新建房和存量房的销售量开始下降,房价开始走低;房价的下降降低了次级借款人所购房屋的市场价值,促成了他们违约的动机,最终引发了次贷危机。

2008 年 9 月 15 日,随着次贷危机的不断深化,具有 158 年历史的美国第四大投资银行——雷曼兄弟正式宣布申请破产保护。第二天,美国股市在金融股带动下出现暴跌,道指和标普指数分别下跌了 4.42%和 4.71%,为"9·11"事件以来最大单日跌幅;伦敦同业隔夜美元拆借利率由前一天的 3.11%迅速升至 6.44%,涨幅高达 107%。雷曼兄弟倒闭引发多米诺骨牌效应,次贷危机最终向外传播,通过金融渠道向欧洲传导了危机,并通过国际资本流动渠道向发展中国家尤其是新兴市场国家传递危机,很快演变成全球性的金融危机。

金融危机的发生使全球金融市场信心低迷,投资者对金融市场及金融产品丧失了信心,主要市场和部分中小市场指数大幅下挫。例如,冰岛的股票指数跌幅超过 90%,奥地利的跌幅达到 70%,爱尔兰和匈牙利的跌幅都为 60%左右,西班牙、美国和英国的跌幅都超过了 40%。同时,国际能源与粮食等大宗商品价格暴跌。例如,美国纽约商品交易所的国际原油价格在 2008 年下半年从每桶 147.27 美元的历史高点跌到每桶 40 美元附近,创造了历史上的最大跌幅。

与此同时,实体经济受到冲击,主要工业国经济体经济同步陷入衰退,发展中国家经济发展减缓。2008 年 12 月 1 日,美国国民经济研究局(NBER)宣布,美国经济从 2007 年 12 月开始正式进入衰退阶段。12 月 4 日和 9 日,欧洲统计局和日本经济内阁分别公布修正后的数据,该数据显示,2008 年第三季度欧元区和日本 GDP 环比分别下降 0.2%和 0.5%,均为连续两个季度负增长。此次金融危机对产出与贸易产生了严重影响,发达国家要经历的可能是第二次世界大战以来最严重的经济衰退;新兴市场和发展中国家由于在贸易与资本上与外部世界的联系紧密而同样面临严重的经济减缓。

在金融市场和实体经济均受到广泛冲击的情况下,各国政府实施了大规模的救市或刺激政

---

① 到 2006 年 6 月,其间共 17 次升息将利率提高到 5.25%。

策,包括降息、注资、贷款及担保等措施,涉及资金达数万亿美元。以美欧等国对金融机构的注资为例:2008年9月7日,美国财政部出资2000亿美元接管了两大住房抵押贷款巨头房利美(Fannie Mae)和房地美(Freddie Mac)公司;10月13日,英国宣布向苏格兰皇家银行等三家大型银行注资370亿英镑;10月14日,美国宣布动用2500亿美元用于直接收购花旗、摩根大通等8家大银行的优先股权。

全球金融危机对汇市冲击显著,但汇率市场呈现出相对不同的状况。虽然美国是此次危机的"风暴眼",然而随着次贷危机向全球金融危机的演化,美元汇率反而走出了上升的行情。2008年7月15日,欧元对美元汇率达到1.5923,创欧元启用以来最高水平。2008年下半年,在全球投资者纷纷买进美国国债规避风险、不少美国投资者被迫出售在其他国家持有的资产以获得美元资金应对危机造成的严重信贷紧缩等力量的推动下,美元转为快速大幅升值。

尽管此次国际金融危机的集中爆发期是在2008—2009年,但其产生的影响要长远得多。美国等国家的经济复苏十分缓慢,新兴市场国家也持续受到外部世界需求减少的冲击。在欧元区更为严重,2010年以后一些国家出现了主权债务危机,进而带来欧元危机。这些我们在前面有关区域货币合作的讨论中已经介绍过了,这里就不再赘述。

9.2.4 斯里兰卡债务危机(2019—2022年)

斯里兰卡是一个发展中国家,经济发展相对缓慢且受到政治动荡和内战的影响,在2009年5月12日,其结束了长达26年的内战,经济得以恢复、发展。在2010年至2014年斯里兰卡的经济一度呈现出快速增长的趋势,然而自2015年开始,斯里兰卡财政赤字持续增加,外汇储备不断减少。2020年,随着新冠疫情的暴发及全球经济衰退,斯里兰卡利用内外部资源来维系的经济发展和主权债务的动态平衡最终被打破。

斯里兰卡的债务问题已经存在很长时间,其在过去几年中大量举债。国际货币基金组织(IMF)数据显示,斯里兰卡的债务规模已经超过国内生产总值的80%,成为该国经济发展的一大障碍。同时,斯里兰卡经济增长乏力,2018年经济增速仅为3.2%。贸易逆差严重,进口大于出口,导致外汇储备不足,难以偿还债务。政治环境不稳定,导致外资撤离,经济发展受阻。

根据IMF的数据,截至2019年年底,斯里兰卡的外债总额为55亿美元,较2018年年末增加了12%。用于偿还债务的外汇储备减少了13%以上。2021年年底,斯里兰卡外汇储备一度降至16亿美元,而斯里兰卡政府在2022年还需偿还约45亿美元债务。

斯里兰卡政府不得不向IMF求助,2016年签署了一项借款协议,获得了1.5亿美元的贷款。但是,由于政府的财政状况没有得到根本性改善,斯里兰卡债务问题依然严重。2018年,斯里兰卡政府被迫向中国寻求援助,签署了一项99年的港口租赁协议,引起了国内和国际舆论的广泛关注。同时,斯里兰卡政府不得不放弃一些基础设施项目,缩减了公共支出,并且采取了一系列紧缩政策,以应对债务危机。

但是,无论其如何向外界求助,由于不平衡的国际收支及政府大量投资有益于长远发展但见效慢的基建领域等原因,斯里兰卡最终走向了破产。2022年7月6日,斯里兰卡总理向国会宣布"国家已破产",正式标志斯里兰卡政府违约。

9.3 国际金融危机理论

国际金融危机时有发生,并给各国经济带来重创。那么,到底是什么原因造成了危机?有什么办法预防或预警危机?危机一旦发生应该用什么应对?这些围绕着国际金融危机的问题自然会产生,对它们的回答就不断构建了国际金融危机理论。

早期,海曼·明斯基(Hyman P. Minsky)提出了"金融不稳定假说"(Financial Instability Hypothesis),认为金融体系的内在脆弱性决定了金融体系自身的不稳定性;脆弱性的根源则在于金融体系中无法避免的道德风险和逆向选择。另外,还有很多其他的文献和理论。当然,这些理论有的主要是针对银行危机的,有的是针对货币危机或债务危机的。接下来,我们就对其中比较有代表性的理论进行介绍。

9.3.1 有关银行危机的理论

正如我们前面讲的,银行危机可以在一国范围内发生。但是,一国与外部世界的联系如此紧密,使得发生在国内的银行危机会很快向外扩散,由此演变成一场国际金融危机。因此,关于银行危机的研究可以说是金融危机研究中最早的内容,甚至早于国际金融危机的出现。

对银行危机的解释有很多不同的视角。有的是从不同类型的宏观经济体来进行观察,探讨银行危机在工业国和发展中国家不同的发生和发展机制;有的从银行的经营管理角度进行研究。大多数货币金融的教材中都会包含银行危机的内容。此处不对此详细展开,后面的章节会涉及相关内容。

9.3.2 有关货币危机的理论

货币危机也叫作国际收支危机,是在国际金融环境下发生的。有关货币危机的研究始于20世纪70年代,到目前为止主要形成了三代较有代表性的货币危机理论(见表9-1),第四代理论有所发展,但仍待完善。

表9-1 三代货币危机理论的总结及对比

项目	刺激该模型产生的危机	"哪错了"及"为什么"	主要学者	预警信号
第一代	1971—1973年的布雷顿森林体系危机	宏观政策;过度的信贷扩张	Krugman(1979); Flood & Garber(1984)	财政赤字、国内信贷、贸易赤字、债务比率、国际储备
第二代	1992—1993年的欧洲汇率体系(ERM)在瑞典、法国的危机	国际金融市场;多重均衡	Obtsfeld(1994); MO(1996),Jeanne(1997); Diamond-Dibvig(1983); Morris and Shin(1998)	国际储备、失业率、债务
第三代	1994—2001年的新兴市场经济体发生的危机	结构方面的基础因素;道德风险(权贵资本主义)	Dooley(2000); Diaz Alejandro(1985); Krugman(1998); Roubini(1999)	资本流入的构成、短期债务及货币错配、银行信用、盈利能力、银行坏账

1. 第一代危机理论

20世纪70年代末期,保罗·克鲁格曼(Paul Krugman,1979)提出了对货币危机的解释,后来由罗伯特·弗拉德(Robert P. Flood)等人完善,形成了第一代危机理论。这一代理论主要从国内宏观经济的情况出发,认为当国内信贷不断增长时,为了维持固定汇率,外汇储备会不断流失。当外汇储备流失到一定程度时,投机性攻击就会发生。而一旦投机性攻击发生,就会加速该国外汇储备的枯竭,最后迫使货币当局放弃固定汇率制度,从而引发货币危机。因此,一国要想避免危机的发生,就要努力维持可持续的宏观经济政策,而不是无限扩张国内信贷。

这一危机模型也被称为投机性攻击模型,因为它将投机行为变成了用基本面因素解释和预测的理性行为。这一理论能够较好地解释20世纪80年代初前后发生在阿根廷(1978—1981年)、墨西哥(1973—1982年)等发展中国家的货币危机。

视频

2. 第二代危机理论

随着1992年欧洲货币体系发生危机,第一代危机理论遇到了困难,因为危机中牵涉的很多国家之前并没有实行过度的货币扩张。为了寻求新的解释,第二代危机理论应运而生,其代表人物是美国加州大学伯克利分校的奥伯斯菲尔德(Maurice Obstfeld)。

在第二代模型中,政府对于私人部门预期所做出的反应是危机爆发的关键因素。这里有了"多重均衡"的概念,即经济体或金融体系中存在超过一个的均衡状态,其中有高产出的均衡,也有低产出的均衡。如果某些因素激发经济向低产出的均衡调整,就可能爆发危机。这一理论可以较好地解释1992年的欧洲货币危机,以及之后发生的土耳其货币危机。因此,政府如果能够通过一些做法增强人们的信心,保证好的均衡能够维持,就会避免金融危机的发生。第二代危机模型的关键词是"多重均衡"和"自我实现"。

专栏9-2 硅谷银行破产

美国硅谷银行(SVB)是一家专注于为科技、生命科学、清洁技术、能源和创新型企业提供金融服务的商业银行。美国东部时间2023年3月8日,硅谷银行宣布计划出售资产并发行股票以进行融资。消息一经传出,股市出现暴跌,导致硅谷银行陷入实质上的破产状态。两天后,美国存款保险机构(FDIC)接管了该银行。恐慌情绪瞬间蔓延开来,经营方式和客户构成与之类似的银行,如第一共和银行,可能也会面临相似的困境。由于硅谷银行"暴雷"造成的连锁反应,不少人担心这会导致新一次金融危机的发生,但仔细分析本次银行破产与2008年雷曼兄弟破产的原因,会发现其实二者不完全相同。

首先,针对本次硅谷银行破产,监管的反应更及时、举措更有力。美国联邦存款保险公司已经接管硅谷银行,并保障兑付规模在25万美元以下的客户存款,这一举措能够缓解银行挤兑,为市场提供信心,并为其流动性周转争取时间。而在次贷危机时期,政府并未及时进行救助,导致市场信心崩塌,人人自危。其次,硅谷银行在机构间金融市场的借款规模较低,且传导性远没有住房抵押贷款崩盘的市场传导性强。据估计,硅谷银行有40亿美元左右的短期负债,规模偏低,政府有能力救助。而在雷曼兄弟时期,除了雷曼兄弟有几千亿的负债敞口,还有数以万计的住房抵押贷款证券化衍生品一夜间变成了"危险资产"。值得注意的是,硅谷银行的运营模式与传统银行的运营模式大有不同,它贷款的对象大多是初创企业,拥有极高的投资风险。

3. 第三代危机理论

20世纪末发生东南亚金融危机，促成了第三代危机理论的形成，其代表人物仍然是保罗·克鲁格曼等人。这一代理论包括两种观点：一种是"道德风险"分析，认为发展中国家的企业或金融机构普遍有过度借债和过度投资的倾向。这些风险因素可能带来人们对赤字货币化的预期，也给金融体系埋下了隐患，最终可能带来货币危机的发生。另一种是"金融恐慌"分析，将金融危机的原因归于市场上恐慌性的投机冲击，而冲击的产生则是金融体系的脆弱性，尤其是银行的流动性不足等。另外，这一代模型还具体模拟了危机可能发生的临界点。

专栏 9-3　第四代危机理论

保罗·克鲁格曼和哈佛大学的阿吉翁(Aghion)等学者在第三代危机理论的基础上建立了第四代货币危机理论。这一代理论认为，本国企业外债水平越高，越有可能导致危机的出现。其内在逻辑为：本国企业持有大量的外债，会使得国外债权人不看好该国经济，进而减少对该国企业的贷款，使得该国货币贬值，企业资产价值下降，导致不能像之前一样申请到足够的贷款，全社会的投资规模下降，经济陷入危机。

第四代危机理论的发展仍不成熟，有待进一步完善、补充。

有关货币危机的理论还在不断发展中，比如从政治因素、市场结构因素等角度解释危机。另外，在危机理论中，还有一些比较重要的"效应"被提出来。例如"传染效应"(Contagion)，就是指危机通过贸易、竞争、金融联系等渠道向经济基本面正常的经济体传播，扩大危机的范围；"羊群效应"(sheep flock)，指经济体的从众跟风反应等。

9.3.3　有关债务危机的理论

视频

20世纪80年代以来时有发生的主权债务危机也引起了经济学界广泛的探讨。对于早期的、主要发生在拉丁美洲国家的债务危机，理论上的解释主要从外部因素和内部因素两个角度展开。

我们从外部因素来看国际宏观经济环境的影响。一方面，20世纪70年代石油价格大幅度上涨使许多非石油输出国组织的发展中国家陷入了严重的贸易赤字。同时，石油输出国组织(OPEC)国家在欧洲银行积累了巨额的资金，商业银行就又将这些资金贷放给了那些急需资金的发展中国家。这些大规模流向发展中国家的国际资金使其积累了过多的债务，提高了债务危机发生的风险。另一方面，20世纪80年代，主要工业国家为了对付通货膨胀纷纷采取了紧缩性货币政策，使国际市场利率急剧上升，而发展中国家获得的上述贷款大多是浮动利率的，这样就加重了它们的利息负担。还有，同一时期很多工业国家经历了严重的衰退，国内总需求下降，也使债务国的出口变得更加困难。

而更根本的则是内在因素。第一，发展中国家缺乏谨慎的债务管理措施。当这些国家大量举借外债时，并不充分考虑本国有无足够的还本付息能力；没有构建合理的债务结构，短期债务和商业银行债务的比重过大。第二，政府财政赤字严重。根据前面对差额的分析，财政赤字也会使国内不得不靠外部资本支撑；而外债的利用效率并不高，收益率甚至低于债务成本，使债务负担越来越沉重。第三，国内金融结构扭曲，导致资本外逃。这些国家在利率政策上缺乏市场化，有时甚至实际利率低于 0，使资金向外寻求投资渠道。第四，不恰当的发展战略。很多拉丁美洲国家采取的是进口替代的工业化发展战略，试图在高度的贸易保护下迅速实现国内工业发展，但这种战略带来的恰恰是生产的低效率和垄断，妨碍出口发展，使企业缺乏竞争力。

可见，国际资金的巨额流动构建了货币危机或债务危机发生的可能性，但真正的原因并不在资金流动本身。

我们前面已讨论发生在 2010 年以后的欧洲主权债务危机，由于其又融合了单一货币等因素，所以更复杂一些。前面的专题已经对此进行了一定的探讨，更多有关的研究还在不断地积累中，我们这里就不再提及了。

专栏 9-4 资本外逃

我们在国际金融危机中观察到的一个非常重要的现象就是"资本外逃"（capital flight）——一种快速、隐蔽的资本流出。它既可以是金融危机发生、恶化的一个原因，也可以是金融危机的一个结果。那么，到底什么是资本外逃呢？它是一种特殊形式的资本外流，其流动的方式不被政府认可，流动的规模不为政府所知，流动的目的则可能与国际利益相悖，对一国经济带来冲击。实践中，资本外逃可以通过"价格转移"的方式利用进出口渠道进行，可以通过虚报外商直接投资形成，可以通过境内外串通交割方式进行，等等。因此，资本外逃是衡量一国经济增长态势、经济结构状况及金融体系存在潜在危机的程度的重要指标之一。

专题：金融危机的预警

金融危机的发生无疑是让人痛苦的，正所谓"倾巢之下，岂有完卵"——危机之下，恐怕没有人能独善其身。因此，从一国的经济政策当局来看，一个非常重要的任务就是防患于未然，尽量避免最终危机的发生。于是，根据对以往国际金融危机实践的研究，在国际金融危机的理论中一个非常重要的内容就是建立金融危机的预警机制。

首先，建立预警机制是可能的。从以往的危机实践看，金融危机并不是在短期内生成的，而是具有较长的潜伏期；潜伏期中一国经济的基本状况发生变化，金融状况日益恶化，最终就可能在某些诱因的激发下带来危机的最终发生。因此，如果能在潜伏期通过一些指标和信号识别危机发生的风险，就有可能及时地通过政策调整等方法阻断从潜伏到危机的传导，避免危机的最终发生。

其次，在建立预警机制中要充分考虑到该机制具有科学的防范能力、广泛的实用性和较强的可操作性。预警是为了给人们提供危机可能发生的有效信息，因此整个预警系统必须是严密而科学的。并且，这一机制中的指标应该是能从一般的经济数据中获得的可靠信息，操作起来较为容易。

在以上考虑基础上，预警机制可以从反映一国宏观经济状况及金融发展状况的指标中找到能作为危机预警的信号，相应地建立这些指标的阈值等。一般来讲，可能被纳入预警机制的信号包括下面几个。

(1) 一国的债务及偿债能力。这里的债务主要指的是外债，是一国公共部门的、公共部门担保的和私人部门的长期债务、国际组织信贷及短期债务之和。短期外债所占比重反映外债的期限结构，该值越大，表明目前面临的还债压力越大。而外债总额除以国际储备总额则反映一国偿还外债的能力，一般外债偿债率警戒线为 15%～20%。

(2) 外汇储备与月进口额之比也可以作为一个指标，一般警戒线为 3 个月。

(3) 经常项目赤字的具体构成及产生原因，可能成为判断危机发生概率的重要依据。

(4) 资本流动的方向、构成和规模也会影响其可承受性，从而提高危机发生的可能性，需要我们警惕。

另外，还存在一些反映宏观经济的指标，如经济增长结构和水平、对外开放程度、金融系统的脆弱性、通货膨胀率、失业率等。

构建一个有效的金融危机预警机制是一项艰巨的工作，需要实践和理论的支持，是一个不断被研究的课题。不过，我们从这里的简单介绍中似乎看到了国际储备或外汇储备对于危机预警和预防的重要性。确实，很多危机的发生最开始就是由储备的大量流失引发的。这一点在前面的金融危机实践和理论学习中也都提到了。那么，国际储备和外汇储备到底有什么样的作用？一国应该怎样对其进行管理？这些问题的有关知识就需要我们在下一章"国际储备政策"中来学习。

本章总结

小结：从金融危机的定义出发，针对金融危机的4个类型进行理解，并结合国际实例进行学习，进而对国际金融危机理论进行了学习，最后通过专栏了解金融危机预警机制建立的可能性与有效信号指标。

重点：金融危机的定义、分类；国际金融危机理论。

难点：区分不同类型的金融危机是如何产生及蔓延开来的；了解前三代货币危机理论的不同预警信号。

关键概念及其英文释义

[1] **Financial Crises**(金融危机)：A financial crisis is defined as a sharp, brief, ultra-cyclical deterioration of all or most of a group of financial indicators—short-term interest rates, asset(stock, real estate, land)prices, commercial insolvencies and failures of financial institutions. Whereas a boom or bubble is characterized by a rush out of money into real or longer-term financial assets, based on expectations of a continued rise in the price of the asset, financial crisis is characterized by a rush out of the real or long-term financial asset into money, based on the expectation that the price of the asset will decline. Between the boom and a financial crisis may be a period of "distress" in which the expectation of continued price increases has been eroded, but has not given way to the opposite expectation. Distress may be short or protracted, and may or may not end in crisis.

英语深入阅读资料

[2] **Balance of Payments Crisis**(国际收支危机)：A foreign exchange crisis stemming from problems in a country's balance of payments.

[3] **Sovereign Debt**(主权债务)：Any debt obligation of, or guaranteed by, an autonomous government and therefore subject to **Sovereign Risk**(主权风险), which is the risk that a foreign

government will default on its loan or fail to honor other business commitments because of a change in national policy, also called as **country risk**(国家风险) or **political risk**(政治风险).

[4] **Subprime Loan**(次级贷款)：The loans are made to borrowers who do not qualify for loans at the usual market rate of interest because of a poor credit rating or because the loan is larger than justified by their income.

[5] **Sudden Stop**(突然停止)：Sharp disappearance of private capital inflows, reflected in a fall in reserves &(soon)in disappearance of a previously substantial CA deficit. Often associated with recession.

[6] **Capital Flight**(资本外逃)：Movement of large sums of money from one country to another to escape political or economic turmoil to seek higher rates of return.

[7] **Speculative Attack**(投机性攻击)：Sudden fall in demand for domestic assets or massive sales of the currency, in anticipation of abandonment of peg.

[8] **Contagion**(传染效应)：The crisis is transferred from one country to another country. The causes of contagion might include common shocks, trade linkages, competitive devaluation, investment linkages, imperfect information, investor perceptions regarding the crisis, illiquidity in international financial markets and shifting risk tolerance.

复习思考题

1. 什么是金融危机？
2. 金融危机有哪些具体的表现形式？
3. 在开放环境下国际金融危机有什么具体类型？
4. 请简要阐述系统性金融危机是如何产生的。
5. 从国际金融危机的实践看，很多危机都和钉住美元的固定汇率制度有关，请结合第 8 章关于汇率制度的讨论分析钉住美元的汇率制度在危机中的角色。
6. 有关国际收支危机形成了几代有代表性的理论，请对这几代国际收支危机理论进行简要的阐释。
7. 当一国遭遇金融危机时，其货币政策尤其应当根据本国的内外部环境做出应对？
8. 请阐述导致早期拉丁美洲债务危机发生的外部因素和内部因素。
9. 为什么建立金融危机预警机制是可行的？
10. 请列出 5 个能被纳入预警机制的信号。

推荐资源

扫描右侧二维码阅读《气候变化如何影响金融系统》(*How climate change affects the financial system*)。

第 10 章
国际储备政策

◎ 引言

当我们看到自己的存款增加时，通常会满心欢喜，因为这意味着我们可以凭此来改善生活、实现梦想。但是，你有没有想过，只要这财富还是"趴"在银行账户上的数字，就意味着它实际上还没有切实地为你服务，这笔钱正在被银行运作呢。即便这样，人们还是会努力增加其银行储蓄。

那么，对于一个经济体的管理机构——政府，哪些数字可以反映其拥有的资源规模呢？这样的资源对这个经济体又有什么意义呢？根据我们的常识，像税收收入、军费开支等都是从某个角度反映政府资源的指标。但是，在国际金融领域，我们更关注与国际、金融有关的数字。在前面几章的学习中，我们确实接触过这样的指标。

国际收支中有不同于私人部门对外经济活动所产生的项目储备资产，储备资产是由政府(即公共部门)所持有的；在汇率和汇率制度的学习中，我们知道一国中央银行要靠对外汇储备的操作来实现其承诺。即便是对于实行自由浮动汇率制度的国家，也需在必要的时候用外汇储备进行市场干预以维持币值的稳定。从我国金融改革发展实践看，正是在党的坚强领导和正确指引下，我国金融系统有力支撑经济社会发展大局，储备资产规模稳步增长，坚决打好防范化解国内外重大金融风险攻坚战，为如期全面建成小康社会、实现第一个百年奋斗目标做出了重要贡献。

储备资产、外汇储备也是由一国政府所持有的、可以在国际金融领域有所作为的资源。那么，储备资产到底是什么？怎么管理？本章就要通过对国际储备的学习来回答这些问题。对它的学习与前面很多讨论相呼应，因此本章也可以看作对前面理论和制度的一个总结。

◎ 思维导图

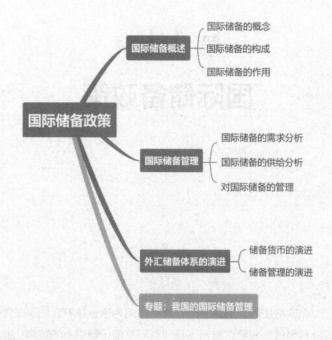

10.1 国际储备概述

10.1.1 国际储备的概念

1. 定义

国际储备(international reserves)是国际金融学的一个重要概念,是指一国(或地区)政府所持有的、备用于弥补国际收支赤字、维持汇率稳定的国家间可以接受的一切资产。

1965年十国集团《创造性储备资产研究小组的报告》中将国际储备定义为:一国货币当局所有的、当国际收支出现赤字时可直接或间接有保障地通过与其他资产的兑换,用于支持其汇率水平的所有资产。

2. 关于国际储备的两种解释

基于国际储备的含义,主要形成了两种不同的解释。

一种是将国际储备视作干预资产,其职能在于充当货币当局①进行外汇干预的手段,以维持本国货币的汇率。

另一种是支付手段说,认为它是用于对外支付的准备金,从而把它定义为一国货币当局所实际持有的、不以本币标价的、流动性较好的、可直接或通过有保障地同其他资产的兑换而在对外支付时为各国所普遍接受的金融资产。可以看出这个定义更广泛一些。

不同经济体由于在经济制度、宏观环境等方面的差异,可能从不同角度强调国际储备的作

---

① 货币当局(monetary authorities)一般包括财政部、中央银行、外汇管理部门或外汇平准基金和通货局等。

用。比如发达的工业国家,外汇储备只在必要时被作为中央银行进行干预的资金,而很少参与到私人部门对外交往所引起的对外支付中。但是,发展中国家或者转型国家就可能经常要由货币当局来保障对外支付。

3. 对储备资产的要求

那么,国际储备有什么样的特点呢?我们可以从它必须满足的几个条件来了解。

(1) 国际储备必须是一个经济体官方,尤其是货币当局所持有的资产。因为它是用来衡量政府在稳定对外经济上的能力指标,而政府只有对其拥有所有权的资产才有支配权,非官方部门持有的资产与此并无直接关联,所以必须是官方(或货币当局)持有的资产才可能算作国际储备。

(2) 国际储备必须是货币当局实际持有的资产,也就是说不包括潜在或预期未来收到的资产。

(3) 国际储备不能是本币资产,这一点也可以从其名称上看出。

(4) 国际储备必须具有良好的流动性,因为它随时有可能被用于对外支付或干预市场。

(5) 国际储备必须具有可靠的可兑性。在对外进行支付或干预时,如果本身并不持有所需要的那种货币资产,政府可以在国际市场上迅速地进行转换,将其不受阻碍地兑换成收受方愿意接受的资产。其实,这一点也可以理解为流动性的要求。

通过对国际储备量多少的观察是否可以判断出一国对外支付或干预能力的大小呢?我们能否做出这样的判断:当一国国际储备规模越大时,其对外支付、干预能力就越强;当一国对外支付、干预能力越强时,就一定意味着其国际储备的规模越大?

其实,从国际储备的要求中也可以对上述问题做出回答。比如,国际储备必须是官方持有的,但很多国家私人部门所拥有的外部资源在必要的时候也可以转化为货币当局所用,这样就提升了其对外支付、干预的能力;国际储备必须是实际持有的资产,但很多国家具有潜在获得外部资源的能力,可以支撑其对外进行支付、干预;国际储备不能是本币资产,但是,很多国家的货币本身就具有很好的对外支付、干预性能,这样的话,即便没有拥有大量的国际储备,也可以用本币资源来实现对外支付、干预等。所以,国际储备的规模不能完全等价于一国的对外支付和干预能力。那么,什么样的指标能全面地反映一国的对外支付、干预能力呢?这里,我们引出"国际清偿能力"这个概念。

专栏 10-1 国际清偿能力及其影响因素

国际清偿能力(international liquidity)是一个更准确地衡量一国对外支付、干预能力的指标,指一国在不致使本国国民经济的结构受到严重破坏的前提下获得国际支付手段,以平衡国际收支的能力。与国际储备相比,它具有更广的外延,因为其不受"实际持有""非本币资产"等要求的限制。以下因素会对一国国际清偿能力有所影响。

(1) 该国筹措外债的能力。如果这一能力很强,即使没有太多的国际储备,该国也可以及时得到外部资金以应付支付或干预的需要。

(2) 该国改变金融市场条件以吸引外部资金流入,如提高利率水平或改变利率的期限结构。如果外部世界对本国的金融市场有较好的反应的话,也可以增强该国的国际清偿能力。

(3) 一国货币当局可以在必要时动员本国商业银行或其他私人部门将其持有的外汇、黄金及对外债权为政府所用,以应对危机。这一点首先取决于该经济体是否"藏富于民",使私人部门积累丰富的对外资产；其次就是该国私人部门与政府之间的凝聚力。与这一点类似的还有该国能否在必要的时候有效地刺激侨汇收入的增加。

(4) 如果该国货币本身能在国际市场上自由兑换，且国外的居民有着强烈的持有该种货币的意愿，货币当局可以将本币直接用作对外干预或支付，或者先将本币在外汇市场上换成所需要的货币再进行支付。

(5) 如果该国具有较大的扩大出口潜力，也能提高该国的国际清偿能力，这也是国际清偿能力最根本的来源。

国际储备强调的是现实性，国际清偿能力则侧重于可能性。因此，国际储备实质上只是国际清偿能力的一部分，即"狭义的国际清偿能力"或"无条件的国际清偿能力"；这部分国际清偿能力是能够精确计量、合理管理的，而其他部分只能从定性的角度做判断或估量。必须注意的是，国际储备只能部分地反映对外支付、干预能力。

10.1.2 国际储备的构成

从前面介绍的国际收支平衡表中也可以看到，随着历史的演变，IMF 成员国的国际储备一般包括 4 项内容：货币性黄金、外汇储备、在 IMF 的储备头寸和特别提款权。

1. 货币性黄金

货币性黄金(monetary gold)，即一国货币当局作为金融资产持有的黄金。黄金作为储备资产有较长的历史，也曾经是货币发行的重要保证之一，维持着一国货币的稳定性。在金本位制度下，黄金是全世界最主要的国际储备资产之一，但其储量有限，再加上其非货币性用途的增加，所以越来越难以满足世界贸易和国际投资扩大带来的需要。于是，能自由兑换成黄金的货币(如英镑、美元)就取代其成为主要的国际储备资产。

随着金本位制度的解体，尤其是在黄金非货币化之后，黄金作为国际储备的功能在逐渐被削弱。但是，由于黄金本身的贵金属特性，即便是在当今纸币本位的信用货币制度下，它仍然被认为是最后的支付、清偿手段，货币当局可以利用其所控制的货币性黄金在国际市场上进行交易，达到稳定币值的目的。所以，各国货币当局仍然会在国际储备中保留一部分黄金。

因此，目前的黄金储备有这样的特点。第一，规模比较稳定地维持在一个水平上。几十年来，世界黄金储备的实物量变动都很小，存在于官方手中的黄金总量基本为 12 亿盎司(3.5 万吨)左右。第二，随着储备总额的增加，黄金储备在整个国际储备中的占比越来越小。

专栏 10-2　世界黄金储备情况与黄金现世分布

据世界黄金协会估计，截至 2022 年年底地上黄金存量总计为 20.8 万吨。目前，这 20.8 万吨黄金基本是这样分布的：39%左右作为可流通的金融性储备资产，存在于世界金融流通领域，总量为 8.1 万吨：其中 3.5 万多吨的黄金是各个国家(或地区或组织)拥有的官方黄金储备，4.6 万多吨黄金是国际上私人和民间企业所拥有的民间金融黄金储备；另外 61%左右的黄金以一般性商品状态存在，比如存在于首饰制品、历史文物、电子化学等工业产品中。不过，这 61%左右的黄金中有很大一部分可以随时转换为私人和民间力量所拥有的金融性资产，参与到金融流通领域。

目前，世界各国(或地区或组织)在计算黄金储备价值上有按数量来计价的，也有按有关市场价格来计算的。另外,现在各国(或地区或组织)货币当局在动用国际储备时,并不能直接以黄金实物对外支付,而只能在黄金市场上出售黄金,换成可兑换的货币。因此,黄金实际上已不是直接的国际储备,而是间接的国际储备。

专栏 10-3　世界各国(或地区或组织)黄金储备排行榜

2023 年 4 月世界黄金协会(World Gold Committee,WGC)公布了最新的官方黄金储备排行表,位居前十位的分别是:美国、德国、国际货币基金组织(IMF)、意大利、法国、俄罗斯、中国大陆、瑞士、日本和印度,具体规模如表 10-1 所示。

表 10-1　官方黄金储备排行表(前二十)

2023 年 4 月	国家/地区/组织	官方黄金储备(吨)	黄金储备占本国外汇总储备总额之比(%)	黄金储备量占世界黄金存量之比(%)
1	美国	8133.5	67.2	3.9
2	德国	3354.9	66.8	1.61
3	IMF	2814.0	—	1.35
4	意大利	2451.8	63.7	1.18
5	法国	2436.8	65.6	1.17
6	俄罗斯	2329.6	23.8	1.12
7	中国大陆	2050.3	3.6	0.99
8	瑞士	1040.0	6.6	0.50
9	日本	846.0	4.0	0.41
10	印度	790.2	8.0	0.38
11	荷兰	612.5	56.3	0.29
12	土耳其	587.3	33.4	0.28
13	欧洲央行	506.5	27.4	0.24
14	中国台湾	423.6	4.3	0.20
15	乌兹别克斯坦	392.5	67.4	0.19
16	葡萄牙	382.6	68.2	0.18
17	哈萨克斯坦	342.5	57.9	0.16
18	沙特	323.1	4.0	0.16
19	英国	310.3	10.8	0.15
20	黎巴嫩	286.8	51.8	0.14

数据说明:
① 本表于 2023 年 4 月更新,数据来自国际货币基金组织(IMF)下属国际金融统计局(IFS)2023 年 4 月版本;
② 黄金储备价值根据报告月月底英国金银市场协会(LBMA)公布的伦敦午盘定盘价计算,2023 年 3 月底该定盘价为 1908.59 美元/盎司,其他储备价值数据来自 IFS。

2024 年 4 月底世界黄金协会发布的一季度《全球黄金需求趋势报告》显示,全球央行保持了较为迅猛的购金态势,一季度全球官方黄金储备增加了 290 吨,创下该统计以来最高的一季度央行购金规模。其中,中国央行仍是黄金市场最大买家,并已连续 17 个月增长其黄金储备。

2. 外汇储备

外汇储备(foreign exchange reserve)指一个经济体的货币当局所持有的以外汇定值的短期金融资产,流动性较高,主要包括银行存款和国库券等。而用作外汇储备的货币就叫作"储备货币",或者"国际储备货币"(international reserve currencies)。

视频

我们不妨先从历史上储备货币的演进对其进行观察,如表10-2所示。

表10-2 储备货币的演变

时间	储备货币规模	主要币种	作用
19世纪80年代国际金本位制	具有相当数量	英镑	避免实物形态的黄金不方便,有运输、保管等带来的交易成本;外汇可以借助票据,方便和快捷;避免黄金的储藏和保管费用;外汇可生息获利,有增值潜力;外汇可用于市场干预、维持汇率
20世纪30年代	规模逐渐扩大	美元崛起,与英镑并列	—
第二次世界大战以后布雷顿森林体系	取代黄金成为主要储备资产	美元(唯一直接与黄金挂钩的货币)	—
1973年以后	20世纪80年代中期以后维持在80%以上,1990年规模扩大至88%	德国马克、日元等也加入,形成多种货币储备体系	—
2002年以后	成为最主要的国际储备构成	美元、欧元、日元成为三大储备货币,但美元仍是最重要的储备货币	—

从表10-2可以看出,并不是每一种货币都可以成为储备货币。一种货币只有满足下列条件,才有可能成为储备货币。

(1) 必须是贸易大国的货币,其进出口额占整个世界的比重较高。

(2) 币值必须比较稳定,至少在整个世界的货币币值下降的过程中,其下降的速度不超过其他货币,从而使其购买力得到一定程度的保证;储备货币发行国应该保持综合差额顺差,至少不能出现持续的、巨额的逆差;发行国维持这种货币的实际价值的意愿和能力较强。

(3) 必须是金融大国(或地区)的货币,并得到该国发达的金融体系的支持,包括所有的货币市场工具和辅助性机构在内的可靠的、精巧的、覆盖全球的银行体系的支持,使这种货币可以在世界范围内实现快捷和便利的流通、支付和兑换;发行国拥有运行良好的金融市场,使以该种货币定值的金融资产可以实现国家间的巨额数量的买卖和兑现,等等。

(4) 发行国必须是政局稳定、信息透明的国家,以保证人们对该国货币的信心。

从历史和现实来看,能够作为储备货币的货币确实都满足这些条件,比如长期流行的美元、日益重要的人民币等。

那么,对于这些储备货币的发行国而言,其货币成为储备货币有什么样的好处呢?从第二次世界大战之后到20世纪50年代,由于当时的经济格局和大环境,世界需要美元作为国际储备。因此,美国不仅享有在本国发行货币所获得的铸币税,还将收取铸币税的范围扩大到了整个世界。与此同时,世界依赖储备货币国家提供一种价值稳定的、高质量的货币。于是,铸币税实际上就成为一种必要的保险费用以保证高质量的货币。可以说,铸币税就是储备货币的发行国所获得的好处。另外,储备货币通过其发行国的金融系统在全世界范围流通,作为短期资产被大量持有,这使得储备货币发行国的银行系统能够获得经营这些资产带来的好处。发行国的贸易从业者还可以用本国货币进行贸易,减少汇率风险,促使其金融业在费用和信息量上占据有利地位。

但是,发行国也要为此付出成本,比如要通过维持物价稳定的宏观经济运行来维持持有国对发行国货币的信心。从历史的实践来看,给予储备货币国家的铸币税回报一定较低,因为美国和英国都没有创造出一个非常高质量的储备货币,而且我们并没有看到很多国家争相成为储备货币发行国。

一种货币一旦成为储备货币,就成了国际范围内的交易媒介、记账单位,并因其稳定性成为进行国际价值贮藏的选择,因此也被称为国际货币(international currency),或者成为前面章节中经常提到的基准货币(vehicle currency),即在国际交易中最经常被使用的货币。

专栏 10-4 国际货币的功能

一种货币被用作储备货币,这种货币就变成了国际货币。那么,国际货币与原来一国(或地区)范围内使用的货币相比,有哪些额外的功能呢?表 10-3 就对国际货币的功能进行了总结。

表 10-3 国际货币的功能

国际货币的功能	对于本外国私人部门	对于各国货币当局(除了国际货币的发行国)
交易媒介	在国际贸易、金融活动中广泛使用	进行外汇市场干预的货币
计价单位	为国际经济活动定值、计价	本国货币汇率的参考
价值贮藏	构成私人部门的外部财产	构成一国货币当局的国际储备(外汇储备)

3. 在 IMF 的储备头寸

IMF 的宗旨是在成员遭遇国际收支困难时向其提供短期融通资金。因此,IMF 必须有可以运用的资金,于是它规定各成员要缴纳的份额。该份额是根据各成员的相对经济规模决定的。在这个份额里,该成员可以自由提取使用的部分,就构成了其"在 IMF 的储备头寸"(reserve position in fund),也叫作普通提款权。它包括三个部分:该成员向 IMF 认缴份额中 25% 的黄金或可兑换货币部分;IMF 为向其他成员借款而动用的此成员认缴的本币资产;IMF 从该成员处获得的借款。对"在 IMF 的储备头寸"可以通过图 10-1 来理解。

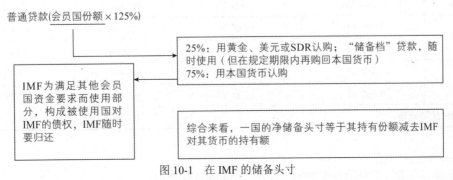

图 10-1 在 IMF 的储备头寸

不过，这一部分储备的规模一直以来都较小且比较稳定，在国际储备中的占比有逐渐减少的趋势。

4. 特别提款权(special drawing right，SDR)

前面在国际货币体系的学习中我们知道 SDR 是 IMF 在 1970 年首次发放的一种记账单位。1979—1981 年 IMF 再次发行了 120 亿 SDR。此后，其发放中断了 30 年，直到 2009 年，IMF 又进行了两次大规模的发放，共计 1827 亿 SDR。2021 年，为了帮助成员国对抗疫情，IMF 进行了一次更大规模的发放，达 4565 亿 SDR。

SDR 是会员国可以用作归还 IMF 贷款和成员国政府之间偿付国际收支赤字的一种账面资产。因此，IMF 分配的而尚未使用完的 SDR，就构成该成员拥有的国际储备的一部分。SDR 不具有内在价值，是 IMF 人为创造的、纯粹账面上、凭信用而发行的资产；它不像黄金和外汇那样是通过贸易或非贸易交往(比如外来投资、借款等)而取得的，也不像储备头寸以各成员缴纳的份额作为来源，而是由 IMF 按份额比例无偿分配给各成员的；它只能在 IMF 及各国政府之间发挥作用，各成员的任何私人企业不得持有和运用，不能直接用于贸易或非贸易的支付，因此具有严格限定的用途。

SDR 是按照成员份额进行分配的，确定份额的方法有利于主要的发达国家。之前少数发达国家所占份额比重一直高于 60%，而 100 多个发展中国家所占份额比重却只有 37.6%。2021 年 8 月，IMF 宣布将按照会员国在 IMF 的份额重新分配 SDR，这意味着新兴和发展中国家的持有比重将升高至 42%左右。

SDR 的定值是比较复杂的，1981 年 1 月以前是通过对 16 个最大的贸易国货币进行加权平均计算而得的。自 1981 年 1 月起，其启用新的 5 种货币加权平均计算方法。从 1999 年 1 月 1 日开始，欧元取代了法国法郎和德国马克，这两种货币的权重算进欧元。

不过，这 4 种货币的权重是会定期调整的。考虑到人民币在国际货币体系中的地位不断上升，将人民币纳入 SDR 有利于建立一个更强劲的国际货币金融体系，因此 2016 年 IMF 在以往使用的 4 种货币的基础上增加了人民币。最新的权重是 2022 年 5 月重新设定的(见表 10-4)，美元、欧元、人民币、日元和英镑的权重分别为 43.38%、29.31%、12.28%、7.59%和 7.44%[①]。

表 10-4 新的 SDR 定值方法

货币	该货币进入 SDR 的单位数(Ⅰ)	即期汇率该货币的美元值(Ⅱ)	各组成部分的美元价值(Ⅲ)	新价值百分比(Ⅳ)
2023 年 5 月 25 日				
人民币¥	1.099 30	7.084 70	0.1552	11.66
美国$	0.578 13	1.000 00	0.5781	43.45
欧元€	0.373 79	1.072 30	0.4008	30.13
日本¥	13.452 00	139.595 00	0.0964	7.24
英国£	0.080 87	1.235 95	0.1000	7.51
1 个 SDR 的美元值			1.3304	100.00

---

① 数据来源于国际国币基金组织(IMF)官网 https://www.imf.org/en/home。

随着市场的发展,关于 SDR 的使用还有很多新发展,甚至扩展到了一些私人部门,这些有利于特别提款权更好地充当储备资产。

专栏 10-5 2008 年国际金融危机后对 SDR 的改革

到现在为止,SDR 已经诞生了 50 多年。然而,很长一段时间里它并没有很好地发挥最初设想的作用。2008 年国际金融危机爆发之后,国际社会对改革国际货币体系的呼声愈来愈高,并开始重新讨论 SDR 的改革问题。时任中国人民银行行长周小川还专门发文阐述了关于 SDR 改革的一些思考。

SDR 主要局限在分配和使用两方面。首先,从危机前看其供给缺乏持续性,实际分配次数非常少,无法满足各国对储备资产的需求。其次,分配机制不合理。目前 SDR 的分配取决于会员国在 IMF 中的份额,发达国家所分配的 SDR 明显大于发展中国家,从而形成"富者更富、穷者更穷"的局面。

2008 年国际金融危机发生后,以主权信用货币充当国际储备货币的弊端再次显露,国际社会开始重新讨论 SDR 的改革问题。改革的主要方向可能是:第一,加强 SDR 的分配及其均衡性,提高新兴市场国家和发展中国家的代表性和发言权,均衡 SDR 在发达国家和发展中国家的分配。第二,改变 SDR 定值的货币篮子构成。综合考虑有关国家的经济实力、外贸情况等因素,选择有代表性的货币加入货币篮子,提高特别提款权定值的代表性、权威性与稳定性。第三,扩大 SDR 的使用范围,进一步发挥其在国际贸易、大宗商品、金融资产中的定价作用,完善 SDR 作为国际货币的职能。

截至 2023 年,IMF 考虑到人民币的国际地位及稳定性,已将其纳入 SDR 定值的货币篮子,同时在 2021 年根据会员国的持有份额对 SDR 进行了重新分配,提高了新兴和发展中国家的持有比重。同时,新冠疫情期间,IMF 也采取了一些其他的措施,为各国提供了支持。

以上就是国际储备 4 个组成部分的基本介绍。随着经济环境的演变,这 4 个部分的比重在不同的地区有所变化,需要我们对现实保持关注和思考。

10.1.3 国际储备的作用

国际储备作为一国(或地区)的货币当局所有并控制的资产,主要在以下几个方面发挥作用。

1. 融通国际收支赤字,有助于实现内外均衡

从对国际储备的定义就可以看出这是它的首要作用。通过国际储备来融通国际收支赤字,可以避免采取调整政策(尤其是紧缩政策)时给内部经济造成的不利影响,有助于内部经济目标的实现;或者将其作为辅助措施,为调整政策的从容实施提供必要的支撑,使赤字在中期能得以维持,又能维持合理的经济增长速度。

具体如何利用国际储备来支付国际收支赤字,取决于赤字产生的原因及表现的形式。一般来说,短期的、暂时性的国际收支赤字是可以通过融通来弥补的;长期性的、结构性的不平衡则需要政策调整,但为了使调整政策的实行有一个合理的时间分布,避免由于过快调整所带来的国内经济震荡,需要将融通措施作为辅助手段。另外,对国际储备的操作也可以影响本地货币供应量,从而有助于内部均衡的实现。因此,国际储备被认为是"产出稳定器"(output stabilizer)。

2. 干预外汇市场，维持本国汇率稳定

这一作用的发挥有前提条件，即充分发达的外汇市场和货币可以完全自由地兑换。货币当局本身可以成为外汇市场的参与者，其参与的条件就是依靠所持有的外汇成为这个市场的供给者或需求者。一般来说，由于外汇市场的规模非常大，任何一个单一的参与者都是市场价格的接受者。不过，货币当局持有的外汇数额远比一般的市场参与者要大，而且由于其特殊的管理者、政策制定者地位会对市场预期带来很大影响，所以可能在一定程度上影响外汇市场上的汇率走向，在某些情况下甚至造成较大影响。正因为如此，当市场的汇率发生了货币当局所不希望看到的变化，或者某些利益集团希望汇率朝某一方面变化，当局就可以动用外汇储备来干预外汇市场。

但是，外汇干预只能在短期内对汇率产生有限的影响，无法从根本上改变汇率变动的长期趋势，可谓"治标不治本"。

对于大多数发展中国家，一方面，汇率很多是由官方制定的；另一方面，本国货币并不进入国际外汇市场。但是，只要该国有对外经济交往，本外币汇率就必然会受到市场供需的影响。这时，国际储备也可以被用来干预市场、维持其官方汇率。另外，强大的国际储备有利于维持市场对该国的信心，这是有助于维持该国货币的汇率走势的。比如，在1998年东南亚金融危机中，东南亚国家货币纷纷失守，但人民币却维持了汇率的稳定，港元也维持了联系汇率制。这在一定程度上归功于中国内地拥有的庞大国际储备。

3. 充当对外举债的保证

充足的储备可以加强一国的资信，吸引外国资金流入，促进经济发展。国际金融机构和银行在对外发放贷款时，通常要事先调查借债国偿还债务的能力。而一国持有的国际储备状况是资信调查、评价国家风险的重要指标之一。在国际上，有专门机构或重要的金融杂志每年对各国的借款资信进行评定，并以此来确定贷款的安全系数。这个贷款的安全系数一般包括：经常账户收支的趋势、外债还本付息占该国出口收入的比重，以及国际储备状况等。

另外，国际储备还可以用来支付一国政府的外币采购，支持一国货币政策的流动性管理，或者对本国经济的有关部门如银行等提供紧急的流动性，等等。不过，随着各国经济和世界经济环境的演进，各国对储备作用的认识也在不断发展。在20世纪90年代的亚洲金融危机之后，外汇储备的首要功能已然发生改变，在IMF对外汇储备功能的新表述中，"增强对本币的信心"被放在核心地位上，弥补国际收支赤字、维持本币汇率稳定的功能退居其次。在学术界，学者们则提出了外汇储备的危机预防(precautionary)理论，即发展中国家需要持有大量的外汇储备作为一种谨慎预防性经济政策，以达到预防危机的目的。通过持有较高的国际储备，一方面可以降低危机发生的概率，另一方面可以减少危机发生时的调节成本。而且，当一国资本项目开放程度高时，可能面临更高的风险，这一功能就更为重要。

可见，"信心储备""谨慎性储备"或"保险储备"的功能越来越成为储备持有国所关心的作用。

10.2 国际储备管理

国际储备作为货币当局持有并控制的资产,合理使用取决于科学管理。对于国际储备的管理,首先在于进行需求—供给分析,以及成本—收益分析,确定合理的规模和结构;其次在于动态地运作和调整,使这部分资产能够保值、增值,以此保证其能充分发挥应有的作用。

10.2.1 国际储备的需求分析

一国之所以需要国际储备,主要在于弥补国际收支赤字或干预外汇市场的政策需要。正如前面所说,利用国际储备来弥补国际收支赤字,可以避免收入紧缩政策带来的国民收入下降、国内的失业增加等问题;干预外汇市场可以维持本国货币币值的稳定。这些都是持有国际储备给一国带来的好处。但是,持有国际储备是要付出成本的。以下因素决定了一国究竟应该怎样确定对国际储备的需求量。

1. 持有国际储备的成本

持有国际储备的成本先表现为机会成本,即如果不持有国际储备,那么所节约下来的外汇收入就可以用来进口经济发展所需要的资本品,这些资本品本身会有经济效益,对本国的经济发展做出贡献;这种被国际储备占用了的对外国实际资源的购买力,尤其是对资本品的购买力,牺牲的是其可能带来的收益,具体可以用投资收益率来衡量。

不过,尽管国际储备占用了进口机会,但其本身也会以有一定收益的资产形式存在。除了黄金之外,其他储备资产都会给持有者带来一定的利息收益,这一点我们在后面具体的国际储备管理中会涉及。因此,在计算储备的成本时需要将这部分利息(投资)收益扣除。潜在的投资收益率与利息收益之差越大时,持有国际储备的成本就越高。

另外,持有国际储备还有可能影响本国居民当前福利水平,这可以理解为一种社会成本。有时,中央银行还要冲销急速积累的储备,从而产生冲销成本。同时,中央银行的资产负债表随之发生变化,资产的利息收益和负债的利息成本的不同变化可能带来资产负债表管理上的额外成本。

一般来说,发展中国家对外汇(国外资本品)的需求更多一些,即存在较严重的外汇瓶颈,其外汇资金的投资收益率通常高于发达国家,所以持有储备的成本要高于发达国家。

2. 其他影响需求的因素

(1) 进入国际金融市场筹借应急资金的能力。实际上这部分是与国际清偿力相关的。我们说国际清偿力是潜在的国际储备,如果一国可以很容易地向国际金融市场和国际金融机构筹措资金,即拥有较高的国际清偿力,它就没有必要持有太多实际的国际储备。一般来说,发达国家更容易进入国际金融市场筹借资金,所以不需要持有太多的国际储备;发展中国家由于其开放性、经济发展水平等原因较难从国际金融市场上借钱,所以需要持有较多的国际储备。

(2) 国际收支可能受到冲击的规模和类型。一国在考虑持有多少国际储备时,必须对将来可能出现国际收支赤字的概率和规模进行预测。具体来看,应该从以下几个方面进行预测。

- 出现国际收支赤字的概率。概率越大，表明国际收支状况越不稳定，需要持有的国际储备越多。
- 所出现的国际收支赤字的规模。规模越大，说明需要动用国际储备进行融通的规模越大，因此需要持有的国际储备应该越多。
- 所出现的国际收支赤字的类型。根据其持续的时间，可能是短期型的，也可能是长期型的。一国所面临的冲击越偏于短期型的，在其他条件不变的情况下，所需要持有的国际储备就越多。

(3) 调整速度。当发生长期国际收支赤字时，往往需要调整政策，但为了避免快速调整给国内经济带来难以承受的震荡，需要在此过程中以国际储备作为辅助手段。因此，调整速度的快慢就与国际储备的需求有紧密的联系。一般来说，调整速度越慢，所需要的国际储备也就越多。因此，我们需要看哪些因素会影响调整速度，从而影响国际储备需求量的大小。

- 边际进口倾向的大小。实证研究表明，一般而言，一国的边际进口倾向越大，外来冲击对该国的负面影响就越强烈，对用来缓和冲击影响的国际储备的需求也就越大。
- 外汇外贸管制情况。一般来讲，管制程度较高的国家，外汇流出的程度比较容易控制，所需的国际储备可以少一些。
- 汇率制度的弹性。一般来说，汇率制度越具有弹性(即汇率可以较为灵活地变动)，那么经济自身的快速调整就越容易，对国际储备的需求量就可以少一些。
- 与外部世界的政策协调程度。当国际收支失衡出现时，如果能够较好地与外部世界进行政策协调，而不是各国政策各行其是，就可以增强政策效果，也可以减少对储备的需求量。

总之，具体如何确定国际储备的最适合规模，原则上应该是将调整的国内经济成本降低到最低限度。

(4) 进出口规模。世界银行《1985年世界发展报告》在分析发展中国家的储备管理时写道："足以抵付三个月进口额的储备水平有时被认为是发展中国家的理想定额。"

3. 国际储备规模的确定

那么，有了上述的需求分析，怎样具体确定合适的储备规模呢？这是一个复杂的问题，很多文献都进行过探讨。一般来讲，有这样几种方法可以参考。

(1) 定性分析法(Quality Analysis)。国际储备的不足或者过剩往往会影响一些经济变量或政策倾向的变化，因此，通过考察这些特殊的经济变量和政策倾向也可以对国际储备规模是否合理做出判断。以对储备水平不足的判断为例，IMF采用了几个客观指标进行评估。当会员国出现下面的某些状况时，可以判断该国的国际储备可能不足。

- 国内利率太高，或者国内存在高失业率；
- 该国在实行紧缩性的需求管理政策；
- 该国开始加强对国际交易的限制(国际贸易和资金流动的限制)；
- 该国把积累储备作为经济政策的首要目标；
- 该国的新增储备主要来自信用安排；
- 该国货币出现持续的汇率不稳定；等等。

但是，这种方法有一定的缺陷。首先，这些指标只能间接地提示储备的合理性，有时会有滞后；其次，在实际经济活动中存在许多多因一果的现象，有些经济和政策变量可能是因储备水平的变化而变化的，有些不一定是由储备变化引起的；最后，反映储备合理性的一些征兆可以同时指向相反的方向，这会增加判断的难度。

(2) 比例分析法(Ratio Approach)。比例分析法最早是由著名国际金融专家特里芬(R. Triffin)在1947年提出的。在他1960年出版《黄金与美元危机》(*Gold and the Dollar Grisis—The Future of Converibility*)一书后，这一方法开始被人们普遍接受。特里芬把国际贸易中的进口作为唯一变量，并认为一国国际储备应该与它的进口额保持一定的比例关系：一般40%较为合理，低于30%就需要采取调节措施，而20%为最低限。或者可以说，一国的储备量应该能满足3个月的进口水平。

类似地，IMF在评估适度储备时也推荐了这样的定量方法。例如，根据过去实际储备的趋势、过去储备与进口的比率等。不过，通过这些比率确定出来的适度国际储备量不应该是一个具体的数字，而应该是一个区域值。

专栏10-6 比例分析法的发展

人们对传统比率分析法的改进做出了努力，新设计了一些比率来判断外汇储备的水平。

比如，十分流行的一个比率指标就是"储备对短期对外负债比率"，这是由时任阿根廷财政部副部长的吉多蒂(Guidotti)和美联储主席格林斯潘(Greenspan)提出的，所以也叫作"Greenspan - Guidotti规则"。它的内容是，新兴经济体持有的外汇储备量最低必须能足以支付在下一年内要到期支付的外债总量，其中外债包括短期的、期限为一年内的外债，以及下一年要到期的长期外债。这一指标主要考虑的是新兴经济体对资本账户危机的脆弱性，对预防货币危机的发生也提供了一定的指导。从实证研究来看，这一指标获得的支持也很多。因此，IMF已将这一指标正式归入其所建议的各国为预防金融危机而建立的早期预警系统内，将其作为一个重要的观察指标。

另外，还有与前面的货币主义观点一致的"储备对M2比率"，即国际储备持有量对广义货币供应量的比率。一些研究也反映了它对金融危机的预测能力。这一比率越高，就越能增强公众对该国货币的信心，从而使发生金融危机的可能性降低。

当然，也有的学者认为比例分析法过于单一和简单，可能忽略影响国际储备需求的很多变量。而且，各国的具体情况不同，一个单一比例指标无法反映出不同地区的特殊性。

10.2.2 国际储备的供给分析

从国际储备的构成可以看出，在IMF的储备头寸和特别提款权都不是本国货币当局所能直接控制的指标，所以，一国增减国际储备主要从黄金和外汇储备方面着手。

1. 黄金

黄金作为一种重要的金融资产，在国家间存在活跃的市场。一国中央银行可以用本国货币在国际黄金市场购买黄金，也可以在国内收购黄金，实现黄金的货币化——将黄金从非货币用途转化到货币用途上来，从而增加其国际储备。但是，需要注意的是，并不是任何一个国家都可以用本币在国际黄金市场上买到黄金,因为如果本国货币不是国家间可自由兑换并被广泛接受的货币,是无法实现在国际黄金市场上的购买。如果用外汇来购买黄金的话,那么改变的只是国际储备的构成,而不能增加国际储备的总量。

2. 外汇储备

对于非储备货币发行国而言,增加国际储备的主要途径是积累外汇储备,具体可以通过以下途径进行。

(1) 国际收支盈余,通过一些奖出限入的调整政策节省国际储备的使用,并扩大其规模。具体包括经常账户盈余和金融账户盈余。前者是由于实际资源的转移即贸易带来的,所以比较可靠、稳定。后者则有借入的性质,有可能被债权人收回投资,尤其是短期资本项目下的投资。显然,不同国家在扩大国际收支盈余上的能力是有差别的。

(2) 一国货币当局直接从国际金融市场或国际金融机构借入贷款,如备用信贷和借款总安排[①]等。

(3) 储备货币的发行国还可以通过互换货币协议相互提供外汇储备,即由两国中央银行相互开立对方货币的账户,并规定相互动用对方货币的额度,在需要资金的情况下,可用本国货币换取对方货币,用来干预外汇市场、稳定汇率。

(4) 外汇干预,指当本国货币升值时,货币当局在外汇市场上抛售本国货币,换取外汇,从而增加外汇储备。

10.2.3 对国际储备的管理

正像供给分析中所说的,一国本身能够管理的国际储备主要为黄金储备和外汇储备这两个部分。国际储备的另外两个构成部分一般是一国被动接受的。因此,接下来我们就分别看一下对黄金储备的管理和对外汇储备的管理。

1. 黄金储备的管理

对黄金储备的管理主要体现在规模上。不过,黄金是一种自然资源,所以一国的黄金总量相对比较受限制。一国可以在一定范围内增加或减少黄金储备在整个国际储备中的比重。比如,第二次世界大战之后美国的黄金储备最多,后来其他国家在渐渐积累黄金储备。究竟选取多大规模的黄金储备,则与一国具体的考虑有关。比如,一些人对黄金比较"钟爱"、认为黄金是货币的最后保障,就主张一国应该更多地持有黄金储备。

除了规模之外,还需要考虑一些相关的管理问题。比如,黄金储备的安全性。黄金是以实物形态存在的,因此要特别保证其安全。黄金本身的市场价格是可以变化的。因此,必须在持有黄金储备的同时关注其市场价格的变化。另外,中央银行持有黄金可以为其带来信心(见专栏10-7)。

[①] 1962年由国际货币基金组织同十国集团设立折合60亿美元的资金,由十国集团管理。借款国可以向国际货币基金组织和十国集团同时申请,经十国集团的多数国家(2/3以上)和国际货币基金组织同意,由国际货币基金组织向有关国家借入,再转贷给借款国,贷款期限为3~5年。

专栏10-7 德国的"黄金储备"大搬家

2013年年初，德国央行(Deutsche Bundes Bank)计划将54 000块价值270亿欧元的金条从巴黎和纽约转移至位于法兰克福的总部。至2020年，存放在法国央行(Banque de France)的所有374吨金条，将被转移至德国央行办公大楼下方的金库。每根金条重达12.5千克。与此同时，德国央行将把存放在纽约联邦储备银行(Federal Reserve Bank of New York)的1500吨黄金中的300吨运回德国。

这是德国央行首次在事前向外界公布大规模黄金转运计划。委内瑞拉、伊朗和利比亚等国央行也曾有过类似举措，但其主要是因为在国际制裁的影响下为了防止自身资产遭到冻结而抢先采取行动。

那么，德国为什么要做这样的"搬家"呢？其央行给出的官方理由是，它正在追随历史的脚步。历史上，黄金从未离开过德国土地：第二次世界大战以后，德国没有分文黄金，而是从零起步，通过贸易盈余逐步积累起黄金储备，最终成为仅次于美国的世界第二大黄金储备国。然而这些黄金基本都未存放在本国，而是放在外国央行，以方便兑换需要。通过"搬家"计划，德国的一半黄金储备就回到国内，另一半则分别存放在纽约和伦敦，二者都靠近黄金交易中心。

因此，德国央行的人这样说："中央银行持有黄金能够带来信心。(我们)在国内打造信任，同时有能力在海外将其快速兑换成外汇。"

2. 外汇储备的管理

黄金储备在规模上相对较为稳定。因此，国际储备更多的管理任务是在外汇储备上。对于外汇储备的管理，要先确定适当的总量水平，然后进行具体的结构管理。

(1) 外汇储备的规模。基于对储备的需求分析确定最优的外汇储备规模，然后通过供给实现这一规模，是外汇储备管理的第一步。

(2) 外汇储备的结构。外汇储备的结构有两个维度：一个是货币，一个是资产。一般来讲，除了考虑国际上比较流行的储备货币选择之外，还要针对本国经济尤其是对外经济的特点进行选择，比如可以适当增加主要贸易伙伴国的货币。然后，考虑安排储备资产以什么金融工具形态存在，因为中央银行(或有关的货币当局)要对储备资产进行管理和运作，以使其保值和增值。这时候，要考虑安全性和流动性，同时要尽可能对收益性进行考量。因为中央银行随时会用到储备资产，以便发挥干预或支付的功能。一般来讲，可以将储备资产划分为：一级储备或流动储备资产，流动性非常高；二级储备，收益率较高，而流动性低于一级储备；收益率高但流动性低的储备资产。三者应保持一个合适的比例。

10.3 外汇储备体系的演进

布雷顿森林体系崩溃以后，国际货币体系进入了后布雷顿森林体系时期。正像我们在第6章里讲的，有的人将其称为牙买加体系，有的人认为它是国际货币无体系时期，还有些人称之为第二代布雷顿森林体系。不管叫什么名字，这一当代货币体系中最重要的一点就是在外汇储备上的演进，各国对外汇储备的选择和管理上出现了一些新变化。接下来我们就对近年来外汇储备体系的演进特征进行观察。

10.3.1 储备货币的演进

布雷顿森林体系的内在性质决定了其外汇储备基本是由美元构成的(当然美国除外),因此,它也被称为"美元储备体系"。然而,随着布雷顿森林体系在 20 世纪 70 年代初的崩溃,美国经济地位相对衰弱,欧洲、日本的经济地位日渐强大,外汇储备中的货币选择变得多元起来。

1. 储备货币的多元化

IMF 的"官方外汇储备比重构成"(currency composition of official foreign exchange reserves, COFER)数据库提供 100 多个国家汇总后的外汇储备比重结构。从其数据库看,外汇储备的币种结构在布雷顿森林体系解体后呈现出了多元化的趋势,这可以通过表 10-5 反映出来。

表 10-5 世界主要货币在官方储备货币中的比重

%

币种	年份					
	1977	1978	1981	1984	1987	2000
美元	80.3	76.0	71.5	69.4	67.1	68.2
英镑	1.8	1.7	2.1	3.0	2.6	3.9
德国马克	9.3	10.9	12.8	12.3	14.7	Euro:
法国法郎	1.3	1.2	1.4	1.1	1.2	12.7
瑞士法郎	2.3	2.1	2.7	2.1	1.6	0.7
日元	2.5	3.3	4.0	5.7	7.0	5.3
其他货币	2.5	4.8	5.5	6.4	5.8	9.2

资料来源:国际货币基金组织《年度报告》。

进入 21 世纪以后,储备货币继续演进,主要表现在:第一,美元资产占外汇储备的比重进一步下降;第二,欧元作为一个新出现的货币开始在外汇储备中发挥越来越重要的作用;第三,人民币被纳入国际储备货币中,并且比重不断上升(见表 10-6)。

表 10-6 2001—2022 年国际储备货币格局的变化

%

币种	年份							
	2005	2010	2015	2018	2019	2020	2021	2022
美元	66.5	62.2	65.7	61.8	60.7	58.9	58.8	58.4
欧元	23.9	25.8	19.1	20.7	20.6	21.3	20.6	20.5
日元	4.0	3.7	3.8	5.2	5.9	6.0	5.5	5.5
英镑	3.7	3.9	4.7	4.4	4.6	4.7	4.8	4.9
人民币	—	—	—	1.9	1.9	2.3	2.8	2.7
其他货币	1.9	4.4	6.7	2.4	2.5	2.7	3.1	3.5

资料来源:IMF COFER, 2023;国际货币基金组织网站。

上面给出的是对整个世界储备货币变化的概览。如果具体到不同类型的国家，如工业国、发展中国家，那么它们的调整趋势又有所不同。相对来讲，发展中国家的调整更为积极：美元资产占比下降更快，欧元资产占比增加更大。可以观察到，美元在国际储备货币中的比重有所下降，但其仍是全球占比最大的国际储备国货币。与此同时，人民币在 IMF 五大"一篮子货币"中，占比仍处于最后一位。随着中国经济体量和国际影响力的不断提升，人民币将日益成为国际储备货币体系中的重要力量。

不管怎样，储备货币多元化的基本方向会持续下去。那么，这背后有什么原因呢？

2. 多元储备货币的原因

储备货币从原来单一美元向越来越多的货币类型发展，可以从几个角度来理解这一变化。

1) 汇率制度

可以说，汇率制度的变化是布雷顿森林体系崩溃的一个标志，也是多元货币储备形成的一个重要原因。

根据前面对储备功能的学习可知，外汇储备的主要功能就是作为干预资产用于外汇市场，从而稳定一国货币与其他国家货币之间的汇率。因此，一个经济体的货币当局就必须根据本国对外经济的需要确定一种干预货币，而一国使用何种货币作为干预货币，与该国实行何种汇率制度有关。

经济学家通过对不同国家汇率制度的实证研究发现，不论是发展中国家还是工业国家，它们在汇率制度上的演变促成了对多种干预货币的需求。例如，发展中国家从原来的单一钉住美元向钉住其他货币或合成货币变化；发达国家则普遍采用了浮动汇率制度，增加了对美元之外的重要货币如欧元、日元的需求。

2) 交易需要

如果说汇率制度的变化是一种制度因素的话，那么随之而来的就是现实因素了。全球化及国际交易的深入发展产生了对外汇的需要，从而促进了多元储备货币的形成。

从贸易方面来看，外汇储备在性质上主要是一种应对未来临时性需要的准备金，因而要求其具有良好的、广泛的国际收受性，即用于对外支付时能易于为对方所接受。美元在世界外汇储备中之所以享有独占鳌头的地位，与美国的进出口量占世界的比重较高不无关系。但是，20 世纪 70 年代以来，美国的进出口量占世界的比重一直在下降，而德国等欧洲国家和日本的比重则在上升。多种货币储备体系的形成显然不能脱离这一背景。

另外，地区间贸易的发展使美元以外的货币开始被广泛使用。但是，增加一种新的货币会增加成本，因此各国货币当局持有的外汇组合中的币种数量不会太多。再加上随着欧元的成功推出和运行，也增加了外汇储备中货币的选择。

从对外金融方面来看，如一国与某一外国的金融机构关系比较密切，或对该外国管理其他国家进入其金融市场的政策比较熟悉，或在该外国融资的条件相对有利，就会以该国货币作为筹措资金的定值货币。可见，只要一国的对外金融活动，如金融投资和商业贷款等主要集中在某一外国且其数额较大的话，那么该外国货币在其外汇储备中也会占较大比重。

国际债券发行时定值货币的选择体现了该货币在世界范围内作为价值贮藏和记账单位的功能。而成为定值货币的条件是该国金融体系在国际上具有重要的地位。因此，定值货币是储备货币选择的一种重要参考。在国际金融市场上，定值货币从美元向由多种货币组成的一篮子货币转换的过程中，多种货币储备体系也逐渐形成。

与定值货币相类似的一个概念是借渡货币(vehicle currency, 也被称为基准货币)，是指当两种货币的兑换因供求数量过少以致交易发生困难，或因买卖差价过大导致交易成本过高时，人们就会将其中的一种货币转换成在国际外汇市场上大量使用，因而具有极充分的流动性和较低的交易成本的货币(如美元)。借渡货币如同国际金融市场上货币互换的桥梁，往往是外汇储备货币的选择。随着国际金融市场的发展，美元作为借渡货币的地位在下降，是促成多种货币储备体系的关键因素。

3) 资产选择

确定一个较优的国际储备构成，尤其是外汇储备的构成是中央银行在国际储备管理方面的一个重要问题。资产选择理论告诉我们，资产的配置要兼顾风险和收益，从而构造出一个多样化的最佳组合。对于中央银行(或其他货币当局)来说，主要问题是如何在流动性、安全性和收益性上管理外汇储备。多样化的资产选择理论有助于多元储备货币体系的形成。不过，值得注意的是，中央银行虽然在某种程度上会按照理论行事，但其积极性显然远远低于私人投资者。一方面，中央银行具有保守的倾向，故而不像激进的私人投资者那样，不断通过变换储备货币以获得较高的盈利；另一方面，中央银行比稳健的私人投资者更愿意承受风险，以至于在资产组合的多样化方面也只是缓行。但是，中央银行在不影响其宏观经济基本决策的前提下，也会试图尽量减少风险，从而避免储备货币遭受贬值的损失。

事实上，影响中央银行储备货币选择的因素极为广泛，除了汇率制度和交易需求外，还有中央银行的非营利性、储备货币的管理(其持有存在规模经济现象，即用一种货币进行几个国家的经济交易能够节约储备货币的使用)、汇率变动风险及信息成本等。

不过，需要指出的是，尽管多种货币储备体系成为越来越多的经济体在进行外汇储备管理中的选择，但是美元的绝对优势地位还是相当稳定的。而且，因为一般储备货币都有一种惯性，所以在相当长的时间里仍然不能忽略美元储备的重要性。

3. 多元储备货币的缺陷

无论是国际金本位制度还是布雷顿森林体系，导致它们最终走向解体的一个关键因素是储备资产问题，或者是储备资产不足，或者是储备资产在信心和清偿力上存在内在矛盾。而它们的一个共同点就是储备资产相对单一：要么是黄金，要么是美元。那么，多元储备货币体系的形成是否可以克服这一缺陷从而促进国际货币体系的稳定发展呢？我们很难对此保持乐观。因为，从理论上讲，多元储备货币体系仍然存在一些缺陷。

(1) 结构缺陷。随着越来越多的国家采用浮动汇率制度，汇率波动造成的外汇风险和收益的急剧变化，会经由外汇市场的起伏波动而促使私人部门转换其币种头寸，也会使持有多元货币储备的各国货币当局不断调整其外汇储备的构成，而这可能又进一步促成了当今国际金融乃至世界经济的持续动荡，加剧了汇率和世界经济、金融的无序状况，最终形成储备货币构成不断转换和汇率走势不断震荡的相互推动的恶性循环现象。

(2) 数量缺陷。在单一货币储备体系中，储备货币的供应只有一种渠道，即储备货币发行国的货币当局通过本国国际收支逆差实现本币的对外释放。在这种情况下，国际储备供应量的控制相对比较简单，只需该储备货币发行国愿意对国际社会承担责任，按适当的节奏向整个世界输送储备货币。即使该国采取不负责任的做法，肆意地对外供应储备货币，国际社会也可以通过针对性极明确的监督手段对其进行约束。

在多种货币储备体系下,由于储备货币的供应存在多重渠道,所以很容易引起储备货币供应的数量失控。对储备货币发行国的国际监督和约束的效能也因为对象的过分分散而受到极度的削弱,致使国际储备的供应难以适应客观需要。

10.3.2 储备管理的演进

传统上,外汇储备的管理遵循国际储备管理的"安全性、流动性、收益性"原则进行,主要配置在以储备货币承载的一些金融工具上。不过,这种传统的管理方法和原则适用于多种类型金融资产的管理,往往很难兼顾。因此,如何在外汇储备上进行更好的管理,一直是人们在思考的问题。

伴随着这种思考,近年来外汇储备在管理上有一些新的发展。当然,这些演进背后还依赖于一定的内部条件和外部条件的变化。

首先,外汇储备本身的变化增加了对储备管理的要求。前面的学习让我们了解到国际储备的作用。其中,外汇储备又是国际储备中最重要的构成部分,尤其对于发展中国家而言,外汇储备的占比大多为90%以上。随着很多国家对外汇储备传统和新功能的需要,实践中外汇储备的积累越来越多。一些经济学家对全球中央银行的外汇储备进行研究,认为它们已经大大超出了日常出于外汇市场干预目的需要保有的规模。因此,就需要思考如何让这笔财富保值升值。于是,很多国家在传统的管理方法上有所突破。

其次,全球经济环境的变化也给储备管理的发展提供了外部条件。一方面,石油出口国在石油价格持续上涨的情况下所积累的"石油美元"储备越来越多,新兴市场国家在经常账户盈余下积累着巨额储备;另一方面,全球化的发展和金融市场的不断深化使储备管理的空间越来越大。

在各种条件下,全球外汇储备的管理方式在不断演进。尽管管理者仍然要保持高度谨慎的风险分散方式,但越来越多高风险、高收益的工具也被考虑进来。有的通过对外汇储备进行分离,建构新的投资平台,如下面专栏中要讲的"主权财富基金"。这些也被称为外汇储备的积极管理,就是在满足外汇储备必要流动性和安全性的前提下,对多余储备拓展其投资渠道、延长其投资期限,以提高外汇储备的投资收益水平。

> **专栏 10-8 主权财富基金**(sovereign wealth funds,SWFs)
>
> 近年来,随着很多国家外汇储备的增长,不少政府将一部分外汇储备划出来,建立了主权财富基金进行拓展投资。它是外汇投资的一个载体,可以投资在比外汇储备投资回报更高、相对风险更大的资产上,是一种全新的专业化、市场化的积极投资机构。
>
>
> 视频
>
> 其实,如果追溯历史的话,20世纪50年代科威特就设立了主权财富基金;20世纪70年代兴起了第一次浪潮,包括新加坡淡马锡公司的成立等;20世纪90年代则兴起了第二次浪潮。
>
> 目前,全球已经有超过50个国家和地区拥有SWFs,规模近5万亿美元。从资金规模上看,SWFs已经超过了对冲基金和私募基金。最大的主权财富基金包括阿布扎比投资局、挪威的国家管理基金、新加坡政府投资有限公司等。它们的影响力不断增强,已成为国际金融市场一类

日益活跃的重要参与者。

据全球主权财富基金数据平台 Global SWF 数据显示，2023 年 4 月我国的主权财富基金中国投资有限责任公司的资产管理规模为 1.351 万亿美元，是目前全球最大的主权财富基金。

具体来讲，主权财富基金还可以根据其主要运营目的分为稳定型、冲销型、储蓄型、预防型和战略型主权财富基金。

专题：我国的国际储备管理

在我国的国际储备中，超过 94%的部分都是由外汇储备构成的。因此，我们主要关注外汇储备的管理。

1992 年 8 月以前，我国统计的外汇储备包括国家外汇库存和中国银行外汇结存两部分：前者来自贸易外汇净收入和非贸易外汇净收入；后者是中国银行的外汇自有资金和其筹集的外汇资金扣除外汇贷款和投资之后的余额。之后，就不再将后者计入外汇储备了。

早期，我国的外汇储备规模非常小，到 1990 年才突破百亿美元。从 20 世纪 90 年代开始，规模开始逐渐变大；进入 21 世纪后更是呈现了加速增长的势头，进入万亿美元规模。2006 年，我国首次成为全球外汇储备最多的国家，并一直维持着这一位置。到 2012 年年底，我国外汇储备已经突破 3 万亿美元。

然而，正像本章里已经讲到的，储备的持有也是有成本的，比如增加了国内通货膨胀的压力、减少了国内的经济增长机会等。因此，如何管理我国当前高额的外汇储备，就成为一个非常重要的问题。

我国在外汇储备总量管理上，从中拿出 2000 亿美元由财政部注资给中国投资有限责任公司(简称中投公司)；在外汇储备结构管理上，通过中央汇金投资有限责任公司(简称中央汇金公司)注资国有金融机构，实现外汇储备资产的多元化。

中央汇金公司成立于 2003 年 12 月 16 日，注册资本为 450 亿美元，来自国家外汇储备，汇金董事会由财政部、央行和外管局的官员组成。2003 年 12 月 30 日，其分别向中国银行和中国建设银行注资 225 亿美元；后来，又完成了一系列注资，为中国金融机构改革发挥了重要作用。

2007 年 9 月 29 日，中投公司成立。其资本金为 2000 亿美元，全部来自中央财政，其采用发行特别国债的方式并通过向央行购汇完成对中投公司的注资，是一家国有投资公司。2007 年 10 月，中投公司以 670 亿美元完成了对中央汇金公司的收购，此举使中央汇金公司旗下的全资子公司中国建银投资公司也并入中投公司，从而形成了中央汇金公司、海外事业部和中国建银投资的"三驾马车"格局，各有所负责的业务：中央汇金公司继续承担推动金融改革的重任，代表国家作为出资人长期持有被投资金融机构的股权；中国建银投资公司则成为不良资产处置机构；海外事业部则主要负责海外投资。

据有关学者推算，到 2007 年金融危机之前，我国外汇储备中美元资产约占 65%，欧元资产约占 25%，其他包括英镑、日元等约占 10%。具体的资产类型则为：长期国债(约占 50%)，长期机构债(40%)，股权、长期企业债和短期债券(约占 10%)。

截至 2019 年 12 月，据国家外汇管理局公布，我国外汇储备规模为 31 079 亿美元，较 2019 年 11 月上升 123 亿美元，升幅 0.4%；较年初上升 352 亿美元，升幅 1.1%。总体上看，我国外汇储备余额仍继续保持稳定。

在新冠疫情结束后,国家外汇管理局 2023 年 1 月 7 日公布数据显示,截至 2022 年 12 月末,我国外汇储备规模为 31 277 亿美元,较 2022 年 11 月末上升 102 亿美元,升幅为 0.33%。这是我国外汇储备规模连续 3 个月回升。

进一步通过币种多元化与资产多元化来分散投资风险,以及通过更多地投资于高风险高收益率资产来提高外汇储备的投资收益率,是中国外汇管理当局面临的严峻挑战。

本章总结

小结:从国际储备的概念出发,对储备资产的要求和构成进行介绍,并由此引出国际清偿能力,进而对比国际储备与国际清偿能力的不同,再对国际储备的构成类型进行细致拆分,并对国际储备的作用进行介绍,之后分别从需求与供给两端对国际储备管理进行分析,最后介绍了外汇储备体系及储备管理的演进过程,同时介绍了多元储备货币的原因和缺陷。

重点:国际储备的定义、资产要求、构成、作用;国际储备需求分析、供给分析;储备货币多元化的原因和缺陷。

难点:区分国际储备和国际清偿能力;理解在 IMF 的储备头寸和特别提款权;分析储备货币多元化的原因和缺陷。

关键概念及其英文释义

[1] **International Reserves(国际储备)**: The sixth edition of the IMF Balance of Payments Manual 6(BPM6) sets forth the underlying concept of A country's international reserves refer to "those external assets that are readily available to and controlled by monetary authorities for direct financing of payments imbalances, for indirectly regulating the magnitudes of such imbalances through intervention in exchange markets to affect the currency exchange rate, and/or for other purposes". Types of reserve assets cover foreign exchange assets (consisting of foreign currencies and foreign currency deposits and securities), gold, special drawing rights(SDRs), reserve position in the IMF, and other claims.

英语深入阅读资料

[2] **Special Drawing Right(SDR)(特别提款权)**: International reserve assets created by the International Monetary Fund and allocated to its members to supplement existing reserve assets. They represent each holder's assured and unconditional right to obtain other reserve assets, especially foreign exchange. IMF cannot allocate SDRs to itself but receives them from members through various financial transactions and operations. Entities authorized to conduct transactions in SDRs are the Fund itself, participants in the Funds' Operations Division for SDRs and Administered Accounts, and prescribed "other holders".

[3] **Reserve Currencies**(储备货币)：Or key currencies. The trading nations have traditionally been willing to hold them as international reserve assets. During 1800s — 1900s, the U. S. dollar and the British pound were the most important reserve currencies. But since World War II, the U. S. dollar has been the dominant reserve currency. Other reserve currencies are the Japanese yen, the euro and a few other currencies that are acceptable in payment for international transactions.

[4] **Vehicle Currency**(借渡/基准货币)：A currency that individuals and businesses most often use to conduct international transactions. Since the end of World War II, the U. S. dollar has been the dominant vehicle currency. The world's major banks nominate most assets and liabilities used in cross-border transactions in dollars. Traditionally most financial instruments issued in international money and capital markets also have been denominated in dollars.

[5] **Seigniorage**(铸币税)：The difference between the cost to the reserve country of creating new balances and the real resources the reserve country is able to acquire with the new balances. A financial reward accruing to the reserve currency as a result of the use of the currency as a world money.

[6] **Sovereign Wealth Funds**(主权财富基金)：SWFs are government-owned investment funds, set up for a variety of macroeconomic purposes. They are commonly funded by the transfer of foreign exchange assets that are invested long term, overseas.

复习思考题

1. 请解释国际储备与国际清偿力之间的区别。
2. 请简要阐述国际储备的构成。
3. 联系实际谈谈国际储备的作用。
4. 有哪些因素会影响一国对国际储备的需求？
5. 国际储备的供应渠道有哪些？
6. 国际储备管理的内容有哪些？
7. 国际储备管理应遵循什么样的原则？
8. 多种货币储备体系有什么现实意义？
9. 多种货币储备体系的缺陷有哪些？
10. 我国的外汇储备主要源于哪些渠道？它们对基础货币供应会产生什么影响？

推荐资源

扫描右侧二维码阅读以下资料：
- 浮动汇率制度与外汇储备；
- 新兴市场经济体的外汇储备变化。

第3篇

国际金融实务与应用

第 11 章

国际金融市场

◎ 引言

习近平总书记明确提出,要深化对金融本质和规律的认识,立足中国实际,走出中国特色金融发展之路;发展金融业需要学习借鉴外国有益经验,立足国情,从我国实际出发,准确把握我国金融发展特点和规律。因此,充分认识国际金融市场,是发展中国特色金融的必要前提。

经过前面 10 章的学习,我们对国际金融中的基本概念、主要理论有所了解,还知道了国际金融领域中重要的制度和政策安排、选择等。这些知识为观察和理解国际金融中的现象打下了基础。不过,有时我们要直接进入国际金融市场从事某种交易,比如出国时买外汇,企业进口商品等要防范汇率波动可能带来的支付成本增加。这些实际问题的解决需要我们学习国际金融中很多业务具体运行的知识。

一般的经济学知识和日常经验告诉我们,市场是一个交易平台,可以使某种产品的需求者和供应者之间达成交易。国际金融市场也是如此。只是,在金融市场上交易的"产品"以资金为主,而市场的范围则大到国际。围绕着资金交易可以发展出很多具体的金融市场和金融产品,这就使国际金融市场要复杂一些。

这一章里我们首先对国际金融市场做一些一般性的介绍和描述;然后从不同的角度来分解国际金融市场,认识其各个构成部分;最后,还要深入了解一个非常重要的国际金融市场——欧洲货币市场。

◎ 思维导图

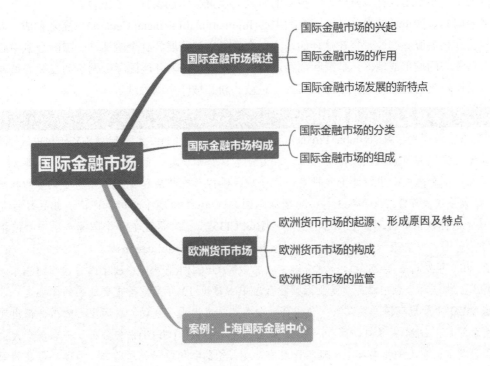

11.1 国际金融市场概述

国际金融市场(International Financial Market)是全球范围内金融活动的平台，包括以各种方式进行的国际资金融通、交易所形成的市场，是资金在国家间流动或金融产品在国家间买卖的场所。

11.1.1 国际金融市场的兴起

国际金融活动的历史可以追溯到几个世纪以前。随着国家间经济贸易活动的展开，早期国际金融活动也随之发生。但是，系统的、成规模的国际金融市场形成则是在第二次世界大战之后，尤其是20世纪70年代以后，国际金融市场的发展甚至远远超出了国际贸易。具体来看，以下条件促进了国际金融市场的发展。

(1) 第二次世界大战后相对和平的国际政治环境保证了国际金融市场中各参与者的合法利益；相对稳定的国际经济发展状况在促进国际贸易和国际投资等活动的过程中为国际金融市场创造了巨大的需求，同时提高了对各国潜在参与者的吸引力。

(2) 有关资本流动的管制逐渐放松，多个国家和地区的金融监管也在推行自由化，这些客观上为国际金融市场的发展提供了条件。市场的灵魂在于流动，有了自由流动的环境，这个市场才能发展起来。

(3) 科技进步为国际金融市场的发展提供了硬件条件。便捷的通信设施使交易更快捷准确，同时降低了交易费用；计算机网络等技术的发展为金融技术创新提供了条件。

随着国际金融市场的发展，国际金融中心(International Financial Centers)也随之形成。大量金融机构和相关服务产业聚集在这样的地方，全面集中地开展各种金融活动。国际金融中心存在于一些著名的城市或地区，是国际金融市场的重要枢纽，为开展国际金融活动发挥着重要作用。目前比较著名的国际金融中心有纽约、伦敦、新加坡、中国香港等。

专栏 11-1　全球金融中心指数(GFCI)

"全球金融中心指数"(Global Financial Centers Index，GFCI)由英国智库 Z/Yen 和中国(深圳)综合开发研究院共同编制，从营商环境、人力资本、基础设施、金融业发展水平、声誉 5 个方面对全球主要金融中心进行评价和排名，是全球范围内具有权威和受到各界高度认可的指数。GFCI 报告首次发布于 2007 年 3 月，对全球范围内的 46 个金融中心进行评价；此后每年 3 月和 9 月会进行数据更新。截至 2024 年第一期(GFCI35)，已有超过 130 个国际金融中心被指数纳入评价范围。报告查询网址为 https://www.longfinance.net/publications/。

在 2020 年发布的第 28 期 "全球金融中心指数"(GFCI)报告中，中国上海首次超过东京，成为全球第三大国际金融中心。这是上海国际金融中心建设 10 年来取得重要成果的体现之一。然而，自 2020 年新冠疫情暴发以来，全球金融中心的排名出现了变动，各大中心的得分都出现不同程度的浮动。2024 年 3 月，第 35 期 "全球金融中心指数"(GFCI)报告公布了全球前十大金融中心最新排名。前五的排名和上一期相比没有变化，纽约和伦敦仍稳居前二，是得分最高的国际金融中心；新加坡位于中国香港前一位，是亚洲第一金融中心。报告问卷调查结果显示，新冠疫情仍然是影响得分的主要原因。随着中国新冠疫情管控放开，中国主要金融中心的得分有望提升。除了新冠疫情之外，各种政治冲突、气候危机也会使得各大国际金融中心的得分不如从前。

11.1.2　国际金融市场的作用

作为全球范围内资金融通和配置的场所，国际金融市场在联系全球各地的生产、贸易、资金流动中都发挥着重要的作用。

(1) 这一市场的存在便利了国际资金的运用、调度和国际债务的结算，为扩大国际投资和国际贸易创造了条件；便利了借贷资本的国际流通和产业资本的国际移动，使国际范围内大量闲置资本得以运用，加速了生产和资本的国际化，并加强了各国经济之间的相互联系。

(2) 国际金融市场使国际金融渠道畅通，提高资金配置效率。例如，在第二次世界大战后德国和日本经济的复兴、亚太经济的兴起过程中，国际金融市场发挥了积极作用。

(3) 国际金融市场能够调节国际收支。一方面，国际金融市场上的资金可以帮助国际收支逆差国获得必要的资金弥补赤字；另一方面，国际金融市场上供需的变化会带来汇率的变化，进而影响国际收支。

11.1.3　国际金融市场发展的新特点

人类社会已经进入 21 世纪，国际金融市场也已积累了相当长的发展历史，正迈入新的时代。

在不断发展变化的环境中，国际金融市场的发展也必然顺应变化，呈现出新特点。

(1) 随着越来越多的市场逐渐开放，国际金融市场的一体化程度必然会不断加强。对于投资者而言，所面对的市场范围越来越广，可选择的空间也越来越大。

(2) 伴随着现代科技的不断发展，尤其是计算机网络的发展，国际金融市场上的交易成本会不断降低，交易效率则不断提高，这反过来又会推进国际金融市场的发展。

(3) 在新的经济环境、技术条件下，金融创新将不断为国际金融市场创造高效便捷的交易工具。

但是，在国际金融市场继续发展的过程中，蕴涵的风险也在增加，风险的影响范围、影响程度也在变大。因此，国际社会必然要加强对国际金融市场的监管。这一监管既需要来自各个国家监管机构的努力，也需要各个国家彼此间的合作。例如，在 2008—2009 年全球金融危机之后，对于国际金融市场的宏观审慎监管(macro-prudential regulation)就被提上日程。2010 年 7 月 21 日，美国推出了新的金融监管改革法案——《多德—弗兰克华尔街改革和消费者保护法》(*Dodd-Frank Wall Street Reform and Consumer Protection Act*)，该法案就涵盖了消费者保护、金融机构、金融市场、薪酬改革等多方面的内容。这项涉及广泛的改革法案将对美国乃至全球金融监管秩序带来深远的影响。

专栏 11-2　加密货币——国际金融市场的金融创新

加密货币(cryptocurrency)是数字货币的一种，但不由任何中央银行发行，是一种去中心化的虚拟货币。加密货币的英文前缀"crypto"一般用作 cryptography(密码学)的简写形式，因此加密货币又译作密码货币、密码学货币等。从名称可以知道，加密货币以复杂的计算机加密技术为基础，运用区块链网络进行交易、记账、证明权益和奖励。区块链是一种分布式记账系统，其去中心化、开源性和数据永久留存的特性使得区块链网络中的每一笔加密货币交易都是被公开记录，被网络中每一个用户认可且被永久记录的。除了"见证"这笔交易的用户外，区块链网络中还有专门负责"审计"账目的一方，这些无利害关系的用户在确保账目正确后通常会得到一定的加密货币作为报酬，这一过程也称为"挖矿"。

加密货币的实用性和投资风险一直是金融界探讨的热点问题之一；关于加密货币的监管、税收和法律相关的问题还有待进一步讨论。但是我们可以看到，加密货币的种类繁多，而且在不断发展当中，成长为一个价值巨大的市场。

11.2　国际金融市场构成

上一节我们笼统地学习了国际金融市场的兴起、作用及发展的新特点。然而要更详细地了解国际金融市场，还需要进入其内部，探究其不同的构成部分。因此，这一节我们就来看国际金融市场的构成。

11.2.1　国际金融市场的分类

我们可以从不同角度对国际金融市场进行分类，通过每一个标准下国际金融市场的分解来构建对国际金融市场整体的认识。

1. 按资金流动的方式划分

(1) 外国金融市场(Foreign Financial Market)，是指国内金融市场的对外延伸，是资金在一国国内金融市场上发生跨国流动的部分；资金流动仍然是利用某一外国的国内市场进行，但交易主体以非居民的身份参与；一般使用所在国发行的货币，并且受该国金融市场上的惯例与政策法令的约束。例如，中国企业到美国发行股票筹集美元资金，就是利用外国金融市场。

(2) 欧洲货币市场(European Currency Market)，是指在某种货币发行国境外从事该种货币借贷的市场；市场内交易的货币一般不由市场所在国发行；基本上不受任何一国国内政策法令的约束；在利率和业务上具有自己的特点。欧洲货币市场是国际金融市场非常重要的构成部分，因此我们会在下一节专门对此进行讨论。

2. 按交易者的国籍划分

(1) 在岸市场(Onshore Financial Market)：当市场上交易双方中至少有一方是市场所在国居民时，属于在岸市场。

(2) 离岸市场(Offshore Financial Market)：当交易双方都不是市场所在地居民时，所形成的市场是离岸市场。离岸市场实际上与上面的欧洲货币市场相对应。

3. 按资金融通的期限划分

(1) 国际货币市场(International Money Market)，是国际范围内进行1年或1年以下资金融通的市场，又称短期资金市场。国际货币市场的主要业务包括银行短期信贷、短期证券买卖及票据贴现等。其主要的参与者有商业银行，票据承兑行、贴现行，证券交易商和证券经纪人。欧洲货币市场的一部分也是国际货币市场的重要组成部分。

(2) 国际资本市场(International Capital Market)，是国际范围内进行1年以上资金融通的市场，属于中长期信贷市场，所以又称长期资金市场。其主要业务包括信贷业务(政府机构、国际经济组织和跨国银行向客户提供中长期资金融通)、证券交易(其中包括国际债券和国际股票)、欧洲货币市场中的长期资本市场、国际租赁市场、外商直接投资(FDI)等。

以上就是观察国际金融市场的几个角度，可能还存在其他观察和分类的角度。不同角度下分类的市场之间也可以重叠，比如国际资本市场中既有在岸市场，也有离岸市场。所以，接下来我们就参考IMF和国际经济合作与发展组织(OECD)的分类，直接对国际金融市场进行分类，如图11-1所示。

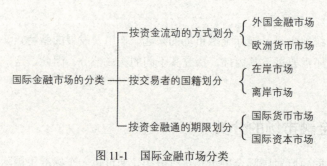

图11-1 国际金融市场分类

11.2.2　国际金融市场的组成

广义的国际金融市场一般可以看作如下市场的集合：国际信贷市场、国际证券市场、国际外汇市场、国际金融衍生品市场和国际黄金市场。本章将对国际信贷市场、国际证券市场和国际黄金市场三个市场展开详细介绍。国际外汇市场和国际金融衍生品市场将作为独立的两章在接下来的章节为读者展示。

1. 国际信贷市场

这一市场是以银行为媒介的资金融通市场，是最传统的国际金融市场之一。在有关金融体系的学习中我们知道，间接金融就是由银行等金融机构来充当资金融通的桥梁，使资金配置可以在供给者和需求者之间发生。在这样的活动中，任何一方或者一个环节从一个经济体中延伸出来，就形成了国际信贷市场。

在国际信贷市场上，又可以根据银行发放贷款的期限长短，将其分解为短期信贷市场和中长期信贷市场。

1) 短期信贷市场

在一国国内也有短期信贷市场。作为国际信贷市场构成部分的短期信贷市场，在很多特征和规定上首先与一般的短期信贷市场没有差别，但因其国际性而可能具有一些新的特征。

这个市场主要是国际银行间进行同业拆放，或者跨国的银行向工商企业提供短期信贷资金。这里的贷款条件相对宽松，参与这一市场的银行和企业一般信誉较好，所以贷款规模较大，不需要抵押，更多的是 3 个月以下的短期拆借。

这个市场大多以伦敦银行同业拆放利率(LIBOR①)、美国的联邦基金利率(Federal Funds Rate)等作为基准利率，在这些利率基础上确定每一笔交易具体采用的利率。

2) 中长期信贷市场

若银行发放的贷款是中长期的，就属于中长期信贷市场的范畴了。这种期限较长的贷款既可以由一家银行发放，也可以由一些银行集合在一起来发放，就分别形成独家银行贷款和银团贷款。后者一般适用于贷款金额巨大、贷款时间较长的情形。我们在第 14 章中会从企业的角度再详细介绍银团贷款。

相比于短期信贷，中长期信贷显然更复杂一些，涉及的风险也更高。因此，在贷款安排的过程中，会涉及利率方式的选择(如固定利率还是浮动利率)、基准利率之上附加利率的确定、抵押物的要求、手续费、管理费等。

国际信贷市场的业务很多都属于欧洲货币市场，我们后面会专门讨论欧洲货币市场，对此还会有所涉及。

2. 国际证券市场

在金融体系的学习中我们知道，证券就是在资金直接融通过程中形成的一种权利证明，也被称为金融工具。当资金的直接融通活动跨越了国界，就形成了国际证券市场。

在一个经济体内部，证券可以分为债券和股票，因此，国际证券市场也可以分为国际债券

---

① 英国金融行为监管局(FCA)证实，大多数期限的 LIBOR 将在 2021 年 12 月 31 日以后停止发布定盘价，只有少数几个期限的美元 LIBOR 在 2021 年年底后沿用 18 个月。

市场和国际股票市场。

1) 国际债券市场

债券是债权安排的一种证明,债权安排则是指作为借款人的公司或政府向资金的提供者承诺在到期日偿还本金和以事先约定好的利率计算出利息。当债权安排中的一方或双方超出了一国范围,就形成了国际债券市场。

国际债券市场又可以根据不同的标准进行细分。比如,如果我们依据的是所发行债券的期限长短,那么国际债券市场可以包括短期的如国库券、商业票据市场和中长期的债券市场;如果依据的是使用的货币和发行地点,则可以分为外国债券和欧洲债券。

(1) 外国债券(foreign bonds)是在国外发行并以该国货币计值的债券。这种债券一直是国际金融市场上的重要融资工具。19世纪美国建造铁路的资金,相当大的部分就是通过在英国发行外国债券方式筹集的。早在1982年1月,中国国际信托投资公司在日本东京就发行了100亿元日元债券。典型的外国债券有:扬基债券——外国人在美国债券市场上发行的、以美元为计值货币的债券;武士债券——外国人在日本债券市场上发行的、以日元为计值货币的债券。近年来随着东亚经济迅速增长还兴起了龙债券——以非日元的亚洲国家或地区货币发行的外国债券(以人民币发行的也叫作点心债券或熊猫债券)。

(2) 欧洲债券(eurobonds)是指在外国发行销售但并不以该国货币计值的债券,发行人、发行地及面值货币分别属于三个不同的国家。例如,中国公司在伦敦发行的以美元计值的债券。

后面在欧洲货币市场的学习中,我们还会讨论欧洲债券;在有关企业的国际市场融资部分也会涉及国际债券。

2) 国际股票市场

与国际债券市场的发展相比,股票市场全球一体化进程显然落后了好几拍。大多数的工业国都有自己的股票市场,其中主要的股票市场(如美、英等)对世界经济的影响越来越大。但是,从根本上讲,即使是这些股票市场,仍然是国内市场,国内交易构成了其交易额的最主要部分。不过,随着市场发展和国际资本流动的障碍减少,国际股票市场开始逐渐发展起来。国际股票市场活动包括发行和交易,主要表现在以下几个方面。

(1) 跨国界的股票买卖数量非常庞大。

(2) 多方上市。这指的是一家公司可以通过在多个股票市场发行股票筹集资金。很多跨国公司的股票都是同时在纽约、东京、伦敦、巴黎及其他国家的股票交易所上市、交易。

3. 国际黄金市场

很长一段历史时期里,黄金都是以货币基础的身份存在的。由于黄金同货币的传统联系,国际黄金市场仍被看作广义国际金融市场的一个组成部分。直到1976年,IMF开始了黄金非货币化的进程,黄金逐步恢复一般商品的地位,完整意义上的黄金市场(Gold Market)迅速发展起来。纽约、芝加哥、中国香港先后成为重要的国际黄金市场,连同伦敦(世界上最大的黄金市场)、苏黎世一起组成了国际黄金市场的统一整体,世界各国可以在24小时内连续进行交易。

黄金市场的参与者主要包括买方、卖方和经纪人。作为黄金卖方出现的有:产金国的采金企业、藏有黄金待售的私人或集团、看跌金价的投机者及各国的中央银行等；作为买方出现的有：各国的中央银行、为保值或投资的购买者、看涨金价的投机者及以黄金作为工业原料的工商企业等。这些参与者在黄金市场上参与交易目的不同，有的是将黄金作为投机活动、保值的实物，有的是作为黄金储备。不过，用于工业等方面的黄金，因其不再执行货币的部分职能，只充当一般商品，因此不属于金融活动范畴。

在黄金市场上，买者与卖者自愿结合，自主交易。不过，一般交易都通过黄金经纪人成交。国际黄金市场包括现货交易和期货交易，它们的功能各有侧重：前者主要是把黄金当作一般商品来交易，或者是一国对国际储备的操作，也有私人投资；后者则主要在于套期保值和投机获利等。黄金价格由市场供求关系决定，买卖双方按议定的价格实行交换。同时，黄金价格也是各种因素的反映，如投资、流动性、通货膨胀、危机、风险等。

专栏 11-3　国际黄金市场价格的历史和现在

1833—1932 年国际黄金价格在 20.62~20.69 美元/盎司波动，1934—1968 年国际黄金价格为 35 美元/盎司左右。1968 年黄金价格在短期内急剧上涨；1973 年 2 月，伦敦黄金市场价格为每盎司 42 美元，到 1973 年 3 月就暴涨到 96 美元；1978 年 10 月，达到 243.65 美元/盎司；1980 年 1 月达到 850 美元的历史高峰。但是，1980 年 3 月黄金价格又从峰值跌回到 474 美元，此后一直呈下行趋势，1999 年跌到接近 250 美元/盎司的谷底。

进入 21 世纪，国际金价开始稳步上升。直到 2011 年，国际黄金价格延续近 10 年不断冲高的走势，连续刷新历史纪录：2011 年 8 月 22 日纽约 Comex 市场 12 月黄金期货首次突破每盎司 1900 美元大关，9 月 5 日黄金日最高价达到 1920.75 美元/盎司的历史高位，比 2010 年的历史新高 1 423.75 美元/盎司又高出了 34.9%，是 2002 年本轮金价上涨之初价格的 6 倍。2011 年黄金价格达到高点之后，接下来的 5 年金价呈现下落趋势，到 2016 年金价跌到谷底 1061.9 美元/盎司。若按照黄金收盘价计算，金价 2011 年至 2016 年下跌了 43.65%。2016 年以后，黄金价格在震荡中持续升高，在 2020 年 8 月突破每盎司 2000 美元的大关。从图 11-2 国际黄金现货市场价格走势我们可以看到国际金价的起伏。

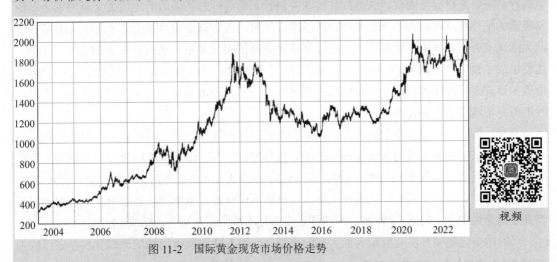

图 11-2　国际黄金现货市场价格走势

数据来源：通过 goldprice.org 网站获取。

从短期来看，黄金价格会受到全球地缘政治冲突等事件的影响，投资者倾向选择黄金作为避险资产，使得金价上升；而美元加息使得美元升值，又会对黄金价格产生负面影响。从长期来看，黄金的矿产量和市场需求也会对黄金价格有影响。人们越来越关注黄金市场，但是在黄金价格波动的问题上，无论是学术界还是实务界都很难给出明确的答案。

11.3　欧洲货币市场

我们需要先来理解"欧洲货币"(Eurocurrencies 或者 Euromoney)。它是指在某种货币发行国境外被储蓄和借贷的货币。欧洲货币市场(Eurocurrencies Market)是指将存于伦敦或其他金融中心的境外美元和其他境外欧洲货币进行贷放的市场。

欧洲货币的概念容易使人产生误解，可以从与以下几个概念的区别中来理解欧洲货币和欧洲货币市场。第一，它并不是欧洲某个国家的货币。事实上，最早出现的欧洲货币是欧洲美元——在欧洲经营的境外美元，之后才逐渐出现了欧洲英镑、欧洲日元等。第二，欧洲货币市场不仅限于欧洲境内的金融中心，也可以是亚洲等其他金融中心。第三，欧洲货币市场并不是相对于资本市场而言的某种货币市场，而是指这种特殊的资金形成的市场。在这个市场上，既可能产生属于货币市场的金融工具，也可能产生属于资本市场的金融安排。

11.3.1　欧洲货币市场的起源、形成原因及特点

1. 起源

欧洲货币市场并不是新现象。早在第一次世界大战之前和之后，绝大多数欧洲国家都接受很多不同币种的存款。但是，当今欧洲货币市场的起源通常被认为是源于苏联的行为。20世纪50年代初期，在朝鲜战争期间，美国政府冻结了中国存放在美国的全部资产，苏联及东欧国家政府也因为冷战担心遭遇同样的危险，便将其国家银行持有的美元资金①转存到美国境外的其他银行，主要是存放在伦敦和法国的各大商业银行。而当时的英国政府正需要大量的资金以恢复英镑的地位和支持国内经济的发展，所以准许伦敦的各大商业银行接受和办理美元业务；欧洲大陆国家为了缓解第一次世界大战后经济重建面临的美元短缺，也欢迎资金的流入。于是，这就形成了最早的欧洲美元。1956年，英法联合入侵埃及，英国国际收支严重恶化，外汇短缺，伦敦的商业银行开始将它们所吸收的境外美元存款贷出，形成了最早的欧洲美元运用。由此，欧洲美元市场逐渐发展起来。

显然，最早的欧洲货币是欧洲美元，即当非居民存户将美元资金以存款形式存放在美国境外的其他国家商业银行或美国商业银行的境外分行时，欧洲美元就形成了(最开始是短期资金市场)。银行在吸收了境外美元后进行放贷，就形成了欧洲美元市场；随后，逐渐出现了欧洲英镑、欧洲德国马克、欧洲日元等；从地点上看，该市场不仅仅存在于欧洲，也包括亚洲、加勒比海等重要的金融中心。因此，"欧洲"应该被更准确地理解为"境外"(offshore)。

当时的美元规模并没有引起人们太多的重视。但随着欧洲货币市场的迅速发展，它已成为

---

① 苏联之所以要保有美元资产是因为当时正值布雷顿森林体系时期，要想与西方国家做生意，就必须有当时最主要的外汇——美元。

国际金融市场的核心。

从表 11-1 的数据可以看出欧洲货币市场的发展是非常快的。原因是第二次世界大战以后，世界经济和科学技术革命的迅速发展促进了国际分工及生产国际化和资本流动国际化的发展，使传统的国际金融市场不能满足需要，借贷关系必须进一步国际化。

表 11-1 欧洲货币市场的早期增长

(单位：10 亿美元)

年份	总储蓄量	净储蓄量	欧洲美元所占的比例(%)	美国货币存量(MS)	倍数(总储蓄量/MS)
1973	315	160	74	861	0.37
1974	395	220	76	908	0.44
1975	485	255	78	1023	0.47
1976	595	320	80	1164	0.51
1977	740	390	76	1287	0.57
1978	950	495	74	1389	0.68
1979	1235	590	72	1500	0.82
1980	1525	730	75	1633	0.93
1981	1954	1018	79	1796	1.09
1982	2168	1152	80	1954	1.11
1983	2278	1237	81	2185	1.04
1984	2386	1277	82	2363	1.01
1985	2846	1480	75	2563	1.11
1986	3683	1833	72	2808	1.31
1988	4561	2227	67	2966	1.54

资料来源：Rivera-Batiz F. L., Rivera-Batiz L.A. International Finance and Open Economy Macroeconomics[M]. 2nd Edition. New Jersey: Prentice Hall Publishers, 1994.

2. 形成原因

除了以上分析的原因，欧洲货币市场能够迅速发展，还有以下比较重要的原因。

1) 金融管制

一些国家和地区严格的金融管制促进了当时欧洲货币市场的繁荣发展。

例如，在美国，当时存在影响相当大的两个管制——Q 条例[①]和 M 条例。前者限定了在美国的存款利率上限，促使存款人向外寻找更有利可图的投资途径；后者确定了美国银行体系的准备金率要求。这些管制增加了银行经营的成本，限制银行竞争力的提高，使得银行想办法规避这一管制。而在 20 世纪 60 年代以后，随着美国国际收支赤字进一步扩大，美国政府开始限制资金外流，促使美国的商业银行加强了其海外分行的经营活动，把筹资的重点放在欧洲美元市场，以逃避政府的金融法令管制(见表 11-2)。

---

① 20 世纪 70 年代中期该条例不再有效。

表 11-2　美国的金融管制

年份	法令管制	主要内容
1963 年(7月)	利息平衡税	对购买外国有价证券的美国居民征税
1965 年	自愿限制对外贷款指导方针	要求美国的银行和跨国公司自愿限制对外贷款及对外直接投资的规模
1968 年	国外直接投资法规	使上述自愿限制变成规则
1974 年	以上法令都被取消	

在英国，1957 年的英镑危机后英国加强外汇管制，使英镑业务受限，从而使英国的商业银行开始转向美元业务以维持竞争地位，当时伦敦出现了大规模经营美元业务的短期资金市场。

可以说，主要国家和地区的金融监管为欧洲美元注入了中长期的信贷资金来源，对欧洲美元市场的发展起了很大的推动作用。

2) 经济环境

1958 年以后，美国国际收支赤字扩大，带来美元资金外流，为欧洲商业银行提供了大量的资金，促进欧洲美元的存储与贷款规模的扩大。20 世纪 60 年代末到 70 年代，一些国家和地区通货膨胀严重，货币疲软，投机性的国际游资流向西德和瑞士，它们的中央银行采取限制资本流入的措施。于是，各国的商业银行和跨国公司纷纷把手中的马克、瑞士法郎等硬通货投向欧洲货币市场，推动了欧洲货币市场的发展。

20 世纪六七十年代跨国经营和国际金融的发展，以及 OPEC 的巨额石油出口收入带来的大量"石油美元"(petro-dollars)需要在国际金融市场上寻找出路，因而成为欧洲市场发展的原料；20 世纪八九十年代日本的海外投资又向国际金融市场注入了新的资金。此外，包括英国等西欧国家为境外银行业提供的方便和鼓励性措施，也为欧洲货币市场的形成和发展创造了条件。

3. 特点

除了众多外部因素，欧洲货币市场本身所形成、具有的特点是促使其迅速发展的内在因素。欧洲货币市场的特点主要有以下几个方面：

(1) 不受任何国家国内金融法规的制约；
(2) 存款利率高，贷款成本低，利差小，效率高，吸引大量的存借者；
(3) 不受存款准备金和存款保险法的限制；
(4) 是批发市场，交易数额很大，手续费及其他各项服务性费用成本低；
(5) 贷款客户信誉较高，风险低。

在以上这些因素的推动下，欧洲货币市场获得了持续的快速发展，成为国际金融市场中非常重要的构成部分。

专栏 11-4　亚洲货币市场

欧洲货币市场的发展不断延伸，在地理上从欧洲延伸到亚洲。1968 年 10 月 10 日，新加坡政府允许美洲银行新加坡分行在银行内部设立一个亚洲货币经营单位(Asian currency unit)，以欧洲货币市场同样的方式接受非居民的外国货币存款，为非居民进行外汇交易及资金借贷等开展各项业务。亚洲货币经营单位不能参与新加坡国内金融业务，必须另立单独的账户。从此，一个以新加坡为中心的亚洲货币市场出现了。在最初的亚洲市场上，约90%是美元存款和贷款，所以也称亚洲美元市场。

中国香港金融市场也是亚洲货币市场的重要组成部分。日本东京则是亚洲地区境外货币的另一个重要交易场所。欧洲货币市场在亚洲地区迅速延伸，得到了较快的发展，主要原因是：20世纪60年代以来，亚洲太平洋地区的经济获得了迅速发展，为欧洲货币创造了供给，也产生了对欧洲货币的需求。亚洲货币市场有其独占的优势，在地理位置上，它正处于美国西海岸与欧洲的中间，从时区上正好可以联系美洲各金融中心与欧洲各金融中心的交易，从而使欧洲货币实现了24小时的不间断交易。有关政府的鼓励性政策对金融中心的形成起了关键作用。以新加坡最为典型，其鼓励性政策包括取消利息税、降税、取消外汇管制、建立金融期货市场等。

亚洲货币市场的作用最开始主要是作为亚洲美元和欧洲美元市场之间的沟通渠道，将亚洲地区的盈余美元资金聚集起来，在欧洲货币市场放贷生息盈利；20世纪70年代后则开始吸引大量欧洲货币市场其他金融中心的资金，流向本地区经济增长最快、经济效益最好、资金相对缺乏的国家和地区，以促进亚洲经济的发展；亚洲货币市场的资金有利于本地区一些国家弥补国际收支不平衡，并为跨国公司在这一地区的经营活动提供融通资金的便利场所；通过亚洲货币市场，中东、北美、欧洲等各个金融中心联系在一起，形成了全球范围的货币市场交易和套汇套利机制。

11.3.2 欧洲货币市场的构成

在欧洲货币的交易中，所使用的货币至少对于交易中的一方是外汇，而且交易的一方往往是一家银行。另一个交易者可以是另一家银行、一个中央银行、政府或某大型公司。事实上，银行同业间的交易构成了欧洲货币市场的核心业务。所以，欧洲货币市场上的核心参与者是银行，包括商业银行和投资银行，统称为欧洲银行。它们一般是大型的跨国银行，除了经营欧洲货币存放款业务以外，还经营国内银行业务。所有银行通过国际范围的柜台市场(over-the-counter)共同形成了一个有效的离岸银行体系。

主要的离岸银行中心位于伦敦、卢森堡、中国香港、新加坡、巴林、加勒比和纽约等地，主要业务包括吸收储蓄、银行信贷和发行欧洲债券。吸收欧洲货币的储蓄是基础，这些储蓄大都是定期的(从隔夜到三年不等)；储蓄规模的增长与国际金融活动重要性的提高紧密相连，并促成了欧洲银行信贷和欧洲债券的不断发展。

可以将欧洲货币市场分解成以下几个子市场。

1. 欧洲短期资金借贷市场

该市场的主要功能是：接受短期外币存款并提供一年期以内的短期贷款。欧洲货币存款有两种：通知存款——隔夜至7天期存款，可以随时发出通知进行提取；定期存款，包括7天、1个月、2个月、3个月，还有5个月，以1个月和3个月居多。其中，3个月的短期存款利率是衡量欧洲货币利率水平的标准。另外，还可以通过发行可转让定期存单和欧洲商业票据来吸收资金。

这个市场资金的主要来源包括银行间的存款、跨国公司的运营资金、一些国家的中央银行为获取利息收入或保持储备货币的多样化而存入欧洲货币市场的一部分外汇储备及国际清算银行的存款。

资金的贷放去向包括商业银行、跨国公司和工商企业、一些国家的地方市政当局和公用事业单位等。

这些都促使该市场形成了一些特点：①借贷资金的期限短、周转快、调拨迅速；②参与进来的起点高，因为它是一个批发市场，大部分参与者都是大客户，每笔交易数额也很大；③资金借贷的条件灵活，选择性强；④没有中央监管机构，几乎不受什么管制；⑤竞争性很强，效率较高；⑥这里的借贷利差较小，存款利率一般高于国内，而贷款利率往往较低；⑦资金借贷主要是在银行同业之间进行，一般不需要签订协议。

具体来讲，这个市场会形成一些金融工具，如欧洲存单(Euro-Certificates of Deposit，ECDs)、欧洲商业票据(Euro-Commercial Paper，ECP)等，一般都称为欧洲票据(Euro-notes)。

在这个市场上，伦敦银行同业拆放利率(LIBOR)非常重要，这是由从伦敦市场上业务最大的30多家主要银行选出的6家银行在上午11点的相互间存款(或放款)利率计算得出的算术平均数，它是欧洲货币市场短期资金拆放的基础，实际利率往往是根据借贷双方的具体情况议定一定幅度的加息率，比如0.25%~1.25%。

2. 欧洲中长期信贷市场

这一市场是欧洲货币市场放款的重要形式，是期限在1年以上、大部分为5~7年的资金借贷市场。

这里的主要资金来源包括：吸收短期欧洲货币存款，发行欧洲票据筹集到的短期资金，发行金额不等、期限不同的大额银行存单，以及银行本系统的分支行或总行的资金调拨。

资金的贷放对象可以是外国政府、国际组织，也可以是大的跨国公司、各国中央银行或其他银行和金融机构。

基于这些内容，该市场形成了这样一些特点：①需要签订贷款协议；②往往需要担保，有时需要经过借款国的官方机构或政府进行担保；③为了分担风险经常是联合贷放，即由几家银行共同发放贷款；④利率的规定较为灵活，可以是固定或浮动利率安排，比如贷款利率在同业拆放利率(LIBOR)基础上附加一个利率，并根据市场利率变动情况定期调整。

3. 欧洲债券市场

欧洲债券市场是欧洲货币的中长期融资市场，与欧洲中长期信贷一起构成国际资本市场的主要部分。

这一市场的主要发行人即资金需求者是信誉卓著的跨国公司(如美国、日本等地的知名企业)、商业银行、政府、准政府机构(如欧盟)、国际金融机构(如世界银行)等。发行人通常请一些银行和金融机构建立的国际辛迪加来承销，帮助它们把债券出售给投资人，既包括个体投资人，也包括银行和专业投资机构。

欧洲债券发行过程中，商业银行经常扮演投资银行的角色，投资银行是中介机构而不是资金的提供者。为了控制风险，欧洲债券可以是经过担保的；如果没有担保，则必须是高信用级别的不记名债券。

相对来讲,欧洲债券的发行成本较低,手续简便、灵活,不需要向有关国家申请批准,不受各国金融法令的约束;可以自由选择货币面值;可用一种货币发行,也可以用两三种货币发行;债券利息收入大多不征税。

欧洲债券是在 1963 年美国实行利息平衡税时首次发行的(1961 年 2 月 1 日在卢森堡发行)。最初主要发行美元债券,后来则相继出现了以西德马克、法国法郎、卢森堡法郎、加拿大元、澳大利亚元等货币发行的欧洲债券。但在 20 世纪 80 年代以前其发展都比较缓慢。真正发展是在 1982 年之后,当时的债务危机阻碍了辛迪加欧洲贷款的发展,欧洲债券开始迅猛增长,发行额远远超过了外国债券。另外,资本充足率的限制也使银行无法扩大贷款规模,但可以通过承销债权而获得一些利润,这也促进了欧洲债券市场的发展。

伦敦是欧洲债券的主要发行市场。通常欧洲债券的期限是 3~25 年。迄今为止,最长的达到了 50 年,由英国天然气公司(British Gas)在 1994 年发行。

欧洲债券可以进一步按照期限、利率、发行方式等进行细分:按照期限长短可以分为短期债券(一般是 2 年)、中期债券(2~5 年)和长期债券(5 年以上);按利率情况可以分为固定利率债券、浮动利率债券和混合利率债券;按发行方式可以分为公募债券和私募债券等。随着近年来国际资本市场证券化趋势的发展,更多形式的欧洲债券出现。伦敦、东京和新加坡均为重要的欧洲债券市场。

11.3.3 欧洲货币市场的监管

欧洲货币市场对宏观经济有着重要的影响(我们这里重点考察欧洲美元市场)。

欧洲货币市场对世界经济的发展起到了积极的推动作用。例如,石油危机后对回流石油美元、调节国际收支的大范围失衡起了重要的作用,成为货币的避风港;打破了各国际金融中心之间相互独立的状态,使其间的联系不断加强;降低国与国之间资金流动的成本,有利于国际贸易的发展,等等。

但是不可否认,欧洲货币市场还有着一些消极影响。例如,加剧了主要储备货币之间汇率的波动幅度;增大了国际贷款的风险;使储备货币国家国内的货币政策难以顺利贯彻执行;削弱国内货币当局的政策执行能力(比如准备金制度等);严重破坏货币当局对国内银行及其信贷行为的管制的有效性,等等。

因为消极影响的存在,自 20 世纪 70 年代以来各主要国家之间一直在协调,试图对欧洲货币市场进行整理和监控。

1975 年,国际清算银行"银行管制和监督常设委员会"(巴塞尔委员会)成立;1988 年,由十国集团加上卢森堡和瑞士的中央银行组成的巴塞尔委员会正式就统一国际性商业银行的资本计算和资本标准达成协议,即《巴塞尔协议》(*Basel Accord*)。其主要内容是确定银行资本的构成、资本与资产比率的计算方法和标准的比率,规定了国际银行各种类型的表外业务(如信用证、期权和期货)应按"信用换算系数"折算成资产负债表以内相应的项目,进而计算银行为此类业务应保持的资本额,还规定了过渡时期和具体的实施安排。

随着欧洲货币市场的进一步发展,各主要西方国家的货币当局还会进一步合作,对欧洲货币市场的控制也会逐步加强。

案例：上海国际金融中心

扫描右侧二维码阅读案例，并思考以下问题。

(1) 请查阅资料了解历史上三个国际金融中心形成的过程，归纳主要原因。上海国际金融中心的形成与它们相比，有什么不同之处？

案例　　视频

(2) 结合上述案例分析现在金融行业的走向，畅想上海国际金融中心未来的发展趋势。

本章总结

小结：本章围绕国际金融市场展开，先界定了概念，即国际金融市场是以各种方式进行的国际资金融通、交易所形成的市场，是资金在国家间进行流动或金融产品在国家间进行买卖和交换的场所；而后概述了国际金融市场的兴起和发展，以及运作特点和重要作用。我们可以根据不同角度将国际金融市场分成包括国际信贷市场、证券市场、外汇市场、金融衍生品市场及国际黄金市场的细分市场。其中一个重要构成市场——欧洲货币市场，是指将存于伦敦或其他金融中心的境外美元和其他境外欧洲货币进行贷放的市场，我们应了解其特点和具体分类及监管等问题。

重点：区分国际金融市场中几个重要市场的概念及特点；欧洲货币市场的特点和运作方式。

难点：国际金融市场上资本流通的方式；欧洲货币市场的概念；欧洲货币市场对资金借贷更有利的原因。

关键概念及其英文释义

[1] **International Financial Markets**(国际金融市场)：The global market for finance encompasses a complex web of financial instruments and institutions. Its structure and functioning are affected in fundamental ways by the macroeconomic environment, the regulatory and technological environment, and fundamentals driving the real sector of the international economy, and are reflected in patterns of trade and production, merger, acquisitions and corporate restructurings.

英语深入阅读资料

[2] **Macro-prudential Regulation**(宏观审慎监管)：The approach to financial regulation aimed to mitigate the risk of the financial system as a whole (or "**systemic risk**," 系统性风险). In the aftermath of the late-2000s financial crisis, there is a growing consensus among policy makers and economic researchers about the need to re-orient the regulatory framework towards a macroprudential perspective.

[3] **Correspondent Bank**(往来银行)：A correspondent bank is a bank located in another city, state

or country that provides a service for another bank.

[4] **LIBOR**(伦敦银行同业拆放利率)：The average interest rate estimated by leading banks in London that they would be charged if borrowing from other banks.

[5] **Federal Funds Rate**(联邦基金利率)：It is the interest rate at which depository institutions actively trade balances held at the Federal Reserve, called **federal funds**(联邦基金), with each other, usually overnight, on an uncollateralized basis. Institutions with surplus balances in their accounts lend those balances to institutions in need of larger balances. It is an important benchmark in financial markets in the United States.

[6] **International Capital Markets**(国际资本市场)：Markets for cross-border exchange of financial instruments that have maturities of one year or more.

[7] **International Money Markets**(国际货币市场)：Markets for cross-border exchange of financial instruments with maturities of less than one year.

[8] **Domestic Bonds**(本国债券)：Are issued by a domestic borrower in the domestic market, usually in domestic currency.

[9] **International Bonds Markets**(国际债券市场)：The international market for bonds comprises three major categories: domestic bonds, foreign bonds and Eurobonds. The world market capitalization of bonds is larger than that of equity.

[10] **Foreign Bonds**(外国债券)：Are issued on the domestic market by a foreign borrower, usually in domestic currency. The rules and regulations governing issuing and trading procedures are under the control of the domestic authorities.

[11] **Eurobonds**(欧洲债券)：Are issued in countries other than the one in whose currency they are denominated. They are not traded on a particular national bond market and, therefore, are not regulated by any domestic authority.

[12] **Eurocurrency**(欧洲货币)：Money deposited by corporations and national governments in banks away from their home countries, called **Eurobanks**(欧洲银行). The terms do not necessarily mean the currencies or the banks are European. For instance, dollars deposited in a Japanese bank are considered to be Eurocurrency. **The Eurodollar**(欧洲美元) is only one of the Eurocurrencies, though it is the most prevalent. Also known as **Euromoney** or **Offshore Currency**(离岸货币).

[13] **International Capital Flow**(国际资本流动)：A flow of international capital occurs when residents in one country extend loans to, or purchase the title to assets from, the residents of another country.

[14] **Basel Accord**(巴塞尔协议)：Is the banking supervision Accords (recommendations on banking regulations)—Basel I, Basel II and Basel III—issued by the Basel Committee on Banking Supervision (BCBS). They are called the Basel Accords as the BCBS maintains its secretariat at the Bank for International Settlements in Basel, Switzerland and the committee normally meets there. It is mainly about the regulation on the capitals of international active banks.

[15] **International Banking Facilities**(国际银行设施)：Banking establishments in the United States that can accept time deposits from foreigners but are not subject to either reserve requirements or restrictions on interest payments.

复习思考题

1. 第二次世界大战后，国际金融市场兴起，请简述促成国际金融市场兴起的外部条件。
2. 国际金融市场是怎样促进国际资本流动的？
3. 请简要介绍几个历史著名的国际金融中心和近年来新兴起的国际金融中心。
4. 国际债券市场上外国债券和欧洲债券的区别是什么，每个类别下各有哪些债券种类，请举例说明。
5. 国际黄金市场的交易参与者有哪些，交易流程是什么？
6. 欧洲货币市场是怎样发展起来的？
7. 欧洲货币市场的特点是什么？
8. 为什么欧洲货币市场能提供比国内市场就某种货币更有吸引力的借款和贷款利率？
9. 欧洲货币市场都由哪些部分构成？
10. 欧洲货币市场的监管可能面临的难题有哪些？

推荐资源

扫描右侧二维码阅读以下资料。

- LIBOR 的退场：国际基准利率的变革。
- 中国银行发布的离岸人民币指数。

第 12 章

外汇市场与交易

◎ 引言

习近平总书记强调，要建设一个规范、透明、开放、有活力、有韧性的资本市场，完善资本市场基础性制度，把好市场入口和市场出口两道关。在学习了前面章节的内容之后，我们知道除了一般的商品市场之外，还存在不同种类货币进行交换的市场，也就是外汇市场，它是国际金融市场的重要构成部分。

那么，这个市场与一般的市场有什么异同呢？在这个市场上，交换的商品变成了一种"货币"，而支付用的是另一种"货币"。这个市场上的价格变成了一种货币给另外一种货币的标价，就是我们前面讲到的"汇率"。这个价格同样会受基本的供给、需求的影响。但是，外汇市场在交易规模和价格上与一般的市场存在显著不同，而外汇市场的瞬息万变可以对一个人、一个机构甚至一个国家的境况产生巨大冲击。

以上提到的异同之处都引发我们思考：外汇市场是怎样组织在一起并进行交易的？为什么外汇市场会有这么重要的影响呢？

本章将从外汇市场概览开始，然后具体学习外汇市场的几种基本交易方式。外汇市场中首先存在的交易就是货币与货币之间的现货交易，就好像我们日常所做的各种商品交易。现货交易是我们非常熟悉的，因此我们就不再对这种交易方式进行讨论。我们的讨论将集中在远期交易和掉期交易上，这是我们平时在商品市场上较少接触到的交易方式。

◎ 思维导图

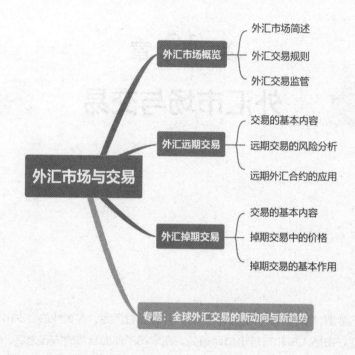

12.1 外汇市场概览

视频

随着各国(或地区)经济的发展，逐渐产生了进行国际经济交往的需要；而各国(或地区)使用的货币不同，就产生了货币兑换的需要。外汇市场提供了不同货币进行兑换的场所。由于外汇的供需是因国家间商品、劳务、投资或借贷等引起的，所以一个经济体对外经济交易量的大小及其货币能在多大程度上进行自由兑换就决定了该经济体外汇市场的范围和规模。但是实际数据表明，外汇交易已远远超越了最初的以贸易结算为基础的范畴，而有了更加广泛的意义和作用。目前，外汇市场已成为国际金融市场的重要组成部分，并成为世界上交易规模最大的市场(见表 12-1)。

表 12-1 外汇交易的规模与世界出口

年份	日均外汇交易量(万亿$)	世界日均商品进出口(万亿$)	比率
1979	0.07	0.012	6:1
1986	0.30	0.016	19:1
1989	0.76	0.025	30:1
1992	0.88	0.038	23:1
1995	1.15	0.044	26:1
1998	1.65	0.053	31:1
2001	1.42	0.065	21:1

(续表)

年份	日均外汇交易量(万亿$)	世界日均商品进出口(万亿$)	比率
2004	1.95	0.074	26∶1
2007	3.20	0.092	35∶1
2010	3.97	0.088	45∶1
2013	5.36	0.101	53∶1
2016	5.10	0.129	40∶1
2019	6.60	0.158	42∶1
2022	7.51	0.121	62∶1

数据来源：Bank for International Settlements；Triennial Central Bank Survey: Foreign Exchange and Derivatives Market Activity；World Trade Organization；World Trade Statistical Review。

国际清算银行每三年都会对外汇市场的规模进行全面调查。1986 年的调查表明，全球市场每天平均交易额为 3000 多亿美元；2001 年这一数额增至 1.7 万亿美元；2010 年，全球市场每天的平均交易额达到 3.97 万亿美元；2013 年这一数字增加至 5.36 万亿美元；2022 年，该数据已达到 7.51 万亿美元[①]。

12.1.1 外汇市场简述

外汇市场由外汇的需求者、供给者和中介机构组成。在主要的国际金融中心，都有外汇市场的存在，目前最大的外汇市场在伦敦和纽约。外汇市场在便利国家间债权债务清算、提供信贷、消除汇率风险等方面发挥着重要作用。

1. 组织方式和价格形成

根据长期以来形成的传统或习惯，在较为成熟的外汇市场上形成了两种比较典型的交易组织方式和价格形成机制。

1) 场内市场

场内市场(exchange)是指有具体交易场所(如外汇交易所)、规定营业时间的市场，也称有形市场或者大陆式市场。目前，这种交易形式被欧洲大陆除瑞士之外的大多数国家采用。实际上银行间的交易，大部分还是在有形市场之外进行的。

在交易所中进行的外汇交易采用公开竞价方式(order-driven)确定成交价格。该方式是针对买卖双方出价与要价之间的差距，在买卖双方群体中各自展开竞争。买方群体中不断有人希望为买进而抬高出价，卖方群体中不断有人为卖出而降低要价，双方报出的价格逐渐接近，直至双方群体中买方的最高出价和卖方的最低要价相等，买卖成交。显然，市场上不合理的报价(如想买进的人给出的价格太低、想卖出的人给出的价格太高)将被淘汰。

---

① 数据来自国际清算银行 2022 年的《央行外汇市场活动调查》(Triennial Central Bank Survey — Foreign exchange and derivatives market activity in 2022)中的表 11.1；交易包括即期交易、远期交易、掉期交易、期权等，这些交易的具体内容会在本章和下一章里介绍。

2) 场外市场

场外市场(over-the-counter)是指没有具体交易场所、直接通过连接银行与外汇经纪人、银行与银行的电话电传及其他通信工具组成的网络进行交易的无形市场，也称英美式外汇市场。现在世界上绝大多数的外汇交易是通过这种无形市场进行的。

在银行和非银行金融机构之间进行的柜台外汇交易往往采用双向报价(two-way)方式确定成交价格。在这种方式下，外汇交易的买卖价格不是通过交易双方的直接竞争来确定，而是金融机构根据市场行情、供求关系、自己的头寸状况及对将来行情的预测等自行确定，同时报出买入价格(bid price)和卖出价格(offer price)，宣布自己愿意以某个买入价购买或者以某个卖出价格出售某种货币。

金融机构一旦报出双向价格，在报出新的双向价格之前(一般至少在 1 分钟之后)，就不得拒绝以报出的买价买进该货币，也不得拒绝以报出的卖价出售该货币。双向报价中买价低于卖价，价差(spread)就构成了金融机构的收入。虽然金融机构自己确定报价，但是如果某金融机构经常进行不合理报价，客户就会选择其他金融机构，那么不合理报价的金融机构就会被市场淘汰，所以金融机构也不能随意压低买价、抬高卖价、扩大价差。因此，在竞争激烈的外汇市场中，合理定价对外汇交易者来说是非常重要的。

2. 外汇市场的结构

通过对国际金融中心的观察，我们可以绘制出如下的外汇市场结构图(见图 12-1)。

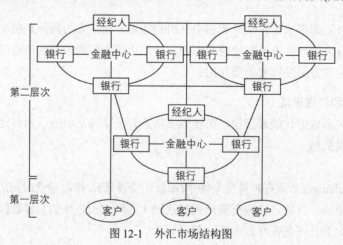

图 12-1 外汇市场结构图

第一层次的市场是区域性的银行与客户间的外汇市场(customer market)，也称"外汇零售市场"(retail market)，是外汇市场存在的基础。交易客户主要是工商企事业单位、进出口商、个人等，他们出于贸易、投资、个人收付及投机的需要，与外汇银行进行外汇买卖，主要是本币与外币之间的相互买卖。外汇零售市场的交易客户、交易动机等因素导致其基本特点是没有最小交易金额限制，每笔交易较为零散；银行报出的买卖差价较大。

第二层次的市场是全球性的银行同业外汇市场(inter-bank market)，也称"外汇批发市场"(wholesale market)。现代外汇市场实际上是由连接世界各地商业银行的外汇交易计算机网络所构成的。银行在为顾客提供外汇买卖的中介服务过程中，难免会在营业日内出现各种外汇头寸的多头(long position)或空头(short position)，统称"敞口头寸"(open position)。为了避免外汇变动的风险，银行就需要借助同业间的交易及时进行外汇头寸调拨，轧平各币种的头寸。而且，银行也会出于投机、套利、套汇等目的在同业间进行外汇交易。银行同业间的外汇交易构成了绝大部分的外汇交易，占外汇交易总额的90%以上。

基于以上分析，这个市场的基本特点是：有最小交易金额的限制(例如，欧洲美元买卖最低交易量是100万美元，同业市场上通常最少是300万美元)；银行所报买卖差价较小；有时交易在银行与银行之间一对一直接进行，有时交易是通过经纪人进行。在这一层次的外汇交易中还包含一类较为特殊的交易，即银行与中央银行之间的外汇交易。

3. 外汇市场的参与者

不论是在有形市场上，还是在无形市场上，外汇市场的参与者主要有如下几种。

1) 商业银行

很多国家的知名商业银行(commercial bank)通常都有外汇买卖及承办外汇存款、汇兑、贴现等业务；在一些实行外汇管制的国家中，则是由该国中央银行指定或授权的某些银行来经营外汇业务。这些银行往往被称为外汇银行(foreign exchange bank)。

商业银行是外汇市场最重要的参与者之一，也是提供外汇业务服务的主体。银行在外汇零售市场为客户提供服务，进行外汇买卖，以赚取买卖价差为目的，原则上不承担汇率风险。它们在外汇批发市场上则主要进行两方面的活动：一是代表其大客户在市场上进行买卖，主要目的在于为大客户提供尽可能全面的服务，并从中获得适当的手续费；二是以自己的账户直接进行自营买卖，即为了自身盈利或风险规避甚至投机，如要调整外汇头寸或保持其外汇存货于合理的水平上等，进入外汇市场交易。

2) 中央银行或政府主管外汇的机构

一些国家的中央银行(central bank)为防止国际短期资金冲击外汇市场、稳定本币汇率、管理与控制本国货币供应量及其他政策目标，往往在必要时进行大额外汇买卖、干预外汇市场。当市场上外汇供大于求时，中央银行利用专门基金来吸购外汇；相反，当市场上外汇求大于供时，中央银行抛售外汇，以保障汇率稳定。因此，中央银行往往是外汇市场上举足轻重的参与者。除了因为汇率管理进入市场之外，中央银行还可以利用外汇市场进行储备管理。例如，当中央银行没有足够的外汇存量时，就可以进入外汇市场利用互换交易从外国官方机构借钱。

3) 外汇经纪人和交易商

外汇经纪人和交易商(foreign exchange brokers/dealer)，是指外汇市场上收取佣金、介绍交易双方外汇买卖或代客买卖外汇的中间人。其须经所在国家或地区有关金融当局批准才能取得经营业务的资格。他们同外汇银行有密切联系，熟悉外汇行市和外汇供求情况，了解各方面的信用情况，并利用现代化的通信工具，接洽外汇交易。经纪人从各个银行取得买卖外汇的报价，然后将某一货币的最佳市场价格(即最高买入汇率和最低卖出汇率)及可能的交易额传递至其他有意的银行。外汇经纪人代客买卖完全是代理性质，按照惯例不得同私人进行交易，不得以自己的名义买卖外汇，不得从中图谋价差。成交后，外汇经纪人书面通知买卖银行，买卖双方这时才知道自己交易的对方是谁，由买入行向卖出行发出成交书，然后据此结算。现在银行与银行之间的直接报价交易已经很方便了，为什么交易员还要支付一定佣金通过经纪人交易呢？

经纪人的存在主要是出于如下目的。第一，提供信息源，让交易商可以降低信息成本获得更有利的报价。第二，他将买卖双方连接在了一起，促成了交易，提高了市场效率。第三，给出报价的银行的名字是直到一笔交易达成后才会显示出来，保证了银行无论拥有何种规模和市场地位，都可以进行平等的交易，还可以隐瞒自己买卖的企图。例如，假设一家银行拥有欧元的多头并且欧元正处于上涨之中，此时该家银行感觉这种上涨已经接近尾声了，所以打算卖掉欧元。但是，其他的银行认为该家银行此时在欧元上是"专家"，并密切注视着它的报价和买卖行为。在这种情况下，如果它直接进入市场出售欧元，可能会逆转欧元上升的趋势，并给自己带来严重损失。所以，它可以利用经纪人来隐藏自己的身份并达成交易。

经纪人的回报即佣金是由买卖双方共同承担的，一般在卖出价格的0.01%以内。通常而言，外汇经纪人大都从事数额较大的外汇买卖，所以他们与商业银行的交易往来最为密切，而与实际外汇需求者和供给者的接触不是很多。

经纪人可以分为两种。凡是用自己的资金参与外汇中介买卖，并且自己承担外汇买卖的损益者，是一般经纪人(general broker)；仅以收取佣金为目的，代客买卖外汇者，被称为掮客(running broker)。

外汇交易商(exchange dealer 或者 exchange trader)是指专门从事外汇交易、经营外国票据业务的公司或个人。外汇交易商大多从事数额较大的外汇买卖，利用时间与空间的差异从外汇买卖价格的差额中获利。

4) 一般客户

一般客户主要包括进出口商及其他外汇供求者。他们是外汇交易中最初的供应者和最终的需求者，大多通过专业外汇银行进行买卖。当然，在一般客户中既有出于保值目的进行外汇买卖的，即套期保值者，也有出于投机目的进行外汇买卖的，即外汇投机商(speculator)。

我们也可以依据不同参与者进入外汇市场的目的将其分为三个类型：投机者、非投机者和货币当局。

正如我们前面提到的，外汇市场每天交易量都非常大，尤其对于单个参与者而言。因此，像在完全竞争市场中的情况一样，每个参与者都是这个市场价格的接受者。但是，这也并不排除有的参与者由于其资金规模的庞大或者某种特殊的性质，对市场价格的形成施加相当的影响力，甚至在某些特殊的情形下引导价格变化的方向。我们把这样的参与者称为外汇市场的领导者(market leader)。

外汇市场的领导者又被称为"市场制造者"(market maker)，是指外汇市场上的主要交易者，或者经常地、大规模地从事某种货币或某种类型的外汇业务以使该种货币或该种业务得以形成市场的那些交易者，例如实力雄厚的中央银行因为其资金实力和特殊身份，也可以成为外汇市场上的领导者。它们经常要在市场上进行干预以稳定汇率，为此，它们有时要进入市场大量地买进或抛出外币。实际上，中央银行在外汇市场上起着双重作用：监管外汇市场的运行；为影响汇率走势而干预外汇市场。在一定条件下，它们不以营利为首要目的，其影响要超过一般的外汇银行。但有时，当面临私人资金集结起来的投机性冲击时，中央银行可能也无法扭转市场价格变化的方向。

2021年，国家外汇管理局正式出台《外汇市场交易行为规范指引》(以下简称《指引》)，将从事外汇交易的机构、中国外汇交易中心、上海清算所、货币经纪公司等机构统一纳入"市场参与者"概念，明确了各方参与外汇市场交易应遵守的行为规范。该《指引》指出，外汇市场的参与者须公平、透明、诚信地处理客户交易指令或订单，妥善消除或管理利益冲突，合理开展外汇自营交易，合法进行相关信息披露。各市场参与者不得进行利益输送和利用非公开信息从事交易活动，不得从事市场操纵或欺诈行为。

专栏 12-1　全球连通的外汇市场

国际外汇市场从地理上可分为远东及中东、西欧和北美三大金融中心区域，全球各地区外汇市场随地球自转，能够按照世界时区的差异，相互衔接，从星期一到星期五，形成全球性的 24 小时不间断的连续外汇市场。从格林尼治国际标准时间 GMT21:00(北京时间凌晨 5 时)开始，新西兰的惠灵顿、澳大利亚的悉尼相继开市；随后中国香港、东京、新加坡开市；GMT4:00 中东地区的巴林开市；巴黎、法兰克福、苏黎世、伦敦又相继开市；GMT13:00(北京时间晚上 9:00)纽约开市，随后芝加哥、洛杉矶开市；GMT22:00 左右美国收市而惠灵顿、悉尼相继又开市。如果两大外汇交易地区重叠，则交易最为活跃，尤其是伦敦和纽约交易的重叠区(北京时间 20—24 点)，是各国银行外汇交易的密集区，因此也是每天全球外汇市场交易最频繁的时段。以上交易时间在欧美实行夏时制时略有不同(见表 12-2)。

表 12-2　各地区外汇市场交易时间

地区	地点	以北京时间为基准(东 8 区)	
		开市时间	收市时间
大洋洲	惠灵顿(WILLINGTON)	05:00	13:00
	悉尼(SYDNEY)	07:00	15:00
亚洲	东京(TOKYO)	08:00	14:30
	中国香港(HONG KONG)	09:00	17:00
	新加坡(SINGAPORE)	09:30	16:30
	巴林(BAHRAIN)	14:00	22:00
欧洲	法兰克福(FRANKFURT)	16:00	23:00
	苏黎世(ZURICH)	16:00	23:00
	巴黎(PARIS)	16:00	23:00
	伦敦(LONDON)	17:30	次日 00:30
北美洲	纽约(NEWYORK)	21:00	次日 04:00
	芝加哥(CHICAGO)	22:00	次日 05:00
	旧金山(SAN FRANCISCO)	24:00	次日 07:00

注：这里给出的是非夏令时的时间。

外汇市场的全球化发展使外汇市场出现了很多新的特点。随着交易范围的扩大，再加上浮动汇率制下汇率波动的加大、新的交易工具和交易方式不断涌现，外汇市场上的交易活动变得越来越复杂。不过，借助现代通信技术在外汇市场上的广泛应用，各地的行情变化可以迅速传播，使各个市场之间的汇率差距能够被迅速调整，从而使各地外汇市场之间的汇率趋于一致。因此，现在可以通过对某一个市场行情的了解大体把握世界范围内的价格水平。

12.1.2 外汇交易规则

1. 外汇市场上的交易类型

目前,国际上外汇市场的交易可以追溯到1880年金本位制建立的时候。从金本位制一直到第二次世界大战后的布雷顿森林体系这段时间内,可以说基本上实行的都是固定汇率制,外汇交易多是为了满足贸易结算和资本流动的正常需要而进行的。从1973年布雷顿森林体系崩溃开始实行浮动汇率制以来,汇率的波动使外汇交易的重要性越来越凸显,不论是结算、保值,还是投机性的外汇交易都得到了空前的发展。这样,渐渐形成了几种最基本的交易方式,包括即期、远期和掉期交易(见图12-2)。

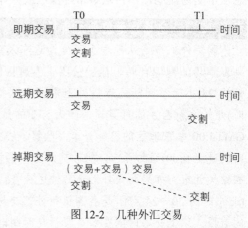

图12-2 几种外汇交易

(1) 即期交易(spot)。其是指在外汇买卖成交后的两个营业日以内办理货币交割的外汇业务。具体怎样确定交割日,则取决于各个市场不同的传统、习惯和规定。例如,在欧美市场上的即期交易通常是在交易后的两个营业日以内进行交割;有的市场则可以在当天办理货币的收付;日本及亚洲其他地区外汇银行间的即期交易,多在第二个营业日收付。在即期交易中采用的汇率就是即期汇率,通常为那些经营即期外汇交易的银行在当天的挂牌牌价,或者参考当地外汇市场主要货币之间的比价加一定比例的手续费。

(2) 远期交易(forward)。其是指买卖双方先订立合同,在合同中就交易的标的、价格、数量等做出规定,并在规定时间到来时按照合同办理交割的外汇业务。这种交易在买卖契约成立时,双方无须立即支付本国货币或外汇,而是约定好价格再于将来某个特定的日期进行货币的交割。外汇市场上的远期外汇交易期限最长可达1年,但是,1至3个月的远期交易是最常见的。在远期交易中规定的汇率是未来要执行的价格水平,被称为"远期汇率"。有关远期汇率的知识我们已经在汇率(第3章)中做了讲解,可参考。

(3) 掉期交易(swap)。它可以看作即期交易和远期交易的结合物,也可以看作不同期限的远期交易的结合。具体来讲,比如银行在某一时刻即期卖出A货币、买入B货币的同时,反方向地买进远期A货币、卖出远期B货币,即把原来手中持有的A货币进行了一个日期的调整。那么,为什么不分别做两笔交易(即期和远期交易)呢?因为掉期交易只涉及一笔交易,自然会更加简便。而且,一笔交易中只会发生一次买卖差价,更经济实惠。

以上三种交易是外汇市场上最典型的交易类型,各有其特点。但是,这三种交易之间又有内在的联系,通过图12-2可以相互联系地理解这几种交易。

2. 外汇市场上的交易货币

世界外汇市场上主要交易的货币相当集中,一般美元、欧元和日元基本处于中心地位,还有英镑、人民币、澳大利亚元、瑞士法郎、加拿大元、港币等货币也比较重要。根据国际清算银行的数据,自20世纪90年代以来,以美元为单边货币的交易额占全部交易额的比例一直在80%以上。近几年来,随着人民币国际化的不断发展,人民币已成为全球第五大支付货币、第三大贸易融资货币和第五大国际储备货币,其外汇交易占世界市场的份额已增至7%(见表12-3)。

表 12-3　全球外汇交易中的货币分布(%)

货币	2004 年	2007 年	2010 年	2013 年	2016 年	2019 年	2022 年
美元(US dollar)	88.0	85.6	84.9	87.0	87.6	88.3	88.5
欧元(Euro)	37.4	37.0	39.1	33.4	31.4	32.3	30.5
日元(Japanese yen)	20.8	17.2	19.0	23.1	21.6	16.8	16.7
英镑(Pound sterling)	16.5	14.9	12.9	11.8	12.8	12.8	12.9
人民币(Chinese renminbi)	0.1	0.5	0.9	2.2	4.0	4.3	7.0
澳大利亚元(Australian dollar)	6.0	6.6	7.6	8.6	6.9	6.8	6.4
瑞士法郎(Swiss franc)	6.0	6.8	6.4	5.2	4.8	5.0	5.2
加拿大元(Canadian dollar)	4.2	4.3	5.3	4.6	5.1	5.0	6.2
港元(Hong Kong dollar)	1.8	2.7	2.4	1.4	1.7	3.5	2.6
瑞典克朗(Swedish krone)	2.2	2.7	2.2	1.4	1.8	1.8	2.4
其他货币(Other currencies)	17.0	21.7	19.3	21.3	22.3	23.4	21.6
所有货币(All currencies)	200.0	200.0	200.0	200.0	200.0	200.0	200.0

注：本表数据源自国际清算银行的统计数据，见链接 https://stats.bis.org/statx/srs/table/d11.3；除了表中列出的 10 种货币外，还包括很多其他货币，但交易量都很小，没有列出；由于一笔外汇交易涉及两种货币，所以这里所有货币的总额为 200 而不是 100；统计依据的是该年份里 4 月的平均日交易量。

一般来说，银行在买卖本国货币时居优势地位，例如：以外币买卖英镑的活动，在伦敦的银行最为活跃；瑞士法郎的主要市场在苏黎世；日元的主要市场则在东京。但这种状况也并非绝对，在纽约、伦敦、法兰克福和东京等地，银行界基本上对所有主要货币都有活跃的交易。

3. 外汇市场的交割与清算

外汇交易中很少涉及现金(钞票或硬币)的换手，通常都是进行活期存款的交换。无论上述哪种交易方式，成交后的外汇交割通常都是采用对银行在国外往来行或分行的活期存款账户做划拨处理的方式。外汇银行的外汇存放在外国银行的活期存款账户上，当银行购入或出售外汇时，该活期存款账户的余额就会相应地增加或减少。因此，外汇交易往往就是买卖以外币活期存款形式存在的外汇。实践中，银行间的货币结算主要是利用总部在比利时、连接了超过 11 000 家银行和经纪公司等金融机构的全球银行间金融电信协会(Society for Worldwide Inter-bank Financial Telecommunications，SWIFT)的电信系统来完成的。

接下来，我们通过一个简单的外汇交易实例来了解交割和清算。一家瑞士进口商 A 向瑞士银行 B 购买美元以支付货款(见图 12-3)。

B 将美元汇到 A 在其美元账户行的户头上，A 在 B 的本币存款账户上则要减少相应的金额。如果交易银行之间没有彼此的往来账户，则需要通过清算系统来完成资金的划转。例如，美元的清算是统一通过美国银行同业清算中心(Clearing House Interbank Payment System, CHIPS)付款系统进行的。该系统是由 100 多个在纽约的美国银行和国外银行分支机构所组成的国际美元收付的计算机

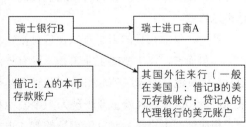

图 12-3　银行出售美元后的交割和清算

网络，成立于 1970 年夏季。CHIPS 每天早上 7 点开机接受成员行的付款指示，直至下午 4 点关机停止付款。之后由美国清算银行代表成员行通过联邦储备银行的结算账户进行最后结算。

为了保证每一笔款项的安全性、准确性，该系统还设置了编码、密码等。一个典型的美元付款程序就通过 SWIFT 和 CHIPS 等清算系统进行：付款行通过 SWIFT 电信系统通知其纽约分行或代理行；后者根据通知内容将付款指示通过 CHIPS 终端机传送给 CHIPS 主机，主机相应借记付款行的账户，贷记收款行的账户，并通过终端机通知收款行，收款行通过核准后贷记受益人账户。

此外，还存在一些其他的国家间的清算系统，如 CHAPS[①](对英镑基金进行清算的系统)、CIPS(人民币跨境支付系统)等。

专栏 12-2　人民币跨境支付系统

人民币跨境支付系统(Cross-border Interbank Payment System, CIPS)是我国央行自主开发、专门提供人民币跨境支付清算服务的批发类支付系统。随着我国综合国力的不断提升，人民币跨境支付的需求持续增长。在此背景下，我国央行于 2012 年 4 月启动了 CIPS 系统建设，并于 2015 年 10 月正式上线了 CIPS 一期系统。该系统一经推出便引起热烈反响，在提高人民币跨境支付便捷性与效率、服务"一带一路"资金融通、推动人民币国际化进程等方面起到了重要作用。正如表 12-3 中数据所示，人民币占全球外汇交易的份额从 2013 年的 2.2%增长至 2016 年的 4.0%，增长率超 80%，其中，CIPS 系统的正式启用起到了关键性的推动作用。2018 年 5 月，CIPS 二期系统全面投产，相比一期系统，二期系统拥有更为丰富的结算模式、更为便捷的参与机制，且将系统运行时间由 5×12 小时延长至 5×24 小时+4 小时，实现了对全球各时区金融市场的全覆盖。

据中国人民银行的相关统计数据表明，截至 2022 年 10 月，CIPS 系统中共有 1353 家参与者，其中直接参与者 77 家，间接参与者 1276 家，覆盖全球 107 个国家和地区。2022 年，CIPS 系统共提供人民币跨境支付服务 440.04 万笔，金额 96.70 万亿元，分别同比增长 31.68%和 21.48%。

关于人民币跨境支付系统的更多详细信息请参见 CIPS 官方网站：https://www.cips.com.cn/。

12.1.3　外汇交易监管

在外汇市场上，各种各样的参加者之间进行着各种类型的、有关各种外汇的交易。通过这些活动，外汇市场在便利国家间债权和债务清算、提供信贷支持、消除汇率风险等方面起到重要作用。一个良好运行的外汇市场，可以促进国际经济贸易活动，使资源在更广范围内进行优化配置，促进全球经济参与者福利的提高。随着各国金融市场的连通，外汇市场的作用也变得越来越重要。

然而，仅靠市场的力量难以保证外汇市场的有效运作，必要的监管也是十分重要的。

一般而言，在主要的工业国基本没有外汇管制，政府对市场上的外汇买卖活动也基本不做限制。中央银行对本国外汇市场的监管主要是为了避免全球外汇市场巨大规模的资金流动所带来的风险。这样的风险主要表现为汇率波动和本国商业银行在从事外汇交易时所承担的外汇风险。相应地，中央银行对外汇市场的管理也主要体现在两个方面。一是设立外汇平准基金，稳

---

① CHAPS(Clearing House Automated Payment System)，银行间进行当日支付的电子划拨系统，是世界上最大的实时结算系统之一，主要处理英镑划拨。

定汇率。当外汇市场的汇率偏离正常水平较严重时，中央银行就利用外汇平准基金来干预市场以平抑汇率波动。二是采取行政手段，对本国商业银行从事外汇交易加以一定限制，比如对银行每笔交易金额的限制、银行所留外汇敞口的总额限制等。

一些发展中国家还有外汇管制，我们在第8章中已经讨论过了，这里不再重复。总之，各国对外汇交易和银行外汇风险等方面的监管是有很大差别的，有的严格一些，有的宽松一些。另外，除了各国根据自身的情况进行外汇市场监管外，外汇市场全球连通的特性还要求各国在这方面进行沟通和合作。比如，前面讲到的国际金融监管如《巴塞尔协议》就有这方面的监管内容。

专栏12-3 我国外汇市场监管的历史沿革

正如前文所介绍的那样，外汇市场是我国非常重要的金融市场之一，在其中可以实现人民币与外币的兑换，为国际清算、进出口融资、套期保值等提供便利。但实际上，我国放松外汇市场管制、开启外汇管理体制改革是在1978年改革开放之后。在此之前，我国实行严格的外汇集中计划管理，所有外汇收入必须售于国家，用汇需求实行计划分配，不举借任何外债，也不接受外国对华投资，人民币汇率仅作为统计核算工具使用。自改革开放之后，外汇体制改革被提上日程，外汇市场监管开始向社会主义市场经济方向转变，市场在资源配置上起到的作用越来越突出。具体而言，我国外汇管理体制改革可分为以下4个阶段。

第一阶段(1978—1993年)：在这个阶段中，我国外汇管理体制改革刚刚起步，外汇管制措施仍十分严格，主要特征是实行外汇双轨制，企业外汇自主权得到增强。为了配合外汇体制改革、鼓励出口贸易，我国开始实行外汇留成制度。在原本的外汇国家集中管理的基础上，给予出口企业一定的外汇购买额度，允许企业在外汇调剂市场上转让其多余的外汇，于是形成了官方汇率和外汇调剂市场汇率并行的外汇双轨制。

第二阶段(1994—2000年)：在这个阶段中，我国外汇形成机制有了重大改革，人民币可兑换性加强。1994年，我国正式取消外汇上缴和留成机制，采用银行结售汇制度，形成了以市场供求为基础、有管理的浮动汇率制，双重汇率制度正式落下帷幕。1996年，我国取消了所有经常账户国际支付和转移方面的限制，实现了人民币经常项目可兑换。

第三阶段(2001—2012年)：在这个阶段，我国加入了WTO，进一步完善了外汇管理制度以应对大量境外资本出入的挑战。2002年，为吸引更多外国对华投资，我国建立了合格的境外机构投资者制度(QFII)；2007年，为鼓励对外投资、创造外汇需求，我国又建立了合格境内机构投资者制度(QDII)。2005年，我国外汇形成机制迎来了又一重要变革，在原有基础上形成了以市场供求为基础、参考一篮子货币进行调节、有管理的浮动汇率制度，不再仅仅盯住单一货币美元，释放了人民币升值压力。

第四阶段(2013年至今)：在这个阶段，我国进入经济新常态，进一步扩大了金融市场的双向开放。2014—2017年，我国先后开通了沪港通、内地与香港基金互认工作、深港通、债券通等跨境证券投资新机制，设立了丝路基金、中拉产能合作基金、中非产能合作基金等基金，为"一带一路"资金融通提供更多便利。人民币国际化也在不断推进，2016年，人民币被IMF纳入特别提款权。2022年，国家外汇管理局发布了《关于进一步促进外汇市场服务实体经济有关措施的通知》，引导金融机构持续加强服务实体经济外汇风险管理的能力建设，丰富人民币对外汇衍生产品类型(新增普通美式期权、亚式期权)，并完善银企服务平台，提升外汇市场基础设施服务水平。在经济新常态形势下，我国外汇监管主要采取"宏观审慎"和"微观监管"两位一体的监管模式，用宏观审慎逆周期调节外汇市场波动、防范国际金融市场风险，用微观监管维护外汇市场秩序，反洗钱、恐怖融资与逃税。

更多相关信息请参见国家外汇管理局网站：http://www.safe.gov.cn/safe/2018/1109/10674.html。

12.2 外汇远期交易

正如前面提到的一样，外汇交易可以分为即期交易、远期交易和掉期交易。即期交易，又叫作现汇交易，是指买卖双方成交后，在两个营业日内办理交割的外汇交易。即期交易与我们日常进行的现货交易相似，比较简单，就不做专门讨论了。这一节和下一节我们主要关注远期交易和掉期交易。

12.2.1 交易的基本内容

远期外汇交易(forward transaction)又被称为期汇交易，是由外汇买卖双方签订合同，交易双方无须立即收付对应货币(即办理交割)，而是约定在将来某一时期，按照预先确定的汇率、币种、金额、地点进行交割的外汇交易活动。20世纪70年代初布雷顿森林体系解体以后，远期交易得到了迅速发展。2005年8月，中国外汇交易中心也推出了远期外汇交易。

1. 交易中的日期及期限

成交日一般就是合同签订日，也被称为交易日，是指交易双方就货币、金额、汇率等达成协议的时间，在这个日期，并不发生货币转移。

交割日(在不同合约中，也会表述为起息日或到期日)通常为即期起息日后整个月的倍数，而不管各月的实际天数差异。假如整月后的起息日不是有效营业日(如周六、周日等)，则按惯例顺延到下一个营业日。不过，若这种顺延到月底仍不是营业日的，则需要往回推算到前一个营业日作交割日。总之，本月到期的交割日不能跨到下月。另外，远期外汇交易到期日推算还有一个所谓"双底"惯例。假定即期起息日为当月的最后一个营业日，则所有的远期起息日是相应各月的最后一个营业日。在这个日期，要发生货币的转移，通常不是合同中交易的全额，只是远期汇率与当日即期汇率之间的差额。远期外汇合同的期限一般是30天、60天、90天、180天或一年，其中最常见的是90天。也有的远期合同期限超过一年，但在实务中比较少见。当然，除了整月期限的远期外汇交易外，银行还可应客户要求做一些特殊期限的远期交易，如零头天数交易、择期交易等，不过这种特殊期限的远期价格通常对客户不太有利。

2. 交易中的要求

交易中的要求具体如下。

(1) 双方签订远期合同时，必须详细载明买卖双方的姓名、商号、约定的汇率、币种、金额、交割日等。

(2) 合同一经签订，双方必须按合同有关条款履行；即使市场发生了不利于自己的变化，也不能违约。

(3) 当资信能力较低的私人或企业等客户参与某项远期外汇交易时，一般还要求这些客户提供一定的保证物或保证金，以防止当汇价出现超常的不利变动时，客户不履行该契约而使另一方遭受损失。并且，一旦汇价变动对客户造成的损失超过了保证品或保证金的价值时，该客户会被要求增加保证物或保证金；客户缴纳的保证金，通常会被支付一定的利息。

3. 交易中的参与者

在外汇市场上，购买远期外汇的一般有进口商(他们在远期有外汇支出)、负有短期外币债务的债务人、输入短期资本的牟利者，以及对于远期汇率看涨的投资商等。我们通常将远期合约中购买的一方称为"多头"(long position)。而卖出远期外汇的则主要有远期外汇收入的出口商、持有不久到期的外币债权的债权人、输出短期资本的牟利者，以及对于远期汇率看跌的投资商等。这一方我们通常称其为"空头"(short position)。

通常而言，无论是购买远期外汇，还是卖出远期外汇，参与者都是与银行进行交易，而不会彼此之间进行买卖。也就是说，在外汇市场上远期交易中，总有一方是银行，而另一方则视情况而定。

4. 交易中的价格

在远期外汇交易中所使用的汇率被称为远期汇率，它是以即期汇率为基础并受到其他因素影响而产生的，所以一般来讲远期汇率与即期汇率之间总是有差异的。远期汇率和即期汇率之间的差价称为远期汇水，如果一种货币远期汇率低于即期汇率，则将差价称为该货币的远期贴水(forward discount)，或者说该货币在远期会贴水，即贬值；如果一种货币远期汇率高于即期汇率，该差价就称为该货币的远期升水(forward premium)，或者说该货币在远期会升水，即升值；如果两者相等，则称为远期平价(forward par)，即该货币价值不变。

反映货币远期汇率变化的幅度，还有一个指标叫作"升贴水年率"。具体内容在第 3 章中已讲过，这里就不再重复了。

那么，汇率的升贴水主要受到什么因素影响呢？除了市场预期等因素之外，远期汇率还受到货币所在市场利率等指标的影响。从前面讲的汇率决定理论中我们发现，利率高的市场的货币在远期有贬值即贴水的倾向；利率低的市场的货币在远期有升值或升水的倾向。至于具体的升贴水幅度，则要取决于它们的利率差异大小。

在第 3 章汇率的内容中已经简单介绍了远期汇率的标价方法，这里我们不妨再回顾一下。远期汇率的标价方法有两种。

一种是直接标出远期外汇的实际汇率，是根据外汇市场报出的升贴水数，直接报出不同期限的远期外汇买卖实际成交的买入汇率和卖出汇率，一目了然。瑞士和日本(见表 12-4)等国家采用这种报价方式。

表 12-4 某日东京外汇市场 USD/JPY 的报价

即期	134.85～91
1 个月远期	135.37～49
3 个月远期	135.82～96
6 个月远期	136.01～18

另一种是"点数"(point)报价方式,专业外汇交易员一般采用这种报价方式来报出远期汇率,即只是报出点数来表示远期与即期之间的差额,同时报出即期汇率,然后由交易者自己算出实际的远期汇率。如某一日外汇市场上对美元对日元的报价(USD/JPY)即期汇率是134.85/91,即在即期每一美元的日元买入价是134.85日元,而卖出价是134.91日元;利用点数来为远期的美元对日元汇率进行报价,报30天远期的汇率是52/58,那么就意味着远期的汇率水平是135.37/49(用134.85加0.52得到135.37,用134.91加0.58得到134.49)。

这里,我们利用报价本身包含的信息来判断基准货币的远期汇率变化方向。第3章中对此有非常详细的分析,这里简单归纳为:远期汇水数字"前小后大,基准货币远期为升水,做加法;前大后小,基准货币远期为贴水,做减法"。

12.2.2 远期交易的风险分析

1. 交易双方的损益图与违约风险

假设 F 为远期合约的交割价格,S 为合约到期时交易对象的即期市场价格,则远期合约的多头和空头损益如图12-4所示。从图12-4可以看到远期交易的一个非常重要的特征,交易的一方在获益时另一方一定遭受损失,或者说,一方的收益就是建立在另一方损失的基础上的。因此,我们说远期交易是一种"零和游戏"(zero-sum game)。

远期合同是一个纯粹的信用工具。无论价格朝哪个方向变化,总会有一方有违约的动机。因此,在远期合同中,

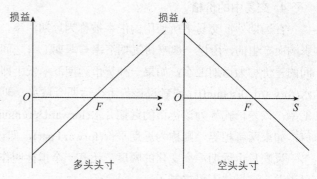

图12-4 远期合约多头和空头的损益

交易双方都可能面临对方无法履约的风险。为了保证合约的履行,就要求参与者有一定的信用水平。也就是说,不是任何人都有足够的信用水平可以进入远期外汇合同的交易中。因此,这个市场也就排除了一部分交易者。而在后面章节即将提及的期货交易就可以在一定程度上解决这个问题。

2. 交易的转让与撤销

1) 转让

违约风险的存在,使远期合同不能像其他金融市场工具那样被证券化,进而在二级市场上交易。为了使合同的转让不会增加对方所面临的违约风险,有效的转让必须征得对方的同意,即对方确定被转让人有足够的信用水平。而这种安排使转让的交易成本变得很高,因而不具有可行性。一般来说,远期合约是不能转让的。

2) 撤销

如果合同的一方有时确实需要避开对合同的最终履行,即撤销合同,可以采取以下两种做法。

第一种:在原始合同中明确说明,即合同双方商定未到期合同的净值,由一方向另一方支

付这一数额。

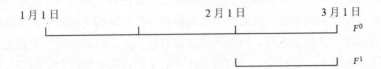

举例：

1月1日：A与B签订远期合同，约定在3月1日以 F^0 的价格出售×单位某货币。

2月1日：到期日前，A想取消这一合同，因为此时市场上该货币1个月后的远期价格提高到了 $F^1(F^1>F^0)$，如果照这样的趋势发展下去，到期时的即期汇率一定高于最开始的远期合约价格，A将蒙受损失。为了尽量减少损失，A就取消合同。但是，B完全可能从到期履行合同中有利可图，因此必须因为合同的取消得到补偿。A对B的补偿：至少要等于两个远期汇率之差(F^1-F^0)的现值。(所谓现值，就是要经过贴现。请读者思考：为什么要经过贴现而不是直接使用呢？)

第二种：如果在合同中没有有关的取消条款，合同一方仍可以采取另一种方法达到合同事实上的取消。

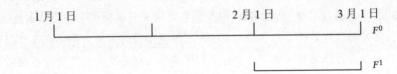

举例：

1月1日：A与B签订远期合同，约定在3月1日以 F^0 的价格出售×单位某货币。

2月1日：到期日前，A想取消这一合同，因为此时市场上该货币1个月后的远期价格提高到了 $F^1(F^1>F^0)$。

A与C签订价格为 F^1 的、在3月1日买进×单位该货币的远期合约，保证自己的损失限于(F^1-F^0)。用今天的货币来衡量，为了达到前一个合同事实上的取消，A所付出的成本仍然是(F^1-F^0)的现值。

12.2.3 远期外汇合约的应用

远期交易的产生，从根本上说，是为了避免国际贸易、国际投资等经济活动带来的外汇汇率变动的风险。对从事国际贸易和国际投资的商业客户而言，除了面临国际市场商品价格变动和金融资产价格变动的风险之外，还要承受外汇汇率变动的风险，远期外汇交易就为客户提供了一种简便的转移风险的保值手段。对于某些个人或企业，他们还可以利用远期交易在汇率的变动中获得投机收益。对银行而言，银行向客户提供服务，按客户要求进行外汇买卖，实际承担了客户转嫁的汇率变动风险。另外，银行还经常利用远期交易调整其外汇持有额及资金结构。

所以，远期合约可以用于为进出口的款项进行套期保值、投机和在不同币种表示的同种货币市场工具之间进行套利。但这些行为从根本上来说都是金融市场的参与者利用该市场的不完全有效性来获得利益。

1. 套期保值(hedging)

进出口商、资金借贷者、外汇银行往往利用远期合约进行套期保值,就是利用远期外汇合约来轧平对外债权和债务的头寸,从而减少所面临的外汇汇率的不确定性。当金融市场不完善时这是较适合的方法,交易成本低、市场流动性相对较大,而且只涉及一笔资金流动。

远期合同可以与未来一定日期、一笔确定的外汇支出或收入相匹配。但是,远期合同交易在避免了交易中可能出现的外汇风险的同时,也排除了从汇率变化中获利的可能性。这就需要当事人权衡利弊,做出选择。

企业还可以利用短期的远期合同来对其在外国子公司的长期资产或负债进行套期保值,把本币表示的子公司资产和负债保持在一个固定的水平,从而避免由于汇率变化所发生的价值增加或减少,使公司资产净值免受汇率变动的影响。

专栏12-4 一个套期保值的例子

外汇远期合同是企业锁定贸易成本、规避外汇风险的重要工具之一。接下来我们就将通过一个中国石油天然气集团公司(以下简称"中国石油")的案例来了解远期外汇合同在这方面的作用。

中国石油是我国油气能源领域的重要骨干公司,承担大量原油天然气的进口业务,每年在这方面的贸易购汇都超过300亿美元。假设现在外汇市场上的"人民币—美元"即期汇率(直接标价)为6.8843,3个月远期汇率为6.8973,则美元在远期有升值趋势,远期升水为130个基点。此时,中国石油与贸易伙伴达成了一份进口1000万美元原油的贸易合同,并在合同中约定中国石油方须在3个月后支付原油进口款项。为锁定贸易成本、规避美元汇率变动可能带来的额外损失,中国石油可立即购买3个月后买入1000万美元的远期交易合同,将人民币对美元汇率锁定在6.8973,即3个月后买入1000万美元需要花费1000×6.8973=6897.3万人民币。若3个月后人民币对美元即期汇率实际为6.930,则远期交易合同将为中国石油节省1000×6.930-6897.3=32.7万元人民币。但是,若3个月后人民币对美元即期汇率为6.8873,则相比直接在外汇市场上直接交易,远期合约使得中国石油多花费6897.3-1000×6.8873=10万元人民币。以上的损益情况与远期多头头寸损益图反映的情况相同。

2. 投机(speculation)

人们想通过远期外汇合约有意识地持有外汇多头或空头,从而谋取汇率变动的差价就是投机。这种投机行为有风险。这一行为不需要与商业或金融交易相对应,同时不需要持有很多资金,即有杠杆效应。当预测外汇汇率将要上升时买进,称为多头(buy long or bull);预测外汇汇率将要下跌时卖出,称为空头(sell short or bear)。

投机可以从远期合同中规定的汇率和到期后的即期汇率之间的价格差额中获利,也可以在到期日相同的、不同的远期合同的价格差异中获利。

3. 抛补套利(covered interest arbitrage)

根据有抛补的利率平价理论可知,当外汇市场上两种货币的即期汇率和远期汇率的差异不等于当时这两种货币的利率差异时,就存在无风险的套利机会。于是,人们就可以利用远期外汇合约来赚取这一无风险的利益。

具体来讲,人们借入利率较低的某种货币,在现汇市场上,将这笔资金转变为利率较高的另一种货币并进行投资;同时,订立一份远期外汇合约,在到期日按商定的汇率卖出后一种货币的本利以偿还借款。通过这样几笔交易的恰当组合,人们在获取利润的同时完全避免了市场风险。

> **专栏 12-5　一个抛补套利的例子**
>
> 　　让我们来回忆一下在汇率理论中的利率平价理论并理解下面的例子。考虑如下的机会。一年期"日元—欧元"远期汇率为 0.0072。一年期德国政府债券的利率目前是 4%,而同样的日本政府债券的利率是 2.5%。你能够利用这个明显的套利机会吗?让我们看看这是否可能。
>
> 　　Time 0:在日本借钱,在德国贷出,以获得 1.5%(年率)的利率差。假设目前的"日元—欧元"汇率是 0.0067,以 2.5%的利率借入 1 千万日元的同时在德国以 4%的利率贷出这笔钱。在目前的汇率下,1 千万日元的贷款使你获得 1 千万×0.0067 = €67 000。
>
> 　　Time 1:在年终时,你必须用你的以欧元计价的贷款所得偿还该等价日元计价的贷款。日元贷款偿还时为(1×1.025)千万日元。欧元贷款收回时为 67 000×1.04 = €69 680。
>
> 　　欧元计价的投资所得是否足以支付日元贷款?这取决于年终时的汇率。
>
> 　　Case 1:如果年终时"日元—欧元"汇率小于 0.0072,如保持不变为 0.0067;将€696 80 兑换成日元得到 69 680/0.0067 = 1.04 千万日元,净收入为 150 000 日元(10.4-10.25 = 0.15 百万日元)。
>
> 　　Case 2:如果年终时"日元—欧元"汇率大于 0.0072,假设为 0.0075;将€696 80 兑换成日元得到 69 680/0.0075 = 9.291 百万日元,净损失为 959 000 日元(9.291-10.25 = 0.959 百万日元)。
>
> 　　Case 3:如果年终时"日元—欧元"汇率为 0.0072,正好持平。
>
> 　　显然,这个套利机会不是无风险的,你的利润取决于年终时将执行的汇率,你的投资收益也可能损失。如果你可以通过一些方式锁定年终的汇率,结果会怎样呢?可能在这笔交易中将不再存在任何汇率风险。你可以看到一个远期合约消除这笔交易中的风险的潜在功能。只要远期汇率属于第一种情形,即小于 0.0072,就可以利用该远期合约进行抛补套利。
>
> 　　当然,需要注意的是,人们会不断地发掘和利用市场上存在的抛补套利机会。而随着人们在不同市场上交易行为的发生,远期汇率会随之调整,直到市场上不再存在任何无风险的套利机会。可以说,市场这样有利可图的机会转瞬即逝。

12.3　外汇掉期交易

　　远期外汇交易可以对汇率风险进行套期保值,但这种做法并不常用。商业银行更广泛采用外汇掉期交易。掉期交易于 1982 年推出,被认为是 20 世纪 80 年代最重要的金融创新之一,广受大型跨国银行和大型投资银行机构的欢迎,因为它是一种低成本、高收益,同时能防范风险的金融创新工具。中国银行于 2005 年 9 月 2 日成为中国首家获批准经营外汇掉期业务的银行。2006 年 4 月,中国外汇市场上推出人民币外汇掉期交易。

12.3.1　交易的基本内容

　　掉期交易(swap transaction)是指与同一个交易对手同时进行买卖数额相同的某种货币但买和卖的交割日不同的行为。由此可知,掉期交易实际是即期交易和远期交易或者是不同期限的远期与远期交易的总和。

1. 特点

掉期交易具有如下特点：与同一个交易对手同时进行买和卖某种货币；买、卖该种货币的数额相同；交割的期限不同。凡符合这三个条件的，都可被视为掉期交易。

掉期交易不会改变交易者的外汇持有额。但是，所买进的和所卖出的货币在期限上有所不同，这正是"掉期"的含义之所在。

2. 类型

最常见的掉期交易是即期对远期(spot against forward)交易。此外，掉期交易也有远期对远期(forward against forward)，即两笔方向相反、金额相同的交易都是远期交易，但交割日不同。掉期交易可以是买期限短的同时卖期限长的(比如买即期卖90天远期、买90天远期卖180天远期)远期交易，也可以是卖期限短的同时买期限长的(如卖即期买90天远期、卖90天远期买180天远期)远期交易。

实践中，银行如果是现在卖A币，再买回90天远期的A币，那么这个交易可以简称为卖/买90天A币掉期；如果是现在买30天远期A币，同时卖出90天远期A币，则称为买30天/卖90天A币掉期。

12.3.2 掉期交易中的价格

掉期交易中，即期汇率的水平不是最重要的，最重要的是掉期率(swap rate)。掉期价并不是一种"汇价"，而是一种汇率差价，即买进和卖出两种不同期限的外汇所使用的汇率的差价。掉期率是由远期外汇市场上的升、贴水决定的数值。从数值上看，远期与即期的掉期价就是通过给出该基准货币的远期汇水(掉期点)来表示的。

在此我们先回忆一下前面讲过的"远期汇水"概念。远期汇率和即期汇率的差价称为远期汇水，在讲到升贴水时一定要指明是哪种货币的升贴水。就两种货币而言，基准货币的远期升水必然是标价货币的远期贴水。

用远期汇水表示掉期率时，通常以基点(basis points，0.0001)的形式表示。例如，英镑的美元价格升水$0.10的话，就转化为掉期率1000点，这个点值是所有的掉期交易参与者所感兴趣的。

而对于商业银行来讲，进行掉期交易与进行其他类型的资金运作没有本质上的区别，都是为了在资金使用上赚取利润。为了便于将掉期交易的回报水平与其他资金的贷方收益相比较，往往将掉期率转化成年率的形式。

例如，CITI银行要进行掉期交易：现在买入英镑卖出美元，3个月后卖出英镑买入美元；英镑的汇率即期为$1.20，远期为$1.30，所以掉期率为1000点。

该掉期交易期间所获得的回报率为：升水(贴水)÷即期汇率= 0.10/1.20=0.083

将该回报率转化为年率的水平：0.083×(12个月/3个月)= 0.332 = 33.2%

通过这样的计算，银行就可以比较不同资金运作方式带来的回报水平。

但是，掉期买价和卖价与单另远期汇率的买价和卖价在实际操作中的含义有所不同。

通常，银行在做掉期交易时即期部分的汇价与对应的通常即期交易中所使用的汇价相同；远期部分的汇价应等于即期成交价加上(当基准货币为升水时)或减去(当基准货币为贴水时)远期汇水买卖价。

【例题】某银行对 USD/AUD 即期汇率的报价为 1.4985/93(1 美元=1.4985/93 澳大利亚元),又报出 90 天掉期价 13/12。那么,如果客户做买/卖 90 天美元,该掉期的即期、远期成交价分别为多少?

客户做买/卖 90 天美元掉期,银行对应是卖/买美元掉期。根据上面的信息可以算出该银行 90 天远期汇率为:1.4972/81,因为基准货币在贴水。那么,掉期交易中的即期和远期成交价格是不是分别为 1.4993 与 1.4972 呢?理论上讲未尝不可。但在这种情况下,将一笔掉期交易分成即期和远期两笔,买卖价差也就考虑了两次(即期买卖价差和远期买卖价差)。以上这两个价格组合对银行最为有利,自然对客户最不利(同样,如果客户是在做卖/买 90 天美元掉期,采用这种方法的话也会使客户处于最不利的地位)。

在实际外汇交易中,掉期交易是一笔交易,不破坏银行头寸状态,因此银行只收一次买卖价差就可以了,这样对客户也较为公平有利,所以,客户买即期/卖远期美元的掉期成交价分别是 1.4993 与 1.4980(=1.4993-13 点)(13 点是银行买入美元的远期与即期差价),这里基准货币美元在贴水,掉期交易中远期部分成交价就减去这一价差。

当然,如果客户是卖即期/买 90 天远期美元,则即期与远期应分别在 1.4985 与 1.4973 (=1.4985-12 点)水平成交。

12.3.3 掉期交易的基本作用

掉期交易看上去复杂,包含了即期和远期两笔交易。它具有以下优点:第一,它通过一个合约降低交易成本;第二,它不改变交易者的风险暴露头寸,因而更容易找到交易对手。如果远期升(贴)水值过大,则不会使用掉期交易,因为这时交易的成本往往大于交易所能得到的收益。掉期交易的作用可以通过以下方式来实现。

1. 调整资金类型

假设以下情况,交易者手中原持有美元,因为需要转换成澳大利亚元,为了避免澳元贬值风险,同时在远期将澳元换成美元。例如,客户想借澳元 6 个月,而银行难以从货币市场拆借到澳元,但银行可以很容易借到美元,于是银行可以用在货币市场和外汇市场上较容易成交的两步操作满足客户要求:先借美元 6 个月,即期卖美元买澳元,将澳元向客户贷放,银行为了防止贷放 6 个月后澳元贬值换回较少美元的风险,在贷出澳元的同时做一个 6 个月远期买美元卖澳元的反向交易。银行即期卖美元远期买美元就构成掉期交易,使原先所借的美元转换成澳元满足了客户要求,同时防止了澳元贬值的风险。

也就是说,银行总是要规避外汇风险。当因为借入外汇而产生负债头寸时,要与通过出借本币产生的资产头寸相匹配。为了避免本外币之间的汇率波动风险,要用掉期交易相配合。

专栏 12-6 一个调整资金类型的例子

掉期交易合同的一大用处在于调整资金类型、规避外汇风险。在此,我们将再次以中国石油为例,研究外汇掉期在调节不同币种间流动性方面的应用。

2017 年 6 月,境内人民币流动性十分紧张,3 个月上海银行间拆放利率(SHIBOR)达到 4.7 的高位。中国石油也面临严重的人民币流动性紧张问题,而各家银行拆借和透支的额度较为有限，在人民币回购市场进行回购操作的成本也较高。同时，中国石油还有大量的美元沉淀资金。最终，公司使用美元掉期交易妥善解决了人民币流动性紧张问题，即在即期卖出美元买入人民币，3个月后以约定的汇率卖出人民币买入美元。这笔交易的掉期率为380个基点，美元存款的利率收入约为1.5%，因此公司通过外汇掉期获得人民币的成本约为3.7%，低于直接借入人民币的成本。由这个案例我们可以推知，对于多币种运营的跨国企业，外汇掉期在帮助公司进行短期流动性管理方面可以起到非常重要的作用。

2. 调整资金期限结构

资金期限结构是指支付外汇与收到外汇的期限分布；调整资金期限结构就是当外汇收付时间不匹配时，将所持有的即期外汇变成远期或将远期变成即期(或是比原来期限短的远期)，使得外汇收付时间一致，从而消除外汇风险。

【例题】银行应客户的要求从客户手中买进100万三个月期远期英镑，那么此时银行应如何通过调整资金的期限结构来规避英镑贬值的风险呢？

方案一：银行直接向其他银行卖出90天[①]远期英镑。理论上虽然可行，但若此时该银行与其他银行进行单方向卖出远期英镑(即只卖出该笔英镑的远期而没有即期的买入)进行抵补，会破坏对方的头寸状态，增加对方银行头寸风险，交易起来不方便，回旋余地很小。这同一般商业客户的情况不同，商业客户可以进行单方向的远期交易以回避商业风险。事实上，大部分银行间的交易都不是按这一方案进行的。

方案二：银行在买入这100万远期英镑之后，立即在同业市场售出100万即期英镑，同时进行买/卖90天远期100万英镑的掉期交易。这样既可避免英镑贬值风险，又使银行英镑资金期限结构不匹配的情况得到调整。

具体来看，这个交易可以分为三个步骤，如表12-5所示。

表12-5 掉期交易的步骤

步骤	银行头寸状况	
	多头寸	空头寸
买入远期英镑(三个月后交割)	买入三个月远期英镑100万	
卖出即期英镑(两天后交割)	买入三个月远期英镑100万	卖出即期英镑100万
做一笔即期对三个月远期的掉期交易，即买入即期英镑(两天后交割)和卖出远期英镑(三个月后交割)	掉期：买进即期英镑100万 买入三个月远期英镑100万	卖出即期英镑100万 掉期：卖出三个月远期英镑100万

虽然方案二操作有两个步骤，但实际上比方案一更容易实现，因为它具有如下优点：银行进行即期交易极易找到对手；掉期交易很容易找到对手(掉期交易意味着"双向交易"，不会破坏对方的头寸状态，因而这种做法并不增加对方的头寸风险)。

总之，掉期交易的用途，或者是改变外汇的币别，或者是改变外汇的期限结构，目的都是防范风险。需要注意的是，如果外汇市场与货币市场处于利率平价状态，则通过掉期交易无法获得额外利润；如果外汇市场与货币市场不平衡，则通过抛补套利可能获得无风险超额利益。

---

① 90天即三个月。

专栏 12-7　中央银行之间的货币互换交易

从上面关于掉期交易的介绍中可以看出，这一交易有着自己独特的优势，因此在外汇市场上非常流行。而且，除了从私人部门的角度利用掉期交易来调整资金的币种和期限之外，近年来中央银行在利用掉期(互换)来进行流动性安排。

早在布雷顿森林体系时期，美联储就开始使用货币互换来调整美元的流动性短缺。2008 年国际金融危机爆发后，全球金融市场上出现了严重的流动性困难问题，"美元荒"席卷各国。为应对这一难题，美联储先后与欧洲中央银行、瑞士中央银行等 14 个中央银行签订了货币互换协议。2013 年，美联储与英格兰银行、欧洲中央银行、瑞士银行、加拿大银行和日本银行的货币互换改为常备性互换，并于 2020 年新冠疫情后将常备性货币互换频率由每周改为每天。

我国的货币互换交易起步相对较晚但是发展十分迅速：2008 年，中国人民银行与韩国中央银行签订了第一份真正意义上的货币互换协议；截至 2022 年 10 月，我国已与韩国、日本、马来西亚、印度尼西亚、白俄罗斯、阿根廷等经济体签署了货币互换协议，为维护区域金融稳定做出了贡献。例如，2022 年 7 月我国启动了中国香港与中国内地的"互换通"，建立了人民币与港币之间的常备互换安排。与美联储使用货币互换协议来解决美元流动性问题的主要目的不同，我国进行货币互换交易的主要目标在于降低汇率波动风险、降低贸易成本与推进人民币国际化。

专题：全球外汇交易的新动向与新趋势

国际清算银行 2022 年发布的《外汇及场外衍生品交易市场调查》[*Triennial Central Bank Survey of Foreign Exchange and Over-the-counter (OTC) Derivatives Markets*]报告指出，2022 年全球外汇交易出现了许多值得关注的新动向与新趋势。第一，全球外汇市场日均成交额创历史新高，达到 7.5 万亿美元/天，但是其增长速度相较以往有所降低；第二，外汇掉期在全球外汇交易中的占比罕见地超过了 50%(见表 12-6)，金融机构做市商的交易量大幅上升；第三，五大外汇交易中心的相对份额出现结构性调整，人民币成为全球第五大交易货币和储备货币。这些新动向和新趋势反映了当今国际金融市场的哪些深层次变革？就让我们来一探究竟吧！

视频

表 12-6　全球外汇交易中不同交易类型的日均交易量

交易类型	2004 年	2007 年	2010 年	2013 年	2016 年	2019 年	2022 年
即期交易	630.97	1004.89	1489.08	2046.7	1652.35	1978.79	2104.02
远期交易	208.80	361.73	474.69	678.96	699.63	997.77	1163.47
外汇掉期交易	954.16	1714.37	1759.15	2240.06	2377.81	3197.92	3810.16
货币掉期交易	21.11	31.45	42.78	54.00	82.15	108.47	123.94
期货与其他	119.12	211.74	206.95	336.85	254.41	298.04	304.33
总量	1934.16	3324.24	3972.81	5356.57	5066.41	6581.02	7505.99

注：表中数据为全球外汇市场 4 月日均交易量，单位为百万美元；数据来源于国际清算银行 2022 年发布的《外汇及场外衍生品交易市场调查》[*Triennial Central Bank Survey of foreign exchange and Over-the-counter (OTC) derivatives markets in 2022*]。

(1) 2022年全球外汇市场的一大特征在于其高波动性。虽然外汇交易受到真实交易驱动和投机套利动机的影响，本身就具有较大的波动性和不确定性，但是如2022年这样的波动程度还是罕见的。这从一定程度上反映了地缘政治风险(如俄乌冲突)和保护主义对全球金融市场的负面影响。全球外汇交易日均交易量增速的下降，说明整个市场日趋偏向于保守，投资者转向风险规避，是全球经济不景气和市场预期不乐观的具体反映。

(2) 外汇掉期占总交易量比例的上升反映了投资者投资预期的变化。衍生品市场的优势决定了其交易量远大于外汇的现货交易。正如我们在前面章节中所学到的那样，外汇掉期的优势在于其操作十分灵活方便，且具有调整外币流动性、融资和套保避险等作用，因此一直是外汇市场上占比最高的一类交易。2022年，外汇掉期在交易总量中占比超过50%，这说明各交易主体通过掉期工具规避风险的需求的提升，从一定程度上反映了全球经济不确定性的上升。外汇掉期交易占总交易量比例超50%的现象一方面反映出了交易主体交易策略的变化，另一方面也与2022年外汇市场的高波动有关。

(3) 人民币成为全球第五大交易货币、第三大贸易融资货币及第五大外汇储备货币，人民币国际化取得重大进展。目前，上海日均外汇交易额(1530亿美元，占比1.6%)与前五大交易中心的数据相比还有一定差距。各金融中心交易份额的此消彼长和其主要交易货币占全球外汇市场份额的变化反映其所在国家综合国力的发展情况。随着我国经济的不断发展、人民币国际化进程的不断演进及国内金融市场对外开放程度的不断加深，对于上海外汇交易中心逐步提升全球份额我们可以持乐观观点。

以上就是2022年《外汇及场外衍生品交易市场调查》报告中提及的一些全球外汇市场交易的新动向与新趋势。更多相关信息可参见国际清算银行官网：https://www.bis.org/statistics/rpfx22.htm。

本章总结

小结：对外汇市场进行了概览，了解了外汇市场的类型、交易、交割清算与监管；在此基础上，我们重点学习了远期交易和掉期交易这两种交易类型，了解了其交易要求、价格、风险损益状况及应用。

重点：外汇市场类型、外汇市场监管、远期交易要求、远期交易损益状况与风险分析、远期交易应用、掉期交易要求与特点、掉期交易应用。

难点：远期交易损益状况与风险分析、远期交易应用、掉期交易要求与特点、掉期交易应用。

关键概念及其英文释义

[1] **The Foreign Exchange Market(外汇市场)**: A network of banks, foreign exchange brokers, and dealers whose function is to bring buyers(demanders) and sellers(suppliers)of foreign exchange together. Usually, it refers to large commercial banks in financial centers such as New York or London trading

英语深入阅读资料

foreign-currency-denominated deposits with each other. By far the foreign exchange market is the largest and most liquid market in the world.

[2] **Exchange House(外汇交易所)**: A concentrated and well-organized place for the transaction of foreign exchange.

[3] **Over-The-Counter(场外市场)**: Or off-exchange trading, is done directly between two parties, without any supervision of an exchange(交易所): It is contrasted with exchange trading, and connected through networks or telephones.

[4] **The spot market(即期市场)**: In the spot market, currencies are traded for immediate delivery. Prices are quoted in pairs, bank's profit = ask-bid = "bid-ask spread" (bid—price at which bank will buy currency, ask— price at which bank will sell currency).

[5] **The forward market(远期市场)**: Currencies are traded for delivery in the future.

[6] **The retail market(零售市场)**: The trading done with customers comprises the retail part of foreign exchange market.

[7] **Interbank market (or wholesale market)(银行间市场，或批发市场)**: It is an informal, over-the-counter, around-the-clock market that includes the major commercial banks and some specialized traders and brokers located in the principal financial centers throughout the world. They are linked by telephone and telex, and most use the special satellite communications network called **SWIFT.** It is a satellite communications net-work called the Society for Worldwide International Financial Telecommunications(全球银行间金融电信协会), in industry-owned cooperative supplying funds transfer messages via a dedicated computer network internationally to over 7000 financial institutions in 197 countries.

[8] **Trader and broker(交易商和经纪人)**: The roles of the trader and broker are essentially different. Traders usually operate out of the foreign exchange trading room of a major bank, and essentially, they are market-makers standing ready to buy and sell foreign currencies on a more or less continuous basis. They take buying and selling positions based on their assessment of the market and on orders from their clients. For traders, written confirmation of the trade usually follows the oral agreement, so it is important that they establish a reputation for honesty and reliability. But the bank traders cannot always locate counterparty to the trades they want to make and sometimes find it necessary or convenient to employ a broker. The fee makes dealing through a broker more expensive than direct dealing but has the advantage of dealing at the desired price and keeping the trader's identity secret until the trade is made.

[9] **Dealers(交易商)**: People who link buyers with sellers by buying and selling currencies or securities at stated prices.

[10] **CHIPS (Clearing House Interbank Payments System)(清算所银行间支付体系)**: A computerized network for international transfers of dollar funds that links depository institutions with offices in New York City. The system is owned and operated by the New York Clearing House Association whose members comprise 12 New York money center banks. It currently handles around 90% of international interbank transfers involving US dollars.

[11] **Forward Exchange Transaction**(远期外汇交易): Purchase or sale of foreign currency at an exchange rate established now but with payment and delivery at a specified future time. Most for war exchange contracts have one-, three-, or six-month maturities, though contracts in major currencies can normally be arranged for delivery at any specified date up to a year, and sometimes up to three years.

[12] **Hedging**(套期保值): Strategy used to offset risk because of the change of the price in future. A perfect hedge is one elimination the possibility of future gain or loss.

[13] **Currency Swap**(外汇掉期/货币互换): An exchange of principal and interest (fixed or floating) in one currency for principal and interest (fixed or floating) in another currency.

复习思考题

1. 外汇市场的主要交易方式有哪些？
2. 外汇市场的主要参与者有哪些？他们的市场地位有什么不同？
3. 什么是外汇远期合约？
4. 如何理解多头头寸下外汇远期合约的损益图？
5. 已知外汇市场上的人民币对美元汇率(直接标价)为 6.9105，3 个月人民币对美元远期交易汇率为 6.9122，远期升水/贴水是多少？升水/贴水年化率是多少？
6. 怎样判断有利的套汇机会？
7. 请解释套期保值的基本原理，并举例说明。
8. 什么是外汇掉期交易？
9. 为什么有时银行会不厌其烦地选择掉期交易？
10. 掉期交易的作用有哪些？

推荐资源

扫描右侧二维码了解世界主要外汇市场。

扫码阅读

推荐资源

第 13 章
外汇市场衍生产品

◎ 引言

在第 12 章关于外汇市场基本交易的学习中，不知大家是否有这样的感觉，第一，远期交易对信用、交易规模等要求较高，一般的交易者可能不太容易进入这个市场；第二，远期交易中锁定了未来的价格，虽然屏蔽掉了汇率朝着不利方向变化可能带来的损失，但同时使交易者丧失了汇率朝着有利方向变化带来的收益。

针对这样的问题，我们不禁要想，有没有可能形成一个相对标准、简单的市场，使一般交易者很容易进入，同时能达到远期交易的效果？是否有这样的金融工具，使我们可以在防范风险的同时尽可能地从有利的变化中获益？

新征程中，能否用好、用活、用对金融工具与手段，也是治国理政、贯彻总体国家安全观的关键。本章中研究的衍生产品——期货和期权合约将对上述两个问题做出很好的回答。事实上，衍生产品或衍生金融工具就是基于人们的需要而被不断地创造出来的，而那些最能满足市场需求的创新产品就可以得到发展。

期货和期权合约可以说是金融市场上最典型和重要的衍生工具。本章以外汇市场为平台，具体介绍这两类交易的规定、特征和作用等。当然，这些基本内容也可以应用到关于其他标的的期货和期权合约中。

◎ 思维导图

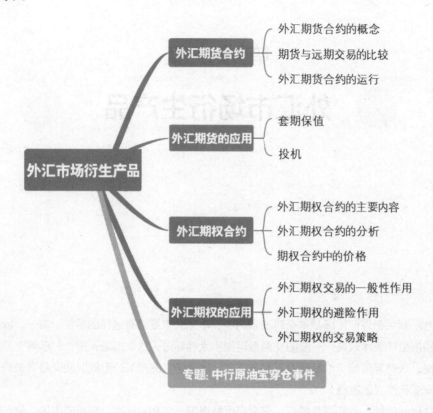

13.1 外汇期货合约

除远期外汇合约外，外汇期货合约是目前发展最完善的用以防范汇率风险的金融工具之一。外汇期货合约(foreign exchange future)，也被称为货币期货(currency future)，被银行、跨国公司、证券公司等广泛运用。在某些情况下，外汇期货合约的使用已超过远期外汇合约。

13.1.1 外汇期货合约的概念

外汇期货合约是期货合约的一种。我们不妨先了解期货合约，然后再聚焦外汇期货合约。

期货合约是交易所制定的标准化合同，交易双方按成交时约定的价格在未来某一时刻购买或出售一定数量的货币、商品或有价证券等。

最早，期货合约是人们出于防范由气候、交通运输等原因造成的农矿类产品价格大幅波动引起的风险而制定的。1848年芝加哥交易所(Chicago Board of Trade，CBT)首先开始经营期货，1865年开出了第一张"现代"期货合约。1970年以来，利率和汇率等的波动使期货扩展到外汇和金融证券市场。可见，期货合约种类多样，既可以有商品期货交易(主要是农矿产品)，还可以有利率期货交易、股票指数期货交易。接下来，我们集中在外汇期货上进行讨论。

专栏 13-1　著名的期货交易所

世界上最大的期货交易所是芝加哥商品交易所(Chicago Mercantile Exchange，CME)，其各类期货、期权、远期合约每日成交额可超过 4000 万美元[①]，吸引全球银行、对冲基金、自营商、基金公司、跨国企业与投资大户等参与交易。此外，还有伦敦、巴黎、蒙特利尔、悉尼、新加坡、欧元区等地的期货市场。从表 13-1 中可以大致了解这些地区的交易所和主要期货合约。

表 13-1　某些地区的交易所和主要期货合约

利率类合约	交易所	货币类合约	交易所	指数类合约	交易所
2 年期美国国债	CBOT	日元	CME	股票价格指数	SFE
10 年期美国国债	CBOT	巴西雷亚尔	CME	BMO 均等权重银行指数	ME
30 天联邦基金	CBOT	加拿大元	CME	DAX® 50 ESG 指数	Eurex
欧洲美元	CME	英镑	CME	MSCI ACWI NTR 指数	ICEFE
长期英国金边债券	ICEFE	瑞士法郎	CME	STOXX® Europe 50 指数	Eurex
长期西班牙政府债券	ICEFE	澳大利亚元	CME	FTSE 100 指数	Eurex
10 年期日本政府债券	SGX	墨西哥比索	CME		
长期欧元债券	Eurex	欧元	CME		

注：CBOT—Chicago Board of Trade；CME—Chicago Mercantile Exchange；ICEFE—ICE Futures Europe；ME—Montreal Exchange；SFE—Sidney Futures Exchange；SGX—Singapore Exchange；Eurex—Eurex Exchange。
资料来源：CME 官方网站。

在布雷顿森林体系崩溃之后，主要工业国开始实行浮动汇率制度，这使得汇率剧烈而频繁地波动，给国际贸易、投资等的发展带来了极大的风险。为规避外汇汇率风险，美国首先将期货交易方式应用到外汇买卖中。1972 年，芝加哥商业交易所主席里奥·米雷姆(Leo Melamed)与诺贝尔经济学奖得主米尔顿·弗里德曼(Milton Friedman)共同提出了外汇期货。最早的期货合约有英镑、加拿大元、德国马克、日元、墨西哥比索、瑞士法郎和意大利里拉。随后又引入了法国法郎和荷兰盾、澳大利亚元、ECU 的期货合约。近年来，人民币和韩元等也被包括进去。

具体来看，外汇期货交易是指交易双方在交易所内通过公开叫价的拍卖方式，买卖在未来某一日期按既定汇率交割一定数量外汇的交易。不过，期货合约最初出现的目的主要在于对汇率变动做类似于远期合同所能提供的套期保值，而不是实现货币在未来某日的交割。

13.1.2　期货与远期交易的比较

1. 基本内容

从对期货合约的基本规定来看，外汇期货交易与外汇远期交易很相似，但两者又不完全相同。表 13-1 对比了两者的主要内容。

---

① 以 2023 年 5 月 24 日为例，CME 集团期货、期权及远期的单日成交额为 $43 787 407，相关数据详见 https://www.cmegroup.com/market-data/browse-data/exchange-volume.html。

表 13-1　期货合约和远期合约主要内容的比较

项目	期货合约(标准化的合同)	远期合约(量体裁衣的合同)
合约金额(规模)	标准化的，每一交易所对每种货币的合约规模做出规定，如 CME 规定英镑是 62 500，欧元是 125 000，折合成美元通常在 5 万到 10 万美元之间	不确定，通常相当于 500 万美元或更多
交易币种	限于几种主要的、流动性较好的货币，如 CME 包括日元、欧元、加元、英镑、瑞郎及澳元等	涉及 40 多种货币，包括绝大多数欧洲和太平洋地区国家的货币
到期日①(交割日)	到期日固定，如 CME 到期日一般为每年 3 月、6 月、9 月和 12 月第三个星期三的前两个营业日	可以是一年中任何一个营业日
综合	由于面额较小，易于流通，因而流动性较大	没有到期日的限制，使一些大额交易必须采用远期合同

2. 交易方式

远期合约：主要在场外市场通过电话、电传等方式进行交易，不受时间和空间限制；一般没有二级市场。

期货合约：必须在一个有组织的交易所内通过公开叫价的方式进行，是有形的、具体的市场，要受交易所规章制度和某些政府机构的约束；较容易轧平头寸，相当于有二级市场。

3. 现金流动

远期合约：不论要交割的是两种货币的全额还是差额，只发生一次货币流动，即在交割日发生；利润或亏损到交割日才发生(尽管事先可以预测)。

期货合约：在合同到期之前，资金每天都要易手；利润或亏损每天都进行结算。这样，不仅使期货交易具有更高的流动性，还可以相对地减少交割日出现的违约风险。

4. 交割特点

远期合约：需在未来某一约定时间交割一定数量的外汇，以满足外汇交易者对不同货币头寸的需求。

期货合约：一般不进行传统意义上的交割，而是在交割前做一笔与原期货交易方向相反的交易进行对冲。最终履行期货合约的市场参与者不到 1%。因此，外汇期货交易最主要的目的是保值避险和投机，而不是满足外汇交易者对不同货币头寸的需求。

5. 价格规定

远期合约：就价格波动而言，远期合约没有每日价格限制。

期货合约：期货合约的价格波动往往会受到一定限制。此外，就未来交割时要执行的价格而言，假设两种合约就某一种相同的标的资产具有相同的到期日，在利率完全可预测时，两种合约的价格可视为一致。而当利率的变化无法预测时，由于期货合约每天都产生现金流，期货合约的新增投资收益或融资成本有所不同，此时两种合约的价格可能存在差异(持有远期合约不会受到同样的影响)。税收、交易费用、保证金的处理方式等因素也会对两种合约的价格带来不同的影响。但是在大多数情况下，假设远期和期货价格相等是可接受的。

---

① 到期日也称"交割日"(the last trading day)，对于许多期货合同，交割日期是整个交割月。

6. 监管模式

远期合约：远期市场是自我调节的，受关于合约的普通法律和税收的管理。

期货合约：期货交易一般有专门的监管机构，比如在美国由商品期货交易委员会(CFTC)管理，在英国由证券期货局(SFA)管理，在中国由证监会(CSRC)管理。

以上简单介绍了两者的区别，但是有关期货合约还有更多内容待考察，尤其是交易所的介入，使期货合约更加复杂。接下来我们在此基础上介绍有关外汇期货合约运行的相关内容和规定。

13.1.3 外汇期货合约的运行

期货合约是非常活跃的衍生产品。以 CME 的外汇期货合约为例，一般的期货会有如下内容(见表 13-2)。

表 13-2 CME 的主要外汇期货内容(CME Globex®)

项目	CME 集团欧元期货	CME 集团日元期货	CME 集团英镑期货	CME 集团瑞士法郎期货
交易单位	125 000 欧元	12 500 000 日元	62 500 英镑	125 000 瑞士法郎
最小跳动点	$0.000 050 /欧元 ($6.25)	$0.000 000 5 /日元 ($6.25)	$0.0001/英镑 ($6.25)	$0.000 05 /瑞士法郎 ($6.25)
价格限制	无			
交易月份	3、6、9、12 月			
交易时间	周日至周一 5:00 p.m.至隔日 4:00 p.m.(美中时间)			
交易中止于	交易月份第三个周三的往前第二个交易日			
代号	"6E"	"6J"	"6B"	"6S"

资料来源：CME 官方网站。

接下来，我们具体了解一下在期货合约交易中可能涉及的术语和表达方式等。

1. 期货合约运行的主要规则

1) 交易所交易员资格(trader qualification)

交易所交易员资格，即交易所会员，必须向有关部门申请并得到批准，每年要缴纳巨额会费；会员可以在场内交易池进行交易，而非会员必须选定代理自己进行交易的会员公司作为经纪人；客户交易指令以订单的形式交由经纪公司执行。具体来讲，交易员可以分为：佣金经纪人(commission broker)，即执行其他人的交易指令并获得佣金；自营经纪人(locals)，即用自己账户里的资金进行交易。相应地，交易员所获得的订单可以区分为：市价订单(market order)，即要按现行市场价格取得合约的头寸；限价订单(limit order)，是指定某一特定的价格，并要求只有达到该价位或更优惠的价位时才执行指令。

2) 外汇期货合约的报价

芝加哥商品交易所(CME)交易的外汇期货价格用单位外汇的美元价值来标价(日元用美分标价)，合同的清算和交割也都以美元进行。而大部分外汇的现货价格和远期价格的标价方式有所不同，它们是用每单位美元若干数额的外汇来标价。举例来看，该市场上对英镑期货合约的基本交易单位为 62 500BP，标价为每单位外币的美元价格：S(US $/ £)=1.2335。

在期货市场的每日运行过程中还会形成一些价格。

(1) 开盘价(open)：在每天交易开始后立即成交的期货合约的价格。

(2) 最高交易价或高点(high)/最低交易价或低点(low)：到当时为止所形成的最高/最低交易价格。

(3) 收盘价(settle)：或者叫作结算价格，也被用作当天的清算价格，是在交易日结束之前的最后几秒内期货合约交易的平均价格，是确定合同的价值和损益状况的标准。

(4) 差额(change)：当天收盘价与上一个交易日结算价相比的变化值。

(5) 有效期内[①]的最高价和最低价(lifetime high/low)：到当时为止该合约在有效期内的最高价格和最低价格。

(6) 未平仓合约数(open interest)：也叫作头寸开放权益数、未结清权益，是指流通在外的合约的总数，是所有多头数之和，相应地，也是所有空头数之和。由于数据处理中的困难，未平仓合约数的信息通常比价格信息要迟一个交易日。

3) 最小跳动点(minimum tick)

最小跳动点，即最小价格波动，是指在买卖货币期货合约时，由于供求关系使合约的货币价格产生波动的最小幅度。在交易场内，出价和叫价只能是最小变动额的倍数。一般货币的最小价格波动一般是一个基点(0.0001)。每个点代表一定的美元价值。例如，瑞士法郎的期货合约金额为 125 000，则每"点"最小波动价值应为 125 000×0.000 05 = 6.25 美元，英镑每"点"价值为 62 500×0.0001 = 6.25 美元。

4) 每日价格变动的限额(price limits)

对大多数合约来说，交易所会规定其每日价格变动的限额，即设置跌停板(limit down)和涨停板(limit up)。而一个涨停板变动(a limit move)是指在任何方向上的价格波动等于每日价格变动限额的变动。一般来说，合约会在达到限制后停止交易。这样做的目的是防止由于过度投机而造成价格的巨幅变化。

当然，交易所有权改变限额。例如，CME 以前有价格限制，现在已经取消价格限制。

5) 持仓限制(position limit)

交易所对一个投机者最多可以持有的合同数量予以限制，比如 CME 规定的最大持仓额为 10 000 个合约，也叫作 10 000 口。头寸限额的目的是防止投机者的过度操作对市场造成不利影响。

6) 合同到期前的交易

前面讲到差别的时候提到，在合同到期之前，资金每天都要易手；利润或亏损每天都进行结算。为什么大多数期货合约都通过这种办法清偿而不是等到到期日再一次性交割呢？这样做有什么优点呢？

一方面，在任何时间可以通过进行一个相反的交易来了结任何一个合同，使期货交易具有很高的流动性。另一方面，交易者可以在任何时刻获取可能得到的利润，然后离开期货市场；如果交易者已蒙受损失，也可以随时通过了结合同来避免进一步的损失，也减少了在未来的交割日出现的违约风险。

表 13-3 给出了表 13-2 中的几个外汇期货产品在交易中的一些信息，其中有些项目就是我

[①] 有效期的开端：由交易所指定某特定月份合同开始交易的时刻。终端：交易所对给定合同的最后交易日做规定，通常是最后交割日的前几天。

们前面介绍的。

表 13-3　CME 主要外汇期货的运行

	开盘价	高点	低点	收盘价	交易量	未平仓合约数
英镑(62 500)						
2023 年 6 月	1.2512	1.2599	1.2460	1.2579	123 468	222 819
2023 年 9 月	1.2511	1.2611	1.2476A	1.2593	97	2179
2023 年 12 月		1.2609B	1.2478A	1.2596	0	8779
欧元(125 000)						
	开盘价	高点	低点	收盘价	交易量	未平仓合约数
2023 年 6 月	1.105 850	1.107 600	1.099 300	1.104 850	242 137	760 717
2023 年 9 月	1.111 500	1.112 550B	1.104 500A	1.109 850	870	11 725
2023 年 12 月	1.112 850	1.116 500B	1.108 200	1.114 000	292	2103
日元(12 500 000)						
2023 年 6 月	0.007 522 0	0.007 555 5	0.007 377 5	0.007 394 5	278 942	181 997
2023 年 9 月	0.007 628 0	0.007 644 0B	0.007 482 0A	0.007 498 0	840	2159
2023 年 12 月			0.007 584 5A	0.007 599 5	0	215

注：A 代表卖，B 代表买。数据最后更新于 2023 年 4 月 28 日(周五)06:02:00(美中时间)。
资料来源：CME 官方网站。

7) 平仓(closing out a position，cover)

实际上，大多数期货合约都不会最后交割，而是在这之前就被平仓了，即投资者通过开立一个与初始交易相反的头寸，来对冲掉初始交易建立的买或卖头寸。如果真要交割的话，交易所一般会指定交割时间和地点。如上述例子中的几种 CME 货币期货都要依跨国外汇结算系统(continuous linked settlement，CLS)进行现金交割。

2. 保证金制度

交易所在期货合约中一个核心作用就在于组织交易以便最大程度上减少合约违约的情况。而降低风险的一个重要方法就是保证金制度。因此，参加交易者必须选择一家交易所的会员公司开立账户，于是会员公司就成为该交易者的经纪人。会员公司本身必须向交易所的清算机构交纳保证金，会员公司又会要求该交易者开立保证金账户。交易者要将每天的利润加入该保证金账户中，并在出现亏损时从中扣除。结算系统每天都会统计每个交易账户的盈亏，以保证账户上的数额可以随时提高以适应市场的波动，从而减少违约风险。

接下来我们以一个例子来说明保证金是如何操作的。

假设一个投资者，在 2023 年 3 月 29 日(星期三)与其经纪人联系，打算购买两份 CME 的 2023 年 6 月的英镑期货合约。我们假设当时的期货价格为每英镑 1.2000 美元。每个合约的规模为 62 500 英镑。所以该投资者约定的购买总额为 125 000 英镑(这一购买行为称为"开仓")。经纪人要求投资者将一定的款项存入保证金账户(margin account)中。

投资者首先要缴纳一个初始保证金(initial margin)，即最初开仓交易时必须存入的资金数量。假定此时每一份合约的保证金为$2000，则该投资者的初始保证金总额为$4000。

接下来，这个保证金账户就要进行每日的盯市操作(marked to market)。由于标的货币的市场价格随时间波动，一份期货合约的市场价值也就时刻在发生变化。因此，在每天交易结束时，保证金账户要进行调整，以反映该投资者的盈利或损失。对于我们这个例子中的投资者而言，价格涨则盈利，跌则亏损。

一笔交易是在该交易发生日结束时首次进行盯市结算的。随后，在每个交易日结束时，都要进行盯市结算。到了交割日，由期货空头方履行交割义务，收取的价格通常为合约最后盯市时的期货价格。

盯市制不仅仅是经纪人和其客户之间的协议。当期货价格下降带来损失时，比如是$600，期货多头投资者的保证金账户就要减少$600，该投资者的经纪人必须向交易所支付$600，交易所将这笔资金转交给空头投资者的经纪人；相反，当价格上升时，空头方的经纪人将资金支付给交易所，交易所再将它转交给多头方的经纪人。因此，盯市操作使一个期货合约实际上是每天平仓并以新的价格重新开仓。

为了确保保证金账户的资金余额在任何情况下都不会为负数，一般还会有维持保证金(maintenance margin)的规定。这一数额通常低于初始保证金，比如是初始保证金的75%。这两者之间的差额被称为变动保证金(variation margin)。如果在某日盯市操作之后保证金账户的数额低于维持保证金，投资者就会收到一个保证金催付(margin call)通知，要求其在一个很短的期限内将保证金账户内资金补足到初始保证金的水平。

我们可以通过表13-4来直观地理解保证金的操作。

表13-4 两张英镑期货合约多头的保证金操作

假设：初始保证金为每张合约$2000，共计$4000；维持保证金为每张合约$1600，共计$3200。合约于2023年4月10日以$1.2000的价格开仓，并于5月1日按$1.1923的价格平仓。交易标的为125 000英镑。

日期	期货价格($)	每日盈利(亏损)($)	累积盈利(亏损)($)	保证金账户余额($)	保证金催付($)
	1.2000			4000	
4.10	1.1970	(375)	(375)	3625	
4.11	1.1961	(112.5)	(487.5)	3512.5	
4.12	1.1982	262.5	(225)	3775	
4.13	1.1971	(137.5)	(362.5)	3637.5	
4.14	1.1967	(50)	(412.5)	3587.5	
4.17	1.1954	(162.5)	(575)	3425	
4.18	1.1933	(262.5)	(837.5)	3162.5	837.5
4.19	1.1936	37.5	(800)	4037.5	
4.20	1.1918	(225)	(1025)	3812.5	
4.21	1.1927	112.5	(912.5)	3925	
4.24	1.1865	(775)	(1687.5)	3150	850
4.25	1.1865	0	(1687.5)	4000	
4.26	1.1881	200	(1487.5)	4200	
4.27	1.1887	75	(1412.5)	4275	
4.28	1.1910	287.5	(1125)	4562.5	
5.1	1.1923	162.5	(962.5)	4725	

注：这里的汇率变动都是假设的，不过不妨碍我们理解基本原理。括号内的数字代表损失；净损益额= 4000 + 837.5+850 - 4725 =$962.5。

4月18日保证金账户的余额低于维持保证金，所以发出要求追加保证金$837.5的"保证金催付"通知；投资者在4月19日补足了保证金。

4月24日再次低于维持保证金，所以发出要求追加保证金$850的"保证金催付"通知；投资者在4月25日补足了保证金；5月1日投资者决定卖出两张合约来平仓(美国联邦政府没有把5月1日确认为全国性的法定节假日)。

假定在整个过程中投资者没有抽走超过初始保证金的超额资金。

以上我们可以看到保证金操作的基本原理。另外，实践中还有一些关于保证金的规定。比如，初始保证金以上的金额可以被投资者随时抽走；一些经纪人允许对投资者的保证金账户余额支付利息；初始保证金有时可以用有价证券来代替，如短期国库券可以按面值的 90%来代替现金，股票有时按面值的 50%来代替现金。

另外，对于不同的客户可能有不同的要求。对一个真正的套期保值者的要求通常低于对投机者的要求；如果期货合约中标的资产的价格波动特别大，可能也要求更多的保证金；等等。

除了保证金之外，在期货交易中还可能涉及结算所和结算保证金(exchange clearing house & clearing margin)。结算所往往是交易所的附属机构，是期货交易的媒介或中间人，保证交易的履行。它会对每日发生的所有交易进行记录，以便计算每一会员的净头寸。

结算所要求其会员在结算所开设一定的保证金账户。经纪人如果本身不是结算所的会员，必须在结算所会员那里开设一定的保证金账户。这样做的目的是降低市场参与者由于对方违约而蒙受损失的可能性。

总之，保证金制度的最终目的是降低市场参与者由于对方违约而蒙受损失的可能性。整体来说，这个制度是成功的，由于违约而产生的损失几乎是不存在的。

13.2 外汇期货的应用

第一节中讲述了期货合约在锁定未来价格上的特点。那么，人们如何在实践中利用外汇期货来为自己服务呢？本节将聚焦外汇期货的几个最基础的实际应用。

13.2.1 套期保值

1. 套期保值的含义和基本方式

厌恶风险的投资者可以将所面临的风险通过期货合约对冲或转移出去，即套期保值。具体来讲，利用期货合约既可以进行多头套期保值，也可以进行空头套期保值，这取决于投资者本身所面临境况。

(1) 多头套期保值(long hedging)。假设一个投资者(某个个人或公司)要在将来某一特定的时间支付某一货币，那么他就要在未来买入该笔外汇。如果该货币未来的币值上升，则会增加购买者的支付成本。这时，如果买入相应的期货合约，可以锁定未来购买外汇的价格，或者通过期货合约价格变化带来的损益对冲掉现货市场上价格变化带来的损益，这就是利用期货进行的多头套期保值，这一操作也叫买空。

(2) 空头套期保值(short hedging)。假设一个投资者(某个个人或公司)要在将来某一特定的时间收到某一外汇，那么他就要在未来卖出该笔外汇。如果该货币未来的币值下降，则会减少出售者的所得。这时，如果卖出相应的期货合约，可以锁定未来卖出外汇的价格，或者通过期货合约价格变化带来的损益对冲掉现货市场上价格变化带来的损益，这就是利用期货进行的空头套期保值，这一操作也叫作卖空。

可见，套期保值的原理主要在于对冲损益，使结果更为确定，减小未来的不确定性。

专栏13-2 一个套期保值的例子

2023年2月一家美国公司A公司预计一个月后即3月收到AUD2 500 000的出口销售货款。因为这是一笔远期收款，所以要用空头套期保值。

具体的操作和结果如下。

现在要卖空(sell short)20个单位(2 500 000/125 000 = 20)的澳元期货合约。该期货合约的基本信息如右边文本框所示。

需要支付的手续费(commission)：$500(= 20 × 25)

保证金账户(margin account)：$40 000(= 20 × 2 000)

此时价格：0.6456 $/$A

> 期货合约有关规定：
> 佣金(comm)：$ 25/unit
> 保证金(margin)：$ 2000/unit
> 一份合约(unit Amount)：AUD125 000

在此期间，合约每天进行清算，直至到期日。若价格下降，持有人赚钱，贷记其保证金账户；若价格上升(使持有人赔钱)，则借记保证金账户。

到期日价格：0.6290 $/$A

卖空者可以从该期货合约中获利：$41 500(=20 × $2075)

($ 2075 = 125 000 ×(0.6456 −0.6290))

同时，由于澳元贬值，给A公司在应收账款上的损失为$41 500。

最后，A公司的期货合约收益和应收账款损失相互抵消。当然，A公司需要支付500美元的手续费。但是，相较而言，A公司所面对的风险大大减少了。

2. 期货合约中的基差风险

用期货进行套期保值可能涉及另一个重要问题，这就是基差(basis)和基差风险(basis risk)。

1) 期货价格与现货价格的关系

从上述例子中可以看到两种价格：一个是标的货币的即期市场价格，即现货价格，一个是标的货币的期货价格。显然，随着期货合约交割时间的逼近，期货价格应该逐渐收敛于现货价格；当到达交割期限时，两者应该相等或非常接近。因为，如果此时两种价格存在差别，则存在明显的无风险套利机会。随着对这种机会的利用，两种价格也会越来越接近(见图13-1)。

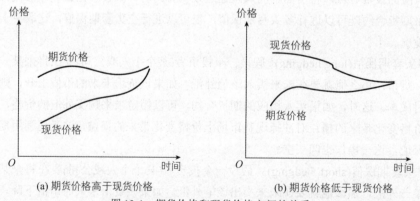

(a) 期货价格高于现货价格　　(b) 期货价格低于现货价格

图 13-1　期货价格和现货价格之间的关系

在很多期货合约中，甚至直接规定最后交易日的结算价格是标的资产现价的收盘价，这保证了期货价格收敛于现货价格。

2) 基差和基差风险

接下来,我们用 S 代表现货价格,F 代表期货价格,就可以定义基差。

时点:	t_1	t_2	t
现货的价格:	S_1	S_2	$\Delta S = S_2 - S_1$
期货的价格:	F_1	F_2	$\Delta F = F_2 - F_1$

上面有不同时刻的现货和期货价格,我们将某一时刻计划进行套期保值资产的现货价格与所使用合约的期货价格之差称为基差(basis),即:

基差(b)=计划进行套期保值资产的现货价格(S)—所使用合约的期货价格(F)

于是,在这两个时刻,就有两个基差①,如式(13-1)所示:

$$b_1 = S_1 - F_1, \quad b_2 = S_2 - F_2 \tag{13-1}$$

现在假设要处理的整个资产由 1 单位现金(或即期外币的多头寸)组成,将由 1 单位外币期货的空头寸套期保值。在时刻 1 进行操作,并在时刻 2 进行平仓,两个市场的盈亏相互抵消。则整个资产价格的改变量是:

$$\Delta V = (S_2 - S_1) - (F_2 - F_1) = \Delta S - \Delta F = b_2 - b_1 \tag{13-2}$$

由式(13-2)可见,如果 $\Delta S = \Delta F$,就有 $\Delta V = 0$。或者,要想使整个资产的价值没有变化,就必须有 $b_2 = b_1$。也就是说,要想进行完全的套期保值,期货头寸的价值必须与被保值的资产的价值完全同步变化(变化的方向是一样的,但由于分别以多头和空头形式持有,所以影响符号相反)。

假设期货中涉及的外币数量与目标资产头寸涉及的外币数量完全相等,则完全的套期保值要求期货价格与目标货币到期或现货价格在变化上一一对应,即基差是不变的。但事实上,通常存在即期价格与期货价格的波动不是完全对应的风险,这个风险直接影响着资产的价值,被称为基差风险②。使用期货套期保值永远不会完全消除外汇风险,因为基差风险是常常存在的,只不过要小得多而已。

具体来讲,对于金融资产和商品的期货,影响和决定其基差的因素有所不同。对于金融资产而言,影响基差的因素比较直接。基于有效市场和没有套利机会的原则,基差通常取决于利率和标的资产的回报率之间的差异。而对于商品期货而言,问题就要复杂得多。因为商品期货还会涉及生产成本、天气、储存、减损等实际问题。对于不同的套期保值者,基差的变化也有着不同的影响(见表 13-5)。

---

① 在有的书里基差的算法正好与这里的相反。只要统一规定好基差的计算,不会对分析问题带来实质性的影响。

② 由于套利会使投资性资产的期货价格和现货价格之间较好地保持某一确定的关系,因此对于外汇、股票指数、黄金和白银等资产来说,其基差风险是很小的。但是,对于原油、谷物或铜等这些商品来说,由于供需之间的不平衡及保存的困难,就可能出现基差的大范围变化,即存在很高的基差风险。

表 13-5 基差风险的不同状况

套期保值头寸状况	现货市场			期货市场			综合损益	基差状况 $(S_2-F_2)-(S_1-F_1)$	
	买价	卖价	价差	买价	卖价	价差		扩大	缩小
期货空头	S_1	S_2	S_2-S_1	F_2	F_1	F_1-F_2	$S_2-S_1+F_1-F_2$	改善	恶化
期货多头	S_2	S_1	S_1-S_2	F_1	F_2	F_2-F_1	$S_1-S_2+F_2-F_1$	恶化	改善

所以，好的套期保值取决于发现一个价格波动与被保值资产的价格高度相关的期货合约。

专栏 13-3　一个关于套期保值中的基差风险的例子

一个美国投资者有 62 500 英镑多头寸的资产，因此卖出期货合约以轧平头寸。

	即期价格	基差	期货价格
初始价	$1.2545	-0.0075	$1.2620
一个月后	$1.2350	-0.0110	$1.2460
收益/损失	-$1218.75		$1000

净损益：$1000 - $1218.75 = -$218.75

另一种方法是观察基差的变动：-0.0110 - (-0.0075) = -0.0035

由此产生了净现金流动：-$0.0035/£ ×(62 500£)= -$218.75

可见，在很多情况下，运用期货进行套期保值是不完全(或不完美)的。不过，来自基差风险的损失要比不进行套期保值的损失小得多，所以仍然有必要进行套期保值。

3) 最佳套期保值比率

在不考虑基差风险之前，我们都假定期货价格与现货价格变化是一致的。在这样的前提下，我们就尽可能地为面临风险的资产进行套期保值。但是，由于基差风险的引入，这个问题就不再那么简单了。这时候，要想让风险最小化，不一定要对风险暴露资产全部进行套期保值。如果我们将持有期货合约的头寸大小与风险暴露资产大小之间的比率称为"套期保值率"的话，它就不一定要取值 1。那么，究竟要怎样确定最佳的套期比率呢？

我们以一个例子来分析一下。

假设该套期保值者持有：资产的多头；期货的空头，即是一个空头套期保值者。套期保值的期限是 t_1 到 t_2。假设套期保值比率为 h (F/S)，该投资者在时刻 1 进行操作，并在时刻 2 进行平仓，两个市场的盈亏相互抵消。根据前面对基差的分析，用式(13-3)表示其套期保值期限内头寸的价值改变量：

$$\Delta V=(S_2-S_1)-(F_2-F_1)\times h=\Delta S-h\Delta F \tag{13-3}$$

保值的目的是使 ΔV 的波动越小越好，也就是最佳保值比率 h 应该使它的波动达到最小。用方差可以测度一个指标的波动情况，所以，用式(13-4)表示 ΔV 的方差 v 有：

$$v=\sigma_S^2+h^2\sigma_F^2-2h\rho\sigma_S\sigma_F \tag{13-4}$$

其中，σ_S 是现货价格的波动 ΔS 的标准差，σ_F 是期货价格的波动 ΔF 的标准差。求一阶导：

$$\frac{\partial}{\partial h}v=2h\sigma_F^2-2\rho\sigma_S\sigma_F \tag{13-5}$$

根据式(13-5)，二阶导($2\sigma_F^2$)为正数，所以 v 是 h 的凸函数，当 h 取值使一阶导数为零时有最小值，即当 $h = \rho\sigma_S/\sigma_F$ 时达到最佳的套期保值效果，h 就是最佳的套期率，即 ΔS 和 ΔF 之间的相关系数乘以 ΔS 的标准差与 ΔF 的标准差的比率。

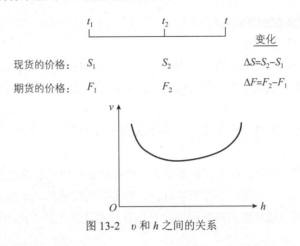

图 13-2 v 和 h 之间的关系

显然，最佳套期率为 1 只是一种特例，即 $h=1$ 的状况，此时要有 $\rho=1$，$\sigma_S=\sigma_F$。但更多的情况是 ρ 不能取 1，所以进行最佳的套期保值往往不是以全部的风险暴露资产为标的数量，而是要具体情况具体分析。

专栏 13-4 最佳套期保值比率与期货合约的选择

例如，A 公司预计 3 个月后需支付货款，可选用 100 万英镑或 115 万欧元进行支付。为了套期保值，A 公司可购买英镑期货合约或欧元期货合约。在 3 个月内，每英镑的价格变化的标准差为 0.032，每欧元的价格变化的标准差为 0.045；英镑期货合约的价格变化的标准差为 0.040，欧元期货合约的价格变化的标准差为 0.050；3 个月内英镑价格的变化与 3 个月内英镑期货价格变化之间的相关系数是 0.8，同期欧元价格的变化与欧元期货价格的变化之间的相关系数是 0.78。A 公司应该选择哪种期货合约？选择不同类型的期货合约的最佳套期保值比率分别是多少？

不同的期货合约蕴含着不同的基差风险，要尽可能地规避该风险，所需做的选择主要包括选择期货合约的标的资产和选择交割月份。

对于期货合约的标的资产，主要考虑其和目前现货价格之间的相关度，相关度越高，风险越小，套期保值效果好的概率才会越高。此处，英镑价格变化与其期货价格变化的相关系数较之欧元及其期货更高，在其他条件一致的情况下，A 公司应选用英镑期货合约进行套期保值。

对于交割月，则应该尽量选择最接近套期保值到期的那个交割月份，当然交割月要在套期保值到期之后。之所以这样，是因为在某些情况下，交割月份中的期货价格非常不稳定。同时，如果多头的保值者在交割月份中持有合约，则可能面临着不得不接收实物资产交割的风险，这会增加成本。另外，在选择期货合约的到期日(期限)时也要考虑基差风险。

英镑期货合约最佳的套期率为：$0.8 \times (0.032/0.040) = 0.64$。一张英镑期货合约是 62 500 英镑。因此 A 公司应该购买的英镑期货合约数量为：$0.64 \times (1\,000\,000/62\,500)=10.24$，省略小数，需要 10 张合约。

如果A公司出于其他原因仍选用欧元期货合约,则最佳的套期率为:0.78×(0.045/0.050)=0.702。一张欧元期货合约是125 000欧元。因此A公司应该购买的欧元期货合约数量为:0.702×(1 150 000/125 000)= 6.46,省略小数,A公司可能购买6张或7张合约。

3. 期货合约套期保值的优点与缺点

1) 期货合约套期保值的优点

相比于用远期合约进行套期保值,期货合约的优点主要体现在以下几个方面。

(1) 交易成本更低。达成远期合约可能面临漫长的谈判过程,与远期合约相关的手续费用也较高。

(2) 市场效率更高。期货合约的交易规模比远期合约大得多,价格变化也更接近于市场价格的实际变动。

(3) 流通性能更强。远期合约是非标准化的,难以转让;期货合约的流动性强,转让方便。

(4) 违约风险较低。由于保证金等制度设计,期货合约的违约风险较小。

(5) 使用更为便利。这种便利性是期货合约自身标准化程度高、流动性好、信息公开透明带来的结果。

2) 期货合约套期保值的缺点

但是,在实际应用时,利用期货合约进行套期保值也有不尽如人意之处,具体如下。

(1) 期货合约往往都是短期的,最长的也就1年,而且6个月以上的合约市场就比较小了。因此,就不能像远期和掉期市场一样进行长期的套期保值。

(2) 期货合约的标准金额有时很难正好与要保值的头寸相吻合。

(3) 期货合约的到期日有时不能很好地与要保值的现金流到期日相匹配。

(4) 在某些情况下可能需要防范风险的资产与期货合约的标的资产不完全一样。

(5) 套期保值者可能并不能肯定购买或出售资产的确切时间。

(6) 套期保值可能要求期货合约在其到期日之前就进行平仓。

13.2.2 投机

期货合约的交易双方也可能都是投机者,他们在预测汇率波动的基础上,可以利用外汇期货合约,通过低价买进、高价卖出的买空卖空活动来赚取收益。这时,投机者并不是出于对未来外汇债权或债务进行保值的目的从事期货交易,只是单纯地在期货市场上进行单向操作,在某种外汇价格的波动之中,进行冒险性的、带有赌博性质的交易。

如果你对某种货币的币值波动持牛市观点的话,则可以通过买进该种货币的期货合约来获利,这被称为"买空"的多方投机;相反,则可以做"卖空"的空方投机。

专栏13-5 巴林银行破产案

巴林银行成立于1762年,是英国历史最悠久的银行之一。到1993年年底,巴林银行资产总额59亿英镑,居英国第18位、世界第523位。作为拥有显赫历史的老牌银行,巴林银行一度深得投资者信任,前英国女王伊丽莎白二世也是它的长期客户。但在1995年2月27日,英格兰银行(英国中央银行)宣布这一拥有超过200年历史的银行破产,使得国际银行业大为震撼,也再次给人们敲响了警钟——金融衍生品交易的风险不可忽视。

导致巴林银行破产的直接原因是一位交易员越权使用金融衍生工具。在其新加坡附属机构的期货交易部经理尼克·利森(Nick Leeson)于1995年1—2月开始大量买入日经指数期货合约多头。不巧的是，受1995年1月日本关西地区地震等影响，日本股市节节下滑。但是，利森并未悬崖勒马，他瞒过新加坡国际期货交易所(SIMEX)及巴林银行的监管，从1995年1月末到2月23日共买进了15 000~20 000笔日经指数期货合约，总价值超过70亿美元。

根据SIMEX的规定，每份日经指数期货合约需交纳的保证金为62.5万日元，若价格变动致使保证金低于50万日元，须补足保证金。当1995年2月23日SIMEX要求巴林银行持有的日经指数期货多头追加保证金时，巴林银行伦敦总部才发现利森已亏损超过9亿美元，且期货合同未至交割期，亏损仍在扩大。测算显示，日经指数每下跌1点，巴林银行的损失就将增加2000万日元。而在1993年年底，巴林银行的资本金加储备仅有约4.5亿美元，不及亏损额的一半。巴林银行不得不向英格兰银行寻求保护，后者最终宣告了它的破产。

1995年3月5日，国际荷兰公司集团(ING)宣布收购巴林银行全部业务并保留大部分雇员，这场危机才不至于让巴林银行的员工、债权人和股东面临难以承受的损失。虽然事后看，巴林银行的破产没有对国际金融市场产生显著的长期影响，但短期影响仍相当剧烈。1995年2月27日巴林银行被宣布破产当天，日经指数跌幅3.8%，英镑对德国马克汇率迅速跌破2.3000的重要支持位，为两年来最低点。

严重的内部控制缺陷、外部监管不力与金融衍生工具风险防范机制不完善等诸多原因造成了巴林银行的悲剧结局。可见，衍生品一旦脱离了套期保值的初衷而成为投机手段时，可能面临的风险极高。但是，巴林银行破产并不是对金融衍生工具的否定，在内外部监管机制完善的情况下，金融衍生品仍然可以成为投资者优良的避险及投资工具。

投资者还可以利用期货之间价格差的变化来赚钱。一般是同时买进和卖出两种不同种类的期货合约，由于不同种类期货价格变动不同，所以可以利用差价来获取利润。

这样的交易和单方向的投机活动不同，风险相对较小。因为单方向的投机活动是利用同一种类期货价格的变动而获得，当汇率发生意料之外的剧烈变动时，风险较大。套利则是利用同种外汇不同交割月份的期货合约在价格运动方向上的一致性进行双向操作，风险较小。它通过买卖之间的价格差异获取利润，进行这种交易时，交易者注重的是合约之间的相互价格关系，而不是绝对价格水平，他们买进自认为便宜的合约，卖出价格高的合约。只要合约价格的变动方向与预测的一致，就可以从两种合约之间的价格关系变动中获利。

套利交易主要有跨期套利、跨市套利和跨品种套利三种形式。

跨期套利指交易者同时买进和卖出相同币种但交割月份不同的外汇期货合约，利用两个或多个合约价格差的变化来赚取利润。

跨市套利指利用同一外汇期货合约在不同的交易所存在的价格差异而套取利润的行为。套利者根据对不同外汇期货市场价格走势的预测，同时在两个交易所买卖两种相似的但交易方向相反的外汇期货合约，以赚取中间的差价。

跨品种套利指利用两种不同的但是相关联的外汇期货合约之间的价差进行的套利交易。这种交易的价格变动的方向并不重要，重要的是在这段时间内价格变动幅度的宽与窄。跨品种套利的损益是由开始套利的价格及最后清算的价格之间的相对差异程度决定的,只要是两种相互关联的外汇期货合约的价格呈同一方向变动,但变动幅度不同,其中一种外汇期货合约的价格变化幅度比另一种合约大,就可以通过同时买进和卖出相同交割月份但不同种类的外汇期货合约进行套利。

13.3 外汇期权合约

期权交易的历史并不算长,股票期权于 1973 年首次在有组织的交易所内进行交易;1973 年美国芝加哥期权交易商会成立。外汇期权交易出现相对较晚,第一笔在有组织的市场上进行交易的外汇期权合约于 1982 年在美国费城股票交易所(PHSE)出现,是英镑期权和德国马克期权,这标志着外汇期权交易成为一种正式的投资工具。随后,伦敦、悉尼等世界上一些重要的交易所也相继开始了期权交易,使期权市场发展起来。20 世纪 80 年代后期,国际金融市场上一些外汇银行开始经营外币现汇期权,期权交易进入场外市场并形成正式的交易制度。2011 年 4 月我国也推出了人民币兑外汇期权交易。如今,期权在世界各地的不同交易所都有交易。

期权的最基本用途是避免标的物价格变动的风险,其最大特点是在保留从标的物有利价格变动中获取收益的可能性之外,同时防范了不利价格变动可能带来的更大损失。此外,期权是许许多多有价证券、金融工具的建筑砌块,无论怎样强调期权的重要性都不过分。到目前为止,期权已经成为一种重要的保值避险和投机的工具。

外汇期权合约是期权合约的一种,所以我们首先了解期权合约。期权(option),也称选择权,是指具有在约定的期限内、按照事先确定的"执行价格",买入或卖出一定数量的某种商品、货币或某种金融工具契约(标的物)的权利(right)。期权交易把权利作为可以自由买卖的商品,通过买卖期权合约来进行。因此,期权合约(option contract)就是期权交易双方确定交易关系的正式法律文件,是一种标准化了的契约。期权合约的内容一般包括买方、卖方、执行价格、通知日和失效日等。

可见,外汇期权就是标的物为外币的期权合约,这个标的还可以是股票、股票指数、债务工具、商品,甚至期货合约,因此还可以有股票期权、期货期权、不动产期权和黄金期权等。下面主要介绍外汇期权合约的内容。

13.3.1 外汇期权合约的主要内容

1. 外汇期权的价格

外汇期权合约中涉及的价格有期权价格和执行价格。

(1) 期权价格(premium),也称期权费、权利金、保险费。这是期权买方为取得期权合约所赋予的权利而付出的、由期权卖方收取的金钱。期权价格的标价方式可以是按每个期权合约总共多少钱来报出(比如 1 个合约 20 美元)。为方便起见,其通常以每单位标的物的货币数量(如美元或美分)来表示。该费用在期权合约成交时一次付清,而不论买方是否执行该权利,对这笔支付都是没有追索权的。期权费的大小受汇率的波动性、期权合约的时间长短等因素影响。

(2) 执行价格(strike price or exercise price)，是期权买方可以在未来一定时间或某一时间内履行看涨期权(或看跌期权)合同的时候，买入(或卖出)标的物的价格。场内期权交易的执行价格通常由交易所事先确定。

期权合约最重要的特点就是：期权合约的买方在支付期权费后，合同即赋予买方拥有在有效期内买入(或卖出)标的物的权利，但买方不承担到期或到期以前必须履约的任何义务。若行市有利，则可以行使这个权利；若行市不利，则有不执行合同的权利。因此，期权买方最大的可能亏损就是支付的期权费，而且在某些情形下，理论上期权买方的收益可达无穷大。对于期权合约的卖方，则是在期权合约交易中赚取了期权费。但是，当买方要求行使合同赋予的权利时，期权卖方必须按合同条件履约。所以在行市对买方极为有利的一些情形下，理论上期权卖方可能面临上不封顶的亏损。

2. 外汇期权的分类

我们从下述三个不同的角度对外汇期权进行分类、观察。

1) 根据权利划分

如果赋予持有者履约时买入标的物的权利，就是看涨期权(买入期权，call option)；相反，若有卖出标的物的权利，则是看跌期权(卖出期权，put option)。特别要注意的是，所谓期权买方是指期权交易中支付期权费而获得是否履行主动权利的一方，而不是看涨期权合约本身赋予的买入标的物的行为；所谓期权卖方是指期权交易中收取期权费而承担被动履约的一方，而不是看跌期权合约本身赋予的卖出标的物的行为。

2) 根据履约时间划分

如果只能在期权到期日选择执行，那么就是欧式期权(European-style option)；如果可以在期权有效期内的任何一天里选择执行，就是美式期权(American-style option)。显然，如果到期时间相同，美式期权具有较大的灵活性，所以通常美式期权的期权费要高于欧式期权的期权费。

3) 根据组织方式划分

对于一般的期权交易，既可以在期权交易所进行，也可以在场外市场进行，外汇期权也是如此。根据这种组织方式的不同，可以对外汇期权进行分类。

(1) 场内交易期权(organized option market)，是指在交易所内(the exchange-traded market)成交的期权交易。这种期权交易形成的外汇期权合约都是标准化的，有效期日、名义本金、交割地点和代理人、执行价格、保证金制度、期权头寸限额、交易时间及履约规定都是由交易所制定的；只有交易所会员才有权成交，非会员不得直接参与，需要委托场内会员经纪人进行交易；期权清算所(OCC)结算期权交易双方的盈亏。对于外汇期权价格的报价方式，可以是按每个外汇期权合约的总期权费为多少美元来报出，也可按每一单位外汇的期权费用为多少美元(或美分)数来进行报价。著名的期权交易所有美国费城交易所(PHLX)、CME、LIFFE、LSE 交易所等。

(2) 场外交易期权(over-the-counter market)，是指不经过证券交易所而是金融机构、大公司等直接通过电话、电传进行的期权交易。银行间整手交易期权合约名义本金额都在 100 万美元以上。对于场外银行之间期权交易中期权费的报价，遵守一定的国际惯例，期权合约名义本金额通常为几百万美元，期权费按合同名义本金额的百分比采用双向报价方式，即同时报出看涨期权的买价和卖价、看跌期权的买价和卖价。场外期权交易的主要优点是合同名义本金额大且条件灵活,可依客户特殊需要而订立(tailored)。当然,期权的购买者必须评估出售该期权的银行的信用。

4) 根据标的性质划分

根据此种分类方式,外汇期权交易还可分为现货期权交易、期货期权交易和期货合约式期权交易。

(1) 现货期权交易(options on spot exchange)是指看涨期权的买方有权在期权失效日或到期日之前,按执行价格买入一定数量的某种货币,建立该货币的多头地位,它是最基础性的期权交易。

(2) 期货期权交易(options on foreign currency future)与现货期权有所不同,看涨期货期权买方有权但不负义务在到期日之前按执行价格取得外汇期货的多头地位;看跌期货期权买方有权按执行价格建立外汇期货的空头地位。

(3) 期货合约式期权交易(futures-style options)也可以说是期权期货交易,当某人预计期权行情上涨,就会购买看涨期权的期货,取得该期货多头地位,出售者则对应处于该期货空头地位,之后,如果期权行情果然上涨,该期权的期货也会上涨,原购买者冲销期货即可获利,原出售者赔本;如果期权行情反而下跌,则原购买者亏损,原出售者盈利。

在这几种外汇期权交易中,我们接下来的讨论只限于现货外汇期权。

13.3.2 外汇期权合约的分析

期权是一种标准化产品,每个合同的金额是标准的,不过不同交易所规定的标准外汇期权合约名义本金额可能不一样。比如,PHLX 英镑期权合约金额为£10 000(见表 13-6),而 CME 一个英镑期权合约为£62 500。

表 13-6 美国纳斯达克 PHLX 交易所外汇期权

币种	英镑	日元	欧元	瑞郎	加元	澳元	新西兰元
符号:欧式	XDB	XDN	XDE	XDS	XDC	XDA	XDZ
合同规模	10 000	1 000 000	10 000	10 000	10 000	10 000	10 000
汇价最小变化 代表价值($)	0.0001 1.00	0.000 001 1.00	0.0001 1.00	0.0001 1.00	0.0001 1.00	0.0001 1.00	0.0001 1.00
有效期月份	3月、6月、9月、12月						

资料来源:纳斯达克证券交网所网站。

在交易所交易的期权价格具有最小价格变化,是指每一单位外币的期权价格变化为多少美元;期权合约也有仓位限制(position limits),对于不同标的物的限制不同;期权合约还具有标准的有效期月份,如 3月、6月、9月、12月;期权合约在有效期月份中有规定的失效日。根据期权定义,超过有效期的期权合约作废。

在场内交易,期权的买方通常在期权成交时就立即支付期权费;场内交易的经纪人从客户处收取佣金(commissions)。例如,客户在费城交易所买或卖每个期权合约的手续费(佣金)约$16,一般是在期权成交时立即支付。

接下来,我们基于外汇期权的基本规定和特性对其进行损益分析。

1. 期权合约的损益分析

期权合约种类的不同会给交易者带来不同的损益影响,我们分别来看一下看涨期权和看跌期权的情形(见图 13-3、图 13-4)。其中,期权费为 P,现货市场价格为 S,执行价格为 K,损益平衡点为 F[①](此时投资者持仓的期权既未获利也没有亏损)。

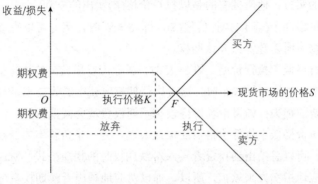

图 13-3　看涨期权的到期日损益

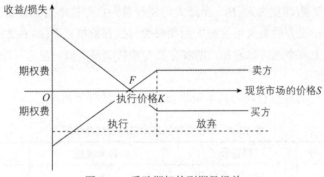

图 13-4　看跌期权的到期日损益

1) 看涨期权

看涨期权的买方所拥有的是以执行价格(K)买入标的货币的权利。当现货市场的价格(S)低于(等于)执行价格,即 $S \leqslant K$ 时,买方可以直接到现货市场上以更优惠的价格买入标的物,所以选择放弃该期权。

当现货市场的价格大于执行价格,即 $S>K$ 时,买方可以用较低的执行价格来购买,所以选择执行该期权。这两个价格差异较小时,通过执行期权所获得的收益不足以抵消掉花费的期权费,但会减少期权费的损失;如果市场价格较高,期权费就会被抵消掉,然后开始有盈余。这就是买方在现货市场价格高于执行价格后的损益表现,为一条正斜率的曲线。

根据上述分析,可以总结出当投资者买入看涨期权时的损益公式:Max($S-K$, 0) $-P$。其中,Max($S-K$, 0)又称为期权的内在价值,关于期权内在价值的内容将在下文说明。

买方的损益相应地由卖方来承担,所以,可以对应地画出看涨期权卖方的损益曲线。卖出

---

① 在损益平衡点 F,根据期权的不同性质有 $F=K\pm P(P>0)$。对于看涨期权,标的资产价格等于执行价格与期权费之和,即 $F=K+P(P>0)$;反之,对于看跌期权,标的资产价格等于执行价格与期权费之差,即 $F=K-P(P>0)$。此外,若考虑到佣金、机会成本等因素,该式可改写为 $F=K\pm C$,其中 C 为包括了期权费、佣金和机会成本等其他成本的标的资产单位成本。简便起见,本节中标的资产的单位成本 C 只取期权费 P。

看涨期权的损益情况与买入看涨期权相反,写为:$-\text{Max}(S-K, 0)+P$。理论上,看涨期权买方的最大可能损失为期权费(即损失为$-P$),而收益没有上限(前提是现货市场价格可以无限上升);卖方的最大收益则是期权费(P),而亏损没有上限。

2) 看跌期权

对于看跌期权的买方,他所拥有的是以执行价格(K)卖出的权利。

当现货市场的价格高于(等于)执行价格(S),即$S \geq K$时,买方可以直接到现货市场上以更高的价格卖出标的物,所以选择放弃该期权。

当现货市场的价格低于执行价格,即$S<K$时,买方可以用较高的执行价格来卖出,所以选择执行该期权。这两个价格差异较小时,通过执行期权所获得的收益不足以抵消掉花费的期权费,但会减少期权费的损失;如果市场价格较高,期权费就会被抵消掉,然后开始有盈余。这就是买方在现货市场价格低于执行价格后的损益表现,为一条负斜率的曲线。

根据上述分析,可以总结出当投资者买入看跌期权时的损益公式:$\text{Max}(K-S, 0) -P$。

买方的损益相应地由卖方来承担,所以,可以对应地画出看跌期权卖方的损益曲线。卖出看跌期权的损益情况与买入看跌期权相反,写为:$-\text{Max}(K-S, 0)+P$。理论上,看跌期权买方的最大可能损失为期权费(即损失为$-P$),而最大可能收益为执行价格与期权费之差(即$K-P$,此时标的现货价格$S=0$);卖方的最大可能损失为期权费与执行价格之差(即$P-K$),而最大可能收益为期权费(P)。从以上两个图可以看出,期权交易与期货交易类似,也是一个零和游戏,即一方的收益是另一方的损失。

表13-7列示了交易期权合约的基本策略及可能面临的损益情况。

表 13-7 期权交易的基本策略及损益情况

	损益公式	最大收益	最大亏损
买入看涨期权	$\text{Max}(S-K, 0)-P$	$+\infty$	$-P$
卖出看涨期权	$-\text{Max}(S-K, 0)+P$	P	$-\infty$
买入看跌期权	$\text{Max}(K-S, 0)-P$	$K-P$	$-P$
卖出看跌期权	$-\text{Max}(K-S, 0)+P$	P	$P-K$

2. 期权合约中的风险

期权交易的产生主要是以保值为背景的,但期权交易发展至今,所包含的投机性因素越来越大,蕴含的风险也就变得不容忽视。

对于场外交易的期权,由于买方所获得的是权利而非责任,所以,在支付了期权费后基本不存在违约与否的问题。如果买方在到期时选择执行合约的话,可能面临卖方拒绝执行合约或没有能力执行合约的情形,因而存在卖方的信用风险。而对卖方而言,他最大的风险来自标的物市场价格的变动。因为卖方出售的是一种权利,如果在期权有效期内标的物市场价格朝着对卖方不利的方向变化,其亏损将是很大的,这一点可以从上面的损益图中看出。所以,期权卖方必须用种种措施来保护自己。当然,这也意味着买方要防范卖方违约的信用风险。

对期权买方与卖方来讲,他们共同承担的风险是清算风险。不过,场内期权交易由于交易所保证金要求及清算制度严格健全,信用风险与清算风险都很小。

13.3.3 期权合约中的价格

作为一种非常特殊的金融产品，期权的价格是如何确定的呢？当买卖双方在达成交易的时候，他们是怎样判断对自己有利的价格并接受它的呢？这里就涉及期权价格的构成，以及影响价格的因素和确定价格的一些理论模型。

首先，我们来看一下一般期权价格的构成。在这里，当我们提到期权价格、期权费或者期权价值时，它们的含义是一致的，都是指为了获得买入(或卖出)每一个标的物(如商品、股票、外汇、期货等)的权利，要支付的费用(这里就用美元或美分作为支付时使用的货币)。因此，期权费实际上就是对这种权利的一个标价，是期权所赋权利的价值表现。

期权价值可以分解为内在价值和时间价值，期权价格大致就是这两种价值之和。那么，这两种价值有什么样的经济含义呢？我们就通过对外汇期权的考察来回答这个问题。

1. 期权的内在价值(intrinsic value)

期权的内在价值是指在立即履行期权合约的条件下，期权的经济价值即期权履约给买方所带来的收益。对于看涨期权的买方，期权的内在价值可表示为 $Max(S-K, 0)$；对于看跌期权的买方，期权的内在价值则为 $Max(K-S, 0)$。不难看出，如果在期权买方立即履行期权时不能获得收益，则内在价值为零。而期权买方能否在履行合约的情况下取得收益，取决于执行价格与标的货币的市场价格之间的关系。也就是说，这两种价格之间的对比就影响着内在价值。

对于看涨期权的买方，当标的货币的市场价格高于执行价格($S>K$)时，通过执行期权合约可以获利，此时具有内在价值；对于看跌期权的买方，情况正好相反，在标的货币的市场价格低于执行价格($S<K$)时，该期权具有内在价值。我们将具有内在价值的期权称为实值期权(in the money，ITM)。

相反，对于看涨期权的买方，如果市价水平低于执行价格，此时该期权不具有内在价值，称为虚值期权(out of the money，OTM)。显然，对于看跌期权的买方，当市价水平高于执行价格时，该期权为虚值期权。显而易见，虚值期权表示该期权买方立即履约是无利可图的。

当然，也可能出现标的货币的市场价格和期权的执行价格相等($S=K$)或非常相近的情形。这时，该期权的买方立即履约就既不盈利也不亏损，这种期权被称为两平期权(at the money，ATM)。

根据上面的分析可知，两平期权或虚值期权对期权的买方来说都是不具有内在价值的。那么，如果忽略其他因素，具有实值的期权费显然应该比处于两平或虚值状态的期权费要高。但是，如果期权处于两平或虚值状态时期权的内在价值为零，那么它们的期权价值又该怎样表现呢？这就引出了期权的时间价值。

2. 期权的时间价值(time value)

时间价值是指期权价格超过它的内在价值的部分，是期权买方希望随着时间的推移，标的货币的市场价格向有利方向变动(或其他因素)能使期权增值时，愿意为购买这一权利付出的超过内在价值的那一部分金额。期权的买方愿意购买这个期权并为此承担超过内在价值的这一部分费用，就体现了买方对时间价值的评价。对于两平期权和虚值期权，由于没有内在价值，所以它们的期权价值与时间价值相等。因此，内在价值只对实值期权有意义。

3. 影响期权价格的因素

对于货币期权而言，内在价值只考虑执行价格与即期汇率之差，而时间价值则又包括以下几个内容：交割时间长短；汇率的波动率；标的货币的利率水平及利差等。因此，综合来看，可以将影响期权价格的因素总结如下。

1) 市场即期汇率(S)

给定执行价格，当标的资产的价格越高时，它的看涨期权的价值就越高；而当标的资产的价格越低时，它的看跌期权的价值就越高。

图13-5中，横坐标为即期汇率；实线上的点是当即期汇率高于执行价格时该即期汇率与执行汇率之间的差异；即期汇率越大，即期汇率与执行汇率之间的差异就越大，所以该曲线斜率为正。虚线表示的是该看涨期权的价值。即期汇率越高时，执行该期权就越有利可图，期权的价值即期权费就越大；当即期汇率水平很低时，期权价值接近0。[①]同理可得，一个欧式看跌期权的价值与即期汇率之间的关系图。

图13-6中，横坐标为即期汇率；实线上的点是当即期汇率低于执行价格时该执行汇率与即期汇率之间的差异；即期汇率越小，在执行价格已经事先确定的情况下执行汇率与即期汇率之间的差异就越大，所以该曲线斜率为负。虚线表示的是该看跌期权的价值。即期汇率越小时，执行该期权就越有利可图，期权的价值即期权费就越大；当即期汇率水平很高时，期权价值接近0。[②]

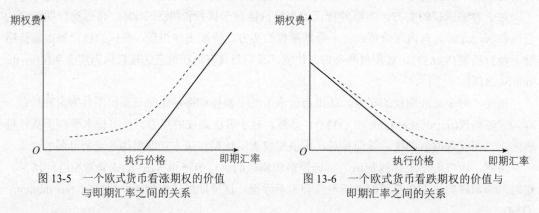

图13-5 一个欧式货币看涨期权的价值与即期汇率之间的关系　　图13-6 一个欧式货币看跌期权的价值与即期汇率之间的关系

2) 期权的执行价格(K)

在标的物即期价格 S 一定、到期日 T 相同时，看涨期权的期权费 P 与执行价格 K 成反比，即 K 越低，看涨期权执行的可能性就越大，所以 P 就应该越大；相反，K 越高，P 越小。看跌期权的情形正好跟看涨期权的相反。期权费 P 与执行价格 K 成正比，即 K 越低，看跌期权执行的可能性越小，P 越小；K 越高，P 越大。

3) 有效期(T)的长短

有效期对于欧式期权和美式期权的影响是不一样的。

对美式期权而言，若其他条件相同，如标的物价格 S 一定，执行价格 K 相同，则无论对于看涨期权和看跌期权都有：有效期越长，期权费越高。因为有效期长意味着更多的执行期权的

[①] 此时内在价值和时间价值都很低。

[②] 同上。

机会。

对于欧式期权而言，则不一定具备这样的特点，期限长并不一定带来更高的期权费。因为，欧式期权中的执行日只是一个时点，这个时点距离现在时间长并不意味着执行期权机会的增加，可能反而带来更大的不确定性。但是，从另一个角度讲，时间长也可能意味着更多的时间价值。所以，有效期对欧式期权价格的影响比较复杂。

4) 预期汇率波动率 σ 的大小

当外汇的价格不稳定，即汇率的波动率越大时，投资者就越可以利用期权的操作达到避免风险的效果，甚至增加获利机会，因而必须支付更多的期权费。在实际运用期权定价模型计算期权费时，可能涉及波动率的选择，这一点对期权费的计算结果有相当大的影响。历史波动率是对过去一段时间内的市场汇率波动方差的估计；隐含波动率(implied volatility)则表示对现在或近期内汇率波动方差的预期值，实际上反映了人们现在对将来某些不确定因素(如即期汇率)变化的预期。

5) 国内外利率水平 r_d、r_f 及利率差 $(r_d - r_f)$ 变动

期权业务所交付的期权费反映同期远期外汇升、贴水的水平，所以所收费率的高低与两种货币利率之差有关。这一点可以结合前面对利率平价、远期的讨论来理解。

6) 该期权的供给和需求状况

若某期权有较大范围的市场，期权买卖活跃，有较充分的竞争，期权买卖价差就会缩小。

专栏13-6　期权定价模型简介

期权定价模型的推导过程中要用到较复杂的数理统计、随机过程等知识，限于本章的篇幅，这里只简要介绍。读者若对期权定价模型详细推导过程有兴趣，可阅读其他参考书。

1. Black-Scholes[①](布莱克—斯科尔斯模型)欧式期权定价模型

迈伦·斯科尔斯(Myron Scholes)和费希尔·布莱克(Fisher Black)教授在1973年的一篇论文中提出了该模型，它较好地分析了影响欧式期权总价值的诸因素。实践中，该模型已经成为其他各种期权定价模型的基本出发点，影响着规模庞大的金融衍生产品市场。

该模型是建立在一系列假设基础上的，包括：不存在交易成本和税收，交易信息充分无成本；不存在流动性限制；交易是连续的；无风险利率对所有到期日都相同，等等。而有关股票的期权则是该模型关注的对象，并提出了股票期权的欧式期权定价方程。而后，该期权定价模型被经济学家应用到外汇期权上，在假设汇率和国内外债券价格的对数变化具有正态分布等条件下，总结出有关货币期权的定价模型。

在这个模型中，有如下因素影响着期权价格：即期汇率水平(S)、执行价格(K)、该期权距离到期日之间的天数(除以360折算成年)(T)、汇率的变动方差即汇率波动率(σ)；国内外利率差$(r_d - r_f)$等(见表13-8)。

---

① 迈伦·斯科尔斯(Myron Scholes)和费希尔·布莱克(Fisher Black)教授一起对这一模型做出了杰出贡献，前者还和罗伯特·默顿(Robert Merton)一起获得了1997年的诺贝尔经济学奖。

表 13-8　影响期权价格的因素

影响因素	看涨期权	看跌期权
即期汇率水平(S)	+	−
执行价格(K)	−	+
距离到期日之间的天数(T)	+	+
汇率波动率(σ)	+	+
国内外利率差($r_d - r_f$)	+	−

注："+"表示同方向变动，"−"表示反方向变动。

Black-Scholes 欧式期权定价模型在实践中的应用非常广泛，金融计算器中已经将模型中的公式编程，给定几个已知变量，就可以很方便计算出其他变量的值。

由于该模型建立在一系列严格的假设条件之上，使其适用性受到一定限制，于是后续学者对该模型的修正和扩展便从放松假设开始。后续的学者陆续把税收、交易成本及不同的价格分布等因素引入模型，不断丰富其应用场景。以原模型假设证券价格呈对数正态分布、价格变动连续为例，它实际上只描述了经济中某些平常条件给价格带来的正常变化，而未能反映出经济中的非正常状况可能给价格带来的异常变化，这种异常变化可能引起证券价格大幅而不连续的跳跃。对于此缺陷，学者们建立了离散时间期权定价模型，也称二项式模型，它克服了前述的连续性问题，在灵活性上优于布莱克—斯科尔斯模型，在现实中得到广泛应用。

2. 美式期权定价模型

美式期权定价模型则相对复杂一些，可以通过一些数学工具进行计算。在建立美式期权定价模型的过程中，基本思路是将时间轴分成几个离散时间点，将价格轴分成一系列价格点；然后利用期权与其他金融工具构造无风险套期保值资产组合，其中关键是推导每一期期权与其他金融工具的套期比率(hedging ratio)(当即期价格变化时，这个比率也随之变化，并且要及时调整组合中各资产头寸量)；而后确定美式期权价格到期时的边界条件；再经过几个离散周期点的推算，就可以获得美式期权价格。

1984 年 Geske 和 Johnson 推导出了美式期权定价的精确解析式。而由于美式期权定价的复杂性，相关研究至今仍在继续，如 1996 年 Prasad 等指出某些具有路径依赖性的期权可以用多项时间近似法则估价，1997 年 Grant 等论证可以用蒙特卡洛方法来评估美式期权价格的有效性，等等。

13.4　外汇期权的应用

13.4.1　外汇期权交易的一般性作用

1. 对贸易和投资进行保值

根据某一特定环境的要求规避和转嫁风险或维护既得利益，特别是在收汇、付汇不能完全肯定的情况下,期权是最好的保值方法。例如,美国出口商准备投标向英国出口货物,不知是否中标。若中标,将来会有英镑收入,而近来英镑汇率不稳定,预测有可能下跌。美国出口商避免外汇风险的最好方法就是在投标的同时购买英镑的看跌期权,将期权费摊进投标成本中。银行也可以利用期权交易来调整和轧平头寸等。

2. 投机于可能的赢利机会

对期权买方而言,利用期权进行投资占用的初始资金较少,且损失有限(最大损失也只是购买期权的保险费),潜在收益大;期权卖方可以确定地得到期权费。所以,可以根据对市场状况的预测通过进入期权交易(买方或卖方)进行投机。

3. 扩大外汇市场交易范围

期权卖方可以从期权交易中收取期权费,买方也可以在一定程度上利用期权保值,对冲头寸等。这些都扩大了外汇市场的交易范围,使更多的交易得以发生,从而提高整体福利水平。

13.4.2 外汇期权的避险作用

外汇期权的作用很多,但是可以说,其中的避险作用是基础和重点,如果能够理解外汇期权的避险作用,就可以更好地理解期权交易的基本特性、期权与其他金融交易(尤其是期货)的区别,以及期权的其他应用。因此这里进行专门讨论,以对外汇头寸进行保值为例。

当持有净外汇资产(或外汇债权)时,就需要想办法避免外汇贬值带来的相应本币金额减少的损失,那么可以采用购买外汇看跌期权的方式来锁定折算本币收益的外汇汇率的下限价。反之,当具有净外汇负债(或外汇债务)时,就需要想办法避免外汇升值带来的相应本币金额增加的损失,那么可以采用购买外汇看涨期权的方式来锁定支付本币成本的外汇汇率的上限价。下面,我们来看一个外汇现货多头头寸的例子。

1. 问题提出

2023年4月中旬,美国的出口商与英国进口商签订货物销售合同,美国出口商两个月后收到出口货款£62 500,再将英镑兑换成美元进行核算。

4月中旬,外汇市场上,英镑对美元的即期汇率£1=$1.2100;假如预测两个月后英镑对美元即期汇率将贬值到£1=$1.2000,那么,该美国出口商应该怎样利用期权进行保值?利用期权保值有什么好处?

对于该美国出口商,由于经济活动形成了外汇债权,应该防范外汇币值下跌的风险。因为,如果币值真的下跌,又没有任何保值措施的话,他们在两个月后收到的£62 500货款相对应的美元值将减少$(1.2100-1.2000)\times 62\,500=\$625$。所以,该出口商应该利用能够防范外汇币值下跌的期权来进行保值,锁定未来实现该债权时的最低汇率水平,即看跌期权。

当然,在选择看跌期权后,进一步可以选择欧式期权或者美式期权。为了简单起见,本例中不妨假设选用欧式期权,具体措施如下:在签订出口协议的同时就购买两个6月到期、执行价格$X=\$1.2000/£$的英镑看跌期权(每张合约的合同金额是£31 250,所以需要两张合约)。

PHLX期权市场上6月到期的执行价格$X=\$1.2000/£$的欧式英镑看跌期权费为$p=1.20$美分/

英镑;每张期权合约交易的佣金为$15(那么,每一单位英镑的佣金成本=$15/£31 250 =$0.000 48/£),期权费及佣金用美元支付,并在期权成交时即刻支付,此时两个月期美元年利率 r=6.00%。

根据上面的数据,可以算出此时进行保值操作的总成本,包括购买该期权时所支付的期权费和佣金这些实际发生的成本,还包括占用资金形成的机会成本即在这期间的利息:

单位英镑的总成本=C= $(0.0120+15/31 250)×(1+6.00% × 60/360)=$0.0124/£

2. 保值发生的机制

接下来,我们来分析一下该欧式看跌期权是如何发挥作用达到保值的效果的。为了简单起见,假设 6 月中旬该美国出口商将实际收到的英镑兑换成美元的时间与英镑期权失效日相同。6 月中旬,外汇应收款到期时由于现货市场上汇率的不同表现可能带来几种不同的结果。

情形 1:若英镑即期汇率 S<$1.2000,则期权买方(该出口商)应该选择执行看跌期权,即以$1.2000 的价格卖出收到的货款 62 500 英镑;再加上期权本身的成本(期权费、佣金的成本和机会成本),可以算出该美国出口商所能获得的美元收益最少为(1.2000 - C[①])× 62 500 美元。也可以理解为,(1.2000 - C)就是美国出口商未来进行英镑兑换成美元所要接受的汇率下限价,而不用担心市场上实际汇率水平已经跌到了$1.2000 以下。所以,通过这样一个看跌期权,该出口商可以将其美元收益在 S <$1.2000 时进行"锁定"。

情形 2:若英镑即期汇率 S≥$1.2000,此时,期权买方(该出口商)应该选择放弃执行看跌期权,而直接在现货市场上以市场上更高的汇率水平将英镑收入进行兑换。此时,买方就仅损失期权交易带来的成本 C×62 500 美元,从而总美元收益变为(S-C)× 62 500。这样,对于该出口商来说,可以享受英镑汇率上升的好处,特别是若英镑汇率继续上升到 S≥$1.2100 + C,收到同样数额的英镑相对 4 月中旬的即期汇率还能换得更多美元。

将上面两种情形归纳一下,4 月美国出口商购买了 6 月到期的欧式英镑看跌期权后,其 6 月中旬将英镑收入转换成美元所使用的汇率就被确定为:

$$£1= \text{Max}(S, \$ 1.2000) - C = \text{Max}(S, \$ 1.2000)-\$ 0.0124$$

其中,S 即 6 月中旬到期时英镑在现货市场上的即期汇率。

3. 图形分析

图 13-7 中的横坐标是到期时现货市场上外汇汇率水平的分布,纵坐标则表示当事人的损益状况。为了简便起见,图中都是针对单位英镑绘制的。

从图 13-7 中可以看出,现货外汇多头(a)加上看跌期权多头(b)恰巧构成了一个看涨期权的多头,如图 13-7(c)所示。对于该期权的买方即美国出口商而言,通过这样的操作锁定了未来的损失,最大损失为每单位英镑 0.0228 美元,同时没有丧失可能获利的机会(请读者回忆一下利用期货进行套期保值时的综合损益情况,就可以发现期权合约的特点和优点)。

[①] 为了使结果看上去更有一般性,这里就不套入上面已经计算出来的 C 值,而是直接用符号表示。

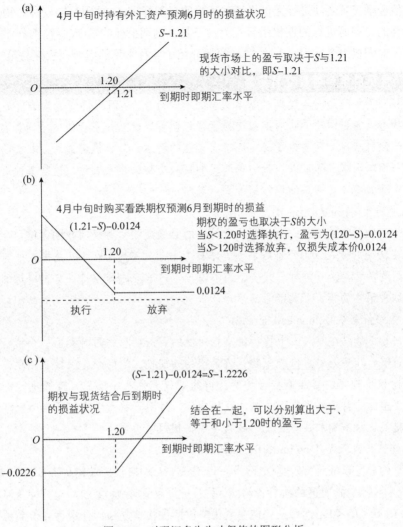

图 13-7 对现汇多头头寸保值的图形分析

13.4.3 外汇期权的交易策略

1. 一般意义的期权交易策略

期权交易除了用来保值外，本身还可以作为金融产品用来构造投资者的投资组合，形成期权交易策略，即操作者根据对期权标的物价格特性的判断或预测，利用期权这种金融工具自身，通过构造变化无穷的期权组合获得利益或避免风险的行为。这些策略有的简单明了，如表 13-7 介绍的最基本的 4 种期权交易方式。有些策略相当复杂，投资者可以将 4 种基本策略以不同方式组合起来，使期权交易满足其所期望达到的目标。

视频

期权交易策略的实施者之所以要利用多个期权进行组合，主要目的是通过组合减少标的物价格不利变动引起的损失或减少支付的期权费。在这些策略的实际操作过程中，都是首先预测现货市场和期货市场之间价格关系、金融工具价格变化方向和变化幅度，然后建立相应的期权组合头寸，而这些组合策略大致分为三类：一是判断期权或其他金融工具市场定价的合理性，在期权与其他金融工具之间进行无价格变动风险的套利行为;二是预测期权标的物(或金融工具)将来价格变动的方向而进行的期权组合行为;三是预测期权标的物(或金融工具)将来价格变动的方差而进行的期权组合行为。专栏13-7简要介绍了4种常见的组合期权交易策略。

专栏13-7 常见的组合期权交易策略

组合期权交易策略是对4类期权基本交易的不同组合,从而为投资者构造出更广阔、丰富、灵活的损益状态。通过构建不同的期权交易策略组合可以建立任意行使的不同损益区间,从而不论市场处于何种状况,只要投资者对后市有自己的看法,都有机会通过期权交易获利。也就是说,任何一种市场观点都可以找到一种适当的期权交易策略来表达,这是其他金融衍生品难以企及的。下面介绍4种常见的期权组合买入策略。

1. 买入逆转策略(long reversal)

对某一标的物,同时买入一个相同执行价格的看涨期权和看跌期权的策略,即买入逆转策略。该策略在初期的投入仅为看涨期权费与看跌期权费之差[①],却可以获得一个与直接投入标的物资产相同的头寸,是一种杠杆投资。不难看出,该策略的损益特征与持有标的物期货合约类似。采用这种策略的投资者高度看涨后市。

2. 买入看涨价差策略(long call spread)

对于某一标的物,在买入一个执行价格相对低的看涨期权的同时卖出一个执行价格更高的看涨期权的策略,即买入看涨价差策略。该策略的初期投入为两个看涨期权费之差,投资者可以通过卖出期权费较高的看涨期权合约所获得的期权费收入冲抵买入较低执行价格的看涨期权的期权费支出。这种策略限制了未来的获利空间,适用于看涨后市但不认为涨幅很大的投资者。它比直接买入看涨期权成本更低、收益更少,但风险也更小。

3. 买入蝶式价差策略(long butterfly spreads)

对某一标的物,以低执行价格(K_1)买入一个看涨(看跌)期权,以较高执行价格(K_2)卖出两份看跌(看涨)期权,以较前更高的执行价格(K_3)买入一份看涨(看跌)期权,这样的策略称为买入蝶式价差策略(有$K_1<K_2<K_3$)。可见,该套利策略有两种构造方法,分别由4份看涨期权或4份看跌期权构成。蝶式策略的特征是,不论到期日市场价格较期初差距多大,亏损总是有限的;市场价围绕K_2小幅波动时该策略可获利;若到期日市场价格为K_2,投资者获利最多。该策略适用于认为标的市场价格将处于某价格区间小幅波动的情形。

4. 买入鹰式价差策略(long condor spreads)

对某一标的物,用低执行价格买入一个看涨(看跌)期权,以较高的两个执行价格分别卖出两个看涨(看跌)期权,并用较前更高的执行价格买入一份看涨(看跌)期权,这一策略即买入鹰式价差策略。鹰式策略与蝶式策略一样都由4份期权组成。而与蝶式策略的不同在于,鹰式策略中卖出的两个期权执行价格不一致(在蝶式策略中二者是一致的)。投资者购入鹰式策略的目的与买入蝶式策略相似,不过,鹰式策略的获利区间更宽(即可容忍更宽泛的市场价格波动),初始投入成本也更高。

2. 利用外汇期权进行投机

当预测外汇汇率上涨(bullish)和下跌(bearish)时,可以通过买卖单个期权合约来进行投机,

[①] 该结论可以根据期权平价公式推导出来,此处不展开。

也可以通过两个或多个期权组合进行投机。

(1) 在预测价格上涨时买入看涨期权。当预测价格上涨时,可以买入看涨期权进行投机。当汇率上涨到执行价格和期权费之上,就可以通过执行期权获利;当汇率下跌到执行价格之下时,就放弃执行期权,损失期权费。因此,看涨期权的风险主要在于:第一,汇率是否随时发生预测之中的变化;第二,预期的变化必须在一定时间之内发生。作为投机工具,看涨期权有非常高的杠杆率。总体来说,看涨期权有 4 个主要特点:

- 时间结构限于期权的有效期;
- 在有效期内如果价格上涨很迅速的话,杠杆率可以很高;
- 在价格急剧下跌时,损失仅限于期权费;
- 在相对稳定的时期,只有在执行价格和期权费都被超过时才能盈利。

(2) 当预测价格下跌时买入看跌期权。当预测价格下跌时,可以买入看跌期权进行投机。当汇率下跌到执行价格和期权费以下时,就可以通过执行期权获利;当汇率上涨到执行价格之上时,就放弃执行期权,损失期权费。

(3) 价差(spread)投机。根据预测汇率变动的方向,可以同时对若干个期权合约进行操作,以赚取价差。在价差投机中,根据操作的特点,可以把相应的投机行为分为买空(bullish)价差投机、卖空(bearish)价差投机和时间差(time spread)投机等。实践中可以有各种各样的组合和新的设计,如专栏 13-7 的例子。

3. 对期权进行风险管理

从以上一些例子可知期权的买方可以对相应的头寸进行保值,买方最大的损失就是支付的期权费。但是,对期权交易的卖方来讲,由于期权本身的风险性,理论上讲风险可能是无限的,他们是如何对期权本身进行保值的呢?这涉及对期权(包括组合期权)头寸估算与头寸风险(exposure)性质的判断,而后是针对这些风险进行的管理。

案例:中行原油宝穿仓事件

本章关于期货的内容我们主要讨论了外汇期货,但在现实中针对其他标的的期货交易也非常频繁。本质上,无论标的物是什么,期货交易的基本原理都是一致的。我们可以扫描右侧二维码,阅读一则由原油期货引发的风险事件——中行原油宝事件。

案例

视频

本章总结

小结:外汇期货合约与远期合约不同,它是一种标准化的合约,通常在交易所交易,有自身的现金流模式、运行规则及监管等。外汇期权合约是一种进行权利交易的合约,在风险、价格、损益等有自身的特点。期权合约不仅能够防范风险,也可以让交易者获得价格有利变动带来的好处，交易者需要根据情况来利用外汇期权并设计合理的交易策略。和远期合约一样，期货合约和期权合约都可用于套期保值、投机及套利。

重点：远期交易与期货交易的比较；外汇期货合约的规则、保证金制度；期权的价格及影响因素；期权合约损益分析。

难点：期货合约的基差风险与最佳套期保值比率；外汇期权的应用。

关键概念及其英文释义

[1] **Derivative**(衍生产品)：Or Derivative Instrument, a contract whose value is based on the performance of an underlying financial asset, index, or other investment. Derivatives afford leverage and, when used properly by knowledgeable investors, can enhance returns and be useful in Hedging portfolios.

英语深入阅读资料

[2] **Currency Futures**(外汇期货)：Contract to buy or sell a currency in the future.

[3] **Clearing margin**(清算所保证金)：A deposit in the form of cash, government issued securities, stock in the **Clearing Corporation**(清算所), or letters of credit issued by an approved bank that clearing members lodge with the clearing house. The size of the deposit is fixed by the clearing house based on the member's net position, or on its long and short positions, and it can be revised upward or downward at any time depending on how the clearing house views market developments.

[4] **Marked to Market**(盯市操作)：Repriced and settled in the margin account at the end of every trading day to reflect any change in the value of the futures contract.

[5] **Initial Margin**(初始保证金)：Amount of cash or eligible securities required to be deposited with a broker before engaging in some specific transactions.

[6] **Maintenance**(维持保证金)：Amount below which the margin account cannot fall.

[7] **Position**(头寸)：In banking, it is bank's net balance in a foreign currency. In investment it is investor's stake in a particular security or market. **Long Position**(买方/多头头寸)equals the number of an asset owned, or an obligation to purchase a financial instrument at a given price and at a specific time. **Short position**(卖方/空头头寸)equals the number of shares owed by a dealer or an individual, or an obligation to sell a financial instrument at a given price and at a specific time.

[8] **Cover**(平仓)：To buy back contracts previously sold; said of an investor who has sold stock short.

[9] **Option**(期权)：A financial contract giving the owner the right to buy or sell an underlying financial instrument at a certain price within a specific period of time.

[10] **Currency Options**(外汇期权)：Give the holder the right, but not the obligation, to sell(put)or buy(call)a currency at a set price(exercise or strike price)up to the expiration date.

[11] **Exercise Price**(执行价格)：The price at which the holder of an option has the right to buy or

sell a financial instrument；also known as the **strike price.**

[12] **Call Option(看涨期权/买入期权)**：An option contract giving the owner the right to purchase a financial instrument at a specific price.

[13] **Put Option(看跌期权/卖出期权)**：An option contract giving the owner the right to sell a financial instrument at a specific price.

[14] **American-Style Option(美式期权)**：It is a Put or Call Option exercisable anytime between the purchase date and the expiration date. Most exchange-traded options in the United States are America-style options.

[15] **European-Style Option(欧式期权)**：An option in which the holder may buy or sell a financial instrument only on the day that the contract expires.

[16] **Intrinsic Value(内在价值)**：The value of the option if it is exercised today. For call option it is Max $\{E-K, 0\}$, where E is the currency spot price and K is the exercise price；for put option it is Max $\{K-E, 0\}$.

[17] **Time Value(时间价值)**：Excess of option value over intrinsic value. It is part of the premium of option that reflects the time remaining on it before expiration.

[18] **Black-Scholes option Pricing Model(布莱克—斯科尔斯期权定价模型)**：It is the best-known and most widely adapted derivative pricing model, developed by Fischer Black and Myron Scholes in the 1960s for options on stocks and modified in the 1970s for options on futures. The five variables used in this model are: a. time remaining to **expiration**(到期时间); b. **market price**(市场价格) of the underlying stock or futures contract; c. the exercise or **strike price** of the option(执行价格); d. carrying **charges(interest rate, dividens for stocks)**(持有费用，如利率、股息); and e. the **volatility** of the underlying stock or contract(价格变动率).

复习思考题

1. 通常情况下，须进行实际交割的外汇交易是(　　)。
   A. 外汇期货交易　　　　　B. 外汇期权交易　　　　　C. 远期外汇交易
2. 期货交易与远期交易有什么不同？
3. 期货交易与期权交易有什么异同？
4. 假如你是一名期货交易员，承约了面值为 1 亿人民币期货的多头，合约到期时收盘价为 0.1400 美元/人民币，那么在合约到期时即期汇率如下的情况下，不考虑其他费用，你面临怎样的损益情况？
   (1) 0.1325 美元/人民币；
   (2) 0.1514 美元/人民币。
5. 美国制造商 A 在瑞士有一家独立经营的子公司，该子公司在 2023 年 2 月 15 日(星期三)急需资金支付原料货款，但因自身现金流紧张，向母公司求援。子公司预计在 1 个月后偿还母公司该笔款项。A 于 2023 年 2 月 15 日向瑞士分公司汇去 300 万瑞士法郎。请问：

(1) 为避免汇率风险，A 可以选择哪些方式进行套期保值？

(2) 若决定利用期货保值，A 应当如何操作？需支付多少手续费及保证金？

(3) A 利用期货保值的损益情况如何？

附相关资料：设 2023 年 2 月 15 日即期汇率为$1.1015/CHF，期货汇率为$1.1060/CHF；并设 2023 年 3 月 15 日即期汇率为$1.1500/CHF，期货汇率为$1.1590/CHF；以美元标价的瑞士法郎期货合约的标准规模为 125 000，交割期为 3 月、6 月、9 月、12 月的第三个星期三；手续费为每单位 25 美元；保证金账户每单位 2000 美元。不考虑时间价值及基差风险。

6. 对于欧式期权，预期波动率增加将导致( )。

A. 看涨期权的期权费增加，看跌期权的期权费减少

B. 看涨期权的期权费减少，看跌期权的期权费增加

C. 两种期权费都增加

7. 画图说明看跌期权的损益状况。

8. 总部位于北京的 B 公司要从美国进口一批价值 10 万美元的零部件，3 个月后付款。由于担心汇率波动风险，B 公司决定购入相应的外汇看涨期权，所支付的期权费总额为 0.5 万元人民币，执行汇率为￥1=$6.8775。不考虑其他条件，请问：

(1) 盈亏平衡点的汇率是多少？并画出该期权的损益图。

(2) 若 3 个月后美元对人民币即期汇率分别为 1:6.8500、1:6.9000 及 1:6.9300，B 公司是否应执行期权？为什么？

(3) 根据上一问的三种情形，计算期权合约中单位美元(每 1 美元)的损益状况。

9. 张三与李四夫妇的养子吴五打碎了某私人博物馆的珍贵花瓶，可这个家庭当前无力赔付，除非现在马上执行 2 个月前购入的一套美元期权组合。两个月前，夫妇二人购入的期权组合包括买入 1 个美元看涨期权和卖出 1 个美元看跌期权，每张合约金额都为 100 000 美元，期限 6 个月，执行价格分别为￥6.80 和￥6.85，期权费总额分别为合约金额的 3.00%和 2.00%。两个月前购买期权组合的现汇汇率与当下即期汇率一致，均为 USD1=CNY6.82。吴五也不是有意为之，夫妇二人打算，如果现在行权不亏损就放他一马；但如果行权导致了损失，将每月少给吴五 1000 元人民币生活费，直到亏损额被完全弥补。吴五很慌，迫切想知道自己今后的生活费情况，但其父母对行权结果笑而不语。思前想后，吴五始觉你学过国际金融，于是赶忙请求你回答下列问题(不考虑所给条件外的其他因素)。

(1) 画出该期权组合的损益图(用人民币标注出期权价、执行价和盈亏平衡时的价格)，并说明总体损益情况。

(2) 吴五的生活费会不会减少？如果要减少，减少的总额是多少？又会减少多少个月？(以人民币计价，结果保留两位小数。)

10. 2023 年 7 月，美国 C 外贸公司确认将在 3 个月后收到 75 万欧元货款并将其兑换为美元。为避免欧元汇率波动带来的影响，C 公司决定利用外汇期权进行保值。已知：7 月当天的即期汇率为€1=$1.0900，交易所欧元期权的合同规模为 62 500，合约的有效期月份为 3 月、6 月、9 月、12 月，每张欧元期权合约的佣金为 16 美元，三个月期美元年利率为 5%(计 1 个月为 30 天，1 年为 360 天)，选取的执行价格为€1 = $1.0950，期权费为每欧元 0.0200 美元。不

考虑其他因素，请问：

(1) C 公司应采用欧式期权还是美式期权？应选择哪一月份到期的期权合约？应买入欧元的看涨期权还是看跌期权？应持有多少份此类欧元期权？并简要说明理由。

(2) 计算所购期权合约中单位欧元的成本。

(3) 计算所购期权合约处于盈亏平衡时的汇率水平。

(4) 若合约到期时现汇汇率为 €1 = $1.0350，比起未采取任何保值措施的情形，C 公司因买入期权进行保值减少了多少损失？

推荐资源

扫描右侧二维码阅读以下资料：

- 法国兴业银行亏损案；
- 国储铜案；
- 一日涨幅近 200 倍的期权合约；
- 中联化石油期货巨额亏损案；
- 中信泰富案。

第 14 章
国际金融服务

◎ 引言

　　国际金融市场给人们提供了如此多的交易机会，既有前面介绍的不同类型的外汇交易，又有就各种各样金融衍生工具进行的交易。同时，很多企业在进行国际贸易等活动时也需要国际金融市场提供金融服务。而要想坚持真正的多边主义，坚持拆墙而不筑墙、开放而不隔绝、融合而不脱钩，推动构建开放型世界经济，国际金融服务更是其中的重要一环。

　　例如，一家中国的公司出口了一批货物之后怎样才能收回货款？这离不开国际金融服务。因此，我们有必要了解一下国际金融市场能够为企业提供的基本金融服务，这对居民尤其是生产性企业发展有着重要的意义。

　　本章介绍企业如何借助国际金融服务来结清国际贸易所产生的债权债务关系。由于贸易双方在地理位置上的距离，借助银行来完成款项的交收是不可避免的。但是，银行参与的程度可深可浅，在结算过程中承担的风险也可以不同，于是就有了汇款、托收及信用证几种基本的结算方式，尤其是信用证方式，将银行信用引入商业交易中，使国家间可能并不是很熟悉的交易双方能够更有积极性参与贸易，大大促进了国际贸易的发展。

　　除了结算之外，企业在国际贸易中还经常需要融资以解决其资金需求。那么国际金融市场能提供什么样的服务来满足这一需求呢？这将是第二节有关国际市场融资的内容。

◎ 思维导图

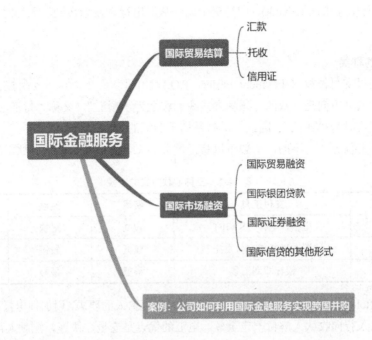

14.1 国际贸易结算

国际贸易双方的债权、债务关系的结清不同于国内贸易，这时候交易的双方不仅距离远，而且存在币种、法律环境、交易习惯等方面的差别，因此更为复杂。通常国际贸易都需要借助银行来结清债权、债务关系，这是银行在国际金融市场中提供的贸易结算服务。

14.1.1 汇款

汇款(remittance)是指利用银行间的资金划拨渠道，把一个人的资金输送给另一个人，以完成收、付款方之间债权债务的清偿。这是较简单、较直接的结算方式之一。除贸易双方外，汇款还会涉及汇出行和汇入行。前者是指受汇款人的委托将款汇出的银行，一般是进口方的代理行；后者是受汇出行委托解付汇款的银行，一般是出口方的代理行。有了国际金融市场上银行提供的汇款服务，贸易双方就可以安全、快捷地进行结算。当然，汇款除了为国际贸易服务外，还可以用来结清私人间的债权债务、政府之间的债权债务等。

1. 汇款的基本当事人

汇款过程中一般会有以下当事人参与。

(1) 汇款人(remitter)和收款人(beneficiary)：前者一般是国际贸易中的进口商，即付款方；后者一般是国际贸易中的出口商，即收款方。

(2) 汇出行(remitting bank)和汇入行(receiving bank)：前者是进口商在当地的代理银行；后

者是出口商在当地的代理银行。

(3) 转汇行(transferring bank),即当资金无法从汇出行直接划拨到汇入行时,通过转汇行完成划款。

2. 汇款的种类

汇款人通过支付授权书(Payment Order,P.O.)发出付款命令,这一支付授权书的传递方向显然与资金的流动方向是一致的,这种方式我们称之为"顺汇",又称"付汇法";反之,当上述两种方向相反时为"逆汇"。因此,汇款是属于顺汇的。

根据银行汇款方式的不同,一般可以将汇款分为三类:电汇、信汇、票汇(见表14-1)。

表14-1 三种汇款方式的比较

种类	支付工具	费用	速度	转让性
电汇	电报、电传、SWIFT	较高	最快	不可转让
信汇	信汇委托书或支付委托书	较低	较慢	不可转让
票汇	银行即期汇票	最低	最慢	可以转让

(1) 电汇(telegraphic transfer,T/T),是指汇出行应汇款人的要求,用加押电报、电传或SWIFT等方式通知汇入行向收款人解付一定金额。电汇的优点是安全、快速,汇款人可以充分利用资金减少利息损失。因此,这一汇款方式的费用较高。

(2) 信汇(mail transfer,M/T),是指汇出行应汇款人的要求,用航空邮寄信函通知汇入行向收款人付款的方式。信汇一般速度较慢,有可能在邮寄中延缓或丢失,而且银行可以短期占用资金。因此,信汇的费用相对低廉。

(3) 票汇(demand draft,D/D),是指汇出行应汇款人的要求,开立以其在付款地的联行或代理行为付款人的即期汇票,交给汇款人,然后由汇款人自寄或自带到付款地区凭票付款。票汇的安全性和快捷性不如电汇,但因为汇票的引入而具有一些前两种付款方式不具备的优点。汇票本身是一种无条件的支付命令并且具有流通转让性,因此票汇中的汇票可以作为一种流通工具进行转让,而且可以在任何一家汇出行的代理行进行解付。在票汇结算方式下,汇票一般是即期的,因为收款人总是希望收款越快越好。

上面几种汇款方式各有不同,反映其费用的一个基本指标就是以该种方式汇款时购汇的汇率,这正是我们前面在汇率分类中讲到的电汇汇率、信汇汇率和票汇汇率。具体选择哪一种汇款方式要根据收款人对款项是否急需、几种汇率比较,以及汇款人所在国的情况等而定。值得注意的是,由于建立在商业信用的基础上,汇款的可靠性较差,因此在贸易结算中的应用比较有限,大多场合是用于非贸易及贸易从属费用的结算。

专栏14-1 环球银行金融电讯协会(SWIFT)

总部位于比利时的环球银行金融电讯协会(Society for Worldwide Interbank Financial Telecommunications,SWIFT)。SWIFT官网将其定义为一家世界领先的安全金融报文传送服务机构,主要职能是为服务对象提供报文传送平台和通信标准,和在连接、集成、身份识别、数据分析和合规等领域的产品和服务。SWIFT不为客户持有基金或管理账户,也不进行国际结算或者清算活动,而是帮助全球用户社区安全开展通信,并交换标准化金融报文,从而支持全球和本地市场的金融交流，助力国际贸易和商业活动。1973年创立至今，全世界大约1.1万个银行、证券机构、市场基础设施和企业用户等重要金融机构都是SWIFT的成员，覆盖200多个国家和地区。中国银行于1983年加入SWIFT，成为该组织的第1034家成员行，并于1985年5月正式开通使用。随后，我国其他国有商业银行、上海和深圳的证券交易所也先后加入SWIFT。

SWIFT的重要性在于对接了大量金融系统并且规范了报文的书写标准，极大地提高了金融机构的沟通效率。同时，加入SWIFT有可能带来国际清算风险，即一个国家或者一家银行被SWIFT系统及相关的国际货币清算系统排除的风险。2022年俄乌冲突爆发后，美国、英国、欧盟与加拿大发表共同声明将俄罗斯主要银行从SWIFT体系中剔除。这意味着俄罗斯不再能通过SWIFT系统与全球其他金融机构交换信息，俄罗斯跨境交易的效率大大降低，可能导致俄罗斯的跨境支付与贸易出现萎缩，进一步影响俄罗斯的经济。时任菲律宾中央银行行长的费利佩·梅达拉(Felipe Medalla)提出，对于目前可谓"一家独大"的环球银行金融电讯协会(SWIFT)国际结算系统，全球需要有一个替代方案。但是，目前还没有出现可以替代SWIFT的通信系统。

14.1.2 托收

汇款是进出口双方利用彼此在银行的账户及银行提供的服务来完成结算。但这种方式一般用于比较熟悉、有好的信用基础的客户之间，且客户和银行达成了预付货款、分期付款或者货到付款的协议；否则的话，汇款的使用很有限。那么，在不具备汇款的条件下采取什么方式进行国际结算呢？可以采取一种比较折中的方式，并且有银行参与以保证国际结算顺利完成，这种方式是托收。

托收(collection)，有时也叫作跟单托收，其过程是：一个出口商为了向国外买方收取货款，委托其银行代为处理这些业务。他开立一张以国外买方为付款人的附有单据或不附单据的汇票，交给他委托的银行，并给银行相应的托收指示，该银行再委托其在买方所在国的代理行要求进口商付款。简而言之，托收是债权人提供汇票及有关单据委托银行向国外的债务人收取款项的一种结算方式。显然，托收的结算过程中付款命令的传递方向与资金的流动方向是相反的，所以属于"逆汇"。

1. 托收的参与人

托收方式可能涉及以下参与方。

(1) 委托人(principal)，即委托银行办理托收的一方，一般是国际贸易中的出口商。

(2) 托收行(remitting bank)，是受委托人之委托而办理托收的银行，即出口商的代理行。

(3) 代收行(collecting bank)，是除托收行外参与处理托收的任何银行，是托收行的往来银行。

(4) 提示行(presenting bank)，是向受票人办理提示的代收行。

(5) 付款人(drawee/payer)，一般是国际贸易中的进口商。

2. 托收的流程

托收的基本流程可以用图14-1来描述。

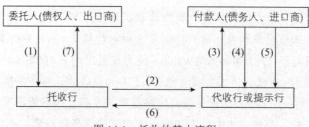

图 14-1　托收的基本流程

该流程的基本步骤分别如下。
(1) 委托人(出口商)发货后,将单据交给托收行,委托银行办理托收。
(2) 托收行审查,制作托收委托书寄给代收行办理托收。
(3) 代收行审查托收委托书并向付款人提示,通知付款人验收单据。
(4) 付款人验收单据并决定是否接收。
(5) 远期的,则办理承兑赎单到期付款;即期的,则当即付款赎单;拒付时,提供拒付理由。
(6) 即期付款者,即行付款;远期者承兑到期时付款;拒付时转告拒付理由。
(7) 托收行付款给委托人或提供拒付理由。

3. 托收的种类

托收通常都按交单方式进行分类。所谓交单方式,是指将金融票据、商业单据等票据交给付款人的方式与条件。其分为以下几种。

(1) 付款交单(documents against payment,D/P)。这是委托人指示托收行、代收行在付款人付清托收款项后将单据交给付款人。单据寄到付款人当地的代收行,经向付款人提示,要其付款赎单。付款人查看单据并决定接收或拒收单据,如果接收单据,应付清托收款项,赎取单据;如果拒收单据,应提出拒付理由,代收行暂代保管单据,并将拒付情况及理由电告托收行,等候其进一步答复。按照付款人收到单据后的付款时间,可以将付款交单分为即期付款交单和远期付款交单。即期付款交单(D/P at Sight)是见票即付;远期付款交单(D/P at ____ days after sight)指的是进口商收到合格的单据后须立即承兑,单据只能在到期付款后交给付款人。

(2) 承兑交单(documents against acceptance at ____ days after sight,D/A)。委托人指示托收行、代收行在付款人审单后决定接收单据时,由付款人在汇票上办理承兑,代收行审查承兑手续齐全后留下汇票,单据交给付款人;已承兑的汇票是否退给托收行要看委托书的规定。

选择哪一种交单方式由委托人在委托书上确定,托收行、代收行、付款人按此执行。若付款人要求改变委托书中的交单方式,必须遵循原路线逆向征求委托人意见,在没有正式有效的答复前,托收行、代收行无权擅自变更或通融,否则款项落空或其他后果,将由擅自改变者自负。

托收业务利用了银行间的代理业务关系和资金划拨渠道,使两头都是客户的债权、债务关系得以清偿。但是,它本身仍然依靠的是委托人与付款人之间的信用,即商业信用。虽然有银行介入,代为收款,但作为卖方的银行——托收业务中的托收行,只是代理卖方——托收业务中的委托人通过进口方即买方所在地的银行——托收业务中的代收行,向买方——托收业务中的受票人或付款人收取货款;作为代收行也只是受托收行委托而代为收款,至于该款能否如期、如数收回,取决于付款人的信用,无论是托收行还是代收行,均不承担"一定收妥"的责任。不过,托收业务中既然有银行介入,代为处理托收事宜,它们总是要承担一定责任、尽一定义务的。银行在接受委托之后与委托人构成了一种契约关系——委托代理关系。受托的银行有义务按托收指示办理托收，并应尽善意之责。托收行委托代收行收取款项，代收行也与托收行之间构成了委托代理关系，代收行同样应尽这种契约关系下它作为代理人的善意之责。

总之，托收方式使得出口商的权益得到了一定的保障，在银行作为中间人的条件下，他能够要么掌握货权，要么取得货款；对进口商来说就更有利，尤其是在承兑交单的条件下，进口方可以在付款前提取并检验货物是否符合要求。但是，不可否认的是以商业信用为基础的这种结算方式仍然对进、出口商存在一定的风险。例如，买方有可能不赎单提货，出口商不仅得不到货款，还会承担滞期费、仓储费和运费等。

随着国际金融服务业的发展，如何利用更高一级的信用——银行信用来提供服务呢？这就是接下来要讲的信用证方式，这也是目前国际上流行和重要的结算方式之一。

14.1.3 信用证

信用证(letter of credit，L/C)可以说是国际贸易结算中最重要的工具，促进了国际贸易的大规模发展。作为支付货款用的主要是跟单信用证，即这里要介绍的信用证。

跟单信用证(documentary letter of credit，简称 Documentary L/C)是一种由银行担保付款的支付工具，由一家银行(开证行)依据客户(申请人)的请求和指示或以开证行自己的名义凭规定的单据并在符合信用证一切条款要求的条件下向第三者(受益人)或其指定人付款。接下来我们看一下有关信用证的基本知识。

1. 信用证的基本流程

信用证的基本流程可以用图 14-2 来反映。

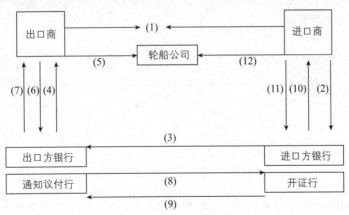

图 14-2 信用证的基本流程

该流程中的基本步骤分别如下。

(1) 在开立信用证之前，买卖双方成交并签订合同，在合同中约定用信用证的方式进行债权、债务的结算。

(2) 进口商根据买卖合同的规定向银行申请开立信用证。该进口商成为开证申请人，要填写开证申请书。申请书中所规定的信用证内容应该与合同条款相符，但独立于合同，不受其约束。

(3) 银行应开证申请人的要求，开出信用证，成为开证行。开证行根据申请书的内容，开立信用证，一式两份以上，并将正、副本分别发送给(信、电传等)出口商所在地的代理行，要求该行通知出口商。

(4) 出口方银行收到开证行开来的信用证、核实真实性后通知出口商，办理通知业务的银行叫作通知行。接收信用证的出口商叫作受益人。

(5) 出口商(受益人)按照信用证的要求备货、装运出口，取得代表物权凭证的提单。

(6) 出口商备齐信用证所规定的全部单据，签发汇票，连同信用证，在有效期内交通知行或与出口方有往来的其他银行进行议付，这家银行就叫作议付行。

(7) 议付行接收出口商交来的单据后，经与信用证核对相符后，即将汇票金额，扣除议付日到估计收到票款日的利息和手续费，付给出口商。

(8) 议付行将全套单据寄给开证行索汇。

(9) 开证行收到议付行交来的单据后与信用证条款核对，单据相符后将票款付给议付行。

(10) 开证行将票款拨还给议付行后，立即通知进口商备款赎单。

(11) 进口商如同意接收单据，将开证行所垫票款付清，开证行和进口商之间由于开立信用证所构成的权利义务关系即告结束。

(12) 进口商付款赎单后，凭货运单据提货，买卖合同完成。

以上是一个畅通的信用证流程图，在实践操作上并不都是这么顺利的，可能出现信用证的保兑、议付行不愿意先给出口商钱、单证不符等问题；可能有另外的偿付行；等等。不论多么复杂，基本原理都是一样的，只是有一定的变化而已，这里不再赘述。

2. 信用证的当事人及其权利与义务

从上面对信用证流程的观察可以看到这种结算方式下的基本当事人，有开证申请人、开证行和受益人。还有几个关系人，即通知行、保兑行、议付行和付款行、偿付行。可以用图14-3给出它们之间的一个关系树。

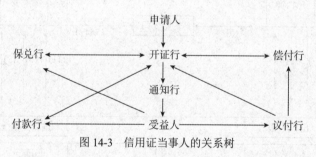

图14-3　信用证当事人的关系树

(1) 申请人(applicant)。开证申请人一般都是进口商。进、出口双方按照签订的合同行事，如果合同规定了信用证方式，进口商就应该在规定期限内通过进口方银行开出符合合同规定的信用证。开证之后，进口商有凭单付款的义务和验单退单的权利。在开证行履行了付款责任后，进口商应及时将货款偿还给开证行，赎取单据。但他有权检验单据，对不符合信用证条款的单据有权拒付，当信用证到期时，收回押金。

(2) 开证行(issuing bank)。开证行和进口商之间有开证申请书。进口商在申请开证时，应根据银行的要求，交押金及费用；开证行应根据申请书条款，正确、及时地开出信用证。信用证开出后，开证行要对信用证独立负责，对出口商等债权人承担第一性的付款责任。开证行在见票、见单付款后不能因为进口商拒绝赎单或无力付款而向出口商、议付行或偿付行等追索票款或要求退款。开证行在履行付款责任后,如进口商无力付款赎单,开证行有权处理单据和货物。出售价格不足以抵偿其垫款时,开证行仍有权向进口商追索不足部分。

(3) 受益人(beneficiary)。受益人一般是出口商。出口商在收到信用证后,应及时与合同核对,如信用证条款与合同不符,要尽早提出修改要求或拒绝接收。信用证一旦接收,出口商就有装货备单的义务和凭单取款的权利。出口商对单据的正确性和货物的完全合格负责;交单后,如果开证行倒闭或无理拒付,有权向进口商提出付款要求,进口商仍应负责付款。

(4) 通知行(advising bank)。通知行是开证行的代理人。在收到信用证后,它应该根据开证行的要求缮制通知书,及时、正确地通知受益人,并证明信用证的真实性。通知行对开证行和受益人都不承担必定议付或代为付款的责任。

(5) 保兑行(confirming bank)。通知行或其他银行可根据开证行的请求在信用证上加具保兑,也可以拒绝开证行的保兑请求。保兑行在信用证上加具保兑后,即对信用证独立负责,承担必须付款或议付的责任。汇票、单据一经保兑进行付款或议付,即使开证行倒闭或无力拒付,保兑行均无权向出口商追索票款。

(6) 议付行(negotiating bank)。议付行凭信用证议付汇票、单据后,应立即寄出,并向开证行、保兑行、付款行或偿付行索回垫款。议付行和开证行之间不是代理关系。议付行是根据信用证上开证行付款承诺,向开证行索偿。同时,议付行对出口商有追索权。

(7) 付款行(paying bank)、偿付行(reimbursing bank)。付款行是信用证规定的汇票付款人。偿付行是开证行的代理人,接收信用证的委托,代开证行偿还议付行垫付款的银行。付款行和偿付行都是凭汇票和索汇证明信而不是单据履行付款责任的,不得被追索。

3. 信用证的性质和特点

信用证结算方式是在托收方式的基础上发展起来的又一种逆汇形式。具体来看,它有以下性质和特点。

(1) 开证行负第一性的付款责任。只要单证相符,开证行就要对议付行、承兑行或付款行等付款。

(2) 信用证是一项不依附于贸易买卖合同的独立文件,不受合同限制。银行在处理单证时不对合同负责,只要所交单据与信用证相符就要履行付款责任。

(3) 信用证业务的处理是以单据而不是以货物为准。信用证业务的基础是单证交易,开证行只凭正确的单据付款,议付行凭单议付,都与货物无关,因此银行不对货物的品质负责。

从信用证的性质和特点可以看出,银行信用上升到了一定地位。对于进口商来说,可以在付款后有保障地取得代表货物的单据;对于出口商来说,只要将符合信用证条款规定的货运单据交到议付行,即可议付,并获得开证行的付款保证。而且,在信用证方式下,进、出口双方都可以通过某种方式获得资金的融通,比如打包放款、押汇等。总之,有了银行信用的参与,信用证能够在保证买卖双方利益的基础上安全、迅速地清偿债券债务,并且便于融通资金。因此,信用证方式在国际贸易中起着举足轻重的作用。

汇款、托收和信用证构成了国际结算的三种主要手段。随着全球经济的相互依赖性和互补性的日益增强,各国之间的货物、劳务、技术和资金的相互流通越来越频繁,所涉及的金额也越来越大,结算方式也必须不断完善。

视频

14.2 国际市场融资

国际结算的发展为国际贸易提供了方便、快捷、多样的结算服务。为了国家之间贸易的达成，需要为进出口双方提供资金融通。而且，融资会促成更多的交易。除了贸易之外，企业也经常出于其他原因而有资金需求。那么，我们如何能利用国际金融市场提供的种类繁多的融资服务呢？本节将介绍几种常见的国际贸易融资方式和一些国际金融市场常见的融资方式。

14.2.1 国际贸易融资

1. 出口信贷(export credit)

在大型成套设备的出口贸易中，出口国银行向本国出口商或外国进口商提供的低利率贷款，是帮助本国出口商克服资金周转困难或满足外国进口商资金需要的一种融资业务。

因此，虽然叫作"出口信贷"，但这一融资既可以提供给出口商，也可以提供给进口商。出口信贷可分为卖方信贷(seller's credit)和买方信贷(buyer's credit)。卖方信贷是出口商银行向出口商提供的信贷，使出口商可以让进口商延期支付货款。买方信贷则是出口商银行直接地或间接地通过进口商银行向进口商提供信贷，使其可以用这笔资金支付货款。

2. 福费廷(forfaiting)

福费廷又称"买断"，是一种1年到5年的中长期融资方式，由瑞士苏黎世银行首创，20世纪80年代得到迅速发展。它是指出口地银行或其他金融机构对出口商持有的远期票据进行无追索权的贴现。由于成本较高，这种无追索权的融资方式一般以批发形式成交，单笔的贸易额为50万美元以上。

福费廷为出口商进行了资金融通，使出口商可以提前拿到贷款，以便进行原材料购买、备货等，扩大出口商的生产能力。对于出口商，这种方式下的票据贴现是不能被追索的，贴现率一般也是固定的，操作起来比较简便。同时，对于购买票据的贴现行，该票据的流动性较好，可以随时在二级市场上进行再贴现。而且因为其促进出口的作用会得到国家政策的支持。对于进口商来说，福费廷使得其在信誉不佳的情况下，获得中期融资便利，保证了贸易的顺利进行。包买商也可以通过提供福费廷取得较高的收益。福费廷业务在发展中国家也得到了迅速发展，中国自1995年开始由进出口银行办理该项业务。值得注意的是，这种方式无论是对进口商还是对出口商来说都存在费用较高的问题。

3. 保付代理(factoring)

通常在赊销方式下，卖方根据合同或订单发货交单后，只能被动地等待买方到期时付款，这就依赖于买方的商业信用；他可能一再拖延付款，既不拒绝付款，也不积极付款。除非买方的资信非常可靠，否则卖方的利益就极没有保障。但如果出口商和保理商签订了协议，情况就会发生根本性的变化。保理商在对买方的资信进行一定的调查后，在没有追索权的情况下购买买主欠出口商的账款，由保理商在发票指定的付款日期之前，付给出口商部分货款；等到买主收到货运单据后再按规定的日期付款给保理商，保理商再向出口商偿付剩余的货款。

依照不同的标准可以将保理分为不同的种类，最常用的是按服务范围分为全保理和部分保理。前者可针对整个贸易过程，比如保理商向出口商提供资信调查、财务管理、货款回收和投资咨询等，一般由专门的保理商提供；后者则只对应收货款的回收服务，可以由银行兼做。

保付代理可以说是信用证与托收方式的一个折中，争取了客户的同时可以节省一定的手续费，并且可以使出口商获得不超过80%发票金额的无追索权的预付款融资。进口商也从保理业务中受益，可以加速其资金周转、降低进口成本、提高购买能力等。保理业务的这些优点使其在全球范围发展极为迅速。

专栏 14-2 国际保理商联合会(Factors Chain International，FCI)

成立于1968年的国际保理商联合会是最具有影响力的国际保理组织，是由全球各国保理公司参与的开放性的跨国民间会员组织。其会员多为设有国际保理专业部门的全球知名公司或银行。FCI 的总部设在荷兰，现有会员遍及全球60多个贸易最活跃的国家和地区。中国随着1993年中国银行加入该组织也开始逐渐开展国际保理业务。到2012年年底，中国入会成员共30多个，包括中国银行、中国建设银行、中国农业银行、中信银行、中国光大银行、上海浦发银行、华夏银行、大连银行、上海银行等。

国际保理商联合会(FCI)2022年6月发布的《FCI年度综述(2022)》[①]指出，2021年全球保理业务量据估算约合3.09万亿欧元，同比上升13.5%。其中，欧洲仍是全球最大的保理市场，2021年保理业务量达到2.12万亿欧元；亚太市场的保理业务量也有小幅提升，中国的贡献不可小觑，2021年中国的业务量为5626亿欧元，连续第五年领跑全球。中国银行业协会保理专业委员会统计数据显示，中国国内保理业务仍然是主力增长点，在保理业务中占比达91.29%。

4. 出口信用保险(export credit insurance)

它是指出口信用保险机构对于出口商在出口中遇到的不能收回的货款或不能如期收回货款的风险提供保障。这是一种国家政策性保险，凡是商业保险公司承保的风险都不在出口信用保险的范围之内。而且这种保险不以营利为目的，保险机构会尽量降低保险费率。出口信用保险承保诸如拒付、进口商破产的商业性风险，也担保政治风险和灾祸风险这样的非商业性风险。

由于是国家政策性保险，所以出口信用保险可由政府直接经营，比如中国的进出口银行；也可由政府间接经营，如法国的对外贸易保险公司；也可以由公私合营或者政府委托私营机构经营。

出口信用保险不仅针对出口商提供普通出口信用险，而且可以为出口融资机构提供出口贷款险、出口买方信贷担保等。总之，出口信用保险使出口商的预期货款收入由"虚"变"实"，减少了不安全性，为出口商进行融资提供了基础，并且保证了出口商交货后的收入，因此它是一种很重要的资金融通方式。

5. 提货保证(delivery against bank guarantee)

提货保证是专门为进口商提供的融资方式。有时货比单据先到，进口方可能急于提货以便尽快将货物脱手换回货款。在这种情况下，就可以采用提货担保方式。提货担保是指收货人与银行共同或由银行单独向船公司出具书面担保，请其凭以先行放货，保证日后及时补交正本提单，并负责缴付船公司的各项应收费用及赔偿由此而可能遭受的损失。一般情况下，银行收取全额保证金，但对有信托收据额度者，在额度内进行提货担保。这样资信良好的进口商可以通

[①] 报告查询网址：https://fci.nl/en/annual-review?language_content_entity=en

过提货担保取得资金融通。

14.2.2 国际银团贷款

像在国内一样，企业也可以从国际金融市场上的银行获得中长期贷款的融资。这些贷款一般数额大、期限长、风险大，因此，为了分散风险，经常是由几家、十几家甚至几十家不同国家的银行组成银团共同提供贷款，即国际银团贷款(international consortium loan)，也叫辛迪加贷款(Syndicated loan)。

在国际银团贷款中，多家商业银行组成一个集团，其中一家或几家银行牵头联合向借款人共同提供巨额资金贷款。因此，这里有牵头银行、代理银行和参与银行。

牵头行(lead bank)是银团贷款的组织者和领导者，其主要任务是准备材料、组织银团、谈判、协商贷款条件，并协助起草贷款协议及有关法律文件。参与行(participants)则是其他成员行，按照规定份额分别提供贷款，并相应获得收益和承担风险。

在参与行中，还有一家银行是执行银团协议的管理者，被称为代理行(agent bank)，也叫作经理行，代表银团处理贷款期间的管理工作，是借款人与银团之间的沟通桥梁。不过，在执行其责任时，代理行是受银团委托工作的，因此必须按照规定履行任务，而不能根据自己的见解行事。如代理行未能按照贷款协议履行职责，则必须承担并赔偿因疏忽而造成的损失。

国际银团贷款大部分使用欧洲货币，一般采用浮动利率，贷款人除收取利息外，还要收取管理费、代理费、前期杂费和承担费等；期限比较灵活，以3～10年为多。

目前，银团贷款已成为国际中长期信贷的主要方式。

14.2.3 国际证券融资

企业在本国市场可以发行证券获得直接融资。当市场的平台延伸到国外，企业就可以在更广的国际金融市场上发行证券以获得融资。显然，这时企业可以发行股票或者债券，国际证券融资就分为国际股票融资和国际债券融资。我们前面在第11章中已经对国际证券市场进行了观察，这里，我们就从企业的角度再来看一看融资活动。

1. 国际股票融资

国际股票市场是国际范围内股票发行与交易的场所或渠道。现代化的通信工具已经将全球重要的股票市场连成一体，经济全球化的发展则使越来越多的跨国公司和国际企业在国际市场上发行股票以获得融资。

通过国际范围的股票发行融资，对于具体选择哪里的市场、筹集什么货币的资金、如何定价等，都类似于在本国市场发行股票。只不过在监管要求、市场惯例等方面可能有所不同，需要企业特别注意。

2. 国际债券融资

企业可以选择进入国际金融市场发行债券。债券是一种常见的融资工具，比较常见的是中长期债券。正像前面讲过的，企业可以发行外国债券，即到另一国家的债券市场发行以其所在地货币为面值的债券；可以发行欧洲债券，即到另一国发行但货币为本国或第三国发行的、购买者大多为非所在国居民的债券。相比较而言，欧洲债券受到的有关金融政策、法令法规的限制较少，发行债券的种类较多，审批手续、评级条件较宽松，面值货币较多等，因此更为流行。

还有一类债券融资叫作"票据发行便利"(note-issuance facilities，NIFs)，是一项具有法律约束力的、通过循环发行短期债务票据而形成的中期融资承诺。1981年问世以来，发展迅速，特别是国际银团贷款大为紧缩以来，其更加受到贷款人、投资者的青睐。1985年以后票据发行便利又出现了很多变形，如短期票据发行便利、全球循环承购便利、可转让循环承购便利、抵押承购便利等，成为OECD成员国运用浮动利率的票据。

专栏14-3 离岸人民币债券市场

债券市场是现代金融市场的基础市场、核心市场。债券市场体量大、风险低的特征不仅可以丰富离岸金融市场产品种类，提供良好的人民币投资渠道，还能够满足国际投资者的风险规避需求。

2007年7月，国家开发银行首次在我国香港特别行政区发行50亿元人民币债券，拉开离岸人民币债券市场的帷幕。2012年11月，中国建设银行(CCB)在伦敦成功发行10亿元离岸人民币债券(合1.6亿美元)，成为首家在英国发行人民币债券的中资银行。同时，这也是中资银行在中国内地和中国香港以外第一次发行人民币债券。这批债券2015年到期，票面年利率为3.2%，受到了机构投资者的热烈追捧。国际著名评价公司惠誉(fitch ratings)鉴于中国建设银行在中国的系统重要性和长期得到政府支持的记录，对此次发行给出了预期的A评级。历经十多年发展，离岸人民币债券的发行方从财政部、国有银行，发展到地方政府。2021年10月，深圳市和广东省政府分别在中国香港和中国澳门发行了首笔离岸人民币地方政府债券，填补了离岸政府债券的发行空白，是地方政府债券对外融资历史上的重要事件。

离岸人民币债券对境外投资者的吸引力在不断增强。截至2022年1月末，境外投资机构对人民币的持仓规模达到约4万亿元，国债占比高达61.9%(周文斌等，2022)[①]。随着离岸人民币债券市场的不断壮大，人民币国际化的进程也在稳步推进。

14.2.4 国际信贷的其他形式

除了上面比较典型的国际金融市场融资方式之外，企业还可以利用其他一些方式来筹集资金或者弥补自身资金的不足。这里我们介绍两种常用的方式：项目融资和国际租赁。

1. 项目融资

随着大型国际工程项目的增多，传统的融资方式已经不能满足融资要求，一种新型的国际信贷方式就应运而生。

项目融资(project financing)是指向某一特定的工程项目提供贷款，贷款人依赖该项目所产生的现金流和收益作为偿还贷款的资金来源，并将该项目或经营该项目的经济单位的资产作为贷款的担保。由于项目的建造所需资金数额大、期限长、风险高，单独一家银行难以承担全部贷款，所以项目贷款往往采用银团贷款方式。

项目融资涉及多方面的参与人，包括主办单位、承办单位、外国合伙人、贷款人、设备供应人、工程产品的购买人或工程设施的用户、工程师和承包公司、外国政府官方保险机构、托

---

① 周文斌等. 上海建设离岸人民币债券市场：国际经验与发展建议[J]. 上海金融，2022(503)：2-11.

管人等，各自的职责与作用不同。该贷款可以是有限追索权和无追索权，前者较为普遍。

2. 国际租赁

国际租赁(international lease)是在第二次世界大战期间开始发展起来的，最早出现于美国。20世纪五六十年代，很多国家纷纷建立租赁公司，并在国外设立分支机构。20世纪70年代以后，一些国际金融组织成立租赁公司，并设立分支机构，经营国际租赁业务。

它是一种跨国租赁，指分别处于不同国家或不同法律制度下的出租人与承租人之间的一项租赁交易。出租人先利用其自有资金向银行借款，购置资产或设备，一般为价值较高的动产或不动产，如工厂的成套设备、建筑设备、采矿设备、炼油钻井设备、轮船、码头港口设备，以及飞机、机场等；然后在约定时间内租给承租人使用。承租人通过这一安排相当于获得了一种有效的、成本低的国际融资。

国际租赁是所有权与使用权相分离的一种物资流通方式，是融资与融物相结合的一种资金融通方式。具体来讲，国际租赁有融资租赁和经营租赁两种形式，更细致地还可以分为杠杆租赁、回租租赁和综合性租赁等多种形式。企业可以根据自身的实际情况进行选择。

专栏14-4 供应链金融(Supply Chain Finance)

中小企业一直以来都是实施大众创业、万众创新的重要载体，对国民经济发展具有重要意义。但是由于信用级别较低，固定资产等抵押担保品较少等，中小企业融资需求一直难以满足，中小企业的发展也受到阻碍。供应链金融的出现能够成为此问题的一种解决方案。

本质上，供应链融资是贸易融资的延伸，但是突破了原本只局限在资金供需双方的融资活动，使资金流动贯穿产品的整个供应链，从而将供应链网络中的核心企业及其上下游企业，甚至第三方物流机构联结在一起，使整个供应链的资金流动更加高效。供应链金融"1+N"融资模式中的"1"代表供应链中信用良好的核心企业，"N"则代表核心企业上下游的供应链成员企业。核心企业一般是高端大型企业，在产品供应链网络中最具话语权，其良好的信用记录辐射到整个供应链，是金融机构发放贷款需要的安全中心；而对于中小企业融资准入评价，不是孤立地对单个企业的财务状况和信用风险进行评估，而是在于该企业对整个供应链的重要性的研究，以及其与核心企业既往的交易记录。目前国际上三种典型的供应链融资模式分别是物流企业主导模式、企业集团合作模式和商业银行服务模式①。

供应链金融使得融资活动延伸至整个供应链，也就意味着供应链网络中各个主体都会因此受益。对核心企业来说，降低了成本，提高了效益，增强了市场竞争力；对中小企业来说，融资难题得到了解决；金融机构加强了与企业的合作关系，拥有了稳定的企业客户，经营风险随之降低；甚至对供应链网络中的第三方物流企业来说，能够争取到客户资源、拓展服务范围。

案例：公司如何利用国际金融服务实现跨国并购

扫描右侧二维码阅读案例，并思考以下问题。

(1) 上述案例描述了并购方如何借助银行服务实现并购，那么设想一下被并购方(并购标的)又能如何利用银行服务解决自身可能出现的有关并购的问题？

案例

---

① 谢世清，何彬. 国际供应链金融三种典型模式分析[J]. 经济理论与经济管理，2013(268)：80-86.

(2) 从上述案例做延伸,除了并购之外,金融机构还能如何服务企业,推动实体经济发展?请以一个具体的金融机构或者一家企业举例。

本章小结

小结:本章首先介绍了国际贸易结算的三种方式,即汇款、托收和信用证;然后介绍了国际贸易融资的几种方式,即出口信贷、福费廷、保理、出口信用保险等,它们为国际贸易的顺利进行提供了资金支持。除此之外,国际银团贷款,国际证券市场的债券或股票融资,还有项目贷款、国际租赁等也是企业在国际金融市场上获得资金的方式。

重点:国际贸易结算的发展;国际结算的方式(含义、流程和参与方);国际融资的方式。

难点:对比国际融资几种方式的特点。

关键概念及其英文释义

[1] **International Settlement**(国际结算): Refers to financial activities conducted among different countries in which payments are affected or funds are transferred from one country to another in order to settle claims and debts, emerged in the course of political, economic, cultural, military, diplomatic contacts among them. It is also called international payment.

英语深入阅读资料

[2] **Collection**(托收): Presentation of a negotiable instrument such as a draft or check to the place at which it is payable. It is used in the international trade settlement.

[3] **The Letter of Credit**(信用证): A document addressed to the exporter that is written and signed by a bank on behalf of the importer. The bank undertakes to guarantee for a certain time span the payment for the specified merchandise, either by paying directly or by accepting drafts, if the exporter conforms to the conditions of the letter of credit by presenting the required documents. It is actually a financial contract between the issuing bank and the exporter that is separate from the commercial transaction.

[4] **Syndicate**(辛迪加): A group of banks that come together for the purpose of making a loan.

[5] **Forfeiting**(福费廷): A method of financing international trade of capital goods. It was developed to finance medium to long term contracts for capital goods. But now it is becoming more widely used in the short term especially where the contracts involve large values. Some specialized finance houses deal in this business and many are linked to some of the main banks. Usually, It is a fixed rate finance which involves the purchase by the forfeiture of trade receivables normally in the form of trade Bills of Exchange or promissory notes, accepted by the buyer with the endorsement or guarantee of a bank in the buyer's country. The benefits are that the exporter can obtain the full value of his export contract on or near shipment without recourse, and the buyer and country risks are transferred.

[6] **Factoring**(保理): A sale of a firm's accounts receivable to a financial institution known as a factor.

[7] **International Lease**(国际租赁): A international contract granting use of real estate, equipment, or other fixed assets for a specified time in exchange for payment, usually in the form of rent. The owner of the leased property is called **the lessor**(出租人), the user **the lessee**(承租人).

[8] **Financial Lease**(融资租赁): Lease in which the service provided by the lessor to the lessee is limited to financing equipment. All other responsibilities related to the possession of equipment, such as maintenance, insurance, and taxes, are borne by the lessee. A financial lease is usually non-cancellable and is fully paid out over its term.

复习思考题

1. 请区分国际贸易结算和清算的概念，并解释两者间的联系。
2. 请将下列用信用证进行付款的相关操作进行排序：
    A. 进口商和出口商达成某项交易；
    B. 出口商将货物装船运走并准备所需文件；
    C. 进口商请银行为出口商开出信用证；
    D. 进口商付款给开证行；
    E. 开证行付款给出口商的代理银行。
3. 请比较不同汇款方式(电汇、信汇、票汇)的特点。
4. 商业信用与银行信用的特点是什么？有什么不同？
5. 目前国际贸易中比较流行的结算方式有哪些？如果你是国际贸易的出口商，你会偏好哪种结算方式，你的担忧是什么？如果你是进口商呢？
6. 福费廷融资方式如何有利于企业跨境投资，其优缺点各是什么？
7. 出口信用保险如何保障国际贸易主体的利益？
8. 从概念、发展历程和性质方面介绍"票据发行便利"。
9. 绿色债券是近年来绿色金融领域大力发展的融资工具，分析绿色债券在国际债券市场的发展前景。作为投资者，你是否愿意购买绿色债券？为什么？
10. 如果你是一个中小企业的高管，你将如何利用国际金融市场进行投资和发展你的公司业务？

推荐资源

扫描右侧二维码了解 Trading Economics 网站。

第 15 章
外汇风险管理

◎ 引言

在国际贸易往来中，我们不仅要面对商品价格本身的变化，还要考虑相关货币汇率的变化。比如，做海淘生意的人可能仅仅因为近期欧元汇率的变化，就不得不承受数十万元的损失。可是，我们不是讲国际金融市场为人们的经济活动提供了便利服务吗？为什么国际金融市场的存在反而让人们面临了更多的不确定性，甚至遭受了损失呢？

其实，前面的章节中已经多次或明或暗地提到"风险"这一概念了。在习近平新时代中国特色社会主义思想指引下，积极推动金融高质量发展，加快建设中国特色现代金融体系，要以全面加强监管、防范化解风险为重点——既要有防风险的先手，也要有应对和化解风险挑战的实招。本章关注的风险主要来自外汇的汇率变动，因此也可以笼统地称为"外汇风险"。货币之间的汇率是国际金融领域最基本的价格，国际金融市场瞬息万变，包含很多不确定性，这会为相关企业和个人带来不同程度的损失。换言之，只要在国际范围内经营，自然不可避免地面临汇率变化所带来的风险。因此，无论是个人还是企业，对所面临的货币风险进行分析并管理显得越来越重要。

那么，在国际环境中经营运作会面临什么样的货币风险？怎样利用国际金融市场来管理这些风险？这是本章将要重点探讨的内容。

本章第一节分析外汇风险基本要素，阐释非金融企业和金融企业的定义与区别，勾勒出风险与主体的大致轮廓；第二节将外汇风险根据特点进行归类；第三节则针对几种外汇风险给出相应的、比较常见的管理方法。当然，在实践中还需要考虑具体的环境和条件，不断探索，综合运用。

◎ 思维导图

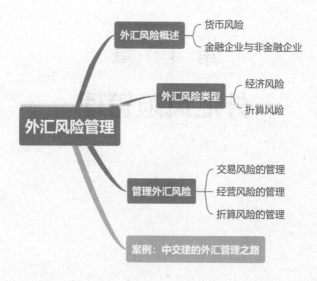

15.1 外汇风险概述

15.1.1 货币风险

风险，是指未来结果的变化性、不确定性，即事件的结果与我们的预期不同。货币风险，或者更具体的"外汇风险"，则指货币汇率的预期外变化。如果一种变化是能够预期的，就不存在风险。

外汇风险是一个定性概念，具体要测度这一风险的大小，则需要知道"外汇风险敞口"(currency exposure)，这是指经济主体处于风险中的货币数量的多少，也就是实际承担风险的货币数额。例如，一家银行在其负债中有 100 万美元的存款，这些外币就可能因为汇率变化有价值波动，因此可以说其风险敞口为"100 万美元"。

综上所述，外汇风险存在的三个构成要素是：本币、外币与时间。当一家企业(或个人)在未来本外币转化过程中利益发生变化时，就面临外汇风险。

然而，需要注意外汇风险中所包含的不确定性有时是可以朝着有利的方向发展的，因此这种风险是一种"投机风险"(speculative risk)，而非"纯粹风险"(pure risk)。本章关注的主要是外汇风险中可能带来损失的那个方向。

15.1.2 金融企业与非金融企业

在开放的经济环境下，小到个人、家庭，大到企业、国家，都有可能面临外汇风险。比如对于国家来说，汇率的不确定性变化可能带来很严重的负面冲击，甚至发展成本书第 9 章已经谈及的货币危机。在对外经济交往中，企业是基础的、占比最大的参与者，故而本章专门从企业的角度来认识外汇风险。

专栏 15-1　东方航空的外汇风险损失

2015 年 8 月 11 日中国人民银行调整人民币汇率中间价报价机制，致使人民币对美元汇率大幅下跌。由于人民币贬值产生了大额的汇兑损失，我国航空公司大都拥有巨额的美元债务。据东方航空 2015 年年报显示，东方航空年度汇兑损失高达 49.87 亿元。经济全球化使得各个行业的企业的国际化进程不断推进，中国的航空业公司一方面以融资租赁的方式从美国购买飞机，另一方面不断拓展国际航线，这使得航空公司面临的外汇风险不断增大。但由于当时企业的外汇风险管理意识并不强，大多没有采用套期保值的策略进行风险管理，使得这些企业遭受了巨大的损失。人民币汇率制度不断向着市场化方向改革，这也意味着人民币汇率波动将成为常态。那么各个企业做好外汇风险管理至关重要，良好的外汇风险管理策略能使企业尽可能少地遭受外汇风险损失。

不同于一般企业，金融企业较为特殊，其主要业务都与资金有关。外向型的金融企业更是时常与外币打交道，具备了"本币、外币、时间"几个外汇风险的构成要素，故而在认识外汇风险时，可以把企业区分为非金融企业和金融企业。

金融企业和非金融企业的区别在于其主要经营活动的性质和范围不同。金融企业是指主要从事金融服务的企业，其主要经营活动包括银行、证券、保险、信托、基金管理、金融租赁、典当等，通常提供各种金融产品和服务，如存款、贷款、证券交易、保险、投资咨询等。非金融企业是指主要从事商品生产、交易和提供非金融服务的企业，其主要经营活动包括商贸服务、房地产、能源、医疗等，通常生产或销售各种商品或服务，例如电子产品、服装、餐饮、旅游等。

非金融企业的主要经济活动为商品进出口与服务贸易和国际投资或借贷，而金融企业的主要经济活动为外汇买卖和国际投资或借贷。

15.2　外汇风险类型

在对外汇风险基本特征认识的基础上，我们还可以根据其产生的原因或表现的特征再将外汇风险进行具体分类，以便于在管理中对症下药。

资产负债表总结了企业的资金特征。因此，可以根据资产负债的各个项目所具有的特征来进行外汇风险的分析。一般来讲，可以对企业的资产负债表进行分类，形成如表 15-1 所示的资产负债构成。

表 15-1　企业的资产负债表

资产	负债
货币性资产(monetary assets)	货币性负债(monetary liabilities)
真实资产(real assets)	权益(equity)

货币性指事先能确定该资产或负债的规模和发生时间的特性，因为它们通常是基于一个确定的合约而产生的。货币性资产包括现金、货币市场证券、应收账款、国内和欧洲货币存款、期权期货等合约的现金流入；货币性负债则包括工资、应付账款、应付税款、长短期债务、国内和欧洲货币贷款等合约的现金流出。货币性资产与负债可以用本币表示，也可以用外币表示。

货币性资产和负债以外的资产和负债被称为"非货币性资产和负债",非货币性是指不能事先确定该资产或负债的规模和发生的时间,具体在资产中主要表现为真实资产、存货(除非被卖掉);在负债中主要是普通权益,等于公司的资产价值减去其他所有负债的价值。

以上每一种资产和负债都可能面临外汇风险,我们可以基于风险敞口在资产负债表的具体位置来对外汇风险进行分类。

15.2.1 经济风险

预期外的外汇汇率变化导致整个资产负债表(包括货币性和非货币性项目)上未来现金流发生变化,这种不确定性叫作"经济风险"(economic risk)。经济风险又可以细分为由公司的货币性资产和负债所带来的交易风险和存在于非货币性资产和负债中的经营风险。经济风险主要与企业的经济活动有关,也可以将交易风险理解为在经营活动中产生的风险,而经营风险则存在于未来的经济活动之中。

1. 交易风险

交易风险(transaction risk, or commitment risk)指在运用外币进行计价收付的合同交易中,经济主体因为外汇汇率变动而蒙受现金流短期损失的可能性。当然,如果用本币标价的话,并不会直接面临外汇风险,但可能面临本币购买力波动带来的风险,这一点不在交易风险的考虑范围。具体来说,企业与合作伙伴签订各种合同,对于任何一种合同,只要以外币标价,就会产生外币计价的合同现金流,就会面临汇率变动导致的交易风险。

由于运用外汇的场合不同,交易风险可能有不同的表现形式。对于非金融企业来说,交易风险主要体现在商品劳务的进(出)口贸易和国际投资或借贷中。在商品劳务的进(出)口贸易中,如果外汇汇率在支付(或收进)外币货款时相比较于合同签订时上涨(或下跌)了,进(出)口商就会付出(或收进)更多(或更少)的本国货币或其他外币。这种风险产生于商业活动中的交易结算环节,所以也被称为商业性风险或交易结算风险。这里,实际执行(结算)时使用的货币被称为功能货币(functional currency)。当功能货币不是本币时就会面临这样的交易风险。在国际投资或借贷中,如果外汇汇率在外币债权债务清偿时较债权债务关系形成时发生下跌(或上涨),债权人(债务人)就只能收回(付出)相对更少(更多)的本币或其他外币。

对于金融企业来说,交易风险主要体现在外汇买卖、国际投资和借贷中。以银行为例,银行要为客户提供外汇交易服务,就会面临外汇买卖风险,则自身的资产负债表上会形成外汇的多头(long position)或空头(short position),这些头寸就暴露在外汇风险中,可能因为汇率变动而蒙受损失。当外汇汇率上升时,银行持有的多头头寸就会获利,而空头头寸就会受损,反之会带来相反的变动。

专栏 15-2 交易风险小案例

非金融企业交易风险的实际体现主要有以下几种。

1. 商品劳务进(出)口交易

中国公司从美国公司进口 200 万美元货品,3 个月后收到美元货款。假设当时对 3 个月后的汇率预期为 1 美元=7.1 元人民币,但 3 个月后市场汇率为 1 美元=7.2 元人民币,则该企业原来预期支付的人民币 1420 万元就要变为实际支付的 1440 万元,这 20 万元的新增部分就是由交易风险引起的损失。

2. 国际投资或借贷

美国某企业在东京发行一笔总额 10 亿日元、5 年期的武士债券；在国内用所得资金进行投资，投资期为 5 年。发行债券时汇率为 1 美元=130.20 日元，所以可以获得 768.05 万美元。到期后，汇率变为 1 美元=120.20 日元，要换回 10 亿日元需要美元 831.95 万，比 768.05 万美元多 63.90 万美元。这笔需要额外支付的美元就是该企业因所借外币的汇率上浮而蒙受的损失(这里为了简化就只考虑本金)，是由交易风险引起的。

对于金融企业交易风险的实际体现，由于非金融企业和金融企业在国际投资或借贷中的交易风险类似，故此处不重复列举。

假设中国银行原来持有 1 亿美元多头，现在以 USD/EUR 汇率 0.80 买进 8000 万欧元、卖出 1 亿美元。这样，银行就变成欧元多头、美元空头，它们就暴露在外汇买卖风险中。如果市场汇率变为 0.82(每 1 美元值 0.82 欧元)，则银行抛多头补空头(即通过卖出欧元买回 1 亿美元)时就需要 8200 万欧元，比现有的多头头寸 8000 万多出了 200 万欧元，这就是发生外汇风险带来的损失。

当然，如果汇率朝着相反的方向变化，反而会使银行获利，因为外汇风险是存在收益可能的投机风险。不过，正像我们前面所说，本章主要关注可能带来损失的这个方面。

外汇买卖风险除了由某一时点的外汇买卖带来之外，还可能产生于外汇交易的期限不对称，比如在本书第 12 章讲过远期交易和掉期交易。如果银行为客户提供远期交易，就可能使自己暴露在外汇风险中，因为汇率在即期和远期之间可能发生预期外的波动，而掉期交易正是可以减少风险敞口的一种选择。

银行在外币借贷活动中也可能面临外汇风险，可称为"借贷风险"。就此而言，非金融企业和金融企业是类似的。企业的外汇交易风险总结见表 15-2。

表 15-2 企业的外汇交易风险总结

外汇风险	对应经济活动	交易地位	计价货币升值	计价货币贬值
交易风险	商品进出口和服务贸易(外汇买卖)	出口应收(多头)	收益	损失
		进口应付(空头)	损失	收益
	国际投资或借贷	债权方	收益	损失
		债务方	损失	收益

2. 经营风险[①]

对于公司的利益相关者(包括股票持有人、债券持有人、雇员、经理等)，更重要的是真实资产和负债所面临的汇率风险。这些由非货币性现金流所面临的货币风险就被称为经营风险(operating risk，or competitive risk)。或者说，经营风险是汇率变动通过影响企业的生产成本、销售价格和数量等从而引起企业未来一定期间收益或现金流量减少的一种潜在损失。但是，我们这里所说的汇率变动只是预期外的。如果企业在评测未来的获利状况而进行经营决策时，已经将预期到的汇率变动对未来获利状况的影响考虑进去了，那么这种预期到的影响并不构成一种风险。

接下来我们通过一个例子来看经营风险在实践中的表现。

---

① 注意：一些教材将经营风险定义为经济风险，原理是一样的。

专栏 15-3 经营风险小案例

假设我国的 A 公司是一家利用国外原料进行加工生产的企业,产品部分内销、部分外销。2023 年,假设人民币与美元的汇率为$1=¥6.4,产品的单位成本为 10 元,其中原料耗费 8 元(需进口 1.25 单位原材料,其单位价格为 1 美元),工资成本为 2 元。

有关该企业的其他信息如下。

产品单位售价:15 元(国外为 2.34 美元)

销售总量:200 万单位(国内外各一半)

企业所得税税率:33%(假定)

到了 2024 年,预期汇率不变,预计与 2023 年保持同样的业绩。

A 公司 2024 年预期的利润和现金流量表如表 15-3 所示。

表 15-3　企业预期经营状况

(单位:万元)

项目	金额	项目	金额
销售收入(200 万×15 元)	3000	税前利润	750
销售成本(200 万×10 元)	2000	税后利润	502.5
营业费用	150	年获现金流量(利润+折旧)	602.5
折旧	100		

但是,假设 2024 年人民币出现了意外的贬值,汇率达到$1=¥6.8,那么汇率的这一变化会对 A 公司的收益和现金流量将产生什么影响呢?这取决于汇率变动对公司生产成本、销售价格、数量等各个环节的影响。

在新的汇率水平上,该企业的各项指标如下。

产品单位成本:10.5 元,其中原料耗费为 8.5 元(需进口 1.25 单位,单位价格仍为 1 美元,但需要的人民币增加了 0.5 元),工资支付为 2 元。

产品单位售价:国内不变,仍为 15 元;国外价格由于美元升值而使得以美元表示的价格下降,为 2.21 美元。

销售总量:210 万单位(国内保持不变,仍为 100 万单位;国外由于价格下降增加了销售量,共为 110 万单位)。

企业所得税税率:33%(假定)。

因此,在当时的汇率水平上该公司 2024 年的利润和现金流量等状况如表 15-4 所示。

表 15-4　企业实际经营状况

(单位:万元)

项目	金额	项目	金额
销售收入		折旧	100
国外(110万×15元)	3150		
国内(100万×15元)		税前利润	695
国内(100万×15元)			
销售成本(210万×10.5元)	2205	税后利润	465.65
营业费用	150	年获现金流量(利润+折旧)	565.65

可见，由于人民币贬值使 A 公司的税后利润和年获现金流量都减少了 36.85 (602.5-565.65) 万元。

值得注意的是，国外销售量的变化可能使最终的结果不是损失，反而是盈利。这就涉及国外对这种产品的需求价格弹性问题。无论如何，这都存在不确定性，对企业稳健的经营管理是不利的。

15.2.2　折算风险

折算风险(translation risk)，也叫作会计风险(accounting risk)，由会计处理产生。它是指经济主体对资产负债表进行会计处理时，在将功能货币(functional currency)转换成记账货币(reporting currency)过程中，由于汇率变动而使其呈现账面损失的可能。或者说，由于在评价及决算外币的债权债务时采用的汇率与初始记账时的汇率不同，所以会产生账面上的损益。上面提到的两种货币：一种是功能货币，是指在经营活动中流转使用的各种货币；另一种是记账货币，是经济主体在编制综合财务报表时使用的报告货币，通常是母国货币。

一国企业在编制会计报表时一般使用本国货币作为记账货币，而不能同时使用多种货币。因此，凡是拥有以外币计价的会计科目的企业在编制正式报表时，都需要折算成本币。这种情况经常出现于国内的涉外机构、在海外注册的企业、跨国公司的海外分支机构等。当母公司在对其子公司进行合并决算时，由于结算时汇率变动导致相关的债权债务金额处于不确定的状态，就会面临折算风险。这种风险并不一定代表资产价值的变化。

另外，由于资产负债表中的不同项目性质不同，可能会适用不同的会计折算规定或方法，从而使在不同的情况下折算风险的表现有所不同。如何对资产负债表的众多项目进行分类，不同类别的项目应当使用原始汇率还是现行汇率来折算？实务中有 4 种常见的折算方法，这里简单介绍一下。

1. 流动/非流动折算法

这一方法相对老旧，但仍然有一些国家用它。在这种方法下，只有流动性资产和负债面临转换要求，所以折算风险就暴露在这些项目上(见表 15-5)。

表 15-5　海外分支机构的资产负债

项目	资产	负债
流动 (current)	可以迅速变现，如现金、应收账款、有价证券持有额和存货	期限在一年以下的短期负债，如应付账款、应付税金、应付利息、红利、短期票据等
折算标准	按现时汇率(编制时的汇率)，面临折算风险	
非流动 (non-current)	不能迅速变现、持有期在一年以上：土地、建筑、设备、长期证券投资等	不要求在一年内偿还的长期负债：长期票据、长期债券、抵押负债等
折算标准	按原始汇率(发生时的汇率)，无折算风险	

2. 货币性/非货币性折算法

在这种方法下，只有货币性资产和负债面临折算风险(见表 15-6)。

表 15-6　海外分支机构的资产负债

项目	资产	负债
货币性(monetary)	所有金融资产，如现金、应收账款	外部负债，如应付账款和长期负债
折算标准	按现时汇率(编制时的汇率)，面临折算风险	
非货币性(non-monetary)	存货和真实资产	股东权益
折算标准	按原始汇率(发生时的汇率)，无折算风险	

3. 时态法(Temporal Method)

这是货币性/非货币性折算法的变形方法，不同之处在于对真实资产的处理。如果真实资产是以现时市场价格表示的，按现时汇率折算；如果是以原始市场价格表示的，则按原始汇率折算。

4. 现时汇率法

这是指所有项目都按现时汇率(current rate)折算，都承受折算风险；这一规则已成为美国公认的会计习惯做法，并逐渐为很多国家采用。

由此可见，折算风险受不同国家的会计制度与税收制度制约，包含着较多的人为的、制度层面的因素。此外，折算风险并不必然带来实际价值的减少，只是一种账面的损失。对于一个多样化的公司，这一风险相对更小。

外汇风险类型总结见表 15-7。

表 15-7　外汇风险类型总结

风险类型		风险影响	风险来源		价值体现	影响周期
经济风险	交易风险	短期交易	未来现金流	货币性资产和负债	经营	短期
	经营风险	经营决策		非货币性资产和负债	经营	长期
折算风险		财务报表	会计处理		账面	短期

15.3　管理外汇风险

外汇风险在很多情况下是一种客观存在，因此我们不得不去面对它。从实证研究来看，企业确实会面临外汇风险的问题；汇率风险不论在产业层面还是在公司层面都影响显著。值得庆幸的是，国际金融市场提供了形式多样的防范或减损措施，企业或个人都可以根据自己所处的实际情况来选择合适的方式进行外汇风险管理，以尽可能地避免汇率波动造成的损失。本节将探讨企业的外汇风险的管理方法，这些管理方法也可以经过适当地选择、调整或组合应用到个人外汇风险管理的实践中。

需要注意的是，外汇风险管理是一门非常广博且实践性很强的学问，这里的理论学习仅仅是一个起点。

专栏 15-4　企业如何看待外汇风险

一般来讲，公司的目标是最大化股东权益，所以只有影响预期的未来现金流或资本成本的外汇风险才更能引起公司的重视。

视频

相比较而言，企业对经济风险更加重视。其中，交易风险一般源于短期内的一笔涉外交易，比较容易被观察、计量和管理，因此，管理交易风险是跨国金融经理的一个重要短期目标。经营风险则涉及一个企业长期的经营运作，因此，管理经营风险是跨国金融经理的一个重要长期目标。总体来讲，经济风险包括范围最广，而且很难预测，所以管理经济风险是跨国金融经理的一个重要目标。

折算风险对于企业来讲较为被动，而且存在于账面，所以对折算风险的管理就显得没有那么重要。

近年来，国际形势严峻复杂，外汇波动的不确定性增加，各类市场主体越来越重视外汇风险管理。据外汇局数据，近年来随着企业避险意识不断增强，外汇衍生品交易量基本保持上升的趋势；2022 年上半年，我国企业利用外汇期权等外汇衍生品管理汇率风险的规模达到 7558 亿美元，外汇套保比例达到 26%，比 2021 年全年上升 4.1%。

2015—2022 年银行对客户外汇衍生品业务交易量见图 15-1。

图 15-1　2015—2022 年银行对客户外汇衍生品业务交易量

数据来源：国家外汇管理局。

可见，我国企业的风险管理意识确实在提高。事实上，为了帮助企业树立"汇率风险中性"的理念，即降低风险敞口、降低波动性、锁定成本，通过降低不确定性进而降低风险，不强调增值和追求正收益，从而做好汇率风险管理，我国的各级外汇管理部门也做了大量工作。

(1) 2022 年开始，银行要专门上报汇率避险"首办户"的数量，即两年内首次办理外汇风险对冲相关业务的客户，外汇管理局鼓励银行开发此类客户。

(2) 2022 年 5 月 20 日，外汇局发布《关于进一步促进外汇市场服务实体经济有关措施的通知》，对客户外汇市场及银行间外汇市场均新增人民币对外汇普通美式期权、亚式期权及其组合产品，以进一步提升外汇市场的深度和广度，支持市场主体更好地管理汇率风险。

(3) 2022 年 5 月 26 日，商务部、中国人民银行和外汇局联合发布《关于支持外经贸企业提升汇率风险管理能力的通知》，其指出要加强宣传和培训以帮助企业树立汇率"风险中性"理念、完善汇率避险产品服务、提升人民币跨境结算的便利性、建立"政银企"对接机制等安排。

(4) 2022年7月，外汇局企业汇率风险管理服务小组发布了详尽的《企业汇率风险管理指引》，其可以作为企业认识和管理汇率风险的操作宝典。

由上可见，外汇风险管理变得越来越重要，政府通过各种方法引导企业树立风险中性原则，启发企业更好地管理外汇风险，各个企业的外汇风险管理意识也不断增强，但值得注意的是做好外汇风险管理并不容易，只有充分掌握各种外汇管理方法并综合运用才能在复杂的环境中有效避险。

15.3.1 交易风险的管理

交易风险涉及交易，因此可以在交易从准备到发生的整个进程中根据情况选择不同的方法进行风险管理。在交易准备的合同磋商过程中，交易者应根据自身的情况和对市场的判断设置规避交易风险的条款；合同签订之后，还可以选择一些方法来管理交易风险。

1. 合同签订之前的选择

(1) 选择好合同货币。在对外贸易中，选择好合同货币可以尽量地避免交易风险。首先，要选择可自由兑换的货币作为计价结算货币。这些自由兑换货币不但在国际金融市场上随时可以交易，而且各国也公开发布其牌价，从而有利于外汇资金的调拨和运用。当然，在本币是自由兑换货币时，应该尽可能地选用本币作为计价结算货币。但是，在交易双方中只有一方可以选择本币，由于谈判地位等原因，其中一方必然要用到外币。此时，要尽可能坚持"出强进弱、收硬付软"原则。也就是说，在由于出口而有未来的收汇时，应该争取在签订合同时选择会走强的硬货币(hard money)；在由于进口有未来付汇时，应该选择走弱的软货币(soft money)。不过，汇率的变化无常使得我们对硬货币和软货币的选择更加困难。

(2) 进行货币保值。一笔交易必然要涉及至少两个交易者，因此，一般来说只能有一方可能做到"选择好合同货币"，这取决于双方的谈判地位等因素。那么，有没有可能找到一个对交易双方都有利于防范汇率风险的方法呢？可以通过货币保值的措施。

所谓货币保值就是指在合同中订立适当的保值条款以降低汇率变化的风险。最常见的保值是通过一篮子货币的安排实现的。在订立合同时，除了选择方便交易双方的某种货币作为合同货币之外，还可再选择某个一篮子货币与之挂钩。这个一篮子货币可以是特别提款权，也可以是自行设计的软、硬货币按照一定的权重组合起来的货币。因为由多种货币构成，每种货币的币值变化之间就可以相互抵消掉一部分，所以一篮子货币的币值相对比较稳定。也可以选择某种与合同货币不一致的、价值稳定的货币，将合同金额转换用所选货币来表示，但以合同货币来完成收付。货币保值的方法尤其适合中长期的贸易合作和国际信贷合同。

(3) 调整价格或利率。在不得不接受于己不利的货币时，还可以争取对谈判中的价格或利率做出适当的调整。国际贸易中也形成了诸如"加价保值"或"压价保值"的惯例，在一定程度上减少出口商或进口商面临的风险。

以上是在合同签订之前可以经过交易双方磋商来进行外汇风险管理的一些方法，使交易风险防患于未然。在合同签订后，还可以通过外汇市场或货币市场上的一些操作来尽可能消除交易风险。

2. 合同签订之后的选择

(1) 借款—现汇交易—投资(borrow, spot and invest, BSI)。通过创造与未来外汇收入或支出相同币种、相同金额、相同期限的债务或债权，来防范未来的外汇风险。例如借外汇、换本币、到期时以外汇收入偿还，或者借入本币、买外汇、投资、到期履行外汇支付，同时偿还本币借款。

(2) 提前或推迟结账(leads & lags)。在进出口贸易中，如果当事人预测他使用的计价货币将贬值或者其汇率将要下浮，那么他在进口和出口时的做法是不同的。如果当事人是从事进口的，那么他就要争取推迟向国外订货，或者要求延期付款，也可以设法使对方(即出口商)推迟交货日期，以便推迟付款时间。推迟付款的好处是，如果汇率真的如其预测的那样下浮了，进口商就可以获得外币贬值的好处。也就是说，他可以用较少的本币买到他支付需要的外币。如果当事人是从事出口的，那么他就应尽早签订出口合同，或者把交货日期尽量提前，这样他就可以早收到货款，以避免因计价货币贬值而遭受的损失。为了使出口货款尽量提前收回，出口商也可以给进口商一些优惠条件，使其提前支付。

提前或推迟结账法是利用调整支付时间来防范外汇风险的一种方法。在国际结算和国际支付活动中，当事人必须密切注视支付货币的汇率变化趋势，并对这种趋势从各个角度进行预测、分析和比较。如果当事人认为自己已经把握了某种支付货币的走势，对自己的预测有较大的把握，他就可以通过提前或延迟外汇资金的收付时间来降低外汇风险。

(3) 配对(matching)。在一笔交易发生时或发生后，再进行一笔与该笔交易在币种、金额、收付日上完全相同，但资金流向正好相反的交易，使两笔交易所面临汇率变动的影响相互抵消。

(4) 远期外汇协议。远期外汇交易能够锁定未来的价格。在前面关于远期交易的学习中，已经对其避险功能进行了介绍，此处是从企业角度来看，基本原理相同。一般情况下，出口商等外汇收入者在签订出口合同后，要卖出一笔远期外汇收入，以便在实际收到外汇之日能够按照远期汇率收到预期的本币金额；进口商等外汇支出者在签订进口合同后，要买入一笔远期外汇，以便在实际支付外汇之日，能够按照远期汇率付出预期的本币金额。另外，企业也可以利用与远期十分相像的另外一种金融工具——期货进行风险管理。

(5) 货币互换(currency swap)。货币互换是指将不同币种的债务进行互换的银行业务。货币调换的双方在筹集资金时，资金的期限和金额必须相同，而货币的币种不同。如果 A、B 两个筹资人各有筹借某种货币的优势，但他们恰恰需要的是他们不具筹借优势的那种货币，那么，这两个筹资者就可以各自筹借到等值的期限相同但币种不同的债务(债务的计息可以是相同方式也可以是不同方式)，做一笔货币互换业务。

货币互换的优点主要表现在以下两个方面：第一，在国际贸易中，有时进口商可以从出口方银行获得优惠的资金融通，但有时这种资金是进口商所不愿意使用的货币，为此，进口商通过货币互换可以得到其希望使用的货币；第二，借款人在看准两种货币之间存在较大的利率差异时，往往可以通过货币互换套取较低利率的资金，从而降低资金的使用成本。

此外还有货币期货法、对销贸易法等，我们就不在这里一一介绍了。随着市场需求的增加，国际金融市场还在不断推出更加丰富的服务。

3. 其他选择

(1) 再结算中心(reinvoicing centers)。再结算中心是一个管理跨国总公司交易风险的单位，该单位集中了多个分公司各种货币的债权债务关系，由该中心冲销这些债权债务，并对冲销后仍存在的货币头寸受险部分采取措施，在避免或减少外汇风险的同时，可以降低分公司单独避险的交易成本。

(2) 保险。向有关保险公司投保汇率变动险，一般由国家的官方或半官方的承保机构承担。外国办理这类保险的机构有：英国的"出口信贷保证局(ECGD)"、德国的"Hermes"、法国的"外贸保险公司(COFACE)"、美国的"进出口银行(EXIMBANK)"和日本的"输出入银行"等。

这里，我们对常见的一些方法进行了简单介绍，实践中怎么选择，还需要不断地积累经验综合判断。

15.3.2 经营风险的管理

经营风险的管理，是对未来长期现金流受到预期外的汇率变动影响所造成的损失进行长期的经营和管理，这涉及生产、销售、原料供应及区位经营管理等方面，往往超出了财务经理的职能，是一项更全面的工作。因此，我们也可以将经营风险的管理理解为一种概率分析，是企业从整体上进行预测、规划和进行经济分析的一个具体过程；公司的预测能力直接影响企业在融资、销售、生产等各方面的战略决策。实践中，企业经常通过多样化来避免风险、减少损失。

(1) 经营多样化。在国际范围内分散其原材料来源地、生产地及销售地，在汇率出现意外变化后趋利避害，调整经营战略，改善竞争条件，各种影响会相互抵消。

(2) 财务多样化。在多个金融市场，以多种货币寻求资金来源和资金去向，即实行筹资多样化(在多个金融市场融资、获得多种货币)和投资多样化(向多个国家投资、创造多种外汇收入)。这样公司可以在更好的条件下在各种外币的资产与负债之间进行对抵配合。

当然，具体来看，企业还可以通过提高生产率、转移生产、设计产品策略等方式尽量地减少经济风险。究竟如何选择，则要根据企业所面对的外部环境和内部条件来考虑。

15.3.3 折算风险的管理

对于折算风险，通常是利用对资产负债表套期保值来进行管理，也就是使资产负债表上的、以各种功能货币表示的受险资产与受险负债的数额相等，使其折算风险头寸为零。这样，汇率变动就不会带来任何折算上的损失。

实行资产负债表保值，一般要做到以下几点。

(1) 要弄清资产负债表中各账户、各科目上各种外币的规模，并明确综合折算风险头寸的大小。

(2) 根据风险头寸的性质确定受险资产或受险负债的调整方向。

(3) 在明确调整方向和规模后，进一步确定对哪些账户、哪些科目进行调整。注意：要从流动性、收益性、信用风险、市场风险等各方面进行分析和权衡。

交易风险和折算风险之间可能也存在矛盾，因此要使调整的综合成本最小。

案例：中交建的外汇管理之路

扫描右侧二维码阅读案例，并思考以下问题。

(1) 中交建主要运用了哪些外汇风险管理方法？

(2) 大型跨国企业集团可以运用哪些策略更好地进行外汇风险管理？

案例

视频

本章总结

小结：以企业的外汇风险基本要素为基础，阐释非金融企业和金融企业的定义与区别，勾勒风险与主体的大致轮廓；根据外汇风险的特点将外汇风险分为交易风险、经营风险、折算风险，并介绍了相应的外汇风险管理方法。

重点：交易风险、经营风险、折算风险的含义、特点与区别。

难点：灵活使用各种外汇风险管理方法。

关键概念及其英文释义

英文深入阅读资料

[1] **Foreign Exchange Risk**(外汇风险)：The risk that the value of a future receipt or obligation will change due to a change in foreign exchange rates.

[2] **Transaction exposure**(交易风险)：This is exposure resulting from the uncertain domestic currency value of a foreign-currency-denominated transaction to be completed at some future date.

[3] **Economic exposure**(经济风险)：This is the exposure of the value of the firm to changes in exchange rates. If the value of the firm is measured as the present value of future after-tax cash flows, then economic exposure is concerned with the sensitivity of the real domestic currency value of long-term cash flows to exchange rate changes. Economic exposure is the most important to the firm.

[4] **Translation exposure**(折算风险)：Also known as accounting exposure, it is the risk of fluctuation in the exchange rate that may cause changes in the value of the company's assets, liabilities, income, and equities. Translation is usually required by the accounting standards when preparing consolidated financial statements.

[5] **Hard Money/Currency**(硬货币)：Currency in which there is widespread confidence. It is the currency of an economically and politically stable country, such as the U. S. or Switzerland. It is expected to appreciate in the future.

[6] **Soft Currency**(软货币)：Funds of a country that are not acceptable in exchange for the hard currencies of other countries. It is expected to depreciate in the future.

[7] **Reinvoicing Center**(再结算中心)：A centralized operation that handles all foreign exchange transactions for the whole group. The role of it is strictly financial. By concentrating all currency

transactions in one center, it should be able to negotiate better bank terms and reduce opportunity costs in the same way as a netting center. It also eliminates the problem of export financing for the individual subsidiaries. In this way it is more like a simple centralized foreign exchange trader. It is a fully fledged financial service center responsible for financing current operations and managing the collection of accounts receivable.

复习思考题

1. 外汇风险的构成要素有哪些？它们之间有什么关系？
2. 外汇风险有什么类型？简述管理各种外汇风险的方法。
3. 比较交易风险、经营风险和折算风险的不同之处。
4. 从现金流管理的角度来看，由交易风险和经营风险导致的损失有什么不一样？
5. 为什么未预期的汇率变动会带来经营风险，而预期到的汇率变动不会？
6. 一家位于德国的公司从日本进口摩托车，发票上是日元。该公司应该怎样对其外汇风险进行套期保值？请做如下选择：

    A. 用欧元买美元远期；

    B. 卖日元远期得到欧元；

    C. 用欧元买日元远期。

7. 中国的很多企业都有进出口业务，并且开始向海外投资。随着汇率制度的改革，人民币汇率逐渐市场化。在这样的宏观环境下，企业应该如何管理自己的风险？请给出分析和建议。
8. 什么是功能货币，什么是记账货币？
9. 在对外国子公司进行合并财务报表时，什么是最主要的问题？
10. 跨国公司在布局自己的全球经营时，可能降低了经济风险，但可能失去了规模经济。请对此加以分析并给出企业的选择。

推荐资源

1. 国家外汇管理局官方网站：http://www.safe.gov.cn/。
2. 微信公众号：中国外汇。